《蘇州全書》編纂出版委員會 編

·六書精蘊

蘇州全書

甲編

蘇州大學出版社
古吳軒出版社

圖書在版編目(CIP)數據

六書精蘊 /(明)魏校撰. -- 蘇州 : 蘇州大學出版社 : 古吳軒出版社, 2024. 12. --(蘇州全書).

ISBN 978-7-5672-5066-6

Ⅰ. H121

中國國家版本館 CIP 數據核字第 2024SF4443 號

責任編輯 劉　冉
裝幀設計 周　晨　李　璇
責任校對 汝碩碩

書　　名 六書精蘊
撰　　者 〔明〕魏　校
出版發行 蘇州大學出版社
地址：蘇州市十梓街1號　電話：0512-67480030
古吳軒出版社
地址：蘇州市八達街118號蘇州新聞大厦30F　電話：0512-65233679
印　　刷 常州市金壇古籍印刷廠有限公司
開　　本 889 × 1194　1/16
印　　張 67.25
版　　次 2024 年 12 月第 1 版
印　　次 2024 年 12 月第 1 次印刷
書　　號 ISBN 978-7-5672-5066-6
定　　價 460.00 元(全二册)

《蘇州全書》編纂工程

總主編

劉小濤　吳慶文

學術顧問

（按姓名筆畫爲序）

王芳　王宏　王堯　王鍔　王紅蕾　王華寶　王爲松　王衛平
王餘光　王鍾陵　朱棟霖　朱誠如　任平　全勤　江慶柏　江澄波
汝信　阮儀三　杜澤遜　李捷　吳格　吳永發　何建明　言恭達
沈坤榮　沈燮元　武秀成　范小青　范金民　茅家琦　周秦　周少川
周國林　周勛初　周新國　胡可先　胡曉明　姜濤　姜小青　韋力
姚伯岳　馬亞中　袁行霈　華人德　莫礪鋒　徐俊　徐海　徐雁
徐惠泉　徐興無　唐力行　陸振嶽　陸儉明　陳子善　陳正宏　陳尚君
陳紅彥　陳廣宏　黃愛平　黃顯功　崔之清　張乃格　張志清　張伯偉
張海鵬　葉繼元　葛劍雄　單霽翔　程章燦　程毅中　喬治忠　鄔書林
賀雲翱　詹福瑞　趙生群　廖可斌　熊月之　樊和平　劉石　劉躍進
閻曉宏　錢小萍　戴逸　韓天衡　嚴佐之　顧薌

《蘇州全書》編纂出版委員會

前言

中華文明源遠流長，文獻典籍浩如烟海。這些世代累積傳承的文獻典籍，是中華民族生生不息的文脉和根基。蘇州作爲首批國家歷史文化名城，素有『人間天堂』之美譽。自古以來，這裏的人民憑藉勤勞和才智，創造了極爲豐厚的物質財富和精神文化財富，使蘇州不僅成爲令人嚮往的『魚米之鄉』，更是實至名歸的『文獻之邦』，爲中華文明的傳承和發展作出了重要貢獻。

蘇州被稱爲『文獻之邦』由來已久，早在南宋時期，就有『吳門文獻之邦』的記載。宋代朱熹云：『文，典籍也；獻，賢也。』蘇州文獻之邦的地位，是歷代先賢積學修養、劬勤著述的結果。明人歸有光《送王汝康會試序》云：『吳爲人材淵藪，文字之盛，甲於天下。』朱希周《長洲縣重修儒學記》亦云：『吳中素稱文獻之邦，蓋子游之遺風在焉，士之嚮學，固其所也。』《江蘇藝文志·蘇州卷》收録自先秦至民國蘇州作者一萬餘人，著述達三萬二千餘種，均占江蘇全省三分之一强。古往今來，蘇州曾引來無數文人墨客駐足流連，留下了大量與蘇州相關的文獻。時至今日，蘇州仍有約百萬册的古籍留存，入選『國家珍貴古籍名録』的善本已達三百一十九種，位居全國同類城市前列。其中的蘇州鄉邦文獻，歷宋元明清，涵經史子集，寫本刻本，交相輝映。此外，散見於海内外公私藏家的蘇州文獻更是不可勝數。它們載録了數千年傳統文化的精華，也見證了蘇州曾經作爲中國文化中心城市的輝煌。

蘇州文獻之盛得益於崇文重教的社會風尚。春秋時代，常熟人言偃就北上問學，成爲孔子唯一的南方弟子。歸來之後，言偃講學授道，文開吳會，道啓東南，被後人尊爲『南方夫子』。西漢時期，蘇州人朱買臣負薪讀書，穹窿山中至今留有其『讀書臺』遺迹。兩晉六朝，以『顧陸朱張』爲代表的吴郡四姓涌現出大批文士，在不少學科領域都貢獻卓著。及至隋唐，蘇州大儒輩出，《隋書·儒林傳》十四人入傳，其中籍貫吴郡者二人；《舊唐書·儒學傳》三十四人入正傳，其中籍貫吴郡（蘇州）者五人。文風之盛可見一斑。北宋時期，范仲淹在家鄉蘇州首創州學，並延名師胡瑗等人教授生徒，此後縣學、書院、社學、義學等不斷興建，蘇州文化教育日益發展。故明人徐有貞云：『論者謂吾蘇也，郡甲天下之郡，學甲天下之學，人才甲天下之人才，偉哉！』在科舉考試方面，蘇州以鼎甲萃集爲世人矚目，清初汪琬曾自豪地將狀元稱爲蘇州的土産之一，有清一代蘇州狀元多達二十六位，占全國的近四分之一，由此而被譽爲『狀元之鄉』。近現代以來，蘇州在全國較早開辦新學，發展現代教育，涌現出顧頡剛、葉聖陶、費孝通等一批大師巨匠。中華人民共和國成立後，社會主義文化教育事業蓬勃發展，蘇州英才輩出、人文昌盛，文獻著述之富更勝於前。

蘇州文獻之盛受益於藏書文化的發達。蘇州藏書之風舉世聞名，千百年來盛行不衰，具有傳承歷史長、收藏品質高、學術貢獻大的特點，無論是卷帙浩繁的圖書還是各具特色的藏書樓，以及延綿不絶的藏書傳統，都成爲中華文化重要的組成部分。據統計，蘇州歷代藏書家的總數，高居全國城市之首。南朝時期，蘇州就出現了藏書家陸澄，藏書多達萬餘卷。明清兩代，蘇州藏書鼎盛，絳雲樓、汲古閣、傳是樓、百宋一廛、藝芸書舍、鐵琴銅劍樓、過雲樓等藏書樓譽滿海内外，彙聚了大量的珍貴文獻，對古代典籍的收藏保護厥功至偉，亦於文獻校勘、整理裨益甚巨。《舊唐書》自宋至明四百多年間已難以考覓，直至明嘉靖十七年（一五三八），聞人詮在蘇州爲官，搜討舊籍，方從吴縣王延喆家得《舊唐書》『紀』和『志』部分，從長洲張汴家得《舊唐書》『列傳』部分，『遺籍俱出宋時模板，旬月之間，二美璧合』，于是在蘇州府學中槧刊，《舊唐書》自此得以彙而成帙，復行於世。清代嘉道年間，蘇州黄丕烈和顧廣圻均爲當時藏書名家，且善校書，『黄跋顧校』在中國文獻史上影響深遠。

蘇州文獻之盛也獲益於刻書業的繁榮。蘇州是我國刻書業的發祥地之一，早在宋代，蘇州的刻書業已經發展到了相當高的水平，至今流傳的杜甫、李白、韋應物等文學大家的詩文集均以宋代蘇州官刻本爲祖本。宋元之際，蘇州磧砂延聖院還主持刊刻了中國佛教史上著名的《磧砂藏》。明清時期，蘇州成爲全國的刻書中心，所刻典籍以精善享譽四海，明人胡應麟有言：『凡刻之地有三，吴也、越也、閩也。』他認爲『其精，吴爲最』，『其直重，吴爲最』。又云：『余所見當今刻本，蘇常爲上，金陵次之，杭又次之。』清人金埴論及刻書，仍以胡氏所言三地爲主，則謂『吴門爲上，西泠次之，白門爲下』。明代私家刻書最多的汲古閣、清代坊間刻書最多的掃葉山房均爲蘇州人創辦，晚清時期頗有影響的江蘇官書局也設於蘇州。據清人朱彝尊記述，汲古閣主人毛晉『力搜秘册，經史而外，百家九流，下至傳奇小説，廣爲鏤版，由是毛氏鋟本走天下』。由於書坊衆多，蘇州還産生了書坊業的行會組織崇德公所。明清時期，蘇州刻書數量龐大，品質最優，裝幀最爲精良，爲世所公認，國内其他地區不少刊本也都冠以『姑蘇原本』，其傳播遠及海外。

蘇州傳世文獻既積澱着深厚的歷史文化底蘊，又具有穿越時空的永恒魅力。從范仲淹的『先天下之憂而憂，後天下之樂而樂』，到顧炎武的『天下興亡，匹夫有責』，這種胸懷天下的家國情懷，早已成爲中華民族精神的重要組成部分，傳世留芳，激勵後人。南朝顧野王的《玉篇》，隋唐陸德明的《經典釋文》、陸淳的《春秋集傳纂例》等均以實證明辨著稱，對後世影響深遠。明清時期，馮夢龍的《喻世明言》《警世通言》《醒世恒言》，在中國文學史上掀起市民文學的熱潮，具有開創之功。吴有性的《温疫論》、葉桂的《温熱論》，開温病學研究之先河。蘇州文獻中藴含的求真求實的嚴謹學風、勇開風氣之先的創新精神，已經成爲一種文化基因，融入了蘇州城市的血脉。不少蘇州文獻仍具有鮮明的現實意義。明代費信的《星槎勝覽》，是記載歷史上中國和海上絲綢之路相關國家交往的重要文獻。鄭若曾的《籌海圖編》和徐葆光的《中山傳信録》，爲釣魚島及其附屬島嶼屬於中國固有領土提供了有力證據。魏良輔的《南詞引正》、嚴澂的《松絃館琴譜》、計成的《園冶》，分别是崑曲、古琴及園林營造的標志性成果，這些藝術形式如今得以名列世界文化遺産，與上述名著的嘉惠滋養密不可分。

維桑與梓，必恭敬止；文獻流傳，後生之責。蘇州先賢向有重視鄉邦文獻整理保護的傳統。方志編修方面，范成大《吴郡志》爲方志創體，其後名志迭出，蘇州府縣志、鄉鎮志、山水志、寺觀志、人物志等數量龐大，構成相對完備的志書系統。地方總集方面，南宋鄭虎臣輯《吴都文粹》、明錢穀輯《吴都文粹續集》、清顧沅輯《吴郡文編》先後相繼，收羅宏富，皇皇可觀。常熟、太倉、崑山、吴江諸邑，周莊、支塘、木瀆、甪直、沙溪、平望、盛澤等鎮，均有地方總集之編。及至近現代，丁祖蔭彙輯《虞山叢刻》《虞陽説苑》，柳亞子等組織『吴江文獻保存會』，爲搜集鄉邦文獻不遺餘力。江蘇省立蘇州圖書館於一九三七年二月舉行的『吴中文獻展覽會』規模空前，展品達四千多件，並彙編出版吴中文獻叢書。然而，由於時代滄桑，圖書保藏不易，蘇州鄉邦文獻中『有目無書』者不在少數。同時，囿於多重因素，蘇州尚未開展過整體性、系統性的文獻整理編纂工作，許多文獻典籍仍處於塵封或散落狀態，没有得到應有的保護與利用，不免令人引以爲憾。

進入新時代，黨和國家大力推動中華優秀傳統文化的創造性轉化和創新性發展。習近平總書記强調，要讓收藏在博物館裏的文物、陳列在廣闊大地上的遺産、書寫在古籍裏的文字都活起來。二〇二二年四月，中共中央辦公廳、國務院辦公廳印發《關於推進新時代古籍工作的意見》，確定了新時代古籍工作的目標方向和主要任務，其中明確要求『加强傳世文獻系統性整理出版』。盛世修典，賡續文脉，蘇州文獻典籍整理編纂正逢其時。二〇二二年七月，中共蘇州市委、蘇州市人民政府作出編纂《蘇州全書》的重大決策，擬通過持續不斷努力，全面系統整理蘇州傳世典籍，着力開拓研究江南歷史文化，編纂出版大型文獻叢書，同步建設全文數據庫及共享平臺，將其打造爲彰顯蘇州優秀傳統文化精神的新陣地，傳承蘇州文明的新標識，展示蘇州形象的新窗口。

『睹喬木而思故家，考文獻而愛舊邦。』編纂出版《蘇州全書》，是蘇州前所未有的大規模文獻整理工程，是不負先賢、澤惠後世的文化盛事。希望藉此系統保存蘇州歷史記憶，讓散落在海内外的蘇州文獻得到挖掘利用，讓珍稀典籍化身千百，成爲認識和瞭解蘇州發展變遷的津梁，並使其中藴含的積極精神得到傳承弘揚。

觀照歷史，明鑒未來。我們沿着來自歷史的川流，承荷各方的期待，自應負起使命，砥礪前行，至誠奉獻，讓文化薪火代代相傳，並在守正創新中發揚光大，爲推進文化自信自强、豐富中國式現代化文化内涵貢獻蘇州力量。

《蘇州全書》編纂出版委員會

二〇二二年十二月

凡　例

一、《蘇州全書》(以下簡稱『全書』)旨在全面系統收集整理和保護利用蘇州地方文獻典籍，傳播弘揚蘇州歷史文化，推動中華優秀傳統文化傳承發展。

二、全書收録文獻地域範圍依據蘇州市現有行政區劃，包含蘇州市各區及張家港市、常熟市、太倉市、昆山市。

三、全書着重收録歷代蘇州籍作者的代表性著述，同時適當收録流寓蘇州的人物著述，以及其他以蘇州爲研究對象的專門著述。

四、全書按收録文獻内容分甲、乙、丙三編。每編酌分細類，按類編排。

(一)甲編收録一九一一年及以前的著述。一九一二年至一九四九年間具有傳統裝幀形式的文獻，亦收入此編。按經、史、子、集四部分類編排。

(二)乙編收録一九一二年至二〇二一年間的著述。按哲學社會科學、自然科學、綜合三類編排。

(三)丙編收録就蘇州特定選題而研究編著的原創書籍。按專題研究、文獻輯編、書目整理三類編排。

五、全書出版形式分影印、排印兩種。甲編書籍全部采用繁體豎排；乙編影印類書籍，字體版式與原書一致；乙編排印類書籍和丙編書籍，均采用簡體横排。

六、全書影印文獻每種均撰寫提要或出版説明一篇，介紹作者生平、文獻内容、版本源流、文獻價值等情況。影印底本原有批校、題跋、印鑒等，均予保留。底本有漫漶不清或缺頁者，酌情予以配補。

七、全書所收文獻根據篇幅編排分册，篇幅適中者單獨成册，篇幅較大者分爲序號相連的若干册，篇幅較小者按類型相近原則數種合編一册。數種文獻合編一册以及一種文獻分成若干册的，頁碼均連排。各册按所在各編下屬細類及全書編目順序編排序號。

六書精蘊

〔明〕魏校 撰

據中國國家圖書館藏明嘉靖十九年（一五四〇）魏希明刻本影印。

提要

《六書精蘊》六卷，明魏校撰。《音釋》一卷，明徐官撰。

魏校（一四八三—一五四三），字子才，號莊渠。明崑山人。弘治十八年（一五〇五）進士，次年授南京刑部雲南司主事，歷遷陝西司員外郎、廣東司郎中等職。砥礪品節，與胡世寧、李承勛、余祐善，並稱『南都四君子』。潛心學問，貫通諸儒之説，爲崇仁學派代表人物之一。著有《莊渠遺書》《大學指歸》《周禮沿革傳》等。《明史》有傳。徐官（一五〇〇—？），字元懋，號榆庵。明吴縣人。魏校門人。通醫學，書學、字學研究亦深，尤精篆刻。著有《古今印史》《經傳篆言》等。

魏校有感於『以隸書代篆書，六義亦墜地矣』，故撰《六書精蘊》，『因古文是正小篆之訛，擇於小篆可者尚補古文之闕』。全書分上、中、下三篇，每篇兩卷，凡六卷。參考戴侗《六書故》以義類編排之意，析爲十二類，第一卷象數、天文，第二卷地理，第三、四卷人倫、人體，第五卷宫室、飲食、衣服、器用，第六卷草木、鳥獸、蟲魚。所收字頭逾千，同類之中，以文字孳生方式編排，將形體相近或意義相關之字合併編排。其釋字體例，先列反切，次列釋義，間標小篆或變體，以參互校證。書末附徐官所作《音釋》一卷，對書中古今差異較大，或易誤、易混之字加以辨析。

魏校撰此書，志在復先秦古文六書之舊觀，以明聖人心法。蓋其意在通經明理，亦爲宋明以來治文字學者主流。此書於文字分類，雖有歸屬不洽之病，説解常不拘本字之義，多有臆説，然其治古文字之法頗資借鑒，可謂瑕不掩瑜，故刊行以來，歷爲學者所重。

本次影印以中國國家圖書館藏明嘉靖十九年（一五四〇）魏希明刻本爲底本，原書框高十九厘米，廣十四·一厘米。

嗟俗作嗟　之之　衰衰　也也　悳德　世世

六書精蘊叙

嗟周之衰。天王之弗攷文也久矣。秦以凶悳閏位。彊取文字而同之。乃後世惟李斯是師。先秦古文。則旣

閒間　者者　亣終　也它　画畫　卍萬　弜撰　㝵得

闕有閒矣。其別出者。多夘
國未同㞢書。然則文亣不
可攷與。曰。文者。非它也。心
㞢画也。所以體天地卍物
㞢弜也。古文光㝵我心㞢

所同然耳。心之所同然者何也。天然而然也。心學而明也。貫若一矣。古人之心學大以密。倉頡之作六書也。猶之伏羲之作八卦也。

剳剖　衜道　昜易　譌訛

若剳混沌而開㞢其衜昜簡。愚夫愚婦。可使與知。不知不足以言衜。乃其精蘊。則有學士大夫。不及盡知者。是故傳久則昜以譌。有

灋法　㫺昔　叓史　籒籀　葡備

王者作。議禮制度而攷文。心灋同也。㫺者周宣嘗攷文矣。古文㞢變而爲大篆也。叓籒所述也。文字濅以葡矣。開闢而後與有功焉

假彼　敢敢　莫莫　予予　根根

嗇也。心濾之微。傳畀否畀。今固弗能知。矧秦之斯。假何人兮。而其心乃敢曰。古亦莫予若矣。茲其己惡之根矣。大篆之變而為小篆

棼紛　叕更　昜易　孌要

也。斯實棼叕㞢。文字則大
葥矣。混沌㞢鑿也亦多矣。
秦以吏衞昜君衞。天下日
擾擾焉。程邈因是以隸書
代篆書。六義亦隊墬地矣。孌

亐手
桀桀
㝛宇
隄限
叶稽

㞢二人耆。同亐輔桀耆也。
校嘗曰。三代而上。一㝛宙
也。三代而下。又一㝛宙也。
自秦隄㞢矣。秦弗叶古師
先王。而歷代師秦以爲故。

惇悼　垔湮

詎惟六書也哉。校生千載之後。惇斯文之久垔。欲講亏上。因古文。是正小篆之譌。擇亏小篆可沓。尚補古文

贊贊　發發　諸諸

之闕。多病未遑。則爲之贊

發大義。以闡心灋。學者毋

滞于書。而博之天地人物。

毋徒求之天地人物。而反

求諸心。天機之不器于物

羕羞　涵洒　寍寧　忠志　乎乎

也。古猶今也。噫。天而欲興
斯文也。玆其濫觴也已。或
曰。師无衛秦。百代羕也。講
廢斯篆。一涵空出。无寍慊
亏忠乎。曰。斯篆亦詎能盡

彡參　盤盤　盂盂

廢古文。今亦何必盡廢斯篆。天王而攺、文也。亦惟祖頡而彡諸籒。若盤盂書。定而㞢一。斯篆可省取㞢。其不可省釐正㞢。惡而知其

㝐容　俻俾　𢀸失　埽掃　緐繁　㣪復　帰歸

美曠若天地之无容心焉。

邈隸亦也修之。與俗变之。

翻篆而楷。俻无𢀸六書。埽

官府之緐苛。交書籍之叛

經離衛沓。㣪帰民于樸。毋

琱琱

或琱琢其天。或曰。噫。信斯言也。古衜可還也。六書云乎哉

六書精藴緫目

目

地理

弟三卷

弟三卷

人倫

人體

弟六卷

艸木

鳥獸

虫魚

音釋　附後

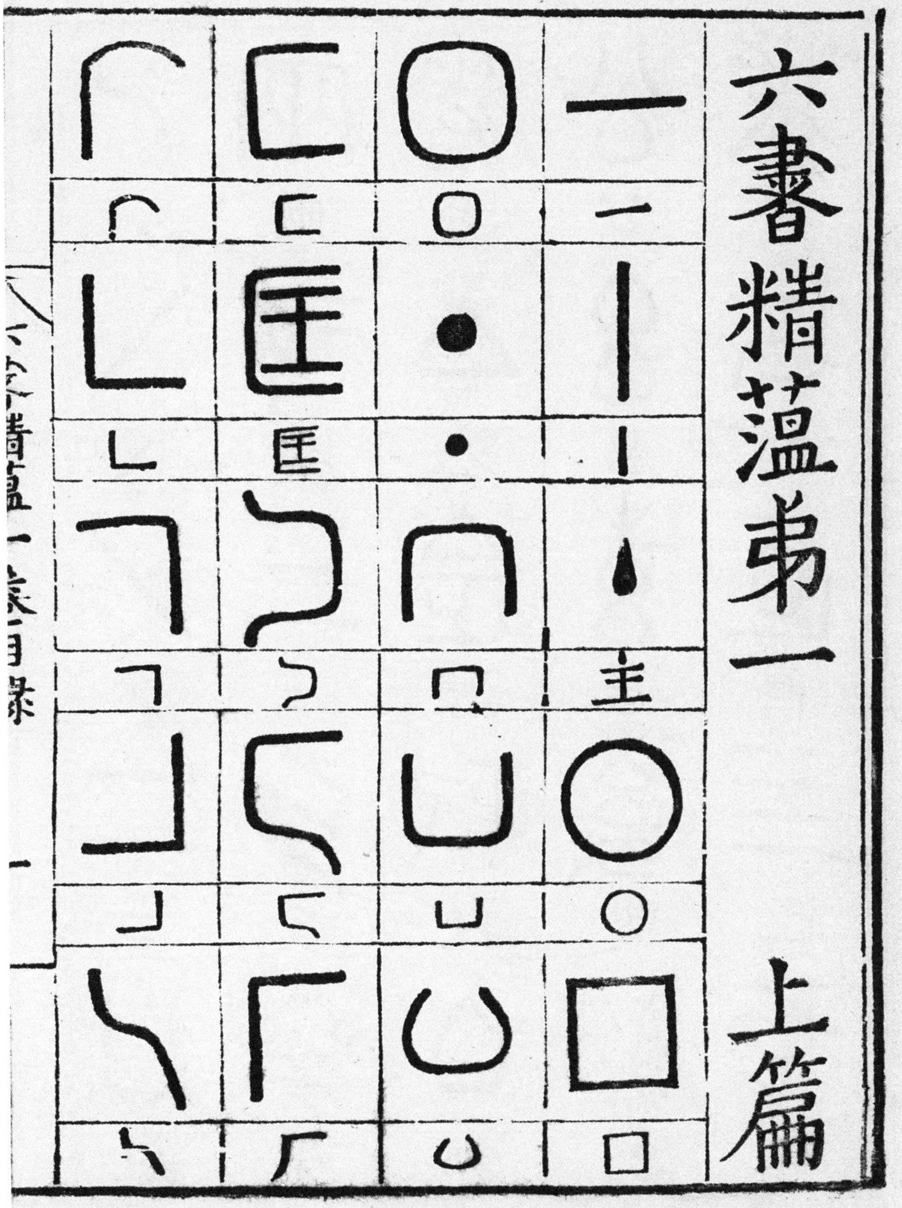
六書精蘊弟一
上篇

幾	公	參	兩	㇀
凵	幺	亼	次	㇏
直	叀	瀍	三	丿
三	專	政	彡	二
气	𢆶	和	参	从

六書精蘊一卷目錄　一

百	九	六	文	氣
皕	十	七	彣	揀
千	廿	八	武	五
仟	卅	別	質	㐅
卍	世	朩	份	爻

貫	後	卞	故	萬
天	徦	釆	奇	[illegible]
地	此	内	耦	古
亏	中	外	上	今
宙	沖	肯	下	新

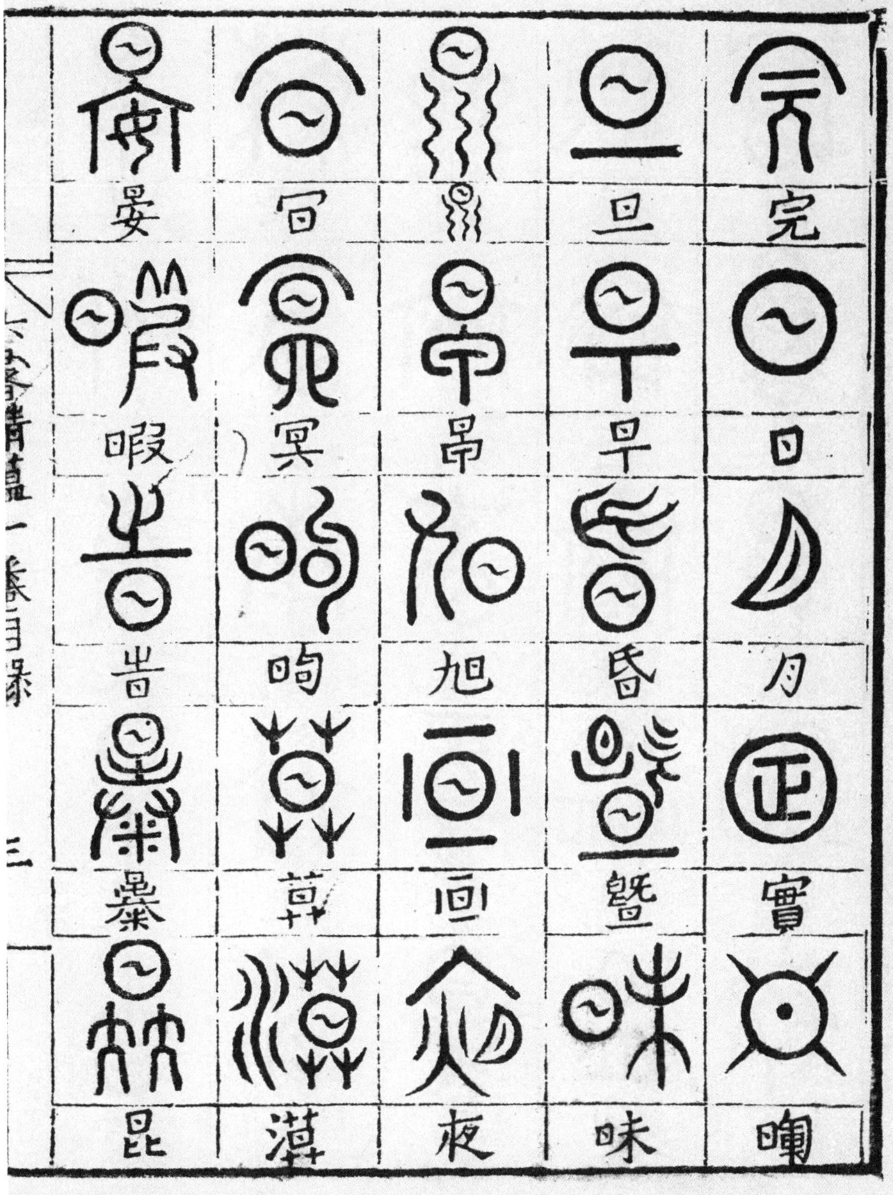

完　日　月　實　暉

旦　早　昏　暨　昧

㬎　昂　旭　亘　夜

冒　冥　昫　莫　漠

晏　暇　昔　暴　昆

六書精蘊一卷目録　三

旱	旰	東	杲	杳
𣘻	卥	南	北	背
[illegible]	向	㫗	㬪	夒
秋	㝐	寒	温	昷
曆	晷	㬎	顯	敥

易	有	晦	闇	徽
昌	无	朔	暜	敫
簡	閒	望	夕	徼
昜	明	霸	朝	旲
陽	昜	朏	晴	暗

霝	[illegible]	[illegible]	信	昜
回	云	[illegible]	剛	乾
囘	雨	[illegible]	柔	侌
盤	需	晨	健	陰
[illegible]	雩	風	順	[illegible]

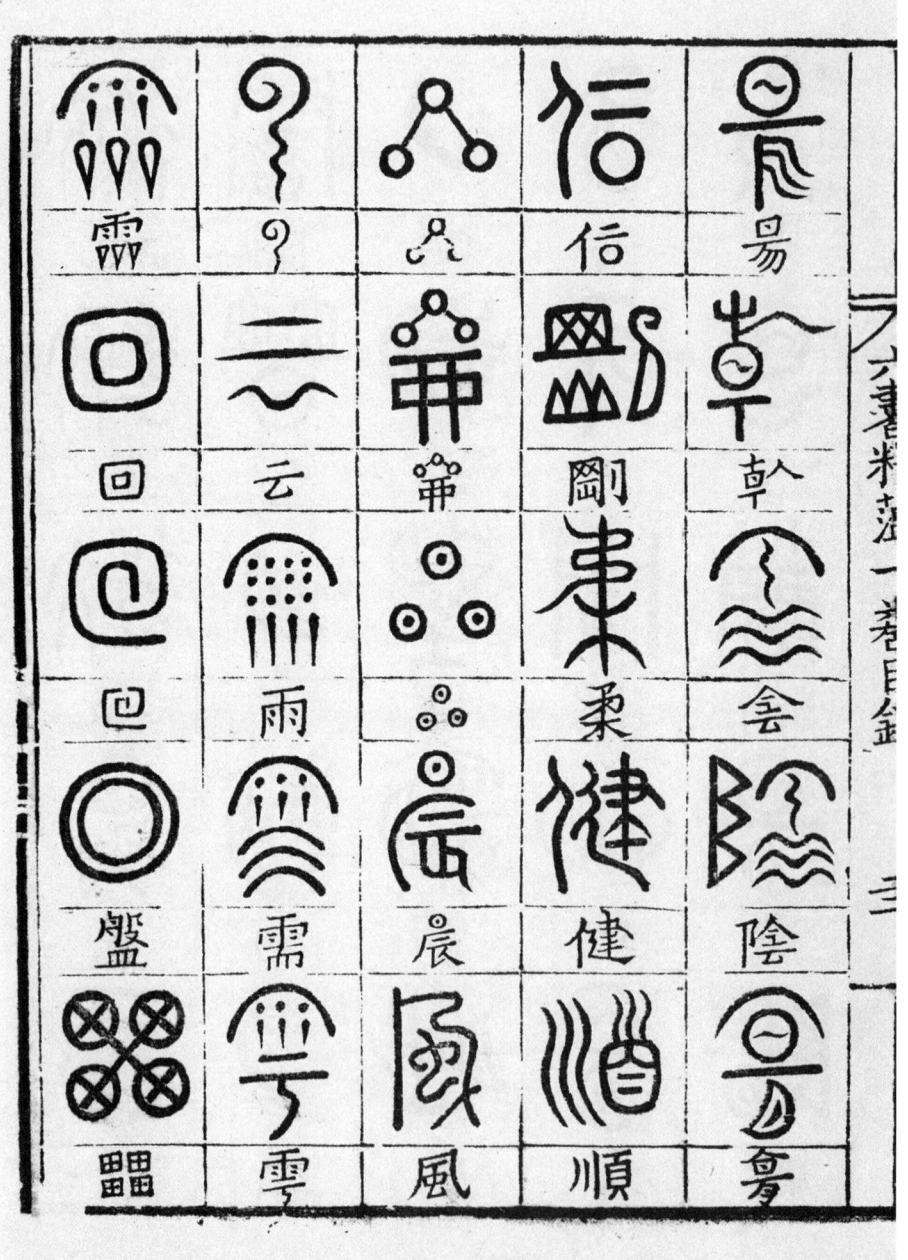

電	虹	熒	⿱壴火
露	火	光	燮
霜	炎	煙	炅
霻	焱	灰	照
雹	⿺辶炎	⿱聿火	

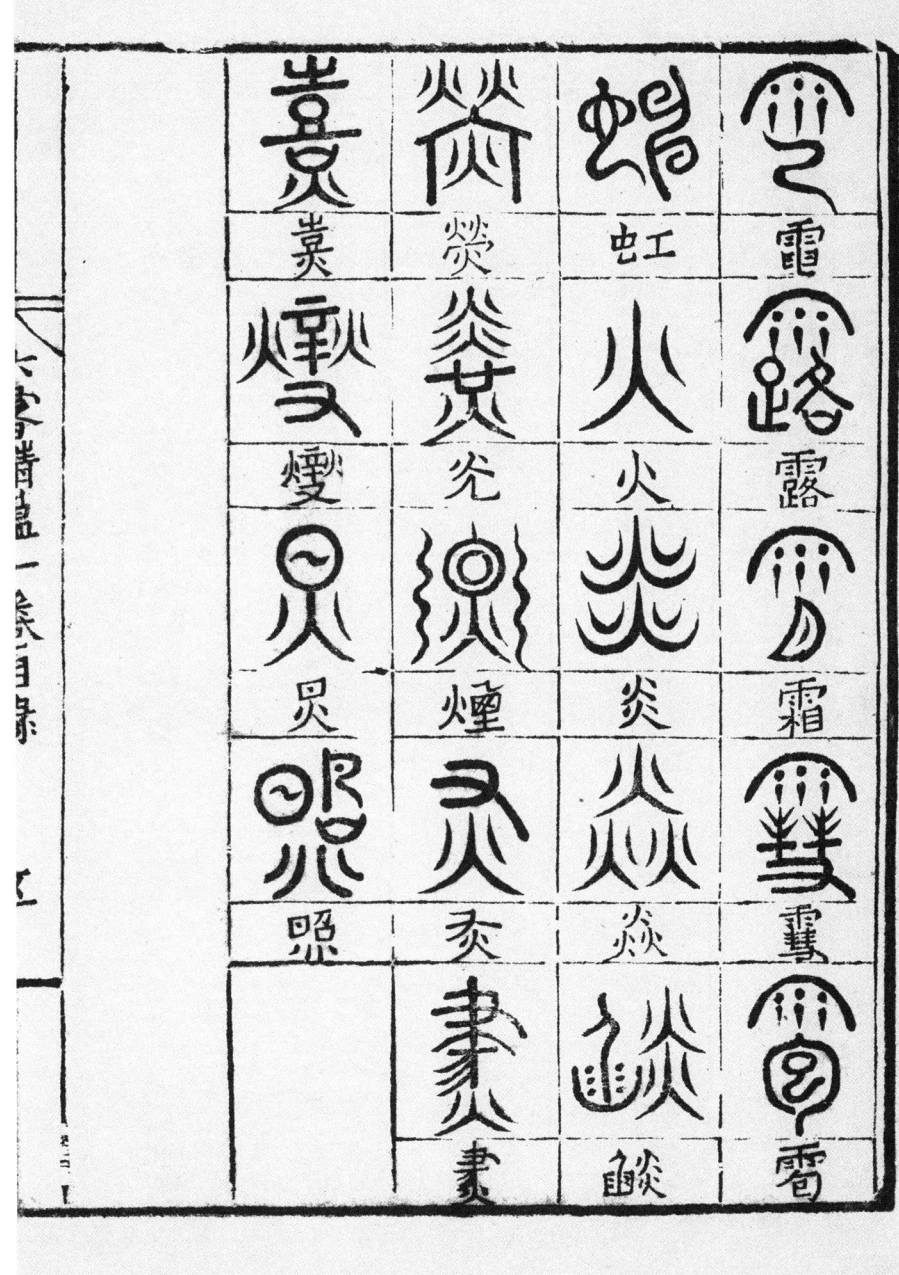

一卷目錄畢

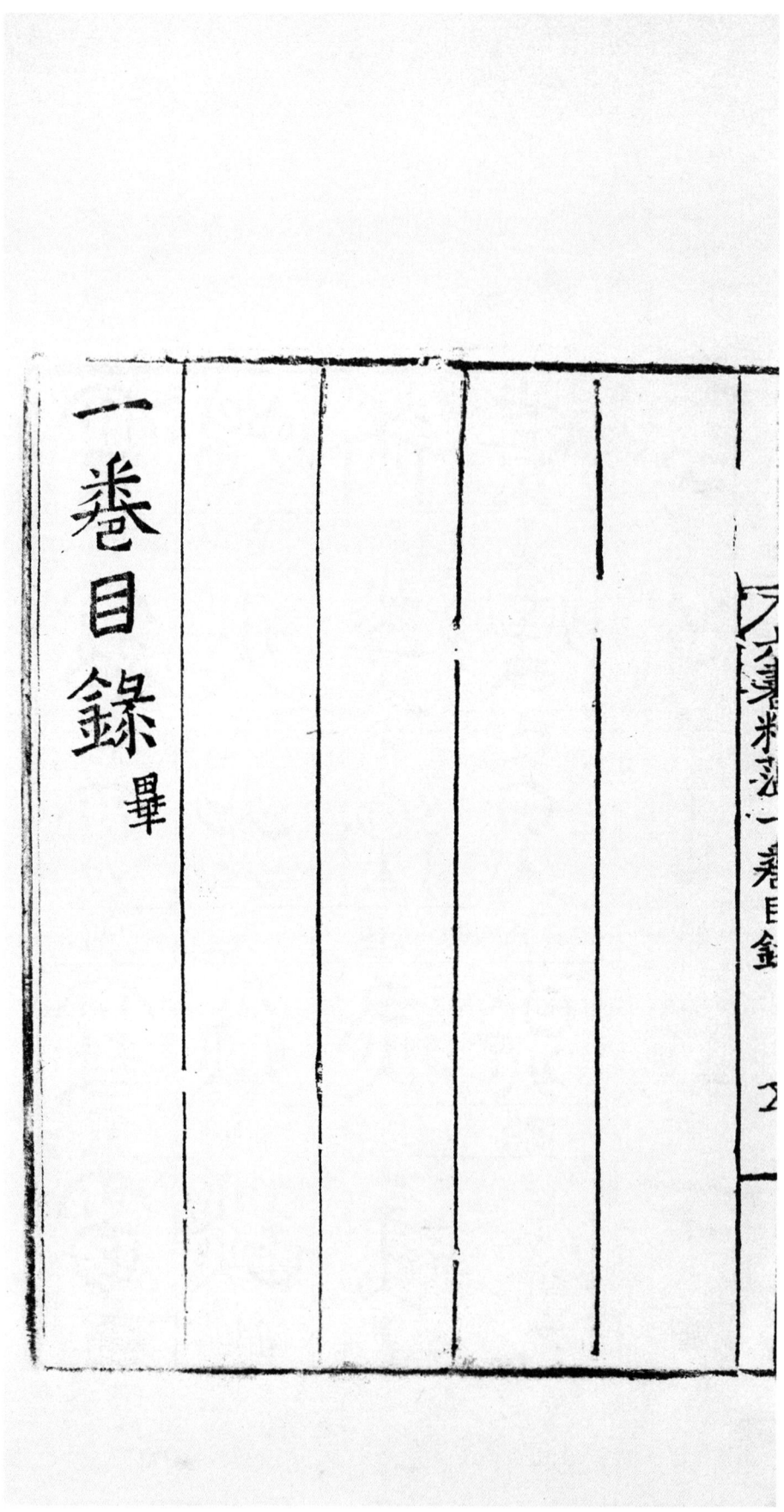

衜俗道㞢也气昜乎𠤎僂𠂤亐从者
化　之也氣陽乎萬復齊于從者

六書精蘊第一　上篇

一

一。於悉切。衜㞢統體也。天悳㞢純也。形气㞢元也。數㞢始也。昜㞢奇也。衜超乎无形。太一亦彊名。曷何可象。生天生地。𠤎物以兹。數夥不可僂𠂤。反而求㞢。未有不始亐一也。是故象其自无而有㞢形。伏羲卦爻。倉頡文字。咸起自一画矣。一从何起。从吾心混沌㞢也。學而致一。反亐无迹。一爲字㞢大母。又爲画㞢大母。其在上者。若天葢形。在下者。若地載形。

在中者若人負荷形

紎縱　天失　侌陰　太立　燚然　ㄆ左　又右

丨

丨。古本切。上下通也。天悳之直也。此一之初變，衡而縱之。亍定體也。變而爲丨。以應用也。象一以貫之。敬而无失。至大至剛，以直義之。画一奇一耦。侌昜立矣。顛之文。一衡一縱變化行矣。丨爲画母。然惟在中。埶若頂天立地。移而置諸ㄆ又，則不能而埶亦稍斜矣。情有向背也。觀此。可以知人衜矣

丶主　遐退　㝵得　也它　點點

丶

丶。知雨切。心之神明。實主我身。居其所不動而應凡物。象天君奠位之形。此自一而叅之。遐藏于密也。丶。神也。不㝵形則不顯。故配也字乃成文。若惟以形取之。則在畫母謂之點。遺其神矣

包包　渾渾　宗寂

○

○。王權切。天之體也。天地未闢。象混沌之形。光天也。天包地外。象玄渾之形。後天也。心之宗。其混沌乎。有感其開闢之初乎。此自一而昭合之。渾渾无際。太極全體。人心天虛本來

奺死　拘拘　王玉　箸筋　㑺便　伦作　涽活　罡平　圅函

如昰圜亏形器。神滯則奺。古文妙若天縱。小篆拘拘王箸形。凡□○皆爲□體。取㑺亏書。大義遂隱。別伦圜代○。夫古本諧○聲。睘又諧古聲。今反以子生母。眞顛倒見也。故特改而正之。以从其朔。凡○皆天衜也。故畫母惟○最神。隸書无○。故不涽。

□

□。府很切。地之體也。从○而矩之。廣博罡正。象地三維之形。此亦一之變體也。人心內直則外□。易曰。君子敬以直內。義以□外。愚觀古人○□二文。昰能圅蓋乾坤者也。小篆皆

借 它　灋法　表表

廢之。後世多借用方。或誤用匚。古人之心画
隱矣。或曰。小篆有□无○。然以也文攷之。表
之从○也。韋之从□也。觀其諧聲。義自見矣。
獨未嘗有諧□爲聲者。豈本无其文與。曰。田
从□會意。開□瀼出焉。画又从田會意。画也
者。画田之三至也。非□而何。故特爲之表出
以補千古之闕文。凡卂物自然成□者。用此
以爲画母。靜而正。地之衛也

□

□。羽非切。周而繞之也。从○而徼□之。以象
六合之形。範□天地也。愚按自丨至此而一

函函
析折
丸
爂黑
褱邪
乁彈

㞢變極矣。〇函三體。□函三體。〇則又函六
與八矣。引而申㞢。轉而析㞢。其變可以无窮。
俗書作書。𦘠本从〇。諧聲。今反以其聲諧
而爲〇。迷厥初矣。〇沓。圈也。體隸□〇。故靜
而肴動意。凡成亏人爲沓。用此爲画母

●

●。胡官切。物〇可轉沓也。體如渾天。而其文
乃象天地爂暗形。亦象初混沌形。又象人心
褱暗塞形。何也。曰。以其形似也。⊙字从此
爲画母。乁。●乁字从此爲字母。小篆通用凡

沂折　𠂹垂　類類　縣懸

冂

非。反仄為[illegible]。人在厂内則隘。轉其身出外曠如也。在人自處何如。冂下从反人亦非冂。莫狄切。从巾覆物禦塵也。而其形乃象天體乎覆地上之形。衛在器中。无大亦无小也。夫惟潛心。乃可體衛。此自一沂而下𠂹。〇之乎體也。凡冠類从此為字母。或縣若倚蓋。或冂若張幄。皆用此為画母。同一天覆之體也。俗書不知冂義。贅作冪幕非

贅贅　承承

凵

凵。區匊切。受物之器。局于一而不能相通也。从冂而反之。象地體承載之形。虛其中者。當

凷專
王玉
卬仰
孟孟
偺借
負魚

其无。奇器之用也。凵乃本質。籀文作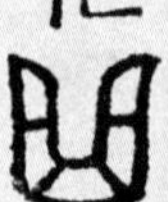。則文勝矣。世變亦可占哉。惟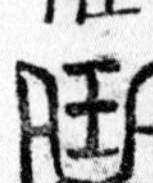當从籀文。音義如櫝。凷以藏璽王者也。凡字在下如卬孟者。用此爲画母。同一地載之體也。偺爲音凵之凵。自成一章也

凵。杏負切。盧飯一小器也。而其形乃象天體半在地下之形。所謂何其愈下而衜存也。此又凵之變體也

翻勢　頃傾　𠂇左　𨷲絶　䕻畜

贅贅

匚

匚去王切。受物之器也。从凵而側之。地翻東頃。故𠂇有受義而其形乃象闌𨷲。𨷲何也。曰。翻順翻為逆翻。則所蓄聚多也。凡匯匽等字从此。闌𨷲之翻也。匯匧等字从此。㔷受之意也。别从竹非。籒文作。加从飾也。靡矣

匡

匡。正救也。一正君而國定。故从匚从王。大意。俗書不知匚義。反借用匡。復加从竹。附贅多矣。或从㞷聲作。蓋未知格君之義也

稟糠　又右　旻得　𠙹箕　涽活　𡆼西　収收　鞎邪　萁稟　譱善　昜悖

叵。布火切。颺米去稟也。此自匚而反之。又旻翻而順。故象反𠙹出物之形。與藏物相反。𠙹如覆形。叵以致用。因用以名器。叵之則爲𠙹。布過切。加米于中。字彌覺涽矣。今夫𡆼方主収也。物所入也。而以出物取義。何鞎曰。己萁告成。美惡樸陳。沙之泰之。乃旻其精。人心譱惡而混。非一肅殺之。何以歸藏矣。此反无之功也。小篆从箕作簸。何其不憚煩也。匚與叵。同爲画母。順之則若相親。易置之則相背。可以觀人情物理矣。逆順无常。翻變易隨尚。

漏　胠它　析析垂

匚䚘逆也。字成而順。丁䚘順也。字成若反。訨可執一哉

匸

匸胡體切。扁物也。匸與匚形近佀。而意相反。从匚轉注。匚形正口。故爲藏物。匸形下衺。其藏不固。故爲扁物。若胠匧而出之矣。惟㔷匽二字从此也。皆从匸隱之。正大偏小。亦若是矣

厂

厂負幹切。画䚘反。析而下乑。其義何取于水厓。曰地䚘昆侖爲首。西北頃而東南。水匯成

翰潮 野野 侮侮 𠆢广 亂 气氣

海。地𨹎若不滿陂。故象有盡形。𡰪會厂意。海翰逆上成鹽。𠳩尺切。厈諧厂聲。犯上而野。厂亦有倨意。俗書从厈作岸。厈用嗲𢽾彥亦會厂爲意。艸野倨侮。能以文自脩。故爲美士

厂

厂負芟切。山𨹎壁立。下有石洞。如屋可居。故象其形。从𠆢𠆢變體。天人異制也。而音義相同矣。厂與厂異義。𢍏亏濟𤔔石。从厂甾。厓从厂甾。因用爲山𡳿厓。涯。崖。嶃也。嚴。諧厂聲。㢘重也。敕急也。从吅。从嚴省。三鼓作士气。致其精明。還使自定也。小篆省文作嚴

昜陽　乡左　昇具　回囬　𢇍絶　頃傾

乚

乚。於謹切。亟翻順析。㒵取亐藏何也。曰。東北沓。昜方也。昜出而未盛。卍物猶未相見也。故地翻反爲幽陰。因取乡僻蔽藏爲意

𠃍

𠃍。昇太切。亟翻順析而下乑。其義則逮也。西南沓。会方也。亐昔天地不交而否矣。古文不亐是取義。因就人事輓回。而取上逮下爲意。夫上下出縣𢇍也。皆自上始。自上下下。則邇而情親。可以頃否爲泰。觀古人出取義。不大聲色而能整頓乾坤沓也。及字从此。復加以

譌訛　存終　収收　目睾

又。則有汲汲意焉。傳寫既久，譌而从刀。

亅

亅。當矦切。止之力也。西北者，凡物之所存也。畫斜反折，居字之存，是此則力凡鈞重也。故取収住之意。後人不知亅義，多借用兜。

乀

乀。分勿切。畫目前而順轉向又也。何取于拂？天衞暑交于会。自東南而入西北，暑生之会，从止之，拂而遂也。

朋

乁。匹蔑切。画自首而逆轉向𠂇也。何取于朋。地衜柔交于剛。西南得朋東北喪朋。故爲朋弃之意。然而乃存有慶在此

勢

乀。弋枝切。画自直向又也。天衜𠂇旋。起于東南角亢。而存于西北之室壁。其于勢也順。順故易。故取移徙之意

嗟

丿。余制切。画自直向𠂇也。地衜利西南不利東北。其于勢也逆。逆故難。故取徐曳之意。嗟

頫俯 印仰 包包 函函 齊齊 參參

六書精蘊 卷一

夫上下者。天地升降之位也。厶又者。日月出入之門也。人物茁其閒乎。頫印向背已態也。能自外于侌昜乎。古人制字。先為画母以該无窮之變。猶之羲皇始太一⚊而包函无盡藏。又画一⚋以為之匹。而變化不齊矣。是故一以為之宗。丨也。●也。〇也。□也。口也。皆一之正變也。至•而窮。冂也。凵也。匚也。コ也。是其變之半者也。至乚而窮。𠃊也。乚也。㇆也。亅也。偏側而出。乀也。丿也。㇏也。丿也。相將為奇衺矣。是乃靡弗齊。其出。參差貞元會合安能勿遷。

㖮 活
點 點
玅 妙
倍 倍

夫字㖮者也。配合而成字。画可移而上下也。竪可移而幺又也。點可正可側也。圈可内可外也。析可短可長也。字成則若飛動矣

二

二。而至切。会之耦數也。自一而重之。画如其數象形。天地闢而成二。太一肇判。其定體也。会配昜而爲二。合同而化。其玅用也。羲之画。判一爲二。昜全而会半也。頡之文。倍一爲二。昜數常少。会數常多也。是故聖人貞夫一

積積　乘乘　存終　五之　屈屈

从

从。良獎切。衍地二之數也。因二而縱之。象錯綜之數。復岐其下者。一各函二意也。天之〇也。徑一而〇三矣。地之□也。徑一而□三矣。自其積數者乘之。地反贏于天。以實數歸之。三一各一。還見本數。三合二一。止見半數。地數存古五也。一體而贏縮互變。凡事屈申。誠假假矣

兩

兩。二相匹也。太極生兩儀。惟一孔神。歷兩何化。兩也者。分則成二。併則合一。神乃憑焉。化

冗萬

由是出。自天地，以至卍物，未有无匹者。惟衡
无匹。兩之義大矣哉。以其形不可象也，故秉
會其意。黄鍾之數，其重十有二銖，合二十三
銖成兩。从冂。象權衡在縣也。从从。取乡又各
重十有二銖也。十有六兩成斤。兩其八也。鈞
石亦如之矣。加一倍㶟也。別作兩，加一其上，
非。凡爲一車兩其輪。故每車命之曰兩。俗作
輛，非。

肯前
忠志

二 

次。七亖切。物之亞也。止而不肯也。从二从欠。
亏義云何。曰：此策人太忠也。至靠也者，第一

義也。裁落第二，亏衛為不足矣。讓第一義與
人。此之謂自画，此之謂自弃，何昰為大丈夫。
因義用為次第之次，次止之次

葡備

☰

三。酥監切。天地人之數也。自一而再，重之三
才葡矣。画如其數，象形。一之二，二者之会也。二
之三，会者參和也。三之己物，之之无窮矣

彡

彡。倉含切。衍天三之數也。取三画而少斜之，
指其錯綜以明義者。一会⚋，分一之半也。天

𤔔亂　峯湊　幵弁　㚘並　臤賢　𧯛鼓　須鬚

○地□□在○中也。詎有地數反贏亏天。曰此生亏形而後也。号虛会實。積之則多。是故治少而𤔔也多。善少而惡也多。封則然矣。反本而求之。号全会半。二非湊補。不能還一。三既合幵。祇旻成兩。是故会衜有虧。而号无加損焉。理定故也。因之爲彡贊之彡。人與天地㚘太爲三也。聖臤不虛生。天地必有與太。人乃眇乎小之。是自同亏禽嘼也。因形借爲毛飾畫文。所衜切。彰類从此爲母。彡豆之从此。取其數也。須之从此。肖其形也。但用爲画母

而已

曐星　𢌬兵　緐繁　聯聯

曑

曑。所今切。曑七。晶象白虎本。其下三。晶爲伐。
从晶。太類。其下从彡。象伐之數也。而有動意。
西方肅殺者也。不可以動。故曑動則天下兵。
恒應將帥。然而明潤則臣忠子孝。何也。此固
天地之義气也。小篆从参化曑。義不可訓。
蓋傳寫之譌。因形轉爲曑。差之曑。丑森切。三
相匹爲彡。三相襍爲曑。晶之緐也。知者以爲
一气聯絡。不知者則見謂以爲混襍焉耳。別

从三作曑非

𠂹垂　枽葉　𠂇左　𠂹承　沲沱

差叉兹切。网不相値也。从二。與㕘同意。㕘三相鐕也。差二相鐕也。其从𠂹从𠂇。何也。艸木枝来交加。不正相當也。若其相避。則象不𠂹之意。二譌而从工。因𠂇之誤義。从而晦引而申之爲等差。爲差擇。量才而賦之事。謂之差使。俗音初皆切。葢𠂹方言也。轉爲楚懈切。較小異也。病愈謂之差。較可也。俗爲差池之差。讀如本音。轉爲倉何切。差沱二音俱別。皆謂

肯前　卧臥　劦協　旻得　賸剩

遲滯也。一肯一後。卻不行也。俗作蹉跎非。轉爲倉卧切。九數脊差分重差術。皆因其不行行之也

△

亼。秦入切。劦和也。人與天地參者也。合三才之衡和。而同之以贊化育也。象三合之形。雖然。猶未溥然乎。曰論是無過高與。曰是難言也。閒諸程伯子云。言合天人。已是賸一合字。又云。衡與物無對。大不足以名之。識是則天地之用。皆我之用。茲其溥然同體乎。此又參

玉王网緫㪚巫
乏紀綱總散平

㞢變體也

法

灋。方玉切。國之王网也。官府之所守也。从△从正。緫攝天下人心。一帰于正也。否且民㪚矣。引而申之。則效亦謂之灋。小篆作灋。从水。巫中準也。从廌从去。觸衺也。義辭若迂。古文簡而明矣。省文作法。于義何居

政

政。之盛切。政者正也。所以正人之不正也。光自治而後治人也。从正。不問可知矣。其从攴

𦣧苟

偒便
㝵厚

譌訛
俾俾
攴扑

○圓

○

何也。夫政非苟衜也。必也久亏其衜而天下化成。三代而上。爲卍世開太平也。三代而下。趣一旹之偒也。書云政亏。悳惟善政。政在養民。水火金木土穀惟脩。正悳利用㝵生惟和。九功惟叙。九叙惟哥。戒之用休。董之用威。勸之以九哥。俾勿壞。兹其可久之衜乎。舊譌从攴从攵。是知禁民而不知反己也。惡乎正

厶。今通用私。息夷切。自營也。利亏己。不利亏人也。古人洞察心術之微。特爲不○不□之

殸 殻　巫 平　𩅰 廓　慶 爵

形。示人以意。○者。天衢也。口者。地衢也。今也反之。是从吾軀殻上起。非天地正大之情也。

此又厶之變體也

公

公。古紅切。平正也。厶生于自營。然而徇之。則是禽獸逐逐于欲也。从八从厶。別而去之。廓然天地萬物同體矣。營吾營也。去吾去也。爲仁由己而由人乎哉。克慶惟正。公爲之首

幺

幺。於堯切。賤惡之稱。人與天地同大。自營爲厶。眇乎小矣。今也厶之中。復有厶焉。則是小

包包　羞羞　甚甚

中徵　旨舉

專邪

壹壹

而彌小。其爲包羞甚矣。凡从此者。不旻其義。

弗畀相變則畀相變矣

叀。職緣切。謹慤也。心主于一事也。从屮从幺者何。曰。古人以小以況大也。匹夫匹婦。一行愨篤。亦可通于神明。引于精誠之極致。或問叀與敬何別。曰。敬。主一也。其心虛。叀。執一也。其心滯。小篆變體作叀。義从而晦。俗書誤用專

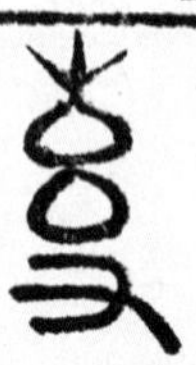

專。徒官切。結誠也。叀壹則有聚義。从又从叀。取一握之意。周禮其民專而長。小篆譌而从

墨墨

𢆶

又說，者指爲六寸簿，謂上㞢謂也。俗書从〇作團，从心作慱，从手作摶，俱非也。

𢆶，於求切，暗塞也。人也遂至于幺，是无善惡㞢心也。今也幺而又幺，人心惡極，冥暗若墨。乃萬乃禽，冥頑不靈，曷稱爲人。凡从此者，不旻其義，弗與[篆]相變，則與[篆]相變矣。自〇而重㞢爲幺，自幺而重㞢爲𢆶。世衜降而愈降，人僞兹而又兹也。

兹滋

[篆]

幾，居希切，察于微也。人心混沌初開，欲判未判也。善與惡是爲天倪，惡與善是爲人寶，尚屬有

辭朕 杳透 肎肯 凷曲 乆仄

无出閒。其在事幾治變方有其辭而未形也。洞察其微。則全體爲出穷杳。易于爲功。是謂通天徹地出學。制字者。謂此事一關隘。故从88从戌 大意守關者。物色于疑佀。把住不肎放行。雖有潛匿息矣。僭而爲殆詞。險絶也。爲期詞。取必也。爲近詞。逼迫也。轉而爲不知多少出詞。居里切。皆因幾而出義也。俗書幾作譏。乎其本義也。譏也者。以言刺人也

乚

乚。隸通用凷。區匆切。凷與直相反。由其直則爲公爲正。由其凷則爲偏爲衺。故特爲㱿矢

乚隱　眡視　瀆瀆　倍倍

之形。示人以意。此又𠙵之變體也。人當如之何。曰。正𡇍爲直。正直爲正

直

直。逐力切。正之體也。㣲上㣲下之衛也。从十从目从乚。㫐何。曰。人心不正。褱念纏繞之也。乚㣲之際。恒如十目所眂焉。内其脊不直乎。此㣲上㣲下之功也

三

三。息瀆切。自二而重之。畫如其數。象形。若昜之太極生兩儀。兩儀生三象矣。是故衛也一爲宗。數也倍而出。小篆作四。从𠙵變體。象形已明。會意反晦

乘乘　稟稟　迭迭　○圓　還退

气

气，去既切。理之所乘也。本之但一物。末殊而爲五行。稟籥凡化。何以止象其三。曰。三象。體數也。播五行于三旹。迭爲帝者也。土也寄王。无專位焉。實則三耳。何言乎五。曰。用之奇耦。兹造化之所以爲○神也。言乎相生。木之生火也。少易進爲老易也。金之生水也。少陰還爲老陰也。還極則進。水是以生木也。進極則還。火之生金也。固當易進也。彊。陰還也。弱。火亢而金伏焉。斷而不能生也。藉土沖气續之矣。言乎相克也。陰重濁而易輕清。金之克

䡹斡

訖訖

木也水之克火也皆會勝易也火之克金也僅老易而勝少會同水之老會尋之能勝也非土沖气䡹與制之土復受克于木以洩其气是故五行闕其一則弗能流通矣天地之塞在人爲體之充故曰委和无帥則若悍馬小篆省文作气又用爲求气之气轉歟訖切

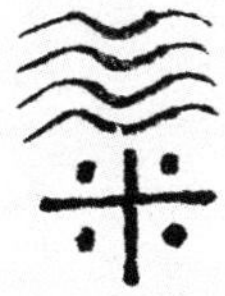

氣以食物饋人將其敬也从米气聲米食之主也聲重爲許意切後世不知气本象形反

乜它　叒更

僠用氣別制𩙿字代之。乜經皆爲俗書所叒。惟周禮古文尚仍用氣。注家謂當作𩙿。習而不察也。秦焚六經。存者已夭眞。漢儒以隸古定。唐悉叒以俗書。傳疑傳譌。可勝嘆乎

揲揲

揲。食列切。數蓍策也。掛揲與過揲相乘除。會昜仮分。取三画而生動之指。造从在乎手也。昜曰。大衍之數五十。其用三十有九。分而爲二以象兩。掛一以象三。揲之以三以象三旹。歸奇于扐以象閏。五歲再閏。故再扐而後掛。夫蓍之悳。○神者也。是故不用而合于一。用

兆兆　坼坼　乂五　彡參　从兩

則虛一。其分之也而掛一。每揲之數也必三。而卒反于一。濾自然也。雖然。其猶未若兆于。一坼而成。混沌忽爾開裂也

乂

乂。阮古切。天地之中數也。乂行之全數也。數之小成。大衍之始也。天數三。地數二。合而成乂。故取二画交互之。以明彡天从地之意。此二之變體。而會意所以始也。古文變體作𠄡。加二画以象天地

纵縱

乂

乂。魚廢切。自治而刈也。取于斬艸太義。故象交刀㞢形。纵有纏繞。其如我一切何。觀此可以助克己㞢勇。此亦乂㞢變體。取〱二画而合㞢者也

齊　要　參

爻

爻。胡茅切。卦画也。易曰。衜有變動。故曰爻。又曰。爻也者。效天下㞢動者也。雖凡有不齊變不越会易兩系。爻易變易而已。故其文自乂而重㞢。象參伍錯綜㞢意。噫。吉凶悔吝生乎動者也。皆後天也。惟靜爲先天哉

衰衰　陊墮　　素

文

文。无分切。倫理明順也。物相錯而成章也。从衣建皆。下象其經緯㞢形。布帛自然成文。天下㞢至文也。此爻㞢變體也。大而經天緯地曰文。小而一字曰文。又爲文武㞢文。爲文質㞢文。悳明。文也。悳威。武也。文武一術也。樸素。質也。英華。文也。文質相成也。上古太樸。浸開而文明。暨周盛也極矣。爾後浸以澆薄。文曰潎潎焉。誠慤歉于古。文不可殺也。則勉彊以行㞢。雖然。末矣爲君子也。悳又下衰。于是乎佁僞以赴㞢。方且揚揚然旻遂。陊于小人矣。

灻赤　要　根

孔子之衰世恆欲反樸以還其元。學者其毋喪赤子之心哉。若也後世之苟簡恣睢。一夫夷狄。再夫且禽獸矣。而諉曰任吾天眞。何其无忌憚哉

彣

彣過乎文也。實不足而華有餘也。忠信自此薄矣。从文而加以彡。指人僞所以始。別乎天然之文也。慨自開闢至乎今。巧慧日滋一日。言語日靡一日。要之風气澆漓也。天下倶已徇末。欲歸其根。不亦難乎。求爲聖人。非復完混沌不可。何謂混沌之學。曰盍反其初。赤子

破

生在母胎。諸竅胳合未開。有以異乎混沌乎。曰。无以異也。生而未孩。不識不知。混沌尚全否乎。曰。猶然全也。及乎始誰。浸而有知。多知乃雕。諸竅日以外馳。爾昔何如。曰。鑿破混沌矣。何以能復完乎。曰。富質少文。務實去名。聚精凝神。篤吾爽誠

旻得　虩暴　止步

武。文甫切。惡威也。太上神武不殺。其次殺以止殺。弁以威民。豈旻已哉。然而黷之。則自爲虩。非禁虩也。故象其事。爲止戈。偕爲冠武步武皆取下武之義。自古能成武功者。皆上帝

右佑　默默

變亂　𡿺腦　好好

所右也。其心欲安元元。默與上帝心合。是故不耆殺人者。能一天下。耆殺人者。人亦且殺之。知勇而困者多矣。天地大德曰生。殺乃上帝所禁。大不祥也。然則武可廢與。曰。不可。備弛則變生。毆不教之民與戰。所謂塗地多矣。司馬灋曰。國雖大。好戰必亡。天下雖安。忘戰必危

質。職日切。物之天然也。尚之以文。質若曾而美。文過則損其天眞。古人深知文與質相成

王玉　叚假　譱善　制制　肉肉

而文常勝質。故从貝定意而諧所聲。今夫金
王至貴重矣。必有待于追琢其章。惟貝瀾然
天成。无叚于賁飾。取義于貝。示人以存天眞
也。以其爲物之體。故爲實。爲主。爲正。爲成。又
因之爲氣質之質。形而後氣質用事。譱反之。
則成性存存。僭而爲質。制之質。轉枝義切。爲
執質之質。又王三帛二生一死。凡以將吾誠
也。亦通用摯。俗作贄。非。又爲交質之質。頃危
之俗也。故曰。諸誓不及五帝。盟詛不及三王。
交質子不及五伯。所。所肉砧也。从二斤會意。

砧即所㞢轉聲。因用爲伏所㞢所。俗書乃混用質。又加金作鑕。迷其初也。所不以荆人爲義而取義于層。尚求古人不忍㞢心哉

葡備

份

份。悲民切。悳充也。質文葡也。从人从分。取人能盡分爲意也。𢡖分亦難盡矣。今夫文勝質也者。損其天眞。自虧其悳者也。質勝而少文也者。天眞雖未壞。中悳猶未滿盈也。充積也久。篤實而有暉光。若从混沌開出。必如是而後能盡其性分。此㞢謂悳成。厥惟艱哉。始學

暉輝

艱艱

㪚散
叜更

者當如之何曰完養吾樸小篆从彡作彬
是有意于文飾也㪚其太樸者也古文論語
曰文質份份今作彬隷書所爲也其从文武
作斌者俗書之繆也

六

六力竹切太陰之數也兼三才而兩之也自
三而重之則爲☰矣判之則爲☷矣故取于
六合爲意象陰陽雖分而上下三方混爲一
惵嘻意古人之心画其闔闢造化者乎

七

七親吉切少陽之數也此亦二之變體以數
奇雖象則會其意二是互成七其進則爲老

函函　槩拔　承承　専專　剖剖　細細　卪節

易。乃取乂之二畫。定其一以當乂。斜其一未定以當二。而九數函于中矣

八

八。博槩切。少含之數也。自三而重之是八。以積數之已多也。形不可復象。八與六相承。六取二气雖分而猶混合。八専取剖分中復細剖分。故界六下二畫而背之。以見分者不可復合。天之三者乎。細而分之。斷八卪矣。地之三維乎。細而分之。斷八方矣。在易則三象之八卦。八卦而小成也。此亦二之變體。以其形相背也。凡从八者。多取分辨爲義。其但从六

下二縱画省。惟取乂又之義而已

八

小必列切。分辨也。衜之密微。其差豪氂。精之又精。洞研其幾。从二八省。因八卦而重之也。其經卦八。其小六十有三。又倫惟夫婦稱小。天地定位。会易大限。不可踰也。小之則爲小。避列切。各有定分。毋相侵也。因俗爲離小之小。今通用别

介

不。居隘切。辨于幾微之間也。堅正不移也。从人从八。象嚴于義利有分辨意。不使不義加

𣏟析

𠂆左

𠂇終

乎其身也。惟其𣏟而精㞢也入豪芒。故其獷而充㞢也塞宇宙。因而爲肰不㞢不。有光大㞢義焉。以其形有𠂆又。僭爲實不㞢不。不也者。副貳其實者也。實主𥿮不以相見。故又爲因義。不者禀乎有不可犯㞢色。故又僭爲不胄㞢不

九。𦬸有切。老昜㞢數也。老變而少不變。七少也。故取七㞢二画而生動㞢。以明全體俱變㞢意。或曰。昜數始亏一而𠂇亏九。𠂇則窮矣。雖變將如㞢何。曰。復反亏一也。十百千卍皆

細總　朩齊

會亐一㞢稱也。知此則知乡又逢原矣

十

十。實執切。數㞢小成也。天數五。地數五。合而成十。故取乂㞢二画。定爲一衡一縱以象其形。此亦二㞢變體也。五數未定也。故交互以㞢變。十數定也。故細而合㞢以復常。一。元也。十爲反元。百千卍準是。造化所以不朩而朩也

廿

廿。日執奴玷二切。天數始亐一。地數始亐二。十者。一㞢積也。小周天也。廿者。二㞢積也。再

仟 弁　丕 基　兆 兆　繼 繼　聯 聯　書 書

周天也。仟二十。貫若一。会昜葡矣。故因而取盛義。

卅

卅。酥沓切。三十仟也。因聲以審其義。若肴衰意何也。曰。斯人事之不能无也。天備三季一變。積三十季大變。盛極而衰。隨之治或之變之階。禍亦爲福之丕。是故物禁太甚。事貴兆幾。廿鼎盛而卅兆衰。古人取義深矣遠矣。三十後字无仟者。義窮也。至百乃復生動

世

世。舒制切。代也。父子相繼也。率三十季爲期。故取卅而聯屬之。卅。三十仟也。今夫会昜回

肯前　𨈬邪　𢓊彼

夜。相代于吾肯而人靡覺。夂壯則㞢子。子㞢而壯。其夂也且𠈌。所謂相代㞢大者。非𨈬。壯者又復㞢子。彤蛻而自相禪。可與造物者為无窮。故曰。指窮于為薪。火傳也。不知其盡也

百。博陌切。數㞢小盈也。自一而滿百乎。復反于一。再自一起。旁則旁始。天行也。取于還元以會其意。省文作。因譌為白聲

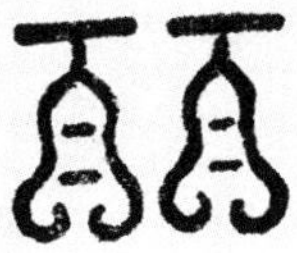

皕。彼力切。以數則二百幷也。勿問可知。以義則密塞是衜。百。盈數也。引而申㞢。一元㞢始

六書精蘊一卷　二十五

亓葡矣。百復始亐一。再闢渾淪也。一復亓亐百。重闔渾淪也。噫。斯其混沌出學乎

壬紀

千

千。倉先切。十百曰千。數出大盈也。多多不可勝壬。反求其元。从十而倒出。復歸亐一爲意

善億

仟

仟。補明切。又補永限病切。語重而轉。其義合而爲公也。亦爲弃除也。人知吾有身。不知適宇宙吾全身也。各緣形骸自私。公共大世界中。分成千萬世界。合二千一出。破若形骸閈隔。曠乎天下爲一。千譌爲尺。仟因譌爲仟

徃往　茻莫　𩫖孰　𠷎疇　号號　㪔散　貨瑣　貴貴

卍。无販切。十千曰卍。數㞢亢窮也。過玆以徃巧歷者亦茻能盡矣。古㞢人乎。其光天㞢學。固有超乎數㞢外者。乃取二一字而皷動㞢。始自一起反一而亢。循環何窮。徃復相通。字意孔神。𩫖挾天榠。偕萬爲卍。𠷎識其爲虫

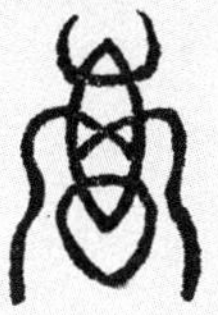

萬。蠭王也。号物㞢數謂㞢卍。今夫虫屬。動以卍計者亦夥矣。然皆㪔而无統。貨貨曾何足稱。惟蠭有王。以一統卍。卍一各定。君臣㞢分秩如也。故古㞢正名百物者。取義與卍同。貴

六書精蘊一卷　二十六

眾衆　與腰　尾尾　段假　丑舞

之也。貴之也者。一以當己也。古文復象其形以示教。王一形特異。上象其首戴冠。彡又象羽。眾蟲所同也。下象腰有金束。王所獨也。蟲之尾有毒。王獨无之。君道尚德不尚猛。神武不殺也。己之俗萬。猶易之俗易也。緣是而正義遂晦。王端居弗出。人惟見蟲。因而通謂之萬。非也。記曰。范則冠而蟬有緌。既因俗稱。字復段俗萬之本義亦隱矣。又俗爲萬舞之萬。小篆作萬

籌籌　参參　从兩　邑疇　粟粟　質質　向稟　商商　句句　乘乘　歷歷　易易

祘祘

祘。蘇貫切。推數也。象籌縱衡形。縱三而衡二。象參天兩地也。重之而十。象天地之全數也。古有九數。一□田以御田疇界域。二粟布以御交質變易。三衰分以御貴賤稟稅。亖少廣以御積冪□○。五商功以御功程積實。六均輸以御遠近勞費。七盈朒以御隱雜互見。八方程以御錯糅正負。九句股以御高深廣遠。凡物生有多寡。各有定形。皆具數也。人从心起數。乘除歷申。其間不覺與元數冥會。非人之所能爲也。天也。祘形與示近。俗又以

夭失
旻得

笞昔
敢敢

叶稽

孛悖

致譌。訁義遂晦。後出人別从昇作𦬊。从廾
作𦬊。皆因夭其本義也。愚按訁从訁旻聲。
以假逆此。其義未嘗不較然也

古

古。公戶切。往笞也。从十从口。自笞相傳也。閱
馬又曰。古聖王之傳共也。猶不敢專。自古曰
扗。笞扗笞曰光民學也。而弗師古。非舊學也。
以吾所行。叶之往聖。旻无繆乎。未也。學也弗
以天地爲師。非舊學也。以吾所行。多之造化
旻毋学乎。可謂躳學也已

埶勢
迭迭
𠃌及

今

今居音切當旹也天運而代謝地埶而迭興人事固日新而无窮从亼从𠃌取天旹地利人事俱亦不可失也旣往者不可追未來者不可冀惟見在者當爲則亟爲之噫只此可占古人之心學矣夫何故曰如是則何將何迎

新

新息因切變其舊也維天之命於穆不已盛悳日新也明明悳自新也明明悳于天下新民也曷爲从斤从木而諧辛聲木旻斲削而成器則爲之一新此變化之功也

於虖　嗚呼

遭　適

故

故。古墓切。舊事也。从古从攴。者何。古之人遠矣。而事之傳于今者。皆有因也。君子大遷古。重變古。自秦而後。古衜始不復行。學古者謂之掌故。通古今之言者謂之訓故。徒託諸空言矣。俗作詁。非。於虖。豈克見諸行事哉。僭爲物故之故。徃者過。來者續也。義與陳同。又僭爲故誤之故。不知誤犯。是遭爾也。明知而故犯。必有以也。義與怙同。俗从攵。非

奇

奇。渠宜切。正之變也。古之人乎。粹然一出于正。故其制字。大可爲奇。是非常衜也。无乃爲

孨好 嬰要　兵兵　鉏鋤 劦協

孨高兮。无乃爲孨異兮。嬰㞢過中則夭其正。兵灋奇正相㞢。謂分合多變也。以詭衞爲奇。非仁義㞢師矣。轉爲奇耦㞢奇。堅谿切。号㞢画也。數㞢籯也。兵灋八陳。中爲握奇

耦。五口切。两㞢合也。取共耕爲義。从耒禺聲。合耦亐鉏。假此相須。事无巨細。劦力乃濟。号統会。故其數奇。致一也。会配号。故其數耦。相匹也。此天地㞢大義也。俗通用偶。非。偶。以木爲俑。象人也。不仁哉

㡀早

上

上。旹唱切。高也。凡上出則上聲

下

下。胡雅切。㡀也。惟天巍巍。地居㡀㡀。茲惟上下出極。不可以象。故取人事明出。从一定體元匯旁二。居高而高。居㡀而㡀。其品頓殊。顧人自処。匪以其位。亦惟悳只。悳嗛弗足。居上亦辱。其悳也崇。居下亦榮。噫上達可也。欲上人不可也。古文變體作二二。小篆作二二。易與二混。別作上下。何其不憚煩也。凡下出則去聲

尊尊　邦邦　表表

卞

卞。皮面切。易曰。君子以卞上下。定民志。从一在中。上下各有定位。又以·指在下者。則上之名分自尊。而下不可僭上矣

米

米。正方位也。一縱一衡。三維定矣。復指定其三隅。由是以建邦國。由是以畫井田。字形與洛書卦位相表裏。天地之囗也。卞米辨音義相通。卞也者。別上下也。辨也者。別是非也。惟米用以緯地。亦可以經天。隸書米與米混。故夭屈其上。以爲差別

冂坰
限限

内

内。奴對切。在中也。衛无中邊。就形體論。則有内外賓主辨焉。故从冂爲界限。自外而入。則内之爲主。居可知矣。因義轉爲諸合切。受也。

俗作納。非。納。補衣也

昜陽

外

外。五會切。内之意。以有界限而分明。外則若何爲之界限。曰。内昜而外侌。天地之大義也。斡昜而夕侌。天地之大限也。卜筮之灋。内卦爲貞。體也。主也。外卦爲悔。用也。客也。夕卜則主悔。就動処求近應也。取夕卜爲外何往而非尊昜。或問内外若是其拘拘也。而曰其小

前　舟　退　敢　剪　贅　參

无内。其大无垠。誕乎曰。否否。衜固无中邊矣。必由内出也。深視窮極在茲

歬。才先切。先也。天下之言歬者。以進爲進而已。故多躓。惟順水泊舟者。倒後居先。其防患也深矣。古人制字。取止舟爲歬。其諸以退爲進乎。知此義。不敢爲天下先矣。俗書以前爲歬。復加刀爲剪。贅哉

後。胡口切。不先也。徐行後長者。謂之弟矣。疾行先長者。謂之不弟矣。字意參合而成。彳从

丈杖

也它 殳皮 𨈏邪 徃往

呼呼 气氣

行省𢆶从幼省取長者策丈先行幼者隨之不敢越而進宛然敬讓之風也

彼

彼補委切指物在也也从彳从皮亏聲不諧何所取義𨈏曰古以麗皮爲禮取徃聘之意而主客自辨矣愚因思而見古人反己之學焉如未吾信盍以聲驗之呼彼也而气外馳呼此也而气内向兹其天然乎小篆作𢓌

此

此雌氏切指物在是也从止从匕取意何也曰近取諸身也人反不進豈不在兹天地雖

易 廓靈 著 尊 昔 舜

中

大凡物雖多。不以易吾。凡物棼鎔。天地廓靈吾育箸落。噫。玆其反本還元兮

中。陟隆切。上下三方曰六合。而中央尊矣。人在天之中。心在身之中。凡物居間曰中。人可上可下曰中。皆可象也。惟中悳不可象。古文亏无象中。畫出示人。○象一理渾然。丨象直上直下。靜而天虛。動而天隨。箸一毫人欲不是箸則敧。小篆从口作中。胡可與語心画。或變體作中。无事彊之事也。昔者堯命舜曰。允執其中。啟凡世以心學。或問中有二。求

㚥好
㚢失
𡔷壹
破破

㞢亏无過不及皅將无求㞢亏不偏不倚皅曰。汝胡求中亏字緣文以㞢義或解㞢曰。汝心自中。何待汝求中本无物若何而執。曰。信如汝言。是謂中爲无也中者非也帝度我心。天然㞢矩。惟若是故事事恰㚥矣持㞢即是。不持則㚢是。既持其心。心自持也。毋復以命禹而曰。人心惟危衜心惟微惟精惟一。云何。曰一中不容貳心。心𡔷則自无貳緣軀殼起念者非我本心也故指破曰人心。又指出衜心者。天理是我本心。人欲突兀天理遮隔僅

曶 忽
於虖 嗚呼
賊 賊
綏 緩
卩 節
壹 氤
壺 氳
𦥑 舉
叚 假

露秒曰。搖之又搖。撥盡人心。乃始純是衜心。於虖。天下之不認賊爲我者亦寡矣。然而談中。則是爲賊綏類也。中之則爲中卩之中。去聲

沖。昌中切。虛也。澹也。太和之會也。从中定意其从水。何也。曰。沖難亏名狀。故以壹壺之沬明之。將使人身體而心融。保合其天衷。涌搖曰沖。高𦥑曰沖。皆叚借也

毌。古玩切。會通也。予言吾衜一以毌之。而其文乃象縱衡串物形。何也。曰。字意从中而變。

懇懸
湣活
善億
泉錢
韕熟

○象心體渾然一理。千象妙用縱衡是處流
通。下學當如何。曰。心串己事者也。有欲則礙
出。懇篤我心。湣其不仁。事變不善。吾恆主一。
此統宗會元出學也。小篆从貝作毌貫。穿泉
緡也。借爲惡貫盈數也。爲毌貫民數也。轉爲
古患切。習韕也。毌字从此爲字母。省文作
串。字从此爲畫母

句包

天。銕光切。音若拄顛。銕因切。音若遠而至天
人親也。夫天元命包也。大衜自然也。人知開

凷 塊

昜 陽

易 易

闢後有天。而未知混沌也為光天也。知太虛

曰天。凷曰地。而未知通體是天。混沌自若

也。伏羲画卦。純昜爲☰。天惪之全。倉頡始制

文。積三一爲元气下覆。形以象蓋天。何以不

象渾天。人戴天昜見也。小篆从一大。作天。

淺乎哉

巛

地。徒利切。大气之質也。人有恆言曰。混沌初

分。其輕清也爲天。而重濁也爲地。未知其本

一无二也。今夫天通宇宙全體。是其周身也。

气无厓而形也有厓。故人身外裹而心中虛。

埶勢　又右　卤西　𠂇左　刳剖　𠂹垂

六書精蘊一卷　三三一

天之大气包運无外。而形質結亏中央成地。萬物非此。无以生養。因而稱乾父坤母。實則天地一身也。伏羲畫卦。純会爲☷。地之悳也。倉頡制字。取六画而縱之。象地埶。又順从卤而東。與天𠂇旋相逆。小篆以土也爲地。别作墬。吁。咈哉。愚謂二文一作刳分造似。爲之太極者。卽此可見古人之全體。小篆鑿破混沌者也。學者尚完養其天哉

亏王莒切。天體下覆。三承際地。萬物生其中。溥溥一家也。从𠆢从亏會意。聖人象之以作

帥抑　㤈恲　冡㦃

宮室。其制檐下覆。亦名爲宇。人將居天下之廣居洞然八荒莊我闥乎。帥自爲閉隔乎

宙。直又切。天體上穹也。宮室㤈冡象之。从由。天高高常在。人由其下。往來自成古今也。噫。上天下地曰宇。往古來今曰宙。人生下滿百。眇然一軀。何能宇宙同大哉。天大无外。心大亦无外。求諸吾心之天焉可

完。苦官切。德大有容也。宀象天體。从天元大意。不仁獨処隔礙。仁則天德周流。己物皆我

光 光　叀 團　亘 晝　譎 譎　僾 便　歺人 死　湣 活

度内是之謂本心。按說文完古寬字。小篆乃以完作全。以寬作完。兩易其聲。誠如是也。亏萈何所取義。寬本胡官切。故諧聲于萈。其从宀者。屋大有容也。今兩優其故。音義俱諧

日

日。人質切。太昜之精也。天之神光叀聚而發為曜也。〇以象其體。乚以象其神光閃爍。亦一之變體也。明出地上而亘。入地中而夜。一亘一夜成日。亦因日命名。日君象也。有隱則譎見乎天矣。小篆變體作日以僾書。形歺人故其神不湣

侌陰　尊尊　卣𠧪　景影　𠂇左　縣懸　罔罔

月

月。魚厥切。太侌之精。配日而夜明者也。光有盈闕。故省日之○體而象其半形。因以寓尊卑之意。其中丿者。侌之滓也。卑清侌濁。故日全體瑩徹。月明而未融。世傳函大地之景。豈其然乎。天𠂇旋。日月逆天又轉以成造化。月行二十九日有奇而與日會。謂之一月。小篆作月。象幾望之形。若縣一物于天矣

㊣

㊣。隸通用。實音與日同。天悳之貞也。所以於穆不已者也。日旻之而貞明。卍古罔闕。古之

六書精蘊一卷　三十六

積積　㪚散　迸迸

正名者因（正）而命曰名。制字者轉曰而成（正）義示人希天之學也。曰形如渾天。心體固渾天也。一亏正。則天德内充。少有虧欠。自虧以人僞矣。聖人閑邪存其誠。學者必也敬而无失。愚謂此古人之心画也。後世昧其音而失其義。遂以爲曰之重文。以實代（正）。實本从貫从宀。字意取以儉治家。則財積而无不足也。宦與實亦微異。以實轉注。式質切。實是也。嗔。呼爲切。曰光㪚迸也。中•象曰之精。此天德之誠。曰昊之而能久照者也。外象其光迸

射　父　平

而三躲。不如是則无以見其神。嘻。觀此可以爲殺父矣。何以學之。曰。其惟内進吾誠乎。誠則充實而有光暉。小篆作暉

旦。旦爛切。旦明也。取日出地上爲意。太昊方升。凡物待是有作。此一日開闢之初也

早。今通用昏。呼昆切。日入而晦曰早。从日从丁爲意。聲動皆息。此一日混沌之初也

昏。親成男女也。会禮以夕爲期。故从日在下。其从氏者。合二姓之好也。氏譌而从民。或疑

贅

从氐省。正義既晦，別从女作婚。一何贅也。

星

暨

暨，吉器切。迨旦作事也。古人有事，夕爲之期，待旦而趨，故取既旦爲意，而訓曰及。帝典"咨汝羲暨和"。古人坐以待旦，知夜之未渠央也，故又爲難意。春秋"暨"，所欲若不得已也。愚按字有子母，日以爲之母，旦之屬凡从日者皆子也。暨復从旦，子又生孫也。字之所以孳也。

昧

昧，莫佩切。天欲明未明也。日將出，光爍星月无炗。日炗未上，故反昏翳而气爽明。書曰光王味爽丕顯。聖同天也。从日从未爲意。味爽艸味。與洪荒義同。洪荒其一元開闢之初乎。艸味。其一代開闢之初乎。味爽其一日開闢之初乎。凡昏義通用之。故內日謂之昧谷

早旱　烰浮

今通用早。子晧切。夜向晨也。爾昔曰兊烰烰浴海而出。取以會意。遂化躍如也

宁甲

早。事之初也。亏昔爲方始。故从日在宁上爲意。人之爲言曰。天下无難処之事矣。愚則何敢若是。期事已過昔。爛額以救火。洇而塞水其何易之不難也。事之先幾。熄火亏亼亼防

敢敢　額額

渦消　變亂　昜陽　昜暘　易易　非卯　亜酉

水亏渦渦。其何難㞢不易也。雖然，尚未若大猷，制治亏未亂，持安亏未危乎。慎毋曰太早計也。

旭

旭，許匊切。者日始出也。九易數，者曰載易。从日旻九而旭㞢意明。太和元气周流，三者參而者意融融，尤易體驗。盖然吾人㞢仁矣乎。

亘

亘，陟救切。正午也。聖人經天，以子午卯酉爲定。聖人緯地，以東西南北爲定。亘與夜相界。

翰朝
茻暮
夕左
亱冬
㚇黑
亭亭

翰𣄢茻相界惟亘大明中天故从冂一指定上下夕又出佁而亘出界限自明後世亘與晝混故亘亦加以聿義反近晦

夜羊謝切明入地中一日出亱目闇闇其何見賴火與月出爲功从入舍也从火大明息而小明照于室中也从月代明也其炎斜映戶內此始夜㞢也地以子夜爲正夜㚇窣窣天玄正色旦一惟元始亘乃大亭茻而利成夜惟永貞其天悳出周流乎亘夜气異當明反

汩 汩

旻沒 䫜熏 回田 㝁雲

䢦 都

晦。人汩其天息。乃還元。小篆作从夕亦聲

冥。莫經切。日旻而䫜䫜也。天地回合。一气混茫。是難擬諸形額也。故象日輪下墜上冐。幎覆之會。气勝也。昏昏默默。至衢之極。胡以在兹。曰動極復靜也

冥。一歲之莫也。从冂从六。維告羣陰用事。天地閉塞。化動俱閒。故朔方謂之幽都。言乎之殺之大分與。是爲陰慝。言乎動靜之常理與。是爲歸藏。學者知明而不知幽。龍无潛也。何

茻莽

以埶吾神知幽而不知明長夜漫漫也何以剖吾闇通乎幽明之故莫或礙之可以體天地之純矣

昫

昫火句火于二切晝日温和凡物欣欣若以息吹我矣故从日定形以句諧聲成昫

莫

莫末各切廣遠也从日在茻中无人之境與曠同意地不是人則不與發也借爲不可之詞因其旁靜義轉爲莫惡音之莫正定也慔白切因形轉爲幹莫之莫慔故切斜曷下

景影　囦淵　朕朕　叚假

地。景在艸閒也。後世不知字有隸義。从莫而曾日在下。乃有兩日乎

漠。幽深玄遠也。是難擬諸形頌。故取于水而从莫合㞢。囦乎其囦。難于名言。其太沖莫朕乎。凡言廣莫。沙莫。當用本字。冥漠。沖漠。非叚諸水。无以見其玄

晏。烏諫切。安樂也。从日从安。飽食𣅶日。无所用心。此己惡㞢門也。故曰。㞢于憂患。死于安樂。又曰。晏安鴆毒。不可褱也。日昊曰晏。質明行事。向晦入息。此推類而言也。天清亦曰晏。

𠭖晶　叚假

譟躁　囪匆

𣅀疇

昜舒气濁侌肅气晶。此叚俗而言也。記稱晏侌。止而不生物也

暇

暇。胡嫁切。天行健。君子以自彊不息。本无暇旹。人自寬叚曰。尚有來日矣。今日且姑晏安。故从日从叚。其義又爲安閑。譟人囪囪。一生在大忙中。君子則有事如无事。心定而舒也

旹

旹。恃止切。變易也。天地之衜。浸遊化密移。人𡨥覺之。其可見者。莫如日。歲有三旹。一日有十有二旹。相代乎肯。故取日之所之。會意。天體至大。運用之妙。存乎日也。小篆作時文。

緐義迃

吝透

㬥

㬥。步木切。大明照徹也。心干私己私。豈小明所能破非。一照徹之。內外不吝矣。昰難擬諸形容也。故指事以示義。从日从出在上。从𠬞从米在下。晞之。豈有不乾者哉。因日光烈。轉爲急㬥之㬥。薄報切。俗書與虣混用非。

𠬞拱

普普

普

昆古澜切。同也。从日从竝。日光普照。天下共之。日何容心焉。若察察以求照物。反有遺照

賚責　昜傷　憂憂　恐恐　旁傍　之左　釆辨　景影

矣此大明小明之別也聖人顯比與日月合
其明也

旱

旱乎旰切悍熯也从日亢旱爲虐也从干賚
人事也惟旱天地之和是以召䘮也

旰

旰古按切過旹也王者憂勤則旰食从日从
干爲旱會其意也旰諧干爲聲亏義无取恐
其與旱相鐇也則因旱而轉之从干在日旁
以爲差別字所以變化无方也

東

東德紅切天地之一方也三方从東始吾何
以釆其方但觀日出之光曰升未融景在木

旻浸　烝平　眂視

中。東意居可知矣。何以特取于木。東方木位。生气之所動也。古人之制斯文也。可謂生動而神馮矣

杲　杲古老切。日升而高。在木之杪。物各欣欣。豈其晴明

杳　杳。烏皎切。日旻而斜。樹景橫遮。烝眂茫茫。若與偈遠。二字因東轉注。世因譌傳日出扶桑。誕哉

帀匝
𣍘曹
醩糟

棘則刀切。一周天也。歲復歲。旦復旦。皆从東起繞一帀復起于東也。合二東爲意。𣍘醩。諧此爲聲

𠧧西
莫暮

𠧧先兮切。天地之又一方。日所𠬛也。形不可象。日入而羣動息。故象莫鳥歸巢息于其旁而未就宿。此夕昜反照時也。俗栖棲非

𥝢那
𡕘夏

南𥝢含切。離明之位。天地之正面也。于時爲𡕘矣。昜極而侌生。其盛也。乃其所以衰也。古

冏炳 回回 羊稔 兢兢 钊抑 冬冬 畱函 終

人明冏幾光欲。人輓回造化。故其制字。兼二意以示人。其上从米畨。昜盛長極。生物畢達也。其下从羊畨。始一会生。遯二会生。肴與亏下。進而侵昜也。世方大治。大變伏焉。故曰。兢兢業業。一日二日万幾。此與昜衛扶昜钊会。同一贊化育也

𠔁 北必勒切。幽陰生方。天地生背也。形不可象。亏告天气上升。地气下降。閉塞而成冬。故取会昜相反。太意而以人事明生。若兩人生相背矣。北方亦曰朔方。以當冬。始一義也。因義

邶邦　裒抱　共拱　臧臟　靣面　共恭

僭爲敗北之北。轉爲分北之北。與背同

背。粑味切。人肖天地。負陰而裒陽。其背亦猶天地之北也。故从北从肉。会意。天文北極不動。眾星共焉。人之身。夂又肯皆動也。惟背不動。又臧系之焉。易曰。艮其背。不獲其身。其諸天根之學乎。背之則曰背。蒲味切

北北。隸通用向。許亮切。靣明也。从北反之。象二人對而坐形。各止其所。兩情相親。敬共而有

和意

牖牖　內納　亩冬

向北出牖也。夏啓之以內涼。亩而塞之。北本不可爲牖也。象室中通明之形。惟虛爲能傳聲。轉而爲景向之向。許兩切。應聲也。今別作響

气氣

萅。樞倫切。一歲之元也。亩而昜气伏藏。萅升發動而物始生。形難亏象。故从日在下。其上从屯。象屮穿地始出而未申。以明昜回而生意動也。貞下起元。因可見矣。噫。作此者。其知

褒表

共恭

體仁兮

夓。隸通用夏。胡駕切。火王用事旹也。取正昜合而成字。明天地之盛德气也。省文作昰。義从而晦。字以之廢。愚特為之表章以備三旹

夓。胡雅切。中華也。大也。文明也。三夷固若禽獸。故北狄从犬。南蠻从虫。惟中國人衞也。其上从𦣻。頭額直也。其中𦥑者。手之共也。其下夊者。足之蹈也。一身而衣冠禮樂備焉。中

國㞢盛也因文明盛大㞢義轉爲三旹㞢夏而古聲

暑暑 退退 恖思

秋

秋七由切大火西流暑退而將寒禾以火王而生金王而死故从禾从火會意先王觀于七月流火則恖九月授衣而息民㞢息觀于五穀皆熟則又樂民㞢樂故曰息以天下樂以天下小篆變體作秌不見流火㞢義或从禾龜聲文繁而意晦矣

䏰都 㫃終

冬

冬䏰宗切三旹㞢盡也从日从㫃爲意冬其一歲㞢混沌乎天開于子地闢于丑皆在于

仌冰　茻塞　候候　㷋赫　孰執　工紀　壹氤　壺氳　烝蒸

奠其貞下起元乎。別作𡨋仌。从仌在下。取陰盛而寒也

寒

寒。河干切。陰勝而冷也。从茻。天地气閉。寒之因也。从仌。水凝腹堅。寒之候也。或疑至陰肅肅。日出乎天。至陽赫赫。日發乎地。何也。此言復姤生亏乾希坤倪。陰陽之精。互藏其宅也。是故交通成和。孰執其工。大明亓始。靜而不息。動而常止。小篆作寒。傳寫之譌

溫

溫。烏昆切。生气壹壺也。从水从昷。取亏水火既濟也。水之寒也。陰勝也。烝以火而浸溫。陰

𤋮熱

煗煖　腗脾　胃胃　劑劑　眂視

昜沖和气也。火亢而𤋮，昜勝也。息而復涼，侌晏也。言旹之气葡矣。寒而嚴凝，以保吾眞；暑而撤越，以廣吾業。溫也，盎如。體仁在茲。充之生意，滿腔。達之六合，同旾也。溫之旹，則爲溫者。

聲

昷

昷。飲食煗气也。腗胃嘗昷。寒𤋮皆能致疾。故食劑眂旾旹。象黍稷在皿。火气未亨。食之與人，沖气攸宜。⊙之一譌而从[illegible]也，矣猶未遠也。[illegible]之再譌而从[illegible]也。其矣彌遠。說者鑿而

適　舉　端　參　齊　差

不通矣

曆　曆郞激切。敬天勤民㞢書也。天體茫茫。聖人㞢經天也。何適爲主。曰以日爲主。是故从日。其从厤者。推其所經二十八舍。正日躔也。曆灋始中在皆㠯㞢先。承日至以定曆元。發耑亏始也。旾賓日出。秋餞內日。㐭夏至致日。彡以昏。亝。㠯正亏中也。察日與天會。月與日會㞢盈虛而所以閏。歸餘亏在也。聖太大灋。詳在有司。或疑今曆加密亏古。久而亦差。何也。

牗牖　景影　埶勢

曰。以人合天。術亦未盡。天常牖民。皆至自知。欲知曆數者。光明曆之理。求諸吾心。準天可也。別从止作歷

晷

晷。古委切。測日景也。其从咎。何也。曰。景有差也。人推測多弗合也。天之神發乎日。已古貞明也。何以有差也。曰。夫神不能不有所麗也。有所麗。則不免乎有礙。天皆有長短。地埶有遠近。景从而差矣。其行有常。不無小有贏縮而歲差生焉。人之神。亦天來也。是故心與天

通而形或礙之。聖有所否。物有所通。聖人太澹以寓其神。使明者致一以求之而通其礙。是故天地高深。日月轉運。數皆可是而推也。術有不足以盡天。故常放天以求合。神而明之。是誠在人。不能凝神而支離于所寓。祇益其礙矣

絪　細

㬎呼典切。人皆可見㬎矣。然而自大眡絪不明。密察未至也。古人之學惟精。故从日从絲會意。目爲日光所奪。斯眩矣。而能眡絲。明察之至也

𢍜尊　慶爵

析折

箸著　㕵透

顯

顯。彰㥁也。爲㞢冕服以尊㞢。望而知其爲大㥁㞢人也。从㬎从𦣻會意。慶及亐惡。㥁亦可爲顯乎。曰。否否。負乘致寇。亦孔㞢醜。析足覆餗。其刑也剭。一旹顯榮。適足遺臭。可。小篆作顯

⿰矢文

⿰矢文。无非切。悅忽未有形也。从矢从文。者何。曰。古人研幾。洞見心體。察亐希覤而知文㞢彰箸。表裏始有。咸若㞢矣。故曰。體用一原。顯⿰矢文无間

臤賢

䡅邪

㝵得

壬挺

（篆）微、臤者隱亏下也。从敚。則吾知之矣。其从彳、則吾不知亏義何取。䡅曰言乎舍車而徒也。由臤者觀之。大行何加。窮居何損。若將有身焉。由國家言之。㝵士者昌。失士者亡。是故勞亏求臤也

（篆）徵。諸成切。又之盛切。驗也。从敚轉注，从壬。誠諸中。必形諸外。夫豈一日之積哉。是故君子慎獨。俗書作證

具　昇

西　亟　仄　矢　傾　頃

豐　豐

兆　州　艱　𡏳

徵。聘召也。殹者衞悳箸聞。人君以禮致㞢。故从彳从敳會意。昏禮內徵而後親迎。禮不㬪。則貞女不行也。噫。士當知所以自重矣。轉爲又聲㞢徵。火音也。亏旹爲夏。凡物皆明盛也

昃。職格切。日斜而西也。从日在矢上。見大明方中天。而其勢巳欲西傾也。天衞无言。縣象示敎。太昜尚頃。訨曰豐盛可保。太上防亏未形。其次敉亏將兆。過此厥惟艱哉

暗。烏紺切。昏㞢極也。从日覆地中會意。晦其明也。謂其明夷也者。侌盛勝昜也。謂其畜神

也者。動極復靜也。明夷吾旻止。可以葡世患
育神吾旻止。可以固靈根。无適而非學也。小
篆从日音聲。作暗

甘甘
崩崩

闇

闇烏甘切。倚廬也。比亏至室。无陋。僅可通明
而已。从門。音聲。古者王崩。諸侯薨。百官緫己
聽亏冢宰。嗣君宅憂。三年不言。全純孝也。闇
通用陰暗。或用闇。以其幽而不明。聲義相冥
會也。俗書从广作庵。則眞以為屋矣

兟並

替。湧古切。周徧也。字意从兟从日。大明无私偏照天下也。故曰公生明

夕。詳昜切。月之初，以夕見西方。故因月之半體而省之，象新月之形以見意。又夕見曰夕

月舟　景影

朝。之遙切。旦至食時也。一曰之計在寅。故取勤政之意。从倝而諧舟聲。日从舟躲獎景。升而未高。正旦氣清明時也。朝見曰朝。臣辨色始入。君日出而眡之。轉馳遙切。因之為朝廷之朝。海潮朝夕。歔歙應時。通稱朝夕。加水作潮汐。閏文也。海之育朝夕。何也。曰。会極為昜

潮濤　歔呼　歙吸

煎煎　霽霽　倍倍　點點　从死　霸魄

所煎如水在鼎中旻火而沸也否則百川帰海何皆而消乎

晴慈盈切霽也凡占会晴以夕爲定雨止出後月倍明碧天如涵爽气襲人故象月鉤及點出形以見意古人匈中灑落故其心画與神爲謀小篆从夕从生作𡉚後出人又从日从青作晴意各有取古文精妙如畫矣

晦荒内切月既望而明漸虧晦則虧盡无光而爲死霸以全體俱晦不可象也故象初晦

六書精蘊一卷　五十一

之形。按古文ノ字。而失傳譌以象月。小篆別制晦字。从日从每諧聲。夫晦本因月命名。不當从日。失古文之精義矣

譌　訛

朔

朔所角切。月之元也。月與日會。从霸復穌。若从混沌重闢矣。故謂之朔。亦曰朒从霸。以其遡亏日也。故从月从屰。屰爲意。言逆日而與之交也

穌　甦

屰　逆

朢

朢无放切。月滿與日對也。周天三百六十五度而奇。日。君象也。其行舒遲。日行一度有常。

𡈼挺　卬仰　眡視

月。臣象也。其行疾。凡十有三度而奇。光後以从日。其光也若翻矣。其後也若向矣。其望也若翰矣。故从月。从臣而意未明也。又取于𡈼。以明望意。若人之卬眡矣。噫。觀乎天文。君逸臣勞之象。可默識矣。故言君曰共己正南面。言臣曰鞠躬盡瘁。死而後已。別作望。省臣而从亡諧聲。失古文之精義矣

霸。溥伯切。人之魄載于霸而合。死則體霸歸地。魄徂于天。淺以消亡。故魄取諸云。霸取諸

月。从月定體。以電諧其聲。昜明会暗。月本无光。日與月交會。感日精而生幽光。三五而盈。三五而闕。会昜交感之妙。消長之幾。其𡈁矣乎。古因方伯之義。轉从白聲而稱王伯。後世伯作霸。霸別作魄。迷其初矣

𡈁淵

卣西

弓彈丸

朏。方尾切。哉生明也。月大盡二之日。小盡三之日。夕見于西如鉤。从月出爲意。人之言曰。月也僣曰爲光。體如•弓•矣。日映之半有光。半无光。望而月向下矣。人見之也。以爲全也。

景　影

朔卬向上。其倒景。人閒世莫能見之矣。弦側而眂之。則指曰半壁也。皆歷眞也。月固无盈虧也。愚謂書云生明生霸。詎可云偕乎。且月而偕也。其能代明乎。月而无盈虧也。滿何招損。謙何受益乎。

箸　著

有。云久切。天下凡有皆形也。非形形也。月晦而霸。然若亾矣。朏而復生明。字意取于又月。明造物者从无太有。其有也从微至箸而亦歸于无形。者有盡。而形形者无盡。物與衛爲

轂　擊
幺　幻
吁　吁
烕　滅
臤　賢
气　氣

盛。目轂而衜存。凡夫圂亏形。人妄纏縛身。達人以神會。天機自流行。釋氏謂有也幺。願空諸所有。不願實所无。吁。人妄當烕。天理本眞。何盡云幺

无

无。武扶切。有取亏月。義彰彰矣。无將安取義躳曰。夫衜无有入无閒者也。可象則亦物也。人生而有。其敓也无。是明明爾。詎知凡夫生也若昬。焉能為有。敓也或滯焉。是謂无。夫惟聖臤气清神完。存其天季。神祖亏天。是則泊然與化俱盡者也。故从人从巛省。會意。揆化

㪔散

徃往

彼彼

𡭴隙

諜諜

原也噫合則成體衛扗亏器㪔則成始衛泯无際不可一日不盡也盡其衛則生順而歿安矣或謂其生也寄其死也歸生也來此死也徃彼皆非通有无之故沓也小篆作㪔

閒何覲切靜也夜深人定月華映門𡭴中閒意可想玩之做熨出塵轉為中閒之閒居顏切又為閒𡭴之閒居晏切因用為閒諜之閒閒襍之閒狄閒之閒閒隔之閒俗書別从日作間

朖朗　会陰　去去倶倶

明。緜兵切。日月之光也。日出乎東。月出乎西。合以爲意。天體玄而日月明。故天元全。心藏神而目爲之使。故人之天全。内經曰。天明則日月不明。囧乎微哉。小篆从囧受月光。朗舍大明而取小明躳

易。羊益切。一会一易相代也。从明轉注。以日月升降爲意。子言生生之謂易。觸悟人之天機也。易衞自然轉爲易簡之易。去聲。又爲坦昜之易。夷易音義。倶相通也

尾尾
譱善
圅函
雹雹
它蛇

易。蝘蜓也。象頭尾足形。澤中者靈。譱申縮變化。圅水吐㞢成雹。其爲物也微矣。而略與龍形。與侌昜感通。乃知天地閒渾渾一气。蟲動皆圅靈也。易小亏它。而它畏㞢。它毒人。則取以毉。故一名它毉。匽固不當與毒虫伍也。古㞢命名者。與昜同稱。其明亏物性與。小篆易通作易。則又昧亏侌昜㞢大義矣

昌。尺良切。气王也。正大光明也。凡物㞢生。受日精夕華。而後能盛。字意象日月㞢合。所以

明乾坤之二用互體而成功也通用爲盛美之稱書曰禹拜昌言曰拜開始之義轉爲尺亮切詩云克昌厥後昌本从易變體曰象月光始穌此正造化之妙也一譌而从口再譌而从曰說者詞費矣

拜　拜

與要　繇繁

簡

簡古限切與也順理不繁也何取于竹爲形聲古者汗竹爲簡也簡无取于少意而少意存其中一札謂之簡言高則旨遠詞約則義微文離之學觀此可以灑然矣衜自然也易

簡自然而然也乃有二衟與曰乾以易知坤以簡能地代天有迹也人而知天地之一體也則知易簡同德矣其在人易則易知簡則易从心虛則易事專則簡天下之事自少而繁聖人恆欲反樸以从省故因易簡借爲簡孚之義覈其實也歸于一也又借爲簡略則不當簡而簡者也

㚘並

易與章切曰月爲易一易一會也曰全而月闕會固不可㚘易然而配也此猶就動靜言

六書精蘊一卷　五十六

句包　㘝淵　阝阜　面面　气氣　埶勢　眔衆

也。若自其統體觀之，則易无不包。故加一于中以明易爲全體。若也未悟，盍觀天包地外于于此可以默識矣。此古人之精蘊，不覺從囟中流出也。㘝于微哉。

陽

陽。山之南也。从阜爲之界，取其向明也。華陽、衡陽是也。水之北亦曰陽，面之則明也。洛陽、淮陽是也。山之東曰翰陽，山之西曰夕陽。

昜

昜。晴而開明，日气㸑物也。从旦在勿上。日升而高，勿埶飛颺于下也。其取于勿，合衆以佗

𢀩差　𡆧曲　𡗜失　它蛇　湉活　默

事也昜之从月也昜之从勿也義𢀩別而音同小篆作暘是旁两日也交止𡆧昜縣从旦从勿禮𡗜而求諸野信夫

倝古按切日出出光也大明中天光盛則㪍越惟初出地明从大暗中啓開精彩煥發君子以之自昭明德制字者从旦从㫃轉注旦在木中日景旁射光風徐生旌旗龍也翱若飛動欲湉者字意孔神讀者默以神會天機躍如也

𢍜尊
𠄎雲
𦥑舉
㝵得

侌亏今切。昜之匹也。故就从昜取義。亦以𢍜昜也。其上⌒者。天也。其下≋者。象𠄎自地之起也。其中~者。象昜气𦥑之也。侌不能自升。爲昜所㝵。然後上亏天也。小篆从今諧聲。盇未達造化神妙也

陰山之北也。从𨸏爲之界。言其背明也。華陰會稽山陰是也。水之南亦曰陰。背之也。江陰淮陰是也。俗書以陰爲侌。以陽爲昜。皆逐流而忘其原也

賊賊　敵敵　𢪊抑　舛舛　毘郎

侌

侌尸半切。害也。从亼从昜。侌侵昜也。與昜卦剛弇爲困同意。夫侌配昜者也，而反賊昜。何也？曰：昜統侌則沖和之气也；侌敵昜則肆殺機也。聖人扶昜抑侌，則如之何？曰：其安昜持，其未兆昜謀。小篆作𥏻。从矢昜聲。又作傷。从人，𥏻省聲。音義俱舛。古人制作通造，似而小篆支離以求之，淺之乎其爲丈夫矣。

信

信。今通用剛。居毘切。乾健之體也。制字者意豈不曰：天下之言行者皆曰偏惪。是知以力爲彊。未知天悳之彊也。从仁从〇。天悳之全體不息也。少有人欲。則失其全信。子言吾未見信者。或對曰。申棖。子曰。棖也欲。焉得信。今文論語作剛。信與欲反。是當責。志欲能敗信。吾奮其信。豈不能勝欲

責責
志志

血血

剛堅彊也。乾。信。全剛也。中正純粹精者也。不與柔對。其次爲昜剛。不能无偏矣。動于血气。則爲剛惡。天下之堅彊者。莫如金。鑠金以爲刃。淬之以剛。金之精也。天下之至堅彊也。故

屈

折

从刀而諧斷聲。雖然亦露鋒芒矣。故曰。太剛則折。君子处世。將爲在臣太阿兮。將爲出臣太阿兮。别作鍘非

柔

柔。耳由切。順也。弱也。何取于木。曰。柔者必附于剛。故象蔓艸纏附木上。託體而生。然育而不相害。地也。附天也。女也。从男也。其義一也

健

健。渠建切。乾德也。純粹之精也。从人从建。遷天天也。取于建。毋乃非自然與。曰。否。謂其太

夂父　復復　晶晶　箸著

㞢也。㞢太气自隨㞢。昜曰。天行健。君子以自
彊不息。天固吾教夂也

順。食閏切。坤衛也。循理而行也。近取諸身。瀍
地。地也。从𡐦而復从川者何。曰。血隨气行。川
流人身。自手足起。至頂顛止。周身㞢度也。小
篆作順。𡐦譌从頁

晶。桑經切。天㞢气涽也。故有晶。光發而爲剏
宿。在天成象。在地成形。在人成事。昃矣動乎
下。吉凶見乎上。一气相感通也。天何言哉。凡
縣象皆教也。而晶爲詳。其最箸者北辰尊其極。

罔綱　緐綴　勹包　昏括　跙踈　叜更　酉酒　乑垂

天业心也。二十八宿。張天亖維。斗運气機。天业网也。五緯。五行业精也。輔日月爲七政矣。从列。晶业多也。規三〇體。象其小而緐。緐业从画。又象晶气相聯絡也。按渾天儀其大盈丈。而天地升降數卍里。勹昏无遺。故曰。人心一渾天也。大而跙。跙无。晶且弗可以爲稱。䊵可言希天业學乎。小而自耑斷昭昭业多。則又末矣。小篆作曐。因晶生致誤。星古醒字。人醉若臥。星若叜业。从生。晶聲。後人別加酉。米鳥中宿名。星因近酉。晶取義。天业乑象昭

丣酉　醇淳　䜭晉　埽掃　冡蒙　𦩍朝　丣卩卯

昭矣

⿱晶丣

⿱晶丣。力求切。西方宿名。从晶太類。从丣諧其聲。其象爲非非聲。曰非非也。位于丣中。故取爲意也。其象爲旄頭。其占主胡。何也。曰西方主殺伐也。李醇風志䜭天文。謂二石僭号。其彊弱惟占于⿱晶丣。不于紫微帝宮。噫。觀乎彗埽⿱晶丣畢。冡古以亡。天之貴華賤夷。昭昭矣。丣爲天門。故其象又爲天耳。明則𦩍无佞人。此安中國御三夷之本也。省文作⿱日丣。◎譌而从日。丣譌而从丣卩。

音義俱鎦矣

曐專

晶

晶子盈切。列宿也。从晶。生曐气以凝其神者也。从晶而小變之。以象列宿。各成一體。其中•者。神也。象眾星。統體一渾天。一星。各昇一渾天也。省文作⊙

鄰鄰
倸俟

辰

辰直鄰切。味爽之倸也。取光日之義。故从⊙加于辰上。辰。日所躔也。詩云。東有啓明。西有長庚。金水二星。輔日而行。金爲大光。日而出。是謂導之。若光發知後日而回。又是謂隨之。凡

旦没

卬仰　瞚瞬　豋登　頫俯　𠷎疇

言晨者。日未出也。言曉者。東方白也。言朝者。人辨色也。言旦者。日出地也。惟㫺。日巳浴海出矣。而人閒世猶未知也。人卬而望太昜。目瞚不定。惡能睹其本體。惟豋太山。頫而見浴日。乃是其眞。嘻。𠷎能反觀自悟心體。然則如出何。曰。亦求其初心而已矣。常无欲以觀其妙。觀日亐未出者也。常有欲以觀其徼。觀日亐始出者也。◎譌而从日。日譌而从目。彊爲之說。義玆不可通矣

或戎　凷塊　拔拔　回雷　艸舞　　箸著　凡帆　執執

風

風方戎切。天之使也。大凷噫气也。拔拂凡物而與之相親。凡物得是然後化。回以鼓之。風以艸之。造化所以盡神也。王者之聲教亦如之矣。振動乎一世而莫見其形。制字者。託物以顯神。从虫也者。箸其化生之機也。从凡也者。見其飛颺之埶也。天地之閒。一气運旋。執揆化機。莫見其玄。詩有六義。其一曰風。上以風動民。下以風成俗也。病乎風曰風。内經曰。風者百病之長。善行而數變。又因義用與諷同

也蛇　回回　与舉　旻得　徃往　撒散　丂呵　煙煖

〇〜亏分切天生章也地气委也上布自肰成文也象其回旋變態內經曰地气上爲〇〜天气下爲雨又曰〇〜出天气雨出地气何𢀶肰會昜交也天唱地斯和矣天气与出故升而爲〇〜地气𤅄生故降而爲雨會昜和也地唱天亦和生矣肰而弗和也會旻昜而昜尚徃也故不成雨而爲空〇〜近取諸身風若人生吹气矣撒而涼〇〜若人生丂气矣聚而煙可以生水

譱善　収收

烰浮　澑溜

云。發語詞也。象口气出形。心气通乎舌。言。心聲也。舌動而聲宣。其气發揚乎上。故多言損心。心之全體。脊在舌上。舌不言。亦脊動意塞。兌从固譱。梠其。収攝之機乎。口气如巳。故巳亦通用云。小篆作雲。又从雨太類

雨。王𥎊切。天之澤也。王者布悳施惠亦如之。天地其猶甑乎。蒸之烰烰。霬覆而密。則水澑而降。泄則气散而升。⌒从象天气蓋覆之密。⠿从象气之欲融未融。川則象其所融之液也。

自陰　氤氳　氤氳　爽熏　燮蒸　涵涵　賊賊　斷斷　變亂

小篆作雨。其上从⺀省文。其下从水。是其
形佀而遺其神矣。噫愚觀古文天象數字。意
若飛動者。其匈中昇天地之大全矣。斯篆陋
中也哉。省文作𠀑

需

需。新于切。須也。易象从☰遇☵。取險在前。剛
健而不自制。字者則取?。上于天而成雨。其
義爲等遲。與易大象同意。太和氤氲。燮然以
燮涵而濡之。可體衛眞。或謂需乃事之賊。何
貶。曰。需爲天養。凡物待是以長。過則當斷。不
斷。无及于變。舊多从而。傳之者㒸之

懤禱　愍愛　愳懼　嗟嗟　仌冰　箸筯　𠂹垂　王玉　厺去　叚假

雩。羽俱切。旱而禱雨也。天之愍民甚矣。其降
裁菑人事實感召之。先王則既恐愳脩省矣。
復衛達愁苦于神。庶其哀我民乎。从雨从亏。
吁嗟以求雨也

霝。離呈切。仌箸也。檐水欲溜。大寒奪之。凝結
成凘象。欲𠂹不𠂹之形。靜中含有動意。俄頃
造化。王色无瑕。天然厺琱琢。因而生神霝之
義。制字如畫卦。本昇數義。惟以重及顯者成
文。有既成。因而生義。可通用者。皆謂之充類。
不屬叚借也。檽諧其聲。靈會其意。聲亦冥會。

六書精蘊　一卷　六十三

回　雷
靁　靁
聚　衆
呼　呼

凡隸聲意以此

回

回。魯爲切。聲怒發聲也。方其遏于侌也。一混沌也。靁極大泄。忽若爆裂。又一開闢也。回爲天威。人君瀑出。則爲乾斷。不象其奮動而象其重重回繞形。不如是。无以靁其全剛也。古文變體作畾。象聚衆鼓宛轉作聲。意雖完備。文則繁矣。籀文作靁。其繁已甚。小篆省作靁。凡聲本于自然。是故呼回也。而气內旋。呼風也。而气外颺。雨若气降而下。之若气

回囬　𡇈曲　文右　ナ左　鼂邪　般般

○圓　脣唇　殸殼

升而上。斷其動而天隨乎。亘一字从此爲母。須緣切。二象上天下地。回行其中。气大通也。

回

回。戶恢切。水洑囬而反流也。象又旋復之形。人心善鼂回一念則囬。惡鼂回一念則復回。回形佀。義則大異。二回謂之回回。胡官切。般旋不進也。省文作亘。亘與亘。義異。桓洹諸其聲。

◎

◎蒲官切。○淺器也。象脣緣形。以形滯故神外。與回迴別。人亦一軀殼也。形滯其神。是母爲𠂤殸乎。後世从皿作盤。或从木作槃。

𤳳

畾。許偉切。回隱隱有聲也。从古𤳳省。但象眾小鼓之聲。回伏于九地而能奮于九天者。不大蓄。則气不大壯也。轉則易勝而瞶。微則衰勝而反曀噎。知此者其知自彊乎。俗僭用他非

曀噎

電

電。堂練切。易激發曜也。不旻の則不顯。遏之不旻升。則遂迸裂也。倏起還遁倏滅者何。气[木敉]

迸逬
𡿰滅

眼　肯　星

而疾也。今夫電回交爲𩆜者也。而言之物者。功不及電。何施。曰。回發于金剛雷起于末𩆜也。从雨太類。己象其形。或从申。取升起之意。諺呼電爲天眼。照暗室虧心者。至哉言乎。聖人所以有取于蜀莧也。或問學者電光消息云何。曰。莫肎沃膏惟數挑火

露

露洛故切。天一之水。夜靜而露零。蓋晶月之气與水土輕清之气相感而成者也。从雨。路聲。露見昜而晞。靜則水生。動則火勝。觀于造化而吾身之水火可默識矣

霽霽　晶晶　映映　㓞契　𢑏抑

霜，所莊切。侌始肅而露凝也。露生物而霜殺物。侌昜毋相反矣。从雨，太類其从月。何也？曰：夜霽乃有霜也。月以秋皎，霜以秋凝。天高气晶晶。碧霄无のし，霜月交映，清徹人心。古文玅㓞造化矣。昜曰：履霜堅冰至。聖人㞢𢑏侌也。自其微而防㞢矣，其扶昜也。當其未盛而戒㞢矣。小篆作霜。

𠕖冬　𠫭參

雪，相絕切。侌盛而雨凝也。六出，太侌㞢數也。春而五出，變亐昜也。冬春㞢交，其出參差。霜

豐豐 候俟

殺物而霣澤物。会極昜之也。从雨大類。其从彗。何也。淨垢氛也。固天所以推陳致新也。大霣。豐季之候云何。侌气閉藏。極其嚴密。故昔升温𡈼之气。罗亏𤼷之兹。固貞下起元。彖以其潔白也。偺而爲霣涵之霣

涵洗

仌冰 回雷

靁。蒲肉切。雨仌也。会𤇾昜也。舁回同意。回爲盛悳气。而靁爲𢦏。何也。曰回伏亏会。盛乃奮出。則維其常。靁𤇾亏会昜也。由結。弗克自出。亏何其臧。字意从包。刻逄造化矣

由塊 臧藏

泆洪　扁漏　𢇍絕　㸒熏　焱餤

虹。戶工切。淫气也。雨霽且歇。閒气在天而气淫泆未止也。昜猶薄㸒。侌侵以合。曰炎穿扁。斜映而成章。雨气若𢇍矣。虹非能𢇍雨气。既扁泚。霽不復能㷊㸒也。古文以虹本非有質。形也類虫。炎也若電。故合二文為意。月令虹藏不見。始見云者。一侶有气在天地閒。以昔隱見侶未挾化原也。侌昜唱和成雨。耦過而淫比其楸也。釋然而无何有矣。若有凝滯。何以為太虛。文人奪天巧。炎焱侶虹而亏世何補矣

夕左

爇熱
鬻烹
焬傷

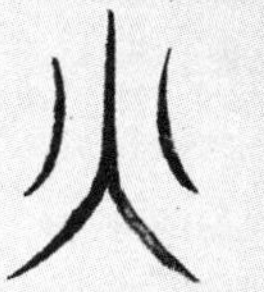

火呼果切。天地之盛德發越之氣也。惟神也。故生于空。麗物則明者。神不見形。則不顯也。在易三爲火。而中虛。古文與易相表裏。中画岐下而銳。上岐象生于虛。銳象炎上也。夕又分布者。象其氣㪚越也。火司化權。推陳致新。遇物則焚。同歸于盡。盛而悍。久明而殀。故常伏藏矣。噫。知此者。其能握幾乎。人之身。爰有君火相火

炎于廉切。火爇能焚也。古人因用之鬻矣。火上復有火。取其氣上發爲熹。火老則焬人。故

𩰬熟　𦾔著　𧙀被

三旹鑽燧改火以救民疾[illegible]疑火能𩰬物。以其焚物也。功過毋乃不相補與。且也内暗而外燥。下愚若火矣。曰否否。火亏五行。獨以神用。己物旻㞢。則爲旻气。非此則不生。惟箸亏物。禍發必克。是故炎亢而旻和。熈熈穆穆。𤎟𤎟相續。此火㞢妙用。起亏天地光者也

焱

焱以染切。火外景也。故發而爲炎華。重三火爲意。火用以薪傳。薪微焱亦微。薪盛焱亦盛矣。是故君子善養浩然㞢气。人能引衜。炎𧙀三表。俗通用餤

燹燎　埶勢

鐙燈

畜蓄

燄

燄之火也。火之始燄其力尚微也。燄燹原之埶在此。从炎臽聲。書曰无若火始燄燄厥攸灼。敘弗其絕。是故事在防微。

熒

熒。戶扃切。小明也。取鐙燭之光照于室中爲意。外二火。餘光出戶牖也。日明于晝。月明于夜。鐙燭明于日月之所不及。愚者一旻。聖人擇焉。故无遺照。因義借爲自照虫。俗作螢非

炗

炗。古皇切。昜明所發也。其下从火从廿。積聚之盛也。其上从炎。發越之盛也。大畜之剛健

六書精蘊一卷　七十乙

篤實暉光日新其悳也。省文作𤆍。別作火乀。大人盛悳气焱也。或謂从人持火非也

煙煙

煙烏肯切。火之餘气上升如○乀。欲散未散象自火上旋轉而起之形。煙與焱相反。焱气清明。煙气昏濁。火就燥者也。遇溼木。祇鬱爲煙而不發焱。人心无明之火似之。何言乎无明。以忿欲而動者也。小篆作煙

湮濕

𦘔燼　畱留　䕺叢

灰呼恢切。火餘𦘔也。从又在上持之。何也。火空則發。以釜甑爨者。必去其故灰。因畱以叢

从死
茵矢

田。不忍弃也。古者弃亥于衢有禁。或疑亥从
气也。茵。惡臭也。可以助生。生發芌馨。何也。元
从神奇來也。是故臭腐復爲神奇。天地无弃
物。人乃忍自弃乎

霸魄

㶳

㶳。徐刃切。火化物而盡。其殘質僅有遺者。从
火聿聲。人生死也。游魂若煙矣。霸降若㶳矣。
同歸。于化也

熹

熹。許其切。号气熹熯也。物旻生而欣欣向榮
矣。其在爨煉。熱而充爇者。盛火也。不熱則不

奢透

播抽　沾添　綴緩　段假

能否徹也。豈而温存者。文火也。不豈則不能沖融也。从火从喜會意。天地有太和。人心有眞樂。反而求之。當自見之

燮

燮。酥挾切。和也。孰也。从辛。調和五味。辛爲主也。从炏。火气上燮也。从又。播沾火候也。急則暴。綴緩則无功。比孰无段火力矣。猶藉火气以養。此勿忘勿助長之術也

炅

炅。古迥切。光气温存也。人之元昜也。无形眞火也。有形則爲光昜也。已故曰。壯火之气壬。

少別　往徃　王旺　彼彼　索索　𢇍絕　㬪普

少火㞢气衰。少火㞢气壯火食气。字。意从日从火。大。明在上。火微不見其形。故取以况眞火。內經又謂炅則气泄。何也。曰。火速易動。其气恆有餘。一妄以動。少火即壯火矣

照。㞢笑切。天光下臨也。从昭从火。大明在上。已物咸辨形。曰。何嘗容心。而物自莫能遁。曰非有來物亦无往。神王亐此。光自假。人心照物。而恆止。止。㒸照則逐物。拒物則𢇍照。凡有明者。亦多通稱。小而稱㞢。兼審其音。在日曰照。有㬪同意。在月曰映。有虛明意。在火曰

叀專

燭。有精叀意。字成而後。亦多通稱。學者當原

制字初意。照譌而爲㷀。則是火與日爭光也。

㾹泝

㷀省而爲炤。胡舍大明而取小明也。㾹原隶

㞢。从火也者。小㞢譌也。亦猶映本从夕。譌而

景影
楸散

从日。月景楸落乙八。交相暉也

六書精藴弟一

六書精蘊第二　上篇

水	原	巟	𠂢
𡿨	泉	谷	清
巜	囦	㕣	淡
巛	洞	㕡	淑
海	巠	永	河

江	淞	[illegible]	泗	𡿧
淮	沝	[illegible]	涅	垔
沛	淼	漚	湯	仌
漌	㴱	沙	衍	冰
匯	罙	染	㕣	凊

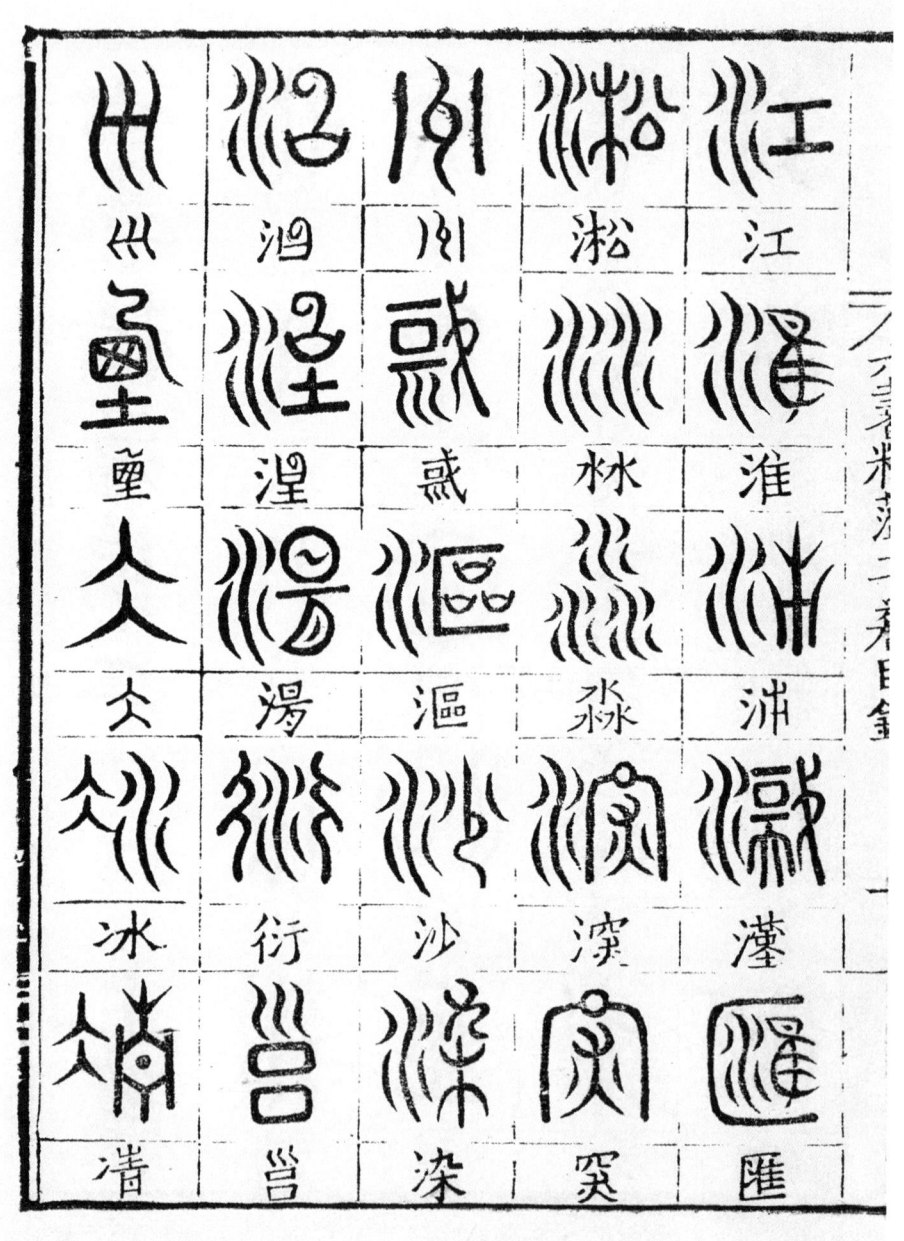

動 土 坐 㞷 垕

垢 坦 均 堤 塵

在 墓 金 銀 銅

錫 銕 丱 鍊 鋈

鉛 王 全 理 瑩

六書精蘊二卷目録　二

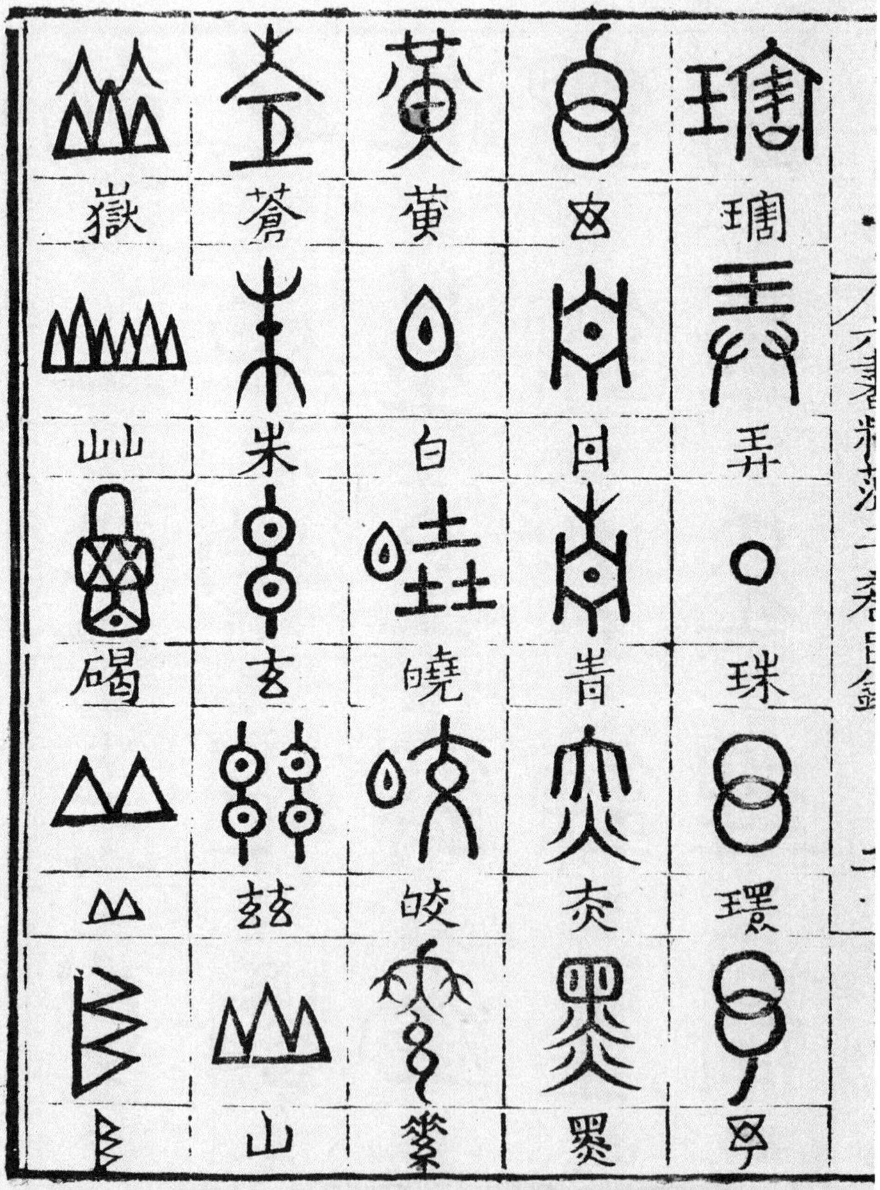
琱
弄
珠
環
黄
白
皢
皎
蒼
朱
玄
兹
山
嶽
屾
碣

卩	夂	田	由	畫
氏	危	⊗	⿱兹田	當
氐	厤	畺	己	異
丠	石	里	略	井
虗	廉	畱	画	丼

六書精蘊二卷目録　三

亍	陳	[illegible]	[illegible]	[illegible]
衜	列	族	[illegible]	造
[illegible]	[illegible]	垒	圖	邑
衛	行	絫	國	号
廴	彳	營	[illegible]	[illegible]

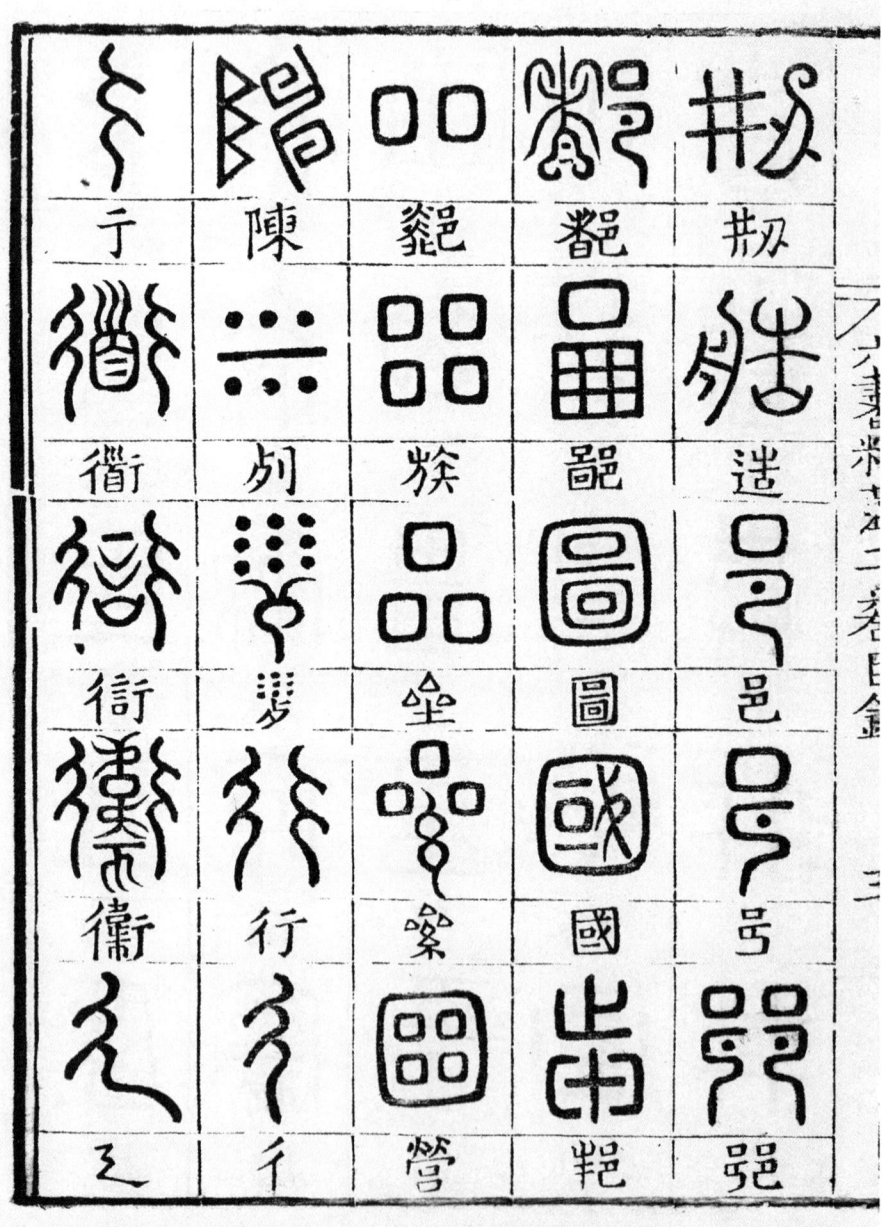

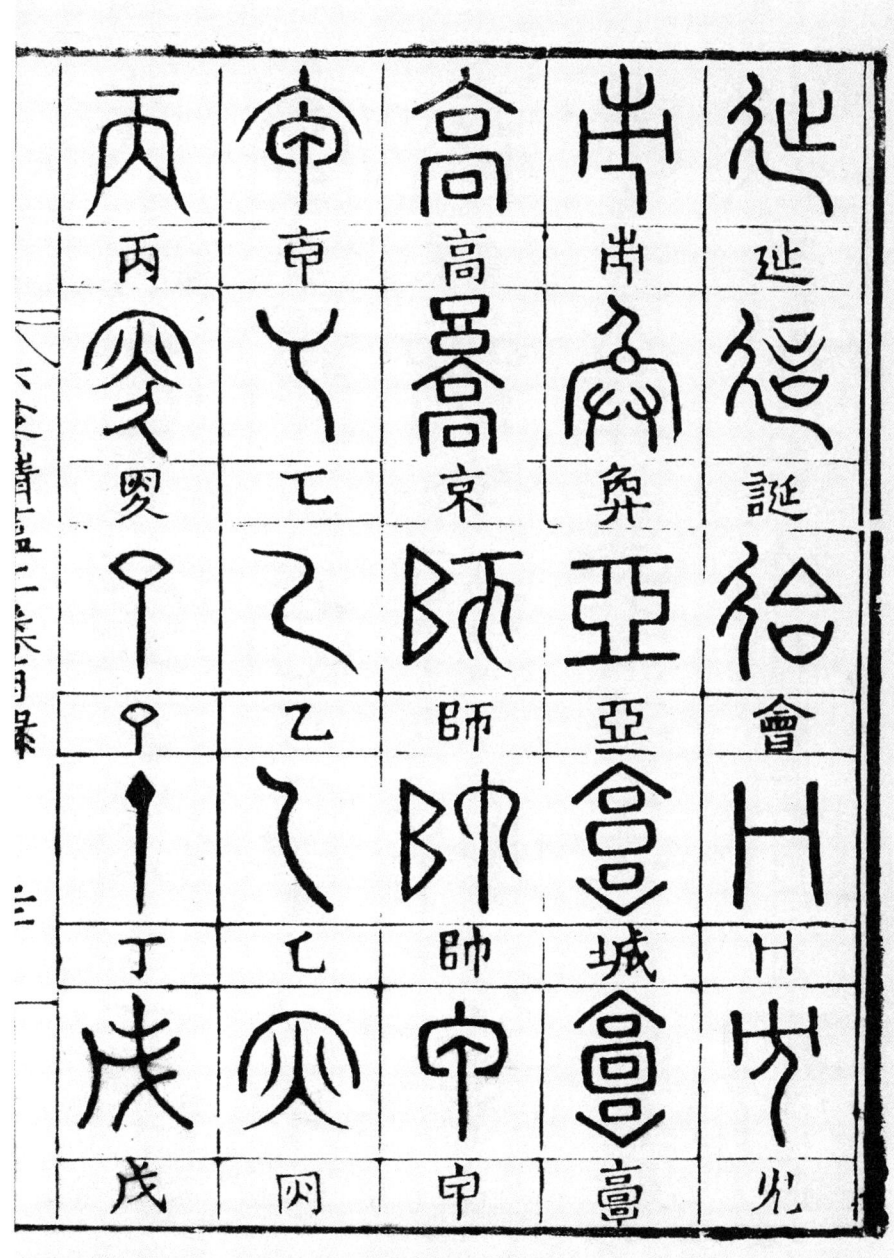

延　誕　會　H　光

耑　奐　亞　城　𩫖

高　京　師　師　中

市　乇　乙　乚　㒳

丙　叜　[illegible]　丁　戊

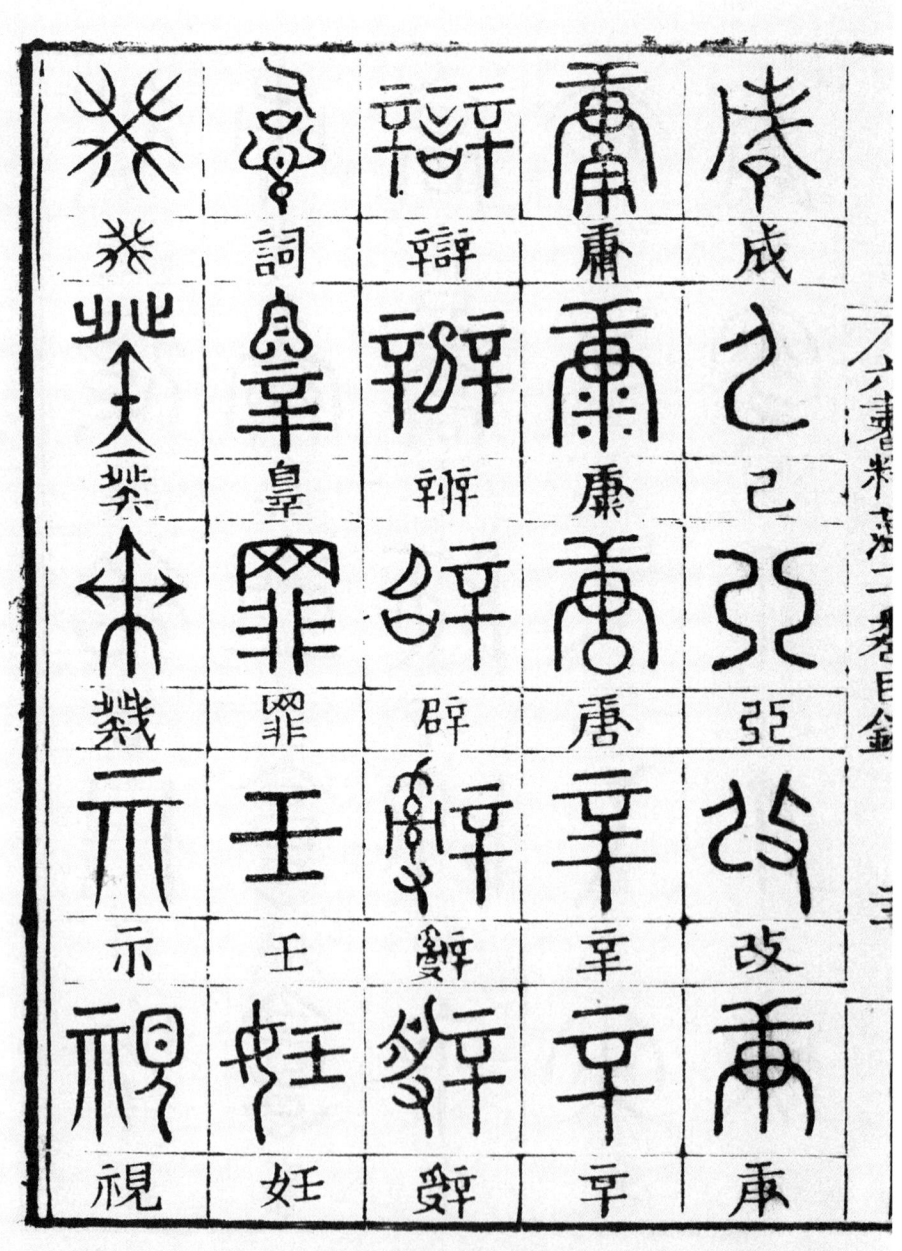

成　己　弖　改　庚

庸　康　唐　辛　辛

辯　辨　辟　辭　辤

詞　皇　罪　壬　妊

癸　癸　戣　示　視

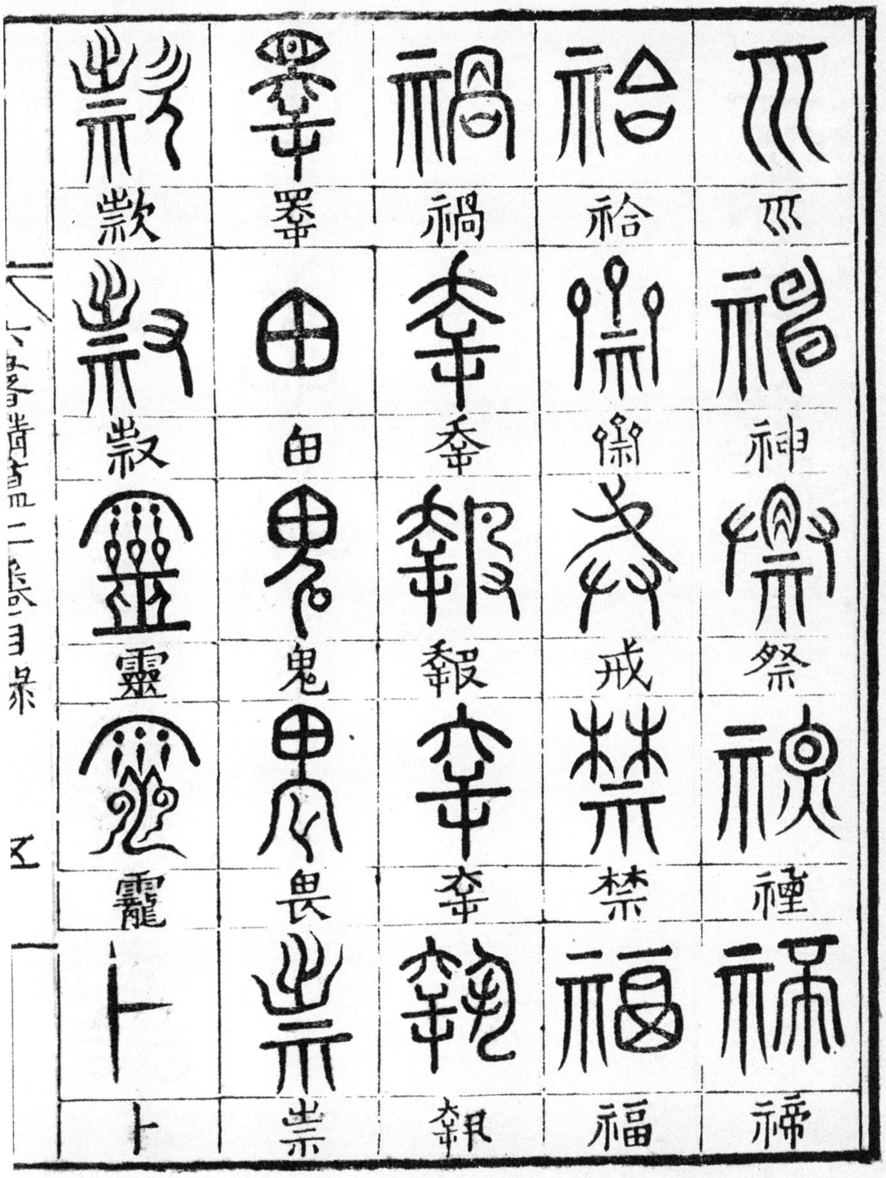
示
神
祭
禋
禘
祫
祟
戒
禁
福
禍
㚔
報
幸
執
睪
由
鬼
畏
祟
歘
敹
靈
龗
卜
六書精蘊二卷目録
五

兆

卟

占

筮

吉

凶

悔

吝

二卷目錄畢

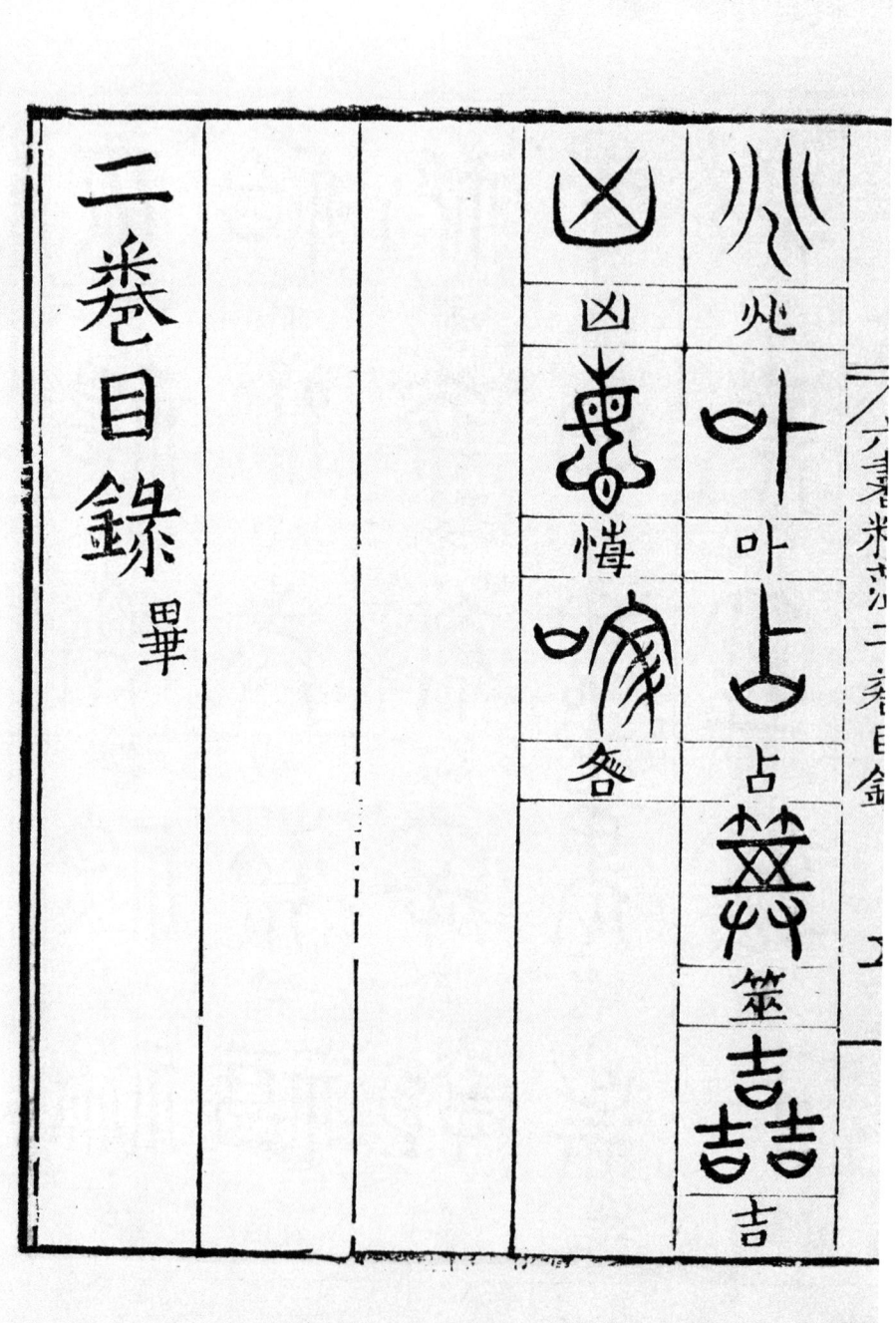

㞢 俗作 之 也也 卍萬 旻得 太立 畾屎 田曲 乡左 又右 眾衆 幵并 〇圓 潛活 衜道

六書精蘊弟二　上篇

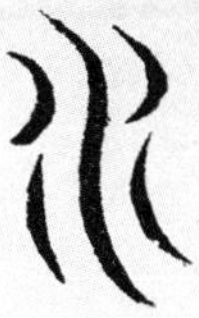

水。式軌切。天地始闢。融而成液。肴生㞢最光也。卍物不旻无以榮養。而乃下㞢。故曰。上善若水。離造化未遠矣。易象爲☵古文太☵㞢象也。畾田肴動意。象水流行也。其中象巠流。乡又象眾流从㞢。合幵而後大也。子言知者樂水。旻无以其〇潛而天機相爲感乎

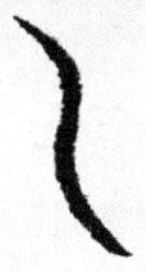

𡿨。激犬切。田閒水衜也。廣尺深尺。其容斗水。或与水无㞢。古人特爲太文。从水而省。象其

細細　衇脈　昔昔　者者　彡參　亐于　枼葉　根根　能耐　灋法　卑卑　灑灑　𠀤平　𠷎疇　邕壅　夫失　倍倍

細流之形。何也。曰。此水衇之始也。无此則為縵田也已。昔者后稷教民爰田。畝一則三其𡿨。與隴參也。播植于𡿨中。苗葉以上。稍耨隴艸。因壝其土以附苗根。則根深能風與旱。明年以隴為𡿨。遞過代田之灋宗之。南土卑溼。播植自于平疇。北方又不知為𡿨。及壅苗本。古灋殆亡矣。俗書作甽。从田。犬聲。亦作畎。从田从川會意。其失彌遠矣

巜

巜。古外切。水之小絡。合百里之水而入于川者也。从𡿨而倍。象其合流之形。周禮匠人為

溝洫耜廣五寸。二耜爲耦。一耦之伐。廣尺深尺謂之く。倍く謂之遂。倍遂曰溝。倍溝曰洫。倍洫曰巜。廣二尋。深二仞。く巜擬非其倫而从倍く成文何也。曰。此井田水脈。相爲始終也。周官所謂以列舍水。以巜寫水者也。後世通用澮。乃冀州水名。出霍山西南。入于汾。从水。諧聲于會

夂終　丗世　𡿧州　卥西

从從

川。昌緣切。水之大絡。合千里之水而入于海者也。从水而貫穿通之。象聚衆水之形。愚按

㿝血　衇脈　埶勢　𠬪予
𠲿呼
𢽳壑
𣲺汪　𤰞畜　𢓈復　㴻滲　气氣　𣦸死

水㞢流行亐天地閒。其猶人身㞢㿝衇。系神禹因其埶而利導㞢。則光經理其大絡矣。㠯漸而及絪絡。故曰。𠬪決九川距亖海。睿く巜距川。茲其規構次弟也

巛

海。𠲿改切。大地全體。譬猶吾身。昆侖其背也。海其尾閭也。百川咸歸。匯爲大𢽳。从川變體。象𣲺洋亭𤰞㞢埶。或謂百川歸海。海又何歸。蓋地衇潛通。𢓈㴻漉亐山㠯出耳。曰水出亐㞢气。至海气盡而消矣。若相傳輸。昰𣦸气也。

愚按古文舊闕巛字。小篆別制海字代

也它　㳙波　亏乎　辠罪

之攷諸也文曰⊙巛字从⊙从巛則古固有昰
文久而失其傳耳今特从⊙巛取出以補古
之闕文

原愚袁切水之天根也今夫天下之學其不
隨㳙逐浪者寡矣有能窮其原委者亏水何
出出亏山水何極極亏海觀水之瀾其難原
則未遠焉猶非原也故从山下出泉爲原泉
之未出石罅也一混沌也故其出雖濫觴不
至亏海不止由其天根不窮也僭爲寡辠之

義。推其本心也。又借爲再義。存則復始也

泉。疾延切。水初出也。天眞未泊。爰靜爰清。反求我初炎子㞢心。上象混沌函一。下象開闢一脈中出㞢形。借爲貨泉㞢泉。言乎其流通也

囦。烏玄切。回水也。靜深澂澂。玅不容言。○以象其空洞。从水在中。又象其有孚也。保其天眞弗蕩也。心體虛○。函性天完。忍令麤薉塡滿𨈓。小篆譌作。俗書加㞢水。益贅矣

泊 泊　炎 赤　函 函　借 借

回 囬　澂 澄　玅 妙

薉 穢　𨈓 邪　譌 訛　贅 贅

氐底　疏踈　尊尊　平平

洞徒弄切。空谷也。水流其中。深不見氐。从水。同聲。山之中空者。未必皆有水也。而獨取諸水。非此則无以見入虛之妙。古之稱敬曰。洞洞屬屬然。可謂妙體本心矣

巠古靈切。水維也。巛上有一。水之正脈。其下从工。疏鑿以通。聖人順水之性也。噫。觀于水木之有本原。則知尊祖矣。觀于水木之有巠餘。則知敬宗矣

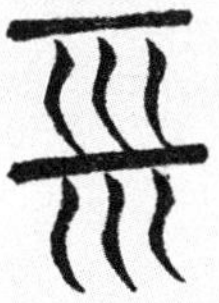

平蒲明切。又蒲縣切。均一也。爲治。爲正。爲和爲成。爲坦。皆因均一取義也。易曰。坎不盈。祇

𠂢齊　遷適　肯前　昜易　㴽活

既𠂢水與坎𠂢遷充其分量故从川衡一于上以象其𠂢重其文者一坎復一坎肯後皆同也物性惟止水至𠂢不取于流水而取止水者流則昜蕩于外止則內保其天眞故可爲濾也

谷

谷古祿切山中泉坎也以虛也故泉入出盈則泉出而通于川◊以象竅八象水半見地上所謂盈科而進也不取虛而能受而取其通通則爲㴽水而山澤咸咸也老子谷神不

叚假　偺借　滰淖　气氣　丂歺　㕣壑　𤶅瘂

从〇取其虛義〇詩進退維谷〇又取窮義〇乃叚偺也

㕣

谷〇與額切〇山中滰地〇佀泉非泉〇浸淫地膚而不流〇則其水从〇山澤不能通气也〇故取半谷爲意

容

容〇私閏切〇濬入也〇開通出也〇㕣〇何也〇水行地中〇猶人出有血脈也〇㕣谿則从〇通出乃復涽〇不从川而从谷〇何也〇以滌源爲主也〇山澤出通气以此〇古有容川〇无凹防

屈屈　埶勢　𠂢派　ナ左　又右　旁傍　衆累　族族　泪汨　𤔔亂

永亏景切。水長流也。小水气𠂢短，其流不能長，則入大水。大水合衆流而達亏海，气𠂢長也。象水流屈曲，其肎愈盛之形。字以上下取埶者，恆也；以肎後取埶者，其變體也。

𠂢匹外切。水分流也。分則自短。从反永爲意。此又以ナ又取埶者也。水之𠂢别，木之旁枝，雖衆千百，受气亏一。觀此可以知合族之衞矣。

清七情切。水性之天然也。色若凝碧，故从青會意。泪之以土，濁𤔔其質，色从而變，乃黄乃

𪑾黑　瀓澄　敢敢　乜它　鬻羹　兆兆　溯泝　平平

𪑾瀓。之優清水性之恆。噫。觀亐水之恆性。而謂人性也惡與善惡也混。自人其天矣

淡

淡徒敢切。水味天然也。至海則鹹矣。動極而變也。制字者。胡不自其靜淡皆求之而取亐水。是火而炎。曰。此以又味未和皆太羹也。也物未襍。天然者尚存。比亐太鬻。猶為泊兮未兆也。此古人溯流窮原之學也。學者其无染世味哉。

淑

淑殊六切。清湛也。从水。叔聲。水之濁者。譬則性汩亐惡。无以識為也。其清而澂者。猶有偏

也。匪其天然也。惟清且𤋮。則是水亭之盛也。
内係之而外不蕩也。可以言天眞矣。故淑爲

譱　善

譱義。爲順義

渤

河

河。胡哥切。可聲。河之在天地間。其猶人之大
腸乎。發原昆侖。上應天漢。與渤海相顛尾矣。
自古未有能窮河原者。以未至昆侖也。漢人
窮之而不見。因而謂惡睹所謂昆侖。則圖之
有目矣。雖然河原窮之亦奚以爲。觀禹治河。
則知所以緯地矣。河之入中國也。其西北穹

西

𤮎磧　𦣝雍　䣶跡

鬥闘　拙掘

𡚸好　𧚞被　𡨋隙

汘弁　沸沸

𣹗漕

𤮎磧中。龍門之未闢也，河出孟門之上。呂亦未是為天府也。其東北土𨒪以漘。九河之未播也。河由地上行也。鯀與水鬥知。則多為之隄而功數敗。禹惟順水之性。殺水之勢。拙地而注之海。鑿山以通之。後世舜與水爭利。故數𧚞河患。闢河之𡨋。則自秦灌大梁始。河日徙而南。是故循太行而東北入于海者。禹之故衟也。東寫而汘于沸者。漢以來之衟也。南汘于淮者。宋以來之衟也。今其勢且北。而以害于漕河。則障之使南。河患其未厓哉。冀河

内也。豫。河南也。冀。河西也。三河者。帝王宅焉。今京師在河朔。而遠漕粟于江之南。地有遺利。困于養兵也

斤廾兵　𩂣雩　工紀

江

江。古雙切。古韵古紅切。故諧工聲。江出岷山。地之有南北二絡。大河界之也。南絡之分爲中絡。江界之也。上應天文。河爲北紀。江爲南紀。謂之兩戒矣。禹導河自積石。岷山導江。河數爲患。而江无患。亦嘗求其故乎。曰。江吞衆流。東隘于三峽。其怒固若轒天然。及其放于

迣 迣　表 表　都 都　泲 泲　益 溢　丘 丘

夷陵也。非洞廷爲之演迣。𦕁當何如哉。始天造以殺江怒者也。禹貢言川必及澤。脊以哉。脊以哉

淮

淮。戶乖切。古韵胡隈切。故諧隹聲。水出桐柏大優山。淮與江相表裏矣。中原多事。依大江而都者。守江必光守淮

泲

泲。子禮切。水出王屋山。𠂔聲。禹貢導沇水。東流爲泲。入于河。益爲滎。東出于陶丘北。又東

濼　漯　夭　失　其　箕　㫐　没　之　雲　回　𡆥

至亏漷。又東北會亏汶。又北東入亏海。斷而弗屬多矣。夷攷貢衛其東浮亏濼汶也。達亏泲。其南浮亏淮泗也。達亏漷皆與河會。貫若一。何也。曰。中斷者。泲出故也。屬其斷。禹新所闢也。禹惟識其地阞也。後世水官也夭。故三瀆若亾其一

漢

漢。呼旰切。天河也。从水。水出精也。南北二衛从⿰氵應地出网戒也。从或所經分野也。起亏其尾出閉。過東井而後㫐也。从大。㫐象亏天獨大也。詩云。倬彼之漢。昭回亏天。又通用爲水

剢冢　兼漾　卬仰　䟢踈　歬前　鼉邪　瀦潴　限限

名居兩戒之間者也禹貢嶓冢導漾東流爲漢南入于江小篆作灉

匯

匯胡罪切水回合也匚象其形淮聲也禹貢東匯澤爲彭蠡雖土人疑焉以彭蠡无卬于江漢也噫胡不求諸禹未䟢鑿以歬鼉江又山到三盤衆水同出彭蠡爲口形則高卬非是江漢外水闌之還遷能瀦而後泄鼉

淞

淞祥容切吳水也因松陵名天目諸原瀦而爲震澤其泄于海也淞爲之咽而容有限湖

宋甲 □闈 錄額

翻。三壑皆水也。非禹釃淞而爲三。桑田盡爲
溝矣。泰伯胡以能建國。吳利萃其于水田。東
南富庶。甲于天下久矣。其功則自范蠡□田
始。今也漸以羅敝。以貢賦額太重。而水利弗
修也

林。隸通用委給詭切。水之末流也。从肯水優
後水爲意。濬其原也。俗義用委。正義以之瞄
字从此爲母。力求切。取其順下也省
文作

昜易　勹包　凾函　囦淵　傑傑　沈沈　屵岸

淼

淼弭沼切水大无際也从三水爲意弁合衆流故能成其大也人望洋則茫若自勿昜窮也乃有勹河海以爲量者亙目也有厓而心无厓心固凾蓋乾坤者也俗作渺

㴱

㴱式鍼切淺之反也从𥥍从水必取于水乃見其妙不可測一望悳之囦囦其囦也淺則露㴱則藏爲譖亦力爲惡亦力凡言豪傑者曰知沈而勇㴱曰㴱沈有大度言奸宄者曰厓見而㴱情曰㴱沈有屵谷人心難測哉又水名出桂陽測㴱曰㴱去聲式禁切

紊索　碬破　㝵得　䣊都　衇脉　畀界　画畫

𡩋

𡩋汀畱切。以手索物于暗也。字義因事示義。从穴指，又持火照之。破暗以爲明。反爲深造之義。乃知觸處是衜，何處非學。㝵之心開目明。矣之无所搯其身。

州

州。隻畱切。地別也。聖人緯地，因山川形勢爲九州。象風气開隔中結一䣊會，而水流通。山各鎮一方。川達于海。天下一家以此。巛與州異。从州，變體。水中有土可居。地衇未嘗斷也

彧

彧。乙六切。文盛皃。風行水上，自然而成文。从巛从或。若畀画然。玅不可言。字義若炳其過

暉輝

洍波 泃泡 㓕滅 亏宇

盛何也曰近亏虛也可以爲天巧不可以爲天章必也篤實而有暉光若天地日月出冬乃至文也[illegible]。[illegible]。[illegible]。三相混𤼵。黍稷盛皃敢大有秊出意配地宜禾从𤼵轉注與秦同意

漚

漚烏侯切海洍泃沫也从水區聲海漚己起己㓕譬人寓形亏内能幾何旹矣所以能與亏宙同久者惟衛焉耳若也弗識天地與我同體而惟軀殼自私是認一浮漚爲身而不

侯候 瀆漬　卤西 滲滲　㡭絕　潭淳

知湡者也。轉為於侯切。瀆之湀也

沙

沙。所加切。土石相襍也。卤域多流沙。佛書所稱恆河沙界也。水過之則滲漉而涸。故从水少為意。流沙大磧皆地之㡭气。固天所以限華夷也

染

染。而琰切。瀆色也。繪而設色。加以色也。惟染色从而變。若之色然。从九。染之度也。每入之色也。必變。至九而止。物極則反自然也。其从沐者。入水深淺。沐浴之則同。周官所謂潭而

洗　畫　陰　陽　醲　郁　傲　散　收　孰

沃之盡之擣之。滌去其滓。則輕清漸近自然也。義之味味之色。凡染事晝夜湛諸井。吸陰陽之精。則气味沈浸醲郁。染成義因而彰。可以辨物制度行矣。盈天地之間者爲己物。凡有色者。皆可放而爲之。惟道無色。則不可以染。人巧可奪造化。于道不能加損也。染之于文明之開。實太樸之散之始。緣此流入于靡麗。眩目惑心。如覆水之不可收矣。與其貴色而過。孰與因其本色。染無美惡。均之變其質也。故因而生污染之義。反樸之教。存

其中矣

汩　汨

汩

汩古忽切變其天眞也取義亏水其未汩也天然其清也旣汩以土變而㞢濁人皆知㞢惟始汩者全體清徹濁猶微范其事在俄頃非離婁㞢明固弗覺也字意从曰所謂知幾其神非躳曰譌而从臼古人㞢心㴱隱矣

曰　忽

皁　皀

涅

涅乃結切染皁物也雖有潔白遇㞢則緇何取亏水爲土汩曰此明其自取㞢也土靜而

譌訛　熱熱　濟濟　烰浮　赫赫

水動土何嘗往汩水水來自爲土所汩一切外誘迷从內欲予言涅而不緇聖心天虛何嘗有物可以涂天也涅譌而作湼湼譌而作涅誰與求古人之心

湯汀狼切熱水也含昜之升降于天地間也貞勝者也猶水火之爭于鼎中也水之未濟以火寒固自如及其既濟也而气烰烰爾赫赫爾火息也久寒則如其初水旻昜而成湯古人妙達造化也人身一鼎也毋使水火妄爭哉湯翻洶洶故轉爲水盛皃尸羊切

[illegible]緩　浸決　益溢　皐罪　州州

衍

衍以淺切。寬衍也。引而長也。从水从行取意。古人不與水爭利，水是順其天然，其性自緩。後世侵其旁近地，水大至，不是自由，則浸益而爲患。逆其天然也。

邕

邕於容切。水塞不通也。亦由亏天，亦由亏人。从人事爲主。从川从二口。指其障塞，以皐夫與水爭利者。周官邕氏掌治水，因其塞而通㞢也。邕㞢名州，其地三塞也。俗作雍，非。通用雝，亦非。雝从隹，鳥和鳴也。小篆以邕爲邕，故借雝爲邕。邕學名辟邕，周水也。泮宮半水

潛活　呰壅　賚責　幺左　頃傾

也

巛

巛祖來切水潛沓也順而導之何爲而不利塞而逆之何爲而不害从巛从一橫障之指其呰塞之狀賚人自壞之也愚按巛水患也𢦏弁禍也惟裁火患由乎天別作災作灾非

垔

垔伊眞切天幺旋而地𦥑又頃故水東注鯀逆水性多爲之隄水𦥑不㬎東則反西流故从西从土會意書曰鯀垔洪水汩陳其五行禹乃嗣興今河北有鯀隄而无禹隄禹惟順

収收　氶承　夓夏　𠔀冬　𦞦腹　𩵋魚　仌冰

而導之也後世師鯀而不師禹水患何旹而

𢇍[illegible]

仌

仌必陵切。水凍也。寒主收也。象澌結之形。不象其已成而以欲成未成太象。不如此。无以顯天地之化也。亢則害。承乃制。是故火極似水。反兼水化。夏也。土潤溽暑。水極似土。反兼土化。冬也。水澤腹堅。

冰

冰。魚陵切。定也。重也。聚也。取乎水結成仌。性定而形自重。心肅則顏敬。冰之銜乎。後人以

宗宗　沸沸　逝逝　䑏朕

冰為仌，故别从疑作凝

凊，疾正切。天地之歸藏也，心之宗也，物歸其
根也。上天之載，无聲无臭，惟凊可以體之。動
凊一循也，旁難擬諸形頌昝。是故託物以比
焉。水，冰而成仌，仌融復成水。方其為水也，沸
然逝，不知其為凊也；及其為仌也，宗然止，不
知其為動也。凊固沖莫无䑏，其瑩然而凊，猶
可以想，故从仌从靑省會意。小篆作靜，蓋
合靑淨二字成文，亦牽彊矣。淨亦出于後之

蕃畜　卤專　身芽

人

動

動，徒總切。天地之顯諸仁也，心之感也，物之化也。夫動根于靜者也，力不蓄則其用之也輕，故以力重爲意。能蓄其全剛也，天體靜專，動胴以直；地體靜翕，動胴以闢。

土

土，汀魯切。地之軀體，元氣融結而柔者也。山岡爲牡，土爲之牝，牝故生物也。昜一象地膚，丨象艸木根藏于下，身吐而出，壤爲之隆起。此特撮土之多耳，然實生生之德，大地全體，

𡉚封　郡郡　作作　臤賢　適適　肯肯

卽此可知矣。別作土

封

𡉚。府容切。建矦也。从土从㞢。㞢而守土也。或問𡉚建古㞢制也。郡縣昉亐秦。聖王者作。吾不知復古𡉚建邪。將因今㞢郡縣邪。曰井田難復矣。而不可不復。𡉚建不必復。亦不當復也。盍求諸上天太君初意乎。𡉚建也者。始亐命有德。成亐象賢。而定亐太適。今㞢論𡉚建者。惟知家天下而後。不復求諸官天下以肯矣。因今㞢郡縣。放古𡉚建遺意行㞢。求天下

六書精蘊　二卷　十六

⿰阝菐　僕
梍　根
氐　底
卝　舛
气　氣

臤者。與之共理。古衙可行也。愚嘗曰。光王生
建。爲君衙焉。漢世守令。爲長衙焉。令之邑縣。
直蹼衙𠀤。樹邑守以君衙。邑令以長衙。爲治
乃爲梍氏。籒文作⿰丰土。从土。半聲。古義已矣。
小篆作封。復加以寸。去彌遠矣。又誤以圭
爲之。二義俱廢。豈傳寫之譌乎。从又。从㞢。乃
聚土而隆之。以正疆域也。俗書㞢圭皆从重
土。其于義也何居

㞷

㞷。户光切。艸木大茁也。从屮。从王。地爲王气
也。天地之大德曰生。當旹者王。則其發特盛

衰 衰　也 它　卍萬 葡備

亏艸木見出。王气衰歇。則艸木亦衰謝。又轉而出也矣。轉烏瓜切。艸澤盛貌也。加水作洼。亦兼二音。愚按圭也圭也。奎也。義迥別而形酷佀。故傳寫易譌。今特是正出。各復其舊

垕

垕。胡口切。地衛博垕載物。故从后土爲意。天地我師也。學天光學其大。大則卍萬葡備。學亏地。則學其垕。而後可載眾善也。何以垕。自不稱人惡。不揚己善始。

内　納
昜　陽
㑺　便
䣜　都
蕆　穢
乑　平

垢

垢。古垕切。汚濁也。从垕轉注作垢。何哉。曰。亙行惟土内垢。盛悳从而化出也。坔衞所以博垕也。近取諸身。清昜出上竅。濁侌趍下竅。惟腹内垢。腹坔衞也。人量弗能有容。㑺畀坔弗相佀。然則人心又欲无垢。何也。曰。玆惟太清出䣜。濁气且不㝵干。矧形濁乎。有欲則滓罡。爲起蕆自媟汚我神明。不㝵復稱靈臺矣。

坦

坦。汀旦切。寬乑也。亶率也。从土从亘。亏何取義𨈏。曰。屬昜明顯而昜知。屬侌險昧而難測

坙基　　叀團

大地平鋪。青天白日。照曜其上。望而知其爲
蕩蕩平平之體也

均

均居勻切。公平也。天无私覆。地无私載。日月
无私照。字意。獨取人事明之。故从土从勻。叀
埴者。以均爲之則。造化在其手。而未嘗容心
焉。是故器成如出于一

堪

堪口含切。地突也。字意。何取于甚。地有吉气
土隨而起。其力充然有餘也。因之而取勝任
之義。力大則无所不勝也。言天曰大。均吾以
虛吾心。言地曰堪。卑吾以處吾坙

綮纍　皃貌　𣅀昨　𣦸死　　蒀墓慕　霸魄　恖思

塵

塵直珍切揚土也从三鹿践土而起會意天高高太清下土重濁人在塵中不自覺知況優綮亐形骸觸処皆垢眞成汙世矣夫惟人皃而天虛超然絕塵哉省文作塵

在

在𣅀代切存也从土才聲何也曰𣅀物皆生亐土𣦸則歸土譬若傳舍而土常存知此義可以坐閱古今而无恒化矣

墓

墓莫故切墳也人各慕厥父母比其𣦸也體霸歸土猶不忍忘則為之塋域以系孝恖使

遂送　暴暴　口方　王玉　綂總　薶埋　叀專　函函　破破

其子孫世守焉。故从甚轉注从土。斯字也。其作于周乎。蓋周公實始爲是禮也。後世遊葬過侈。以啓盜心。則與暴骸中野何異。夫子是以止璠璵之斂也

金

金居音切。性稟堅剛。體口而重。故于五行屬義。其未及王者。溫潤不足也。尚其貴而遺其悳。欲之害也夫。亦爲五金總名。黃爲之長。久薶不生衣。百鍊不輕。獨有恆悳。故𠬪叀名。象生土中。上有函蓋形。不欲人鑿破其混沌也。

小篆作金从今聲

賈價　氐低　卬昂　予予　細細　嘆嘆　汩汩　易易

銀

銀語巾切。白金也。金之亞也。潔亦同而堅重不及矣。諧艮聲。後世用銀爲幣。物賈低昂系焉。客有語予曰。人間世惟知銀有金華。詎知初若縵理。乃其天眞也。鎔者投以銅少許。膚理乃成細絲。濟之多則敗。人僞勝也。去之復還其眞。初之少許。卒不可去。惟奪造化者能之。予聞客言而嘆。汩性何其易也。復性又何難也。然未有不可復者

銅

銅徒紅切。赤金也。又銀之次也。色與金相侶而德大有間矣。古人因其色以命名。古文取

賊賊　所劊　播抽　變亂　幸幸　湲決　忠志　㱾黑

其意以制字。因示不可以皃取人也。樂器則範銅爲之而弗以金。物各有所長也

錫先激切。銀鉛之閒也。五金之賊而不可无在適其所。何取亏易會意。曰。古人惡人僞之奪天眞也。銀之入金也。鏶。銅之入銀也。鏶。播之播之。各還本色。天眞自如。惟錫一入。若鑽若蝕。壞變其本質。人性弗幸而受變亏俗。匪太湲定志用勇猛功。難矣哉

銕天結切。㱾金也。字意从夷。亏義何居。曰。取常銕爲意也。知此則知人不可无學問之功。

嬰要　旻得　盔屈　自陷　數封　段煆　谿絶　厲厲

嬰皆造化之自然也。何也。鐵之柔者。百鍊不能使之剛矣。取常鐵而鍊之。久而旻其精純。雖百鍊不耗也。此之謂眞剛。盤盔柔鐵。自之鐵其閒而泥數之。段令相入。此僞剛也。可暫而不可以久。鐵于金品最下。而致用爲多。民利不可闕。匪若金銀錢不可食。寒不可衣。空禁民采。以谿利原。鐵則當爲之厲禁。而與民共。後世榷以富國。爭民繩奪也。小篆作鐵。

戜聲

王玉　薶埋　拙掘　扱扱　變亂　冒侵

卝

卝。古猛切。金之精英伏于沙礫者也。與王在璞同。韞藏不露。穿拙而後見之。川象鑿破混沌。∴象扱沙見金。其質最爲渾厚。蓋自是始出爲世用。而爭變亦自此起矣。昔人有言。我无欲而民自富。上之人其錮利原。毋輕發泄哉

鍊

鍊。狼甸切。鑠治金也。金已樸。不見火。則爲段金。鍊之而後精。从金从柬。爲意。柬也者。擇去其僞也。人隱忍不能自去其私。夵身自欺已矣

灻赤

𨥈

𨥈胡官切渾合也金已破械鎔之以火則復
渾全从火从金會意非火㓞㓞不能成功也
灻子之心已夭而能復其惟大勇乎

奐魚

鉛

鉛與顛切青金也其柔已甚故取㕣意又金
致用不可无柔能助剛也多則敗矣

喗輝

王

王奐欲切天地之精英也象藴石中山爲之
喗禮所謂气如白虹也人旻之琢磨以成器

𠂹垂

君子比悳焉其悳何悳也曰愚嘗聞之瀾澤
以溫仁也縝密以㮚知也廉而不劌義也𠂹

敂 叩

㪿 折

𧖴 脈
替 普

㞢如隊。禮也。敂㞢其聲清越以長。其終詘然
樂也。瑕不揜瑜。瑜不揜瑕。忠也。孚尹旁達。信
也。不撓而㪿。勇也。可謂盡善已矣。省文作

王

圭

圭。古畦切。瑞玉也。古者執以爲信。象刻上而
口下。中象纍藉形。貴重㞢至也。天子大圭。公
桓圭。侯信圭。伯躳圭。大圭不琢。全沖和㞢气
也

理

理。良以切。衜㞢分殊也。汎應而各當。若移是
然。意者其有𧖴絡而可繹躳。故曰。一月替見

一切水。一切水月一月攝。其妙在亏潛心矣。以其形難象也。王理渾然天成。故取以爲形聲。引而申之。治其變亦曰理。察獄者曰理官。順物其然而未以己。則見之矣

杏透 渟潭

瑩

瑩榮定切。王色光潔也。从熒省。光者亏外爲意。乎勝故若此。心體精明曰瑩。雖然若異亏大明。何也。曰。請觀之寒潭秋月。气象若何。光天化日。气象若何。此小成大成之別也

琱

琱。等交切。刻鏤也。王不琱。不成乎器。乃古人則取亏害王會意何皃。曰。此教人以存太樸

竝竝
毄擊
囲曲

也。質之盛者不受飾。譱治王者。因質以爲故。脩其瑕釁而輔之文。渾若天成。不犯人力。若是鮮哉。文勝威質。以人巧破碼其天眞。天下皆是矣。反不若在璞之渾全矣。噫。意不失其交子之心。學之弟一義與。□譌而从周。匪意匪聲。何斯取斯。俗書別从金作錭。从彡作彫。竝取周爲聲。譌上之譌也。□之从害也。殺伐之气也。□之从害也。摶毄之威也。皆无取于周也。惟調有取于周。曲成而律呂葡也。因而爲調和之調

共 恭　㪅 敢

弄。盧貢切。玩王也。弄之義。心賞而目娛。手以爲嬉。褻忠大矣。乃取于玩王。从王从廾。有敬共意焉。何也。曰。此古人轉移人心之妙也。王有純德。對之溫如。吉人可以交脩我也。其敢褻乎。移玩物之心以玩王。心敬而欲忘形神俱變矣

孕 孕

○

珠。纇于切。蚌感月而孕也。其爲物也。微乎微哉。而乃象渾天之形。何也。曰。此固天地元精。妙合而凝者也。亦嘗觀于荷葉露珠乎。合之混成。散之混成。孰爲圈此。太極全體。惟是薄

葉 葉　散 散　孰 孰　圈 圈

羕漾　昜陽　活活　昜易　裒抱　倍倍　好好

羕无復定相。聖人況性曰寶珠。蓋謂夫蓋謂夫然則何以謂太昜流珠常欲去人。曰。此言元神至活而昜逸也。故曰。神者物受之而不自知。及其去來。噫。其惟心術乎。裒神以靜。世人之于珠。愚者莫不知其寶也。知悳鮮哉。小篆作珠　从王。朱聲

環。胡關切。爾雅肉倍好謂之璧。好倍肉謂之瑗。肉好若一謂之環。皆○外而空其中。从二○。象連貫形。古人佩之以爲額。一貴其悳。二尚琢磨之功。三取同悳相合。无非敎也。小篆

作環。从王，睘聲。

予　予
玦　玦

予，余呂切。上賜下也。古者人臣見放，待于境上。君賜之玦則不反，賜之環則還。从，从丿，向內。賜而反之之意也。俗與余通。余亦聲。而予上聲。語重而轉耳。小篆變體作予。

幻　幻
責　責
專　專
寤　夢

幻，胡辦切。虛妄也。下惑上也。从反予。以責夫人臣不知感恩而專務欺罔者。引之。人生也，實然也。幻化。一大覺寤也。釋氏謂然也。實生也。幻化是毋自幻哉。

赤　黑　陰　終　熱　幸　溺　芽

丹。都寒切。南方赤石也。能鎮心神。性悍不可多服。●象純陽之精。外象函蓋形。赤心亦曰丹。全其天元也。惡者命之黑心矣。神仙者流謂人也有丹盜天地之氣。鍊陰質反乎純陽。命之曰不死術。吁。大化安能終逃。方士鍊金石成丹。誘人服餌以詭長生。大熱多毒。服之暴死者相踵也。而後來者優如之。皆多欲而僥幸毋死。溺其大欲者也。小篆變體作

青。倉經切。東方正色也。水生木。從丹而淺色則揚矣。艸色青青。生气之動滿盈。其芽始萌。

杏透　眡視　畱函　畜畜　㸊熏　煙煙　熏燼

紅若傅日气杏而上。近梖猶殷紅。从丹从屮。
字意欲潛。小篆从生作青。一佀从日太類

赤

烾昌石切。南方正色也。气盛而明。从大火爲
意。烾眡紅微晦。正色尚有畱畜。匪若閒色之
妍也

黑

𪐫呼北切。北方正色也。而晦。从炎从囧。象火
㸊竈突之形。火烾而煙熏烾㝵黑。亢則反隸水
化也

炗光

黃

黃呼光切。中央正色也。形難于象。日初出也。炗光尚凝也。升則光盛而黃。故从田从炗爲意。大明中天。晛而眂之若白。明而融矣

白

白旁陌切。西方正色也。至潔矣。形難于象。故象艸木仁形。仁之白也。元气之函精也。是故五色惟白可以受彩。白乃本質也

皢

皢呼鳥切。日將出。光杳微明也。故曰。東方既白。如人心優小而辨于物矣。从白从垚亮之

𦩍朝 倏倏

𥿘素

𡍮垂 緌綏 𦅾綽 箸著

闢。必自高始。下土方則遲明。通塞之機也。𦩍也白而夕曖黃。清濁之候也。俗書从日非

皎

皎古了切。月光白也。詩云。月出皎兮。从白交聲。月色清幽。向之令人匈次灑落。有未若日光盛大。人與之相忘也

素

素桑故切。白之本質也。凡彩皆成亐人。有所勉彊。惟素獨全太樸。从糸从來。人工不加。是順其自然也。故緌𦅾皆从此爲母。子言繪事後素。正指未箸色。从肯。示人以天眞也。箸色

[illegible]書

孝幻
卍萬

後當何如。曰。反樸以還造化。小篆作㯉

蒼

蒼。七罔切。淺青色。生气已過。艸色青變成蒼。微若帶白。从屮定意而諧倉聲。屮亦青之建首也。天玄正色。遠而望之爲蒼。旻夜而望之爲碧。蒼何也。曰。晃以日光。映以星月之光。目眩成玄也。惟心超然。本體有定。卍一各正。

小篆从艸作蒼

朱

朱。顓亏切。赤心木也。从木。一象其心。譌而从一。義从而失。或疑艸木无知也。何以有心。曰。

此太極鬲文也。造化融結之妙也。不如是則无以函生性矣。故曰。一物各具一太極。玄色通謂之米。詩云。我米孔揚

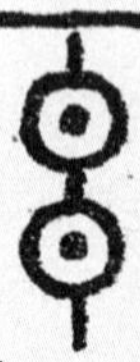

玄。胡涓切。幽深之色。天蔵神而不露。故其體玄。䌫猶有色也。玄本无色。上天之載无聲无臭至矣。以其窈冥難象也。故會其意而亦難于名言矣。外爲○形而中加・。至微之精也。玄之意若足矣。天體无窮。故◎上復有◎所謂玄之又玄也。如易重☰爲䷀。非天外別

有天也上下系之从丨一无餘二也噫玄其天根乎默默而成之不言而信其天根之學乎小篆作玄象幽而入覆之亏滌意亦未切矧天衜之幽深乎

视根 默默

气氣

玆

玆子之切气脆而色黑濁也内經曰青如艸玆者𢆶侶青非青也春秋傳曰何故使吾水玆从二玄取黑邑之意噫出气𢆶气其色明晦迥別外爲内符也矧乎悳全者神全神全者气全其之色當何如髭從爲此義指物之詞小篆作玆另與茲混茲从艸諧玆

爲聲。生息也。益也。借爲席名。爾雅蓐謂之茲

山。所閑切。地之鎮也。象三峯連峙。其中特起形。虛其內者。又以象函气也。仁者樂山。天機相觸也。是故。觀其凝重。可以靜吾儀刑。其隆高。可以崇吾德。其函气。

椒散 亘宣

椒宣。此吾仁之生生不窮也

嶽。又角切。山之大鎮也。東泰。南霍。西華。北恆。天子巡守所至者也。其中央嵩高。衡亦爲南

凷 塊

肉 肉
句 句
卪 節
眂 視
癶 登
卬 仰

嶽象峻極之形峯上優起高峯也小篆作

嶽从山獄聲俗書从丘从山義不可訓天下之言大地者若奴凷然詎知其濇也土以爲肉山以爲骨元气固相句連貫通五嶽乃骨卪之大關會也噫眂五嶽而知衆山之小也句令旻昆侖而癶之五嶽等一杯土耳卬眂天體高高則又超乎絕然遠矣吁人心慎毋自足哉

屾所臻切二山連气也象其形天下之靜定莫如山两山竝峙各止其所靜之極也𠭖曰

兼山艮君子以思不出其位而音義若有動
意何也曰此又明靜中有動也一气相為貫
通仁之生生不窮也

笱臬瀇傑
聳拔濤傑

碣亘刻切大河入海有山鎮其口笱臬海中
太當河之衝踵頂全石海瀇拍天任爾盪激
吾何損鯑此其定力眡氐柱當百之振古豪
傑豈風气能我驅古文煥若後人胡自迷謁
以為碣乃从曷从石作嵑詎識人中之夷
仆愚特為之表章从山留象楬盤海氐亘

阜阜

丛丘
卑卑

昰一气渾全。㗊象阜太滿固奇巧若鐫。冂象有柱冠其顛。猶若擎天。天下偉觀。儼若在目

丛。去鳩切。佀山而卑。地气弱。不能阜太也。从㞢而殺其中峯。象卑之形。丛如一㒟之土。眡國土未足也。則又有天下土焉矣。俗爲三邑曰丛

亙亘

𠂤。房九切。大陸也。地猶隆起。緜亙。最爲完𡋯。故𠂤有盛大義。从㞢而側之。若楸高以成廣也。俗作阜非。

迭　迭
由　曲
崩　崩
臿　插
闊　闊

𠂤

𠂤。都爲切。小𨸏也。山以高爲埶。𠂤以長爲埶。𠂤短而庳。故爲側山之形。若覆土爲之者矣。

夫地。大凷也。天地始分。地形猶然是气。剛柔迭相盪者久之。融結尻狀矣。水。動物也。古文因形變易。曲盡其妙。山。靜物也。字體變動若神。其游于天地之初兮。俗作堆。非。

氏

氏。如旨切。蜀山崩也。揚子。蜀人也。故其言曰。響若氏隤。今夫山。其高插天。則其結爲地盤也恒闊。蜀山或峻若太壁。或長如剡墉而地盤多逼。崩墜也。固當象側山之形。自上下墜

爲埶噫博垕則高明可无積纍貌

氐

氐丁禮切柢至也山之崩也乃其大變也隊其埶必箸于地下益垕焉古人因取从氏从一爲氐以明深柢固本之衛與易山附于地剝上以厚下安宅同一因事設教也又都梨切蒼龍宿名天柢也俗書用氐乃厲石也僭爲氐羌之氐高氐之氐俗作低

丠

丠今作虛朽居切空也天體太虛人心中虛象天不箸一物故能生生万物有難擬諸形

肯前　宋寂　亾星　王紀

㝱傷

頟者。字意超絕取亐一物未生以肯。天岀地理。但至亥子㞢交則宋无事亐亾王北爲玄枵亐風气北爲廣莫故从北从一。一者非也。太一含眞气而未生也。光天圖中所謂坤復㞢閉爲无極也。噫斯其天根㞢學乎

虛

虛。今作墟。丘如切。敗地也。兵燹㞢所毀殘也。从丘从虍會意。噫。觀亐墟古今興亡在目感慨隨㞢矣。雖燹悲亦奚爲。惟脩人事哉。毋使後㞢哀今猶今哀昔也。甚謂㞢墟。過則興哀

弁頫
弁俯

於虖の霰陊彼厈堂
鳴呼雲霧墮彼岸醒

也。愚按丠乃聖學囦原。古文精玅。小篆乃
从丠爲丠。以虛爲丠。後出人。復加土爲墟。亏
義弁哉。頫以察亏地理。居可知矣

厃
夂。今通用危。虞爲切。險殆也。突兀𣃔也。居高
多危。虛而高。其危彌甚。故从人在厂上爲意。
因事設戒。其義精矣。於虖。天下之至危者。无
如人欲。一念之萌。突如漫天の霰。日月爲之
奪光。又如陊落海中。不見彼厈。然而安其危
者。身處危中。不自覺也。必自提醒。或是人喚

六書精蘊二卷　三十二

恴憂　愳懼

坐方始恴愳憒欲隕去之矣。轉夊厂為危。
在上則不安。在下則不舒。職格切

卩節　𢪃攀　㝵得

危

危高峻也。从人从卩从夊。制行峻絕。高不可攀。人共瞻卬也。㝵毋為已甚乎。曰。是亦庸行自由濁世觀之。故以為卓異。雖然。猶未若大而化之。渾渾无迹矣乎

昜易　右佑

厤

厤狼激切。身經其事也。人之處世。昜之者。天弗右之。制字者欲人備嘗險阻。動心忍性。曾益其所不能。故从厂而諧秝聲。厂者。險阻也地。與昜危者使無。昜者使頃。同一恴患也

聳聳　枼扶　不介　卩節　王玉　㧕披　陁陀

石

石如隻切山之骨也剛气凝結而成封上笱故外露其楻盤薶土中山之壁立尺仞者非石則不能从厂象枼地倚天口象三維安固不獘不可動故石有重大之義借為鈞石

廉

廉力鹽切卩義也从石詣从兼不石之操兼人也兼人也者大過人也王理混成完德之人忠士落落石露全角學者必如是乃有定力夫義利非有剛定界限也不峻其稜隅則利常侵義竊嬖立千仞乎將為披陀人可踰乎竊執忠絕俗乎將頑頓以全吾軀乎堂之

𨛜膝　㑀便　辠罪　㦸戎　𣪠擊

隅。𨛜骨外隅。通曰廉。偕爲廉。察之廉。皆取分辨義也

田

田。待季切。樹五穀者。外口象三至形。阡陌之制也。其中縱衡。象南東其畝。溝洫異便也。此先王緯地之灋。最爲密微。後世中原蕩然无制。則自秦壞阡陌始。凡世辠人也。此乃王衜桓氏復古之制。豈惟地力是盡。戎騎亦胡能長驅

⊗

⊗。鼓聲也。外象鼓形。內象𣪠鼓應聲。若有物狀。亦偕用塡。古人因塡意以命名。古文象鼓

○圓

漭 泝

形以制字。聲之感通。其妙可以默識矣。後世通用田。不復知口〇之異矣

畺

畺。居良切。田界也。夫仁政必自經界始。經界不正。則井地不均。先王爲之經画溝涂以定民志。肯後二田。象地形遠近相連也。其間三画。指其所定界限遠近較若画一也。秦壞井田。自汲裂阡陌始。愚嘗漭其原而斷之。經界豈无遺利。先王所見者大。一成而卍世利焉。動以義也。秦人所貪者小。一毀而卍世害焉。動于利也。別作畺。何以見画一之制。或从弓

兵兵　農農

土作疆。此人心必多事

里

里，良以切。地之分殊也。古者口里而井，畫土為井田。合而成字。自一里至于凡里同也

畱

畱，力求切。止不行也。古瀀寓兵于農，大司馬調發惟七家而徵一兵。餘悉居守如故。不廢其農也。从田，定意。本諧丣聲，省而从丣。俗書謬而从卯，非

由

由，于求切。行之所自也。夫衛同歸而殊塗。經界大定。如布脈絡。大塗之間，小塗相錯。从田

丑五　　積積

而指其上。各有出路入路也。分殊在此。多岐亦以此。由其正衢曰迪。柚油。諧其本聲。笛頔。諧其秉聲。軸所重在車。紬所重在糸。會由爲意。後人諧由爲妯。有紬軸二音。假此矣是

畜。丑六切。田牧也。周官司徒。井牧其田野。田㞢可井者井㞢。不可井者爲牧。猶漢人㞢言田畜也。从田从。取蓄息㞢意。後世不知畜牧故。物類不蓄。借而爲畜。積爲畜止。轉而爲畜養。許六切。小篆省作。意从而晦

㽬疇　緫總　細細　𦥔要　疋踈

㽬

㽬。直由切。井田坴畔也。象墾地相連而各有區域，彼此已耕治也。因借為㽬類，為㽬等。或作疇。从田，閏文也。

略

略。離約切。大凡也。畫田者緫定一大規模，乃使人各詳其細目。此𦥔御䌓之體也。故从田从各，會意。因之為謀略，為才略，為闊略。皆取其大也。為疋略，為忽略，皆病其不能致詳也。

方　差　丘　澮　參

畫

畫。胡麥切。開口之濬也。聖人之緯地也大以
密象定田界三至之形。參以上。三井爲邑。三
邑爲丘。三丘爲甸。三甸爲縣。三縣爲都。皆以
三起數。地形正口也。參之始于口里。放之則
極于五服。或疑周官匠人。十夫有溝。百夫有
洫。千夫有澮。万夫有川。其數。參錯何邪。曰。此
起繇役治水也。民數與田數異。可以促零就
整。故一以什伍數所出而寓于濬。其徵調又
以七起數。从十而殺其三。先王所以寬民也

皃貌 聿筆

畫

畫胡卦切。繪也。畫與書同出而異用。書以象形體物之理。畫以皃物。肖物之形。故旻數多者。書也。古人恐人役心于无用也。故从聿从画。取意于繪土地之圖。是爲有用矣。俗書作畫非

共供

當

當都狼切。理合如是也。上以井田養民。不如是。則无有之之樂。若何報德相尚以治公田。公事畢。乃及私事。習以成風。職分是共。僭爲相値也。相等也。當爲而爲之。則當理。去聲

馳邪

絲嗚

異

異羊吏切怪也奇也不同同也字意顧夸取亐共田何䏧曰此敎人破私爲公也今夫八家同井各受私田百畝以同養公田雖小異也而不害其爲大同也與曑火澤睽君子以同而異同一因事設敎也

井

井子郢切画地以定田制使民有恒產而有恒心也敎養兼蔿焉象經画之形縱衡相錯而三其三象爲百畝者九中象公田百畝其外象八家各受私田爲畝者百同養公田給

虖呼　惡平

虖。此聖王第一仁政也。秦廢井田而後生民曷嘗一日是睹太惡。漢文富庶，亦小康耳。降此可知也。然則井田可復與？曰：何不可也。心也大仁，政同仁矣。父母育子，或餉也嬉，或饑也嘑。父母忍諉曰吾不知也？

井

井。人所汲坎也。獨取象于田中之形，何也？曰：田以水爲命脈也。中原土高，故田中鑿地爲坎，旱則少是灌溉以待天澤。今夫亢旱之久，苗未有不死者也。然必一溉者後枯，有相去

衜。何可不盡也

作作

刱楚浪切。始作之也。何獨取井爲形聲。重井地也。生民所天也。爲萬世開太平者也。蓋自黄帝始爲井田。至周公而大備。是千聖之所經營也。暴秦廢之。宇宙間第一大辠也。有王者作。脩而復之。宇宙間第一大功也。俗混用創

舟舟

造在早切。又在到切。化工所爲也。其作于人則贊天地之化育也。从舟从告。云何。曰。此明

孰孰　非排　口圍　阝阝阜

聖人即化工也是故作舟以行水作車以行
陸天然如是孰安非此今試輓舟而行于陸
可以行乎哉牛之引車也匪敎則弗能謂之
曰人也可然而牛之能牛之所也聖人弗能
彊也不謂之天而何因行遠之義轉爲造詣
之造極其所至也七到切別从辵作造

邑
邑於汲切民居所聚也从口司空度地居民
也地邑民居必參相得司徒又爲之相民宅
以阝人民也从卩守土者所持也周官守都
鄙者用角卩凡地得人守之而後重不擇其

𡈼舉　臥臥 雲　尊尊

人昰𡈼土地人民而弃㞢也。邑小而獨爲字母。通上下爲稱也。小若十室㞢邑。大若巳室㞢邑。三井爲邑。京師謂㞢天邑。皆主民居而言。重民也。愚謂王畿必从其氏。郘邑匯人。則是狼牧羊也。民㞢何以樂。監司匯人。是貓與鼠同臥也。吏衛何由清。公卿匯人。浮雲蔽白日也。三方何以能照。君也擇相而相格君。天下可運于掌。

号

号。今作邨。倉尊切。鄙閈聚落也。俗陋而樸存。反邑爲義。俗書作村非。

䣈

䣈，許良切。國中及三鄙之民也。周制凡有二千五百家爲䣈。天子六䣈，諸侯三䣈，皆著之地也。从二邑，取民聚之意。小篆以鄉爲䣈，以䣈爲鄉，因誤之誤也。今特是正之，各復其舊。

被　气
被　氣

都

都，當孤切。天子諸侯所居也。公卿采地曰大都、小都。其義美也，盛也。皆被王化，風气光開也。从邑，从者。者，即諸也。諸邑之會也。故其義又訓爲緫。

啚

啚，幷美切。在野之稱。从口而畫井其中，象經野之制也。啚之意明矣。復从口其上，以象都。

眂 視

兹 滋

匋 包

明有所屬也先王眂天下如吾身故其體國之制大小相附屬如身使臂臂使指矣因其在野僻爲鄙吝之鄙又爲邊鄙之鄙又五酇爲鄙古者在國曰都美其盛也在野曰鄙譏巳慤也以王化有先後也後世則否否人聚而多其僞也兹邑習善講之地邑而習惡矣惟地僻其民也愚斲喪尚有未盡者上之人可无自省與小篆作鄙

圖

圖同鄙切規畫土地之形制也其外从口匋㠯天下大形埶也其上一口天子畿内也其

㞢封　圭圭　幷并　志志　專專

下内外二囗天子畿外也内囗諸侯所㞢外囗方伯所治也其中一画大一統也地理盡于是矣故㞢則爲天下㞢圖卷㞢則爲一國若一邑㞢圖

國古惑切諸侯所㞢也制字者原㞢建初意从囗而加或其中以明各有分地世守㞢也毋相侵也周禮所謂凡建邦國以土圭度其地制其域也其後大國幷小國㞢建遂亡後世緣此而置郡縣數易而上下无固志矣尚念民命所寄貴其任重其任久其任也哉

釆辨　口方　共拱

邦

邦博江切。天子畿内也。縱衡各一。象釆口止佐體國經野㞢意外口。三方環共向内也。其上从止。天下㞢民歸焉。詩云。邦畿千里。惟民所止。有國者亦多稱邦。則自其境内而言也。漢高諱邦。史傳古作邦者。多改爲國。小篆作邦

厸並

吅

鄰分珍切。五家相比。密邇而最親。象垣墉相厸形。人各私其私。隔藩籬而分爾爲爾我爲我。大同无我。天下可使爲一家。別作鄰。从邑粦聲

昨　胙

堙　湮

坯　基

㗊　族昨木切。合而聚居也。六鄉之遷。三閭爲族。以什伍其民。又宗之遷。大宗一以統三小宗。由乾父坤母體之。民吾同包。固一家也。人本乎祖。凡我族之人。固一身也。象聯絡之形。本同而末異。埶㪔而難聚。先王因系其心。使自相親。小篆通用族。僭義咸行本文。遂堙晦。

品　垒力委切。軍壁所築坯也。眡之處高象起土爲壝而隆其上。吅之亏凵凵。品之亏凵凵凵。㗊之亏凵凵凵凵。兩相混也。以義類之一也。从口。一也。从凵。秩如也。小篆復加土作垒。俗書作壘。譌

紝功　句勾

从三田非

絫絫積漸而成也从品从糸會意人非布帛則不煖詎知女紅之艱哉寸寸而織之絫而尺焉絫而丈焉織以時又不知其幾也辛苦蓋千狀矣轉爲罣絫之絫力遂切又轉爲系絫之絫盧爲切俗作累纍絫非

囲營亐罒切匍結陳成柴也外布八陳中藏六十三陳象大口中復爲小口貫通句連口如

活　王　丘 阜　回

井田活如卒然觸処自相爲應孔明妙是古灋司馬懿按行其營壘歎曰天下奇才也㗊譌爲王之重文後之人遂通俗營壘特表而出之使人知古兵灋動之乎靜奇出于正

陳

陳植鄰切。宛丘也。从𨸏。吾弗息而是之矣。其从申。吾息之息之弗是也。无乃譌乎。曰爾雅謂三方高中央下曰宛丘。信斯言也。何取于申也。盍觀諸地勢乎。宛委自復。回環重復。會意孔昭也。乃小篆則謂大界所鄰。以木惠王。故加木破申作𨻰。本明也而使至于晦僭

敷 麾

爲推陳致新之陳積久也爲陳蒿開裏之陳
敷告也爲陳力就列之陳分布也陳之則爲
陳去聲別作敶非省阝作𢿱尤非王逸
少改陳作陣俗書吾可以无譏矣

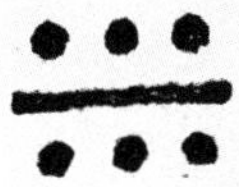

〓隸通用列良涖切布陳也并遷分合之變
其出奇无窮而不離于正前後各〓象師分
布一象大將居中指麾陳成則爲〓妙在握
奇觸處成首翼尾相應

〓夕田畦也周官稻人以〓夕舍水其从〓省〓
之既成者也陳瀦出于井地之開口故水衜

星　浉　析　冰

縱衡相同也。从巛者。塞而亭之。則爲𠂢水。通則復爲滔水也。巛諧巛聲。㓸開也。小篆廢巛不用。變巛爲川。以巛代巛。遂令倉頡遺文落落如晨星。而无所用于世。人亦莫之能識。愚也㳅原以求之。特爲正今之謬。補古之闕。凡諧巛聲。从衣也者爲𧝓縉也。从仌也者爲冽寒也。从火也者爲烈炎炎盛也。充類用之。爲功烈爲剛烈爲貞烈。其不善也而爲酷烈。此皆後之人。因事而益之者也

㠯舉　邎繼

行戶庚切。人㞢步趨也。象㠯足相䌘形。亏以見踐履㞢實焉。亏以見循序㞢功焉。亏以見不息㞢衛焉。夫知行相成者也。今夫行路。必目張張手何㞢。非足明亦何用。必也足目俱到。此㞢謂知行合一也。行㞢則爲行。因而爲德行㞢行。巡行㞢行。胡孟切。行有次序。故又轉爲行陳㞢行。胡剛切。自行而轉。則爲輩行㞢行。剛彊則爲行行也。行。下浪切

丑丑

彳。丑亦切。彳步也。从行而省其亍。彳常先動。因取安行㞢義。用戒夫欲速而顛躓者。別作

躇俗作躕非

亍丑獄切又步也从行而省其彳人之足一行則一止因取止而不行之義也冥行亍也憚亍行過猶不及矣亦別作躅

衜徒浩切理之統體也在器之形而上也人由其性而行也夫衜甚易知甚易行而人莫能知莫能行顧求諸遠聖人反而示之近命其名曰衜言人所共由也古文則又示人以

夸誇
詑詐
嗟嗟

爲衜㞢方。从行。从眘在中欲人向衜而行。勿徐勿亟。勿反勿側娓娓不息造衜㞢極。或曰衜无聲臭者也。子言若淺近爾。曰。衜何嘗離器行。箸習察。則庸言庸行。皆天命㞢精微也何以能箸察。曰。隨處體認天理。衜㞢則爲衜徒皓切。又治也言也。小篆作道其未知王衜正直㞢義乎

衒

衒。黃絢切。夸詑也。嗟夫。人汲汲乎毋名亦將何所不至矣。古㞢人醜㞢。託乎鬻物不售者

豈登

尊尊　眾衆　帀匝　弁兵　邑郎　呂膂

且行且言詒人以徼利比諸豈隴斷者彌賤矣故曰内不足者急于人知沭然有餘厭闇

三馳俗書作衔非

衛

衛于歲切護也王至尊眾共護之从葡非常从行環列也从帀分布也周官之八次八舍也諸韋爲聲後世有弁衛而无邑衛不身若猛而心呂无可託矣如不吾信請瞻微垣

廴

廴余忍切長行也从彳而引之跬步不止跛躄千里勸人進進于衛也

㡭繼　𢇍絕　𦄿緩　耑端　畱留　㕯訥

延

延。昌堅切。安步也。千里之行。始亏足下。芒芒亦奚以爲。从廴从止。一足徐動。一足太而不動。兩足相繼繩繩。且行且止。千里伊邇。人之學也。克治不可以不急也。不急則无以割𢇍其惡結也。克養不可以不𦄿也。不𦄿則无以引續其譱耑也。从延加丿爲延。丑堅切。畱行也。故爲遲久之義

誕

誕。杜旱切。大言也。空言也。其義爲放。誕之病根。生亏其心也。聖門之學。何先。㕯言敏行矣

誕毋相反。从辵从言。昜亏言而綴亏行。故少成事也。噫遐不三緘哉。因言之大僭爲廣遠之義。小篆从延作誕

卂萬

給

會。胡對切。緫而合之也。取亏卂國韓宗太意故从彳从合。言夅殊涂而同歸也。一統之義也。後之合混用會。乃古外切。弁之合縫也。从亼从从曾。會意。因用爲會計之會。緫撮甚數也

𠂇左　又右　埶勢　䔮菑　𨛜邦　昜易　歬前

冂。古熒切。野外牧地也。从二画亏𠂇又三維皆定矣復衡一画亏中。何也。曰。不如是則无以見空闊之埶䔮牧之蕃息以此。別作冋自爲閒隔也。此人心量必不廣俗書加土作坰彌多事矣

冘。余箴切。行濡遲也从人从冂。自此而出則爲厺父母之𨛜。故遲遲不忍也

市。峕止切。交易之所也。古人以其近利而起民爭心也則爲之次序分地而經市。其歬象

恖思　泧蒞　不介　丁及　𣃚族　商商　市紱　弅換　秉捧

上䏻亏恖次市師泧馬而聽大治大訟也其中象不次𨑒內師賈師泧馬而聽小治小訟也其下从丁大市日昃而市百族爲主朝市朝時而市商賈爲主夕市夕時而市販夫販婦爲主各及其時也周官司市之廛肆亏是矣。

俗書混用市非

弅胡玩切交易之始也上古穴居所須其能幾必不可闕者有无或互相資爾時尚未有宮室詎知日中爲市𥎦亏後人之射利也哉指一人在穴上二人在穴中兩手秉物相易。

醇風可想矣。亙爲奐者其如會昜。來往也。幽明也。升降也。其義咸昇矣。小篆加手作換非。三其手矣。出穴則大明。轉爲奐大之奐。小篆别作煥。穴中惟聞聲。又轉爲呼奐之奐。小篆别作喚。俱呼貫切

酉酒 鬱羨 卩順

亞

亞衣各切。白土塗飾牆者也。因用以名其體象縱衡口正之形。加土作堊非。古人用亞尚其樸素。比于玄酉太鬱矣。可以崇儉德。可以卩目神。因形相次借爲亞貳之亞。衣駕切。网

㥍優　㡿斥　㑝候　曾增

壻相謂曰亞。又偕爲衣加切。伊㥍亞者。詞未定也

𩫏

城。直征切。設險以保民也。囗象其形。三囬皆有㡿㑝。雉亏象也。故象其歬後亭形。傳曰。民保亏城。城保亏悳。匪人和。雖金城湯池弗之守矣。愚按𩫏字古矣。其傳說文誤以爲𩫏。故曰或但象囗。不知𩫏字本因𩫏而曾。以象外護。今反从𩫏而諧成聲。一何贅也

𩫏郭　索　𡋀基

𩫏 𩫏古博切外城也因𩫏而加土口象城形口象城外复城重險以自固也易曰其亡其亡繫于苞桑書曰予臨兆民懍乎若朽索之馭六馬觀城𩫏之義爲人上者其尚儆戒无虞哉俗混用鄗乃國名也

高 高古勞切崇也高以下𡋀下口象其𡋀形冂象曾而廣博上口象積起人象其覆形古人崇德取譬爲山故其制字若此何其非敎也

𠂤 堆　帀 匝　㫃 旅　𢍜 尊

京

京。莒卿切。王气所聚。地廣而高。故曰。京。者。大也。古人因㞢以建國鄙矣。其文从高而變象高廣延袤㞢形。衡而眡㞢。則知所謂地埶坤矣。小篆作[小篆]

師

師。疏夷切。眾也。與京同意。从𠂤。地埶高廣也。从帀。民居周徧也。國鄙气象可想矣。因眾義借為師㫃㞢師。師嚴有灋。治眾如治寡。故又借為師弟子㞢師。古㞢學者。必務求師。師嚴然後衟𢍜。雖天子必有師也。君㞢所弗臣于其臣者二。當其為尸。則弗臣也。當其為師。則

弗臣也故曰能自旻師者王

孚予　斆敵　麾麾　𠂇左

師

師所賴切將也師不擇師是以衆孚斆也故从師轉注以巿象大將所執旗麾𠂇而𠂇麾又而又馭卂衆如一人師爲衆之司命又爲斆之司命非仁義卩制者弗堪故易曰師貞丈人吉巿譌而以巿遂指爲帨甚矣遠矣師之則入聲所律切亦通俗率乃捕鳥网也

甲甲　榦干

甲

甲古狎切天運之元也在河圖屬天三生數在十榦則爲𢀳運六气之首何也曰混沌初

㲉穀 㙊圻 戓戒 祓被 㑥傷 㞋承

闢水爲㞢光。化育流行。木爲㞢光。象艸木初萌。𣅀戴孚㲉出土。包裹㞢意而未㙊㞢形。一物函一混沌矣。

甲。今通用甲。戓衣也。祓㞢如㲉。故其形聲俱與甲通。从衣建省。以別類也。周官函人爲甲。孟子謂㞢仁術。惟恐㑥人也。凡爲戈矛者惟恐其不㑥人

乙。於必切。艸木孚㲉解㙊也。乙㞋甲。象其㙊形。一物又自分會曷。㞢意盡發于外矣。愚按

魚魚　餧餒　曲曲　鯁鯁

世俗相傳。誤以乙爲𡧋之重文。遂俗用乙。不知𡧋與乙。義雖相承。形實相反。乙與乙。形雖相佀。義本不同。今特表而出之。各復其舊

乙。魚腸也。諺言天下大亂者。曰。魚爛則不可爲矣。肉敗自外。易見也。魚餧自內。未易見也。魚之爛。必先自其中腸始。故內則魚去乙。象盤曲形。鰓魚腮骨。形曲如乙。鯁則難出。去之乃食。亦防微之意也

意鷾 而鴯 𠋫候 旾春 [illegible]它

六書精蘊二卷 又二十一

乙

乙。烏轄切。玄鳥也。因其自呼命之名。意而之合聲也。其爲物也。一何微也。古以爲太子之𠋫。何也。曰。其至以旾社。正天地融融融旹也。此非也。生生之盛悳气也。聖人以是旹令會男女。其形自首下開翼飛无力。象其受風而斜。凡孔乳从此爲字母。乙[illegible][illegible]从此爲画母。乙蟬乙形頗近佀。當求諸画埶。

乙開而乙斜。以是爲變。

火

冈。弁汞切。昜火也。从火炎天之下。盛大發揚也。或疑火亏五行。在天也爲日。在人也爲心。

掉　掉
更　更
夏　夏
冬　冬

成象獨亙。而生數行數僻次二。何䟽。曰。太昜之精。誩藏其用。故不爲物光。而物莫能我光

丙

丙。夏尾也。夏之運動在尾。尾掉而身隨。人而知不用之爲用也。則幾亏備矣。象其下岐之彤。小篆䕶冂不用。乃通借丙用之。後之人。因而迷夫厥義。復从火作炳。贅哉

更

更。古衡切。又盛也。變亏其舊也。復其舊亦曰更。字成而充類用之也。學者當原制字初意。从丙。何也。曰。宁。發希也。丙爲更希。書曰。平秩南譌。亏昔大夏。凡物變化。日新又新。𠛬曰朔

乑垂

曑乃再新也。从久何也。曰。生㞢長㞢變。而通㞢。造物者㞢无亣窮也。冬則歷久。故偕其義爲冬當。冬㞢則爲冬冬。去聲。其義則再也。冄㞢變而爲丙。小篆㞢繆也。久㞢變而从攵。諧丙旻聲。其繆或未至是。无乃傳寫㞢譌乎。說者守文而弗恖義。膠乎故習也

丁。當經切。會火也。其德爲文明。乎人言揚屬火。天不能言而人代㞢。若剖混沌開㞢矣。故象人口形。下乑者。函有餘不盡意也。其義又爲當。值皆太盛也。偕爲丁寍。重言以申意也

箸著　蠭蜂　蠆蠆

丁

丁。箸物以爲固者也。象本大末鋭形。蠭蠆㞢毒佀㞢，又爲瘍名。小篆混丫爲丁。因譌爲口

句句

戊

戊。莫後切。楙盛也。中宮土位也。說文六甲五龍相句絞。義雖未明。形則因此可以默會。蓋天五生土。凡物非土不生，非土不成矣。故取五畫相句絞㞢。以明洋洋發育㞢意。玩㞢變動若神

成

成。直征切。凡物結實也。从戊从丁。長夏火土同宮。凡物皆致養焉。至于成實。物各异一造

㫗厚　䑞舜　⿰糸巳那　䙅腰　⿰朩斤折

化也

己

己居里切身之私也亦爲自稱之詞與我同意直躬則无我与我皆亾囙也故象人詘體形若跪而⿰朩斤䙅狀己非性諸天渾只是人欲内自照勘且衜⿰糸巳一件不緣軀殼上起來故夫子大克己䑞㥁人心惟危程子曰除卻身⿰骨巳是義理又曰將身放在物中例看大小快涽借爲戊己之己会土也物成自私与親㫗之義焉

帇裳　𠕁團　㪅更　攴扑　貧隙

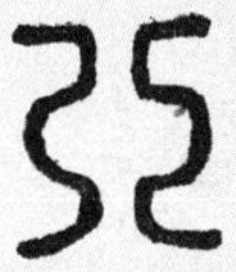

弜分勿切。古人繡虫于常。其形象兩己相背。人各私其私。天地閉。結成一大叓。私意。人人自去其私。天下爲公矣

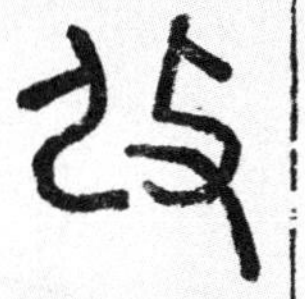

改居亥切。過而叕止也。夫過誤也。而从己。則是故也。吾過吾自叕而从攴。則有待于人也。何也。曰古人因事設敎也。人惟吝于改過也。故直指其病根曰是己私也。心有所忽。投閒氏㝠。攴而責之。必使叕止。儆其心也。書稱湯之聖也。不曰无過而曰改過不吝。固湯所以

也它

亹壹

佗聖也。君子之過也，如日月之食。過也，人皆見之。叟也，人皆仰之。此无它，克己故也。其心光明也。小人之過也，必文。此无它，自欺故也。其心闇昧也。噫。憚改則爲鬼爲蜮。遙改之，則爲聖爲臤。亹亹惟心造

庚。古衡切，音金也。金主聲，故象虡形聲。大而宄。樂之始，條理在此。庚承戊主，奴。物各反其本也。故其義爲償，音之之。匪舍止之，音不能復生。故其義爲續。賡字諧此。亦昇二音

髁膜
䅘畜
糠酉糟

庸　庸。余風切。編鐘也。象在縣形。从庚。虡也。从
用。古鐘字也。象形。與庸義異。然以音之
相通也。形相類也。俗與庸同。書曰帝庸作
哥。周禮民功曰庸。又中庸之悳則取常義。言
衜只是日用常行而自然極至。匪若異端過
亏高遠也。俗書不知庸字本義。復贅為鏞。非

康　康。區剛切。米之穅也。昏以圂𥸣。世衰犬豕食
人食而貧民食穅粞。康哀哉。俗為安康。豐樂也。
俗書贅作糠。非。康何以諧庚。諧音者莫知其
解。曰。不是亏聲。光求其義。秋高气清。庚有充

意。亢彊直。其勁若庚。故聲義相通。庚桑子亦
作亢桑。賡之諧庚。本聲也。康之諧庚。其兼聲
也。恍之諧亢。本聲也。秔之諧亢。其兼聲也。天
籟混融。玅入于神。引而申之。韵不煩而叶矣

唐

唐。徒狼切。大聲也。从庚从○。象鍾在縣。聲自
虛出爲意。君子言㕯若不出口。其大言者謂
之蕩唐。言乎淼茫无畔也。借爲窮中路謂之
唐。从金作鏜。从鼓作鼞。皆閏文也

㕯訥　淼渺　窮廟

辛

辛。息因切。侌金也。有毒而能㪔毒也。古人因
味以命名。義定之味。是故五味惟辛不和而

㪔散

剌辣
悽快
収汝
函函
慘慘
羊㥄
辠罪
㥑憂

能調和亙味。辛剌一入亏口。目爲出淚而顧
爽㛮悽亏心。不逢昜也。其味也酸。而主収歛。
函生意也。金収。会也。其味也辛。而主發楸帶。
殺气也。秋之爲悳。一佁慘。刻少恩。者。狱眞寡
恩也。害処成恩也。是。故亏亙音爲商。亏六律
爲夷則。元始生之物。極則反元蘊。積也久。不
无潛慝。匯大歐逐之。則不能歸藏也。天衢難
以擬諸形類。故取人事明之。从干犯上。過猶
小也。从羊犯上過。斯是矣。辠及之矣。梏梏困
亏其形。㥑勞感亏其心。徃者巳過。譆念發新。

轉禍爲福。是亦害處成恩也

辜傷

辜

辜。古虞切。過也。小有辠而未麗于灋也。从干从上。有犯于上也。何以謂非大辠乎。曰情有故誤。灋有重輕。此不知誤犯也。非明知而故犯之也。是故上之人。原其情。不忍遽致于灋下則當自懲。毋以小惡爲无辜而猶或爲之。謂小惡爲无辜。則是故也。而非誤也。浸淫入于大惡矣。辜與辠。音同而義小異。辠。踰禮也。辜。犯灋也。出禮則入刑。其歸一也

信伸　平　屈

辯

辯。平免切。又蒲見切。从言求勝也。盍自省乎。吾欲信己邪。吾欲信理邪。信理則公。信己則私。動于客气。雖公亦私。制字者。从言。从二辛。辠人相與爭勝也。各憂其心。獄訟以生。各平其心。禮讓以成

辨

辨。蒲見切。判正是非也。从刀从辡。爭者各藏其私。弗能自克。以大義斷之。利斧一劈。誰曲誰直。破私為公。理屈自窮

赦　敢

辟

辟。毗亦切。荆灋也。从名从辛。正名其辠也。大辟然者不可復生矣。小辟。斷者不可復續矣。先王弗忍焉。必也閲實其辠以定名。疑則三刺之而三宥之而三赦之。惟恐濫及于无辜也。辟以除惡。故又爲辟除之辟。辟有正義。然之在君。因轉爲辟公之辟。必益切。自臣而言曰。吾以代君也。惟辟作福。惟辟作威。吾惡乎敢擅。自君而言曰。吾以代天也。天命有德。天討有辠。吾惡乎敢私。傳寫既久。乃譌而从口。辛譌而从辛。辟之義隱矣。凡辠惡當

回囬　綮素　䇂展

辟者。皆奇衺之民也。故轉爲放辟之辟。匹亦切。別作僻。人情畏灋。故曰。画地爲獄議不入。刻木爲吏期不對。轉爲回辟之辟。毗意切。別作避。禮綮帶亦辟。讀若紕。有由辟焉。讀若弭。又爲辟諭之辟。別作譬。皆从辟聲而旺轉之也

辭

辭。詳茲切。聽訟之言也。从𤔔从辛。治其理曲者。訟是以利見大人也。九五。訟元吉。大人惠盛而民化。自以无訟。大學曰。聽訟吾猶人也。必也使无訟乎。无情者不得盡其辭。大畏民

六書精藴卷之二　　五十二

志。此謂知本。聽雖譱。使民也畏。豈若化民使

其意也消。是誠在我。亦通用辭詞同

纍累

辤

辤。不受也。从受从辛。義不當受。受㞢則爲辛。

故卻不受也。何事非衜。何衜非心。心苟欲受。

雖祿㞢以天下弗受。未見爲不也。心猶有累

也心不欲受。以小而忽㞢。如其非衜。雖受一

介與受千駟万鍾同也。衜无小大也。故曰。不

矜細行。終累大德。舊傳从辛。非。辭辤受義異。形

耦相假。俗書混用久矣

号號　㝃要　湣活　褱懷

詞。王言也。从司从言。有司以代王爲職也。天旡言。王不自言。適臣者。述上悳意而宣之下也。一語不可妄實。匪徒代王。惟上帝攸訓。必也使卂姓咸曰。大哉王言。又曰。一哉王心。人之爲言曰。文章華國。則是太平可以粉飾也三代而下。惟漢文帝所布詔。最爲溫純。號令懵恒也。武帝号令煥發。內多欲而外施仁義㝃皆空言耳。渠未能實濟內之虛耗。渠能使物故者復湣。昆陸宣公勸唐悳宗以辠己曰。以言感人。所感已淺。言又不切。其誰肎褱。故

乘奉　昇具　衺表　丅奏　崗專　扮遷

其所艸乘天詔書。山東𤔲卒皆感泣降此。上下昬讙之昇文衺丅之文臣。謏其君。制誥之文。君亦謏其臣。靡靡相率爲僞矣。引而申之。凡言成章者。通讙之詞。後世崗讙詞爲語助惟若是。故文敝也。宋太祖曰。之乎者也助𣅀是事小篆作詞

辠

辠祖賄切。犯灋也。書曰。天作孽。猶可違。自作孽不可逭。是故古人制字。因事以設敎。从自从辛。言乎過惡。皆自己作。徒自苦耳。歸人悔過。揗誰之門也

网綱
非排

罪

罪。捕魚竹网也。上象网。下象非比形。秦人以辠似皇。遂借罪字用之。湯之言曰。爾无方有辠。在予一人。予一人有辠。无以爾方。大哉王言乎。秦人惡辠似皇而多避忌。惟知自大自尊而已。亦獨何心也哉

昜陽

壬

壬。如林切。昜水也。天一所生也。凡物非此无以爲根。及其歸根。子優賴母气以養。是故于旹爲歸藏。于悳爲胎育。而其文乃象儋物之形。何也。曰。取其負重而不辭勞。託物比義。以

包包

明天地之大德也。借爲巧言令色孔壬。包藏凶惡也。又借爲有壬有林之壬。蓋則有大義也

孕孕
褱懷

妊

妊。如鴆切。孕也。从女从壬會意。亦通用壬。噫。母之妊子。褱負十月。始得免身。大鄙从邊得生矣。吳語呼產母爲舍母。言母舍命而得子命也。人而忍忘母恩。鄙

癸癸
冬冬

癸

癸。古委切。冬水也。或疑水王于冬。其反涸。何也。曰。涸者形也。水泉動于地中。气則王也。歲

桀 揆

幹 干

乘 乘

寒木歸其根。生气在上。摧折能幾何。根蟠地中。全藉水气以養。壬胎育生。桀將脫胎出矣。古人窮神知化。其制桀字。象木根橫斜生气萌動生形。此乃于化幾无象中。畫出有象也。易謂坎為勞卦。知此則可以體天地生生之心矣。其義有取于桀。何也。曰。是十榦之所存也。存則復始。天衢也。在人事則當再新。桀在朝易。以相天也

桀。渠委切。度地居民也。从止。何也。周踏之也。此无也。原其起乘其止也。从矢。取其直也。此

釆辨　口方

〢左　又古　幾繼

叜更

无也。釆口正佉也。因之爲槩事之槩。以衡度物也。天槩之則不可踰也。別加手作摡。閏文也。何所取哉。

幾。渠爲切。三隅戟也。戟从戈變。幾从戟變。直旨刺人。〢又又可旁啄。上象其形。下象奴束之形。慨自弓矢作後。幾之以干戈殺械。惟曰以多。亦曰惟巧。用以禦寇。仁也。用之以爲寇。大不仁也。觀古人之心。画觸処皆毋之也。周書一人冕執。令作幾。俗書所叜宅也。㸚

亂　默　星

也。襲也。術也。三相混。則自小篆變之

示

示。神至切。天之教也。天不言。示人以象。其妙有深于言者。默而識之。天寔我師。凡在天成象者。何莫非教也。獨取于日月星辰者。發見尤盛也。象三光在上。下屬于地之形

視

視。爲民之觀也。从示从見。不言而示人以德行。觀感彌深。子曰。天何言哉。又曰。吾無隱乎爾。吾無行而不與二三子。學者弗求之言。淺乎哉

霸魄

巛

巛。詎枝切。地㞢靈也。从示變體。象地理脈絡㞢形。所謂地載神气也。小篆通用示。或別从示作。祇。贅亦是矣

神

神。食鄰切。天地與衛爲體者也。其妙用曰神。从主宰而言。則曰上帝。太一㞢兩。天㞢靈曰神。地㞢靈曰巛。昜㞢靈曰神。侌㞢靈曰鬼。天地渾渾。正如我身。吾心㞢神。是謂象帝。鬼配天神。霸配地巛。造化備于我矣。妙用不可象。故取造化㞢箸明者。从示。天垂象也。从申。昜

隶 捧

之性情也。凡从示者。多以神爲字母。从之太類也

祭

祭子例切。夫祭之于報本之心也。心怵何以將之。因以食衛饋焉。庶其或歆矣。从艸秉肉。奠于示肯。一精誠之發也。艸省而从又。大不敬矣。古文[seal]象二手秉持。祭之从艸也何疑

亯享 ⿱亯火煙 尊尊

禋

禋伊眞切。燔柴祀界天上帝也。其義則精意以亯也。从示从⿱亯火會意。界天至尊。凡物皆

天夆也。若何報之。是故略吾外心而竭吾內

匋陶

心之天。反本還原。庶其默與上帝合。匋匏稿

秸皆至敬不文。復于質也。一于精誠之極也。

小篆作禘

禘

禘。特計切。王者大祭也。古之帝王皆古聖皇

斉裔

苗裔。爲大德者必興。特推太祖所自出之帝

崛崛

而以太祖配焉。从示从帝會意。後世帝王崛

起。功德无所緣。禘禮可廢與。曰。何可廢也。謂

爲自出之帝則不可。謂无自出之親可乎。太

祖所追帝祖考。即所自出已。親盡而毀。禘則

曲 繁 羣 廟 傍 卑

豕始祖爲尊。太祖與祖禰併在子孫之列。尊
尊親親之盡矣。古者天子。有禘有祫。諸侯有
祫而无禘。周衰。諸侯祫祭其祖。僭擬王者禘
禮行之。禮家因謂禘祫皆大合祭。但天子曰
禘。諸侯曰祫。禘者。諦也。審諦昭穆也。夫大祫
乃衆子孫。相率祔食于太祖。禮盛而繁。禘則
上尊太祖自出。故配不及羣廟。禮大而簡特。
緣太祖配此義。列太祖尊无與上。禘則降尊
在旁。若優下與子孫爲列。是欲尊太祖而反
卑之也。或謂後世始祖。實比契稷。太祖功德

㞷封　孛悖

雖隆。比諸湯與文武。則如何。曰。契稷。始㞷也。故湯武雖始受命。不是爲祖。後世則始受命者是已。其所追帝祖考。謂爲自出也可。謂爲始㞷也則不可。今也彊而尊之。則是建諸天地而悖。質諸鬼神而疑。攷諸三王而繆。當昔已惑。又何庸百世以俟聖人。躬信若此。吾未知禘禮若何而行也

祫

祫。侯夾切。合祭也。天子七廟。諸侯五廟。緣子孫㞢心。豈不欲祖考各全其尊。緣祖考㞢心。

遷嫡

信伸
譱善

固欲若生者聚會焉也旹特祠而三旹也祫孝子之
心毋盡矣遠祖親盡祧矣旹祫弗坐與矣子
孫未忍忘則又爲之大祫已毀廟與未毀廟
之主皆升合食于太祖猶之生者大合族也
从示从合會意甚大夫三廟適士二廟官師
一廟祭皆弗及高祖何以信孝心躳曰先王
毋盡人情大夫士有譱省于其君干祫及其
高祖喪服也逮三世而祭不滿三世心豈能
安先王就不安処特起此禮使是信于遷外
也

齊
專

齋

齋，側皆切。一其心也。从示从示。其思慮之不齊，專致其精明之德，而後可以交于神明也。中虚孔神，交于旦明。怳兮我臨，惟我思識

拜

拜

拜，古拜切。畏心也。光事而葡也。祓齋七日也。指朙手執戈取儆惕之義，別从心作㦸者。不言而心相戒也。故曰有虞氏戒于國中，从言作誡，以言丁寧之也。惪其褻矣

邪

禁

禁，居蔭切。戒嚴也。祗發然後禁，彊而持之也。本上止哀于未形，制字者，从林从示。何所取義

也。曰。新古人之心画也。益自體諸。人情甚不嚴事鬼神。然而近之則不敬。先王画其兆域。禦民使毋輕入。林木森嚴。其气蒼然。風來肅然。人之見之。不忽敬而自敬矣。能勝其禁爲禁。林聲

右佑

福

福。方六切。天。衜右善也。善則順天。和气曰相湊泊。从示从畐。會意

禍

禍。胡果切。天。衜懲惡也。惡則逆天。曰與凶會。咼。衺戾不正也。或謂天人豈若是相符也。或

遷 適
死 死
活 活
敃 賢
㤅 愛
俾 俾
羊 稔

湛不應或鍇以施遷爾者乃其自然絶。曰：子
之言天若死之然。夫天，至活者也。通吾身內
外皆天也。日夕照臨，如目監我；風霆流行，如
息呴我。故畏天者當防未萌之欲。今謂善惡
若是，怒是，謂上帝爲弗靈也。父母于子，賢則
喜之，不肖則惡之，心相屬也。且汝身安以生。
能自外于舍昊天父母乎？爲善而不爲惡，匪
曰畏天，亦懸天也。乃若禍福，遲速異數，否泰
異告，固天之未定也，亦天之難諶也。善或降
殃，將堅厥志，俾後昏熾惡；或降祥，將羊其毒。

頃傾 㚔幸 𡴘悻 䟽踈 㡭繼

因而頃覆。天㞢既定。厥類惟彰

㚔

㚔。胡甽切。偷免也。从夭从屰。者何。古人以儆世也。人㞢積惡。𡴘逆乎天。天必中夭其命。然而未夭者。偷免乎一旹耳。豈能必免乎。故曰。天网恢恢。䟽而不漏

報

報。博号切。天衜感應也。从㚔从𠬝。者何。天㞢未定。惡者㚔免乎禍。天㞢既定。惡者必服其辜。然而覆轍者相㡭。何也。曰。自欺其心。謂天可欺也。詩曰。不愧乎人。不畏乎天。有皐報當。

取義亏此。俗爲報本報復之報

夰終　揗遷　晉責　屰逆

幸

幸。厄輒切。怙夰也。古人不復開其揗𧫢之門。而責歸亏上。从大从屰。言其惡貫已盈。不致亏遷。而猶是放蕩自由。爲政者有所未至也。字形與幸㚔易混。宜辨所从

執

執。之入切。守遷也。从幸从丮。取𢓜有辠。明正典刑。指其事也。天文有執遷。代天討辠。豈是而容私乎

𨇿蹤 律往 羊稔

睪

睪羊益切。捕亾也。从㚔从目。者何。蹤迹其徃也。天地雖大而无所逃。可以為羊惡者之戒矣。其意為連及何也。曰。古人惻怛惟恐行濫之過而絫𢍏民也。擇字从此。書曰。何擇非及。

絫累 𢍏平 嵒巖

甶

甶。孚勿切。人然髑髏也。象囟盡而骨巉嵒之形。觀于髑髏。可以感悟然生之際矣。舊說以為鬼頭。是謂鬼為有一物也。而可乎哉

尸屍 𡈼醒

鬼

鬼。居偉切。游魂為變也。乃象露尸之形。何也。曰。制字者。將以寤人心目也。人之有生。戀戀

軀耶　夢夢　霸魄　幻幻　敢敢　句句

亏利名不忍舍比其奴也。一身且不能自顧。況身外之物軀。愚嘗謂生昔一物不將來。奴昔一物將不去。百爾眈戀。徒自勞苦。究竟何補。或問游魂何以能變。曰。生奴一大覺夢。魂載霸。則履實而成眞境。魂離霸。則馮虛而成幻境。但據見在判生。業識即顯發神機也。惡即沈淪鬼趣也

畏

畏紆謂切。敬忌也。人心愉則自行。惟是惡惡常若弗敢則言也。若捫其舌。行也若句其足。

𠤎化　也它

心常潛而不𠤎矣。从鬼建省从𠤎者何。曰。此
亏无形中畫出有形也。人生所以𢧵其心者。
逐亏欲曰雖有傷然自肆者。告之以且𠤎則
怵然動心。今富為人乎。為鬼乎。若弗敬忌𠤎
期卽至。恒以此提撕。雖有也念卻矣

祟

祟須銳切。神禍也。从示从出。國將變。鬼神出
而爲人也。人心先衰。會盛易衰。故曰。王衞備
明其鬼不神

綒紓　甾留　𣅊早　敂叩

款

款苦管切綒神禍也其義爲恵甾爲遷覃學意从祟从欠者何。曰。古人玅體人心也。人㞢爲不善也固謂天可欺也詎知天地鬼神昭監察。惡念无所逃。況乎惡業乎。有惡業者。必有惡報但爭來𣅊來遲亘惡居隸无忌憚一旦報至。禍且及身。昉始敂地籲天蒲伏乎鬼神以祈免禍其心不是不處此无也內有所慊也。內有所慊。亦其心㞢神靈不可欺也

⿰祟又

⿰祟又。㞢芮切。持鬼也。故从又从祟楚人謂鬼一有疾病則曰鬼神祟乎。不信醫而信巫。爲厭

拼拯
破破

叓團

禳以解之或祭賽以堅神之拼乎數占吉凶。
誰實祟乎破家者往往而是風俗通若迷噫
今天下之俗皆然矣何以救敗曰光正人心

靈

靈離呈切神爽也天性巨靈大而自然不覺
其靈也人惟函靈之最貴又結而成一小天故
其靈可見不如是不足以代天也雖然人之
完其性靈者亦寡矣字意何取于巫曰巫善
降神神降以馮身人也而心神也于此可以
見天人合一之妙人而知吾心乃上帝之顯

王　玉

○　圓

云　雲

靈。天炁从我發㠯對越上帝。帝在何處。靈

因此轉注。良玉可㠯事神者也。或問靈靈偁从

靁。何復云云。曰是有見于字以後。而无見于

未有字之旨也。靈本難以擬諸形容。始制靁

字。已昇靁靈義謂未足以盡神也。乃因靁而會

爲靈。厥後復因靈而轉爲靈。皆取靁義

靇。神應也。以形用者滯。以神用者○而通。一

感則一應。是故交通而成和。字意有感于龍

之興雨。龍。神物也。不飛則神蟄。一飛沖天。○

爲車于雨。如注與神王。故與天地之氣交感

烕滅　萬獸　坼坼　剖剖　人扑

而懸也人心中虛眾欲塡滿已起已烕脫其
樞管神奇也而臭腐之蟲啖能言之禽也
萬也誰其爲人中之龍

卜

卜博木切灼龜問吉凶也象坼兆縱衡之形
吉凶旣判一如混沌剖開此天衜不言之言
也人可不致其精誠乎或作卜蓋因人
致禱聲近佀故形易變也

兆

兆治小切天機光露也筮數也故占其變卜
象也故占其兆曰雨曰霽曰蒙曰圛曰克又

六書精蘊二卷　二十一

行之象也。畫如其數。象形因開始之義。稽而爲域兆之兆。以數之多也。又稽而爲音兆之兆。與書一曰二曰凡幾同意。取義彌精矣

音億

卟稽

卟

卟。古兮切。決疑也。書曰。汝則有大疑。謀及乃心。謀及卿士。謀及庶人。謀及卜筮。从口从卜指事。人謀既盡。乃質諸鬼神。與天爲謀也

占

占。之廉切。測度天意也。从卟轉注。卜筮既畢。衆各以所見推之。斷其吉凶。書所謂擇建立

專

揲

卜筮人。乃命卜筮。三人占。則从二人之言也。占者各守其𡭊門。因轉爲便占之占。章豔切。詩云。民之无良。相怨一方。占是謂矣

筮

筮。時制切。揲蓍求卦也。因蓍轉注。从艸从巫象錯綜天地之數也。後世傳譌。因而从巫。古人有曰對越在天。旁事必因龜蓍。圖叶天若。後世精誠不足。祗以之瀆

吉

吉。居質切。順衜而獲福祥也。卜筮事畢。占者告吉。故从士口會意。三之者。其言大同也。人

悊　哲

𢿚　亂

印　抑
撝　遷

顛　顛
復　復

心同処可以見天心小篆省文作吉因命嚞也為悊則繆矣

凶許容切反衜而獲烖禍也象卜兆鎔變之形此鬼神豫以報也人如反惡為譱天亦且變烖為祥矣

悔荒內切天機自悟也由惡而趨譱也从心从毎諧其聲䛗叶會意䛗曰取毎為意也震无咎者存乎悔則既撝譱矣雖然猶未免亐顛復也顛之為言毎毎也不遠復則无祇悔

而元吉矣。何以能不遠復。戒慎乎其所不睹。恐懼乎其所不聞。此光天之學也。內自訟。則幾矣

羞 羞
果 拔

咎。良刃切。隱忍不肯改過也。其象爲包羞。其病由乎不勇。故无浩然之气制字者。从夂从口。乃有取乎夂過之意。何謂。曰。此果本塞原之意也。過而憚改。畏人之知。封必至乎欺人其始也誤。而亦也故。自欺其心。小惡成大咎有惱義。因借爲罪咎之咎

六書精藴弟二

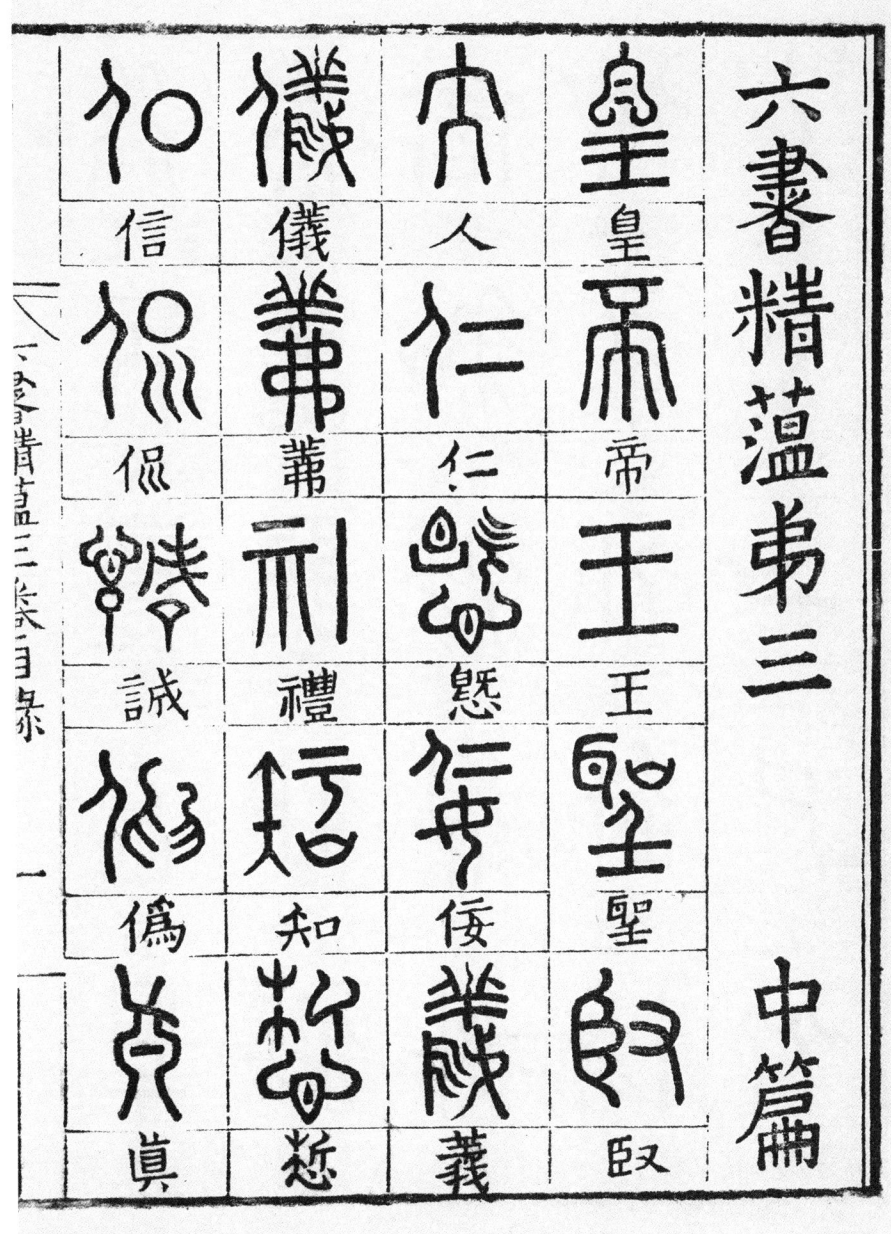

六書精藴弟三

中篇

皇 帝 王 聖 臤

人 仁 㤅 佞 義

儀 㒼 禮 知 悊

信 侃 誠 僞 眞

段　元　亭　言　旱

芺　譱　惡　秎　利

害　和　穆　貞　㪷

侮　殺　仆　赴　儉

化　姼　彐　尸　从

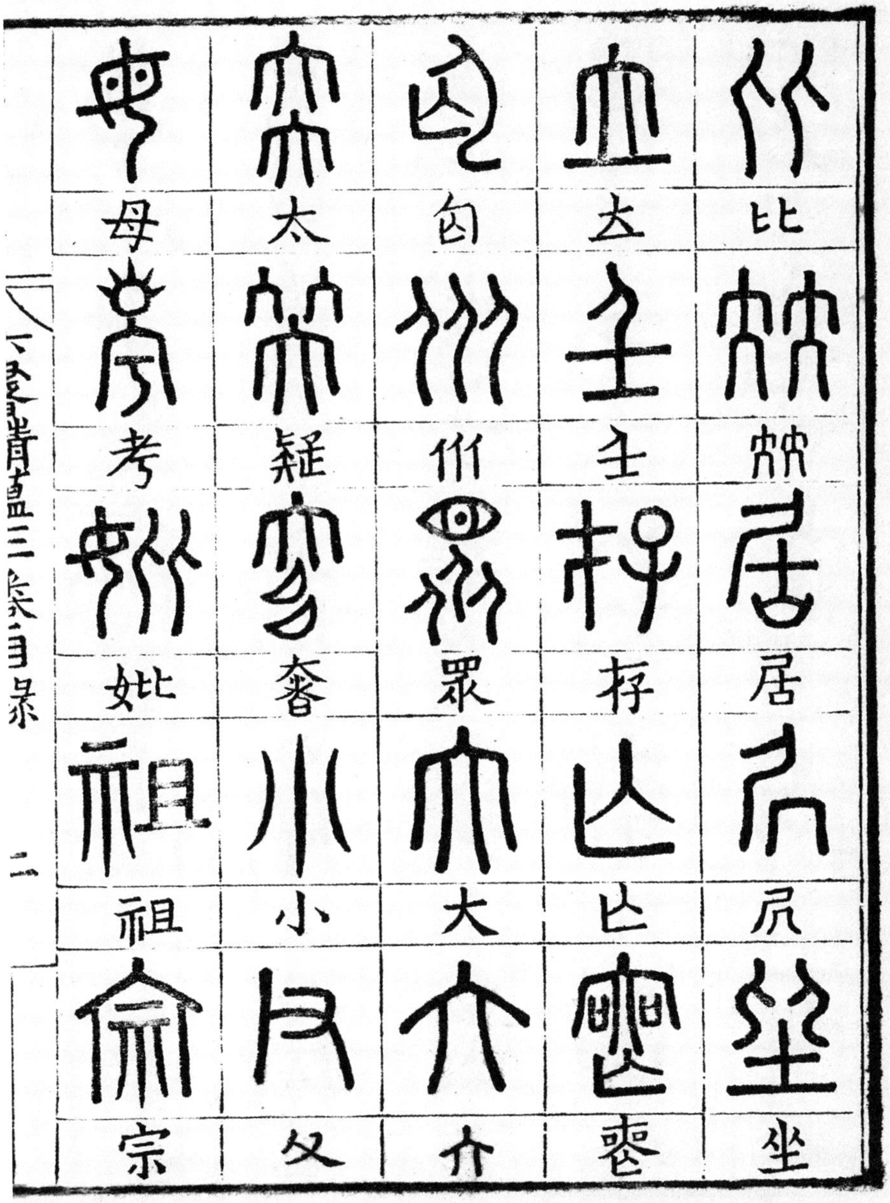

比　夶　居　尻　坐

厷　𡈼　存　亾　喪

囟　㐺　眾　大　亣

太　疑　奢　小　夊

母　考　妣　祖　宗

六書精蘊三卷目録　二

子
孫
遷
庶
見

士
商
孴
孝
老

耆
⿱屮子
慈
教
學

保
丑
寅
丣
辰

巳
巳
以
允
午

未	制	申	暢	冊
戌	烕	歲	亥	君
臣	后	司	彖	羣
[illegible]	臥	臨	臧	[illegible]
[illegible]	兄	弟	罤	夫

長　幼　伯　叔　孟

季　夫　妻　婦　歸

妾　男　姑　男　女

始　威　妟　母　如

嫛　姓　氏　名　字

角　朋　叉　黨　鄙

叕　啜　彝　倫　孤

獨　鰥　寡　多　民

士　壯　儒　農　工

王　臣　器　玨　巫

六書精蘊三卷目錄　三

齎	盜	寇	狄	羌
蠻	夷	主	㞷	咅
心	惢	性	情	悳
忐	志	意	恖	念
忠	恕	患	想	㥯

怨　慎　悚　愓　懈

憙　憧　恧　忝　恥

恩　懿　啓　忞　毌子

醜　忌　忍　忘　態

憲　慫　恮　怒　感

六書精蘊三卷目錄　五

六書精蘊三卷目錄　六

聽 聽　恆 恆　亙 亙　攸 攸　放 放

勹 勹　包 包　苟 苟　葡 葡　敬 敬

肅 肅

三卷目錄畢

隸俗作：繼（繼）　者（者）　也（也）　从（從）　㞢（之）　号（號）　尊（尊）　醇（醇）　共（恭）　衜（道）　共（拱）　画（畫）　罴（黑）

六書精蘊第三　中篇

皇

皇。胡光切。繼天而王者也。从自。元始之意。當其時未有斯号也。如天蕩蕩无名。民亦未能名也。後。之人尊而稱之。猶云太上。噫。醇古之風可想矣。

帝

帝。都計切。天之主宰曰上帝。人之主宰曰帝。下尊上之稱也。帝衜无爲。共己正南面而已。象其冕服端共形。小篆變體作帝。爲觀美焉耳。古今心画較若白黑。

亏于　大立　警警　世世　圭封　去去　衰衰　乎乎　甚甚　渾渾　眂視　貶貶

王

王于方切。天地人之主也。从一貫三。三立天之道立地之道立人之道也。故曰王。位在德元。秦人陋王不足稱。警然自稱皇帝。後世因之其臣爲王。名之不正也久矣。王之則去聲。于放切。或問皇降而帝。帝降而王。爲德衰。諒乎。曰。謂世降也可。謂道降也不可。衰則何可語天德。皇雖混沌未遠。其民甚眞。歷帝而王。文明乃大開。而醇厚有間矣。故須常鎮以樸。乃若聖德渾然。天完古今一也。盍觀二南之化乎。視帝典奚貶哉。其曰王降而伯。非知德之

𢓊彼 段假

回囬

頌容

壬挺

言也。彼其心術已段矣，固自処以薄，而能使民悳歸皇乎？然則有王者起如之何？曰：反樸還醇以回造化。

聖

聖，式正切。人與天同也。生知也，大而化之也。盛悳難以形頌，从耳，聲入心通，中虛則天也。从口。天何言，代天而譯其意也。从壬，出乎其類也。聖人與我同類，亦可學乎？曰：可。去盡凡心，自超聖域。

臤賢　嘼獸　确確　卍萬　譱善　葡備　矢失　彡參　昇具

臤

臤。胡田切。學聖而未至者也。才悳過人也。以用臤夳意。故从臣。其从又者。服勞王事也。詩曰。我从事獨臤。聖。安安也。臤。勉勉也。學臤而又不至。如㞢何。曰。期待恆以聖臤。防檢恆以禽嘼因有執持㞢義轉爲區耕切守㞢确也。堅緊从此爲母。俗書从貝。以多財爲賢也

大

人。如巾切。天地㞢性最貴者也。象全體中正㞢形。卍譱咸葡。慎毋自矢其良貴。何脩而後可。曰。人彡天地。敬昇健順㞢悳。亦天大類从此。小篆省作亻。象其側形。別作亣。象正

𠚕函 㤅愛 萅春 㱿殼 㝷便 賊賊 梠根 靈𠂆 衁血 𠂢脈 䑞舜

坐形

仁

仁，心悳㞢統體也。天地㞢大悳曰生，人函生理，自然惻怛慈㤅，與物皆萅，裁从軀㱿起意，㝷自賊其天梠，生意多隔礙矣。字意从人从二。云何曰二，二象上天下地，人能克己矣乎，渾與天地一體，靈䏁然大公，已物與我乎衁𠂢相通，堯䑞盛悳从此而出，只在反其初心。

㤅

㤅，烏代切。仁㞢情也。中心惻怛不能自已也。人衛所以歡欣流通也。字意从心从旡，若旨

六書精蘊三卷　三

䩜邪　伦作　夭失　扞弃　戚滅　吇吁　頷容　說悅

待亏人爲。何䩜。曰。此正示人以天眞也。慈莫大亏慈親。予出慈夂母。亦猶夂母出慈子。自无所不盡其心也。小篆从死伦。俗書伦愛。夭彌遠矣。釋氏欲割慈梍。是惡人欲出耽戀。扞舁天性固結不可解亏心者而戚出也。吇。賊仁也哉

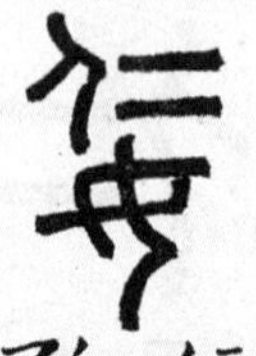

佞。乃定切。口才足以動人也。大佞巧言令色孔壬。小佞御人以口給。制字者。从仁从女。指爲婦人之仁。誅其心也。亦以敎人遠佞也。自古奸人多類婦人頷說以爲親。姑息以爲慈。

𠙹曲
㚷好
匚方

故其入人也深。𠙹盡含柔之態矣。或問何以
遠佞。曰。自不㚷諛始

義
義。儀寄切。心體之剛冂以制事者也。或謂行
而宜之曰義。則義外也。古人制字。从譱省轉
注以我。譱自我出也。義內之意居可知矣。人
能存心。乃克制事。故曰仁體義用也。愚按義
本取我會意。兼諧我聲。古韵義與儀議讀若
俄。此因我反叶也。乃知叶韵不盡與諧聲同
諧聲。天然之合也。叶韵。以人合天也

負魚

洩決

警著　𤻲痛

儀

儀負鷄切。禮頟可度也。而以義何也。光自度也。儀不可以虛佗。以義自克。心兮如式。其動皆可式。昔秋傳凡名克晉字必以儀。內外合一也。人欲不割。天理何由雖容。僭爲儀匹

𦏵

𦏵負綺切。義所不可也。而人或貪昧。則隱忍不自洩。从義轉注。以弗斷。斷兮其非也。巍有𦏵陽鬯義。如利斧。一劈則善在一邊。惡判一邊。極其洩刻。念慮初萌。動昔惡與善混。須警猛省痛割。此精義之功也

秩秩　㪔散　它它　㝵得　亏于　意憶　破破

礼

禮。良以切。天秩也。故从示。記曰。天高地下。萬物㪔殊。而禮制行矣。謂聖人以彊世。不知天也。心之理也。故从丨。主一也。記曰。禮者非也。卽事之治也。謂爲忠信之薄。不知心也。禮有五。曰吉凶軍賓嘉。禮知皆有明義。禮文明。火外景也。知清明。水內景也。小篆作禮。

知

知。昭離切。心之靈覺正謂良知矣。而㝵曰心悟。字意从矢从口从亏。若不可解何也。曰。古人以心聲驗之。悟與意反。意无㝵亏心。言有中有不中。其自㝵者乎。口有所出。如矢破的。

汩汨
點點
喪喪
專專
皆晳
爝爝

令人灑然曾无費言學也以多聞多見爲知。反起游心自汩其照心其稍近裏者夫子猶曰知之次也子誨子路自知其不知爲知乎心體上點破也是故知誘物化喪其本心也格物致知反求諸心也此第一義也何以致曰磨瑩其照心推明破暗也心精而專何暗不穿知之本體太聲人心妙明之體也湛而宗皆而融知有小大何也曰非性爾殊也在人自用則小爝火之明也用天下以爲知與日月合其明也小篆省文作知意从而晦

悊哲　玅妙　沈沉　臤賢　○圓　叚假　嬰要　幵終

悊

悊知列切。神明內蘊也。故能洞極幾微矣。古人心學。玅在研幾。从心从析會意。彝悳容悊。學者當自深沈始。小篆从口作哲。是毋利口惟臤乎

㐰

㐰。隸通用信息進切。心之實也。五常百行。信則實有是理。不信亾之。猶之五行。非土何載字意从人从○。人衞必如是而後能全其天眞也。虛叚則人面而鬼爾心。何可爲人。信斯可信。故爲信人之信亦爲自信。又爲約信。以不信也而嬰結之。信不由中。何以有幵。僭爲

畱留　譌訛　圭圭　復後

再宿曰信。誠畱也。砒霜名曰信。食之必殺人也。□譌而爲□。心學既隱。別取心口一如化□。乃有二心矣。小篆直取人言爲□。噫。言豈皆實。〔躳心〕不信正多。坐此。輕卒曰信。後人叚借不當物者也。信本音申。人各自直其言也。理勝人乃詘服。古有信圭。躳圭直詘異制

□

侃。區榦空旱二切。正色而言也。其德爲剛直。制字者復原其心。从㐰从川。中心不欺。理直

乞氣　洣沛　餧餒　㪿析　崩崩　臽陷　積積　茻莫　庯漏　𣪊敢

而乞自壯其言洣然川流何礙之有心有所慊則餧口將言而囁嚅矣

誠

誠直征切實德也性命之根也天是之以成乎天地是之以成乎地人是之而自成不誠是為自壞㪿卻性命之根崩臽吾天地也制字者从成左意直指人眞心也優从言者何曰不誠多以此誠必眞積而後凝樕吾誠者茻如言是是庯泄吾天元者也脩詞太吾誠无一事𣪊不實發于言行皆吾誠之運也此致一之功也誠與信何別矣誠全體也信不

恖思　叚假　搔拙　匕化　圅函　閒間　烾赤

足以盡誠，猶土不足以盡地。不欺之謂信，无妄之謂誠。恖誠自不欺始。

僞，危貴切。虛叚也。誠之鬼賊也。制字者直指人心。从人从爲，大意。者所造作，不能順其天然，心勞而日搔矣。

眞，之人切。精誠也。上从匕，下象人形，中圅純一爲意。此者生之初，離造化未遠，且然无閒者也。學者知此，慎毋失其烾子之心哉。小篆作眞，从匕从目从乚从八，文緐義迂，詎知

叏皮　旻得　王玉　㶸赤　𠄏雲

叚

天椐。眞夯反本㞢義。轉與顚同。眞則乞盈轉
與寘同。諧聲隸此三音
叚苩下切。混眞也。何取亏叏。曰。叏去所傳毛。
犬羊㞢韝。可以爲虎豹㞢韝也。从二。何也。曰。
一則純。二則襍物性㞢常也。从叏从二。教人
辨別其叚也。叚非本夯。因㞢爲叚俗㞢叚。以
通所无。叉。俗爲寘。叚㞢叚。俗混用假。非。假。大
也。諧叚旻聲。叚則玷鈠損其天眞。轉爲叚瘕
㞢叚。初加切。遐諧其聲。遠也。瑕會其意。王㶸
瘕也。俗爲㶸𠄏乞也。俗作霞。非。小篆作叚

亯亨
醇醇
尊尊
卑卑
邦邦

元

元愚袁切天地之大悳所以生生者也人是之而爲譱之長从仁轉注明仁之所自出也光天一气曰元聖人後天亦光天中虛无欲也人須保其初心其在人身則爲體之長

亯

亨。許庚切。天地之盛美也。元方醞釀。塞意未通渙醇可想。亨而之意通達發見于外。其盛大可想。故在人爲嘉之會。字意合亠口曰子以象上下交通。本乎誠。盡出其心也。後世知天尊地卑之爲禮也而不知地天泰之爲禮也。故上下不交。而天下无邦。小篆省文作

蠢蜂 秉奉 尊尊

亯

亯 亯。許兩切。下獻上也。臣㞢有土地人民也。皆君有也。故不自有其有而亯亏上。書曰亯多儀。儀不及物。惟曰不亯。从曰。儀物咸葡矣。復从○。○本亏中誠也。觀亏蠢蟻㞢秉其所尊。物性如此。人性可知矣。後世亯與享。混爲一字。今以義是正㞢

㫗 㫗。胡口切。上報下也。反亯則爲㫗。臣㞢亯君。曰。君吾天也。竭其內心而孚若。竭其外心而

幵弁　厂岸　崩崩　堵培　甚莫　𦩎朕　囦淵　懿懿　㴠涵

文若。君復以𡰪其臣。曰、若吾賓也。惟其中心般出。是以中心既出，上下幵爲一身。𡰪與屋同。屋出于自然。𡰪主于有所加。厚从此。厂崩、堵下則上固

美

美莫賄切。好也，盛也。从大，定意。从羊，諧其聲。夫衜太沖，莫朕眇不容言也。天倪始萌。淡醇囦懿。蘊于名言矣。故以善言目焉。堵出則愈屋，㴠止則味愈永。美則開而文明。有迹可名矣。噫。充美可也，華美不可也

譏穢

譱

善上演切，人性之天然也。純粹精者也。其發恰好，美若不可勝言，无一不由中出者。性非从外鑠，學不可以虛作。从美轉注，从心，示人天根之學也，復从二言者何？言，心聲也。出其言善，人亦以善應之，人心同然，可以見天心也。善之則去聲，小篆省作譱

惡

惡烏各切，逆其天性也，气質撟揉所爲也。人欲衺蔑也，从心，亞聲。天命有元亨利貞，故人性有仁義禮知，人性有仁義禮知，故人情有惻隱羞惡辭讓是非，純粹至善，本來如是，其

齊 紛

便

平 汪 嘆

悖

有不善又从何來曰是生于气也自气運生弗齊也而气稟紛不齊矣气質用事又惡乎齊噫尚何以多言爲也請爲生斷曰反善故爲惡翻轉惡來便純是善惡可惡惡生則去聲惡則心有不平轉爲汪嘆切嘆詞也

利力致切義生和也生物生遂也从和而注以刀公物而无私也乾衛生各正性命君子生天下爲公也利生爲安物各得其所也美有齊意心安則分殊矣而不相悖噫利通用利

差差　表表　易易　於嗚　虖呼　傷傷　悁恨　㡎隙

也久矣。差之豪釐，之謬以千里。愚特為之表微

利

利，自私也。物各自遂，則易以私。古人嚴為之禁。从秝，轉注以刀。求利則害至也。於虖！秝物則為義，天理之公也；自利則生害，人欲之私也。

害

害，下蓋切。傷也，患也，忌也。害自外至者易防，自内出者難防。家人離，必起于婦人。从宀，室家也；从丯从口，因離間之言。記悁小過而成大㡎也。嘻！古人儆世之意至矣。偕與曷同

气氣

和，戶戈切。元气之會也。悳之大順也。可否相諧也。取穀味入口，沖气攸宜。比亏五味，齊得也。而和尤爲天全也。和之則去聲。噫！惟聖人譱養大和之气。請問焉。曰：渾然天理。

穆，莫卜切。玄敬也。敬悳深遠，人惟見其雝容而迹亦泯矣。難以擬諸形頌，故从和建類，諧以㣎聲。始學如之何？然，請事尚絅矣。循而爲昭穆。祫亏太室，其主在北也，向明而爲昭，在南也，向幽而爲穆。[illegible]制則𠂇昭而又穆。

[illegible]廟　𠂇左　又右

幺左
亦終
㵸藏
宗寂

貞

貞知盈切。正而常也。卦之內體也。其變則遇卦之本體也。从卜从鼎。取正定之意。在三悳則生物之成也。事之幹也。天悳之始。盎乎若不能盈。沉乎其可幺又也。亦則版㳄。正而固焉而忌有也。㵸之而宗若无。貞下又可起元矣。小篆从貝作貞

𠧪

𠧪荒內切。變而動也。卦之外體也。其變則之卦之動體也。人心靜恆為主。暫而動也為客。物理皆如是矣。故貞主而𠧪客也。从悔轉注从卜。悔動乎吉凶之閒者也。故曰悳悔吝者

时抑

辠罪

𠣍軍

灋法

存乎不

侮

侮。罔甫切。慢而戲人也。書曰。悳盛不狎侮。燢則狎侮人者。其蒲待悳矣夫。时亦凶悳也已。或曰。漢高帝慢而侮人。无害其爲寛仁大度。何也。曰。此正悳之下衰也。世衜所由以降也。蓋爾後居上不驕者。鮮矣。从人。毋聲。俗書从每作侮。非。則又有从女作娒者矣。非。非

殺

殺。所八切。有辠戮也。好生。聖人之本心。殺乃昰不獲已。制字者。亦不忍言。故以𠣍灋取

麾麾　耆嗜　慘慘　賣賣　擊擊　兵兵

義。从方。象人荷校也。从巾。大將所指麾也。人有犯軍令者。徇于衆而後戮之。非耆殺也。軍灋主嚴。殺以止殺也。不敢已殺而敢將殺。慘怛不忍言也。小篆作殺。从殳。杀聲。轉爲滅殺之殺。所賣切。別从閃作閷。鷙鳥將擊必伏其形也。兵灋以之。其未旲爲丈人乎

仆

仆。方故切。偃所立旗也。周官大司馬以旗致民。民及敝旗。誅後至者。故能馭民衆如一人也。从人。从卜。會意。後人不知卜義。譌从卜聲。因誤之誤也

疾疾　縈素　攤擁　僣借　卩節　慾愛　皁享　乘奉　息思　適適

赴

赴。疾趨至會也。會懷期而後至，晉斬。从走从卜。惟恐獲作以干後至㞢誅也。懷令縈行。進遲若使一人。否則如養驕子。雖擁百己亦何所用。僣爲赴告㞢赴。取疾㞢義。別作訃，非。

儉

儉。巨險切。德㞢卩制也。字意取于上卩用而慾人。从人从僉。與衆共㞢也。周禮㞢九式均卩財用也。皁于自乘。竭民㞢財。罡㞢謂奢。民息叛其上矣。薄于自乘。惜民㞢財。罡㞢謂儉。民爭戴其上矣。夫財。天養也。與嬰兒㞢而母乳爲湩同理。適可則福㞢。恣欲則天譴。君代

䜌壹
亘書亖
前
𠮛嘻

天養民者也。不養民而私以自養。尤獲譴于
上帝矣。是故儉爲至德。自天子至庶人。壹是
𠤎。今通用化。呼跨切。變而无也。天地密移。亘
夜相代于前而人不知也。故近取諸身。人生
俄而老矣。又變而从人。存歸于无。故从反人爲
義形不頓虧。𠮛覺于微。凡言神化者。一故神。
㒳故𠤎。凡言變化者。動則變。變則化。因𠤎爲
敎化之化。別从人化
匕。今作姼。徒典切。自害也。化也者。自盡其天
年者也。匕則不見其从化其天年。反𠤎爲匕。

因事以設教也。凵亦多故矣。耆欲其尤也哉

養生家則又求爲不死術。外于人倫。同歸于

逆天矣。从歺化。殄殘害物也

卧臥

𦥑舉

變亂

𠃌

𠃌。隸通用尸。申之切。人死僵臥也。夫形不能自運動也。大氣舉之。氣盡則形隊。故象倒人之形。氣之能不妄動。志帥之也。志不自持。氣變以馳。是爲行𠃌。小篆作𡰪非

尸

尸。象神也。从𠃌而小變之。象以生氣合死氣。幽明潛通。後世誠愨不足。尸因而廢。非惟祭

[illegible]敦

者黹克事之若神。尸亦不敢以神自居矣。尸爲主義。以其无爲也。居職而不事事謂之尸

从。疾容切。隨也。以一人肯行。一人隨而後爲意。大丈夫不能自立。乃隨人卽。曰否否。譱與人同。何人何己。舍己从人。天下之譱皆吾之譱也。轉而爲从容之从。倉紅切。安舒也。从臾之从。子勇切。勸也。侍从之从。才仲切。臣𦣞也。从衡之从。將容切。直也。南北長也。从放之从。足用切。恣也。亦通作縱。俗書作從非

𦣞僕

埶勢

比

比。𣬉利切。相暱為密也。阿私所好也。反从則為比。从逆順之埶取之。公私之埶也。又悲履切。物相形也。省文為匕。義與匕異。形耦近佀

𧘝表

夶

夶。易卦夶。輔也。下順从也。周官三季大夶。皆天下為公也。象二人以正相與之意。愚按比私而夶公。其形一正一攲。後世廢其正不用。今特𧘝而出之。以示大公之衜

頌容

居

居。斤亏切。无事而処也。从尸。坐如尸也。敬悳之頌也。从古。吾弗知其亏義何取。曰。取坐而

甘箕 萬獸 共恭 簪著

衛古也。必則古昔稱先王也。噫。觀此可以知古人傳共之學

尻

尻。居御切。凴几以爲安也。从居轉注。勞者欲息。人之恆情。字意一佀驕泰狀。何也。曰。古人執禮。惟恐溺于晏安。故因事而設教戒也。俗佀踞非。踞乃甘坐。萬蹲則申肯足。非人衛也。

坐

坐。徂卧切。古者席地而坐。从兩人相對土上。賓主交敬。禮畢而講安也。肅共之貌。儼然可見。古之坐以尻箸蹠。在今人不能常躬安。而古謂之安。古人存曰執禮。怠其勞也。後世晏

能耐　卻膝　笴聳　坐惺　乡左　又右

安。爲之倚以坐。泰而易驕。逸。難能勞。此古今之別也。歛卻笴身其可哉

立

立力入切。住足也。人依而立。立則戴天履地。儼然正直之頌。故从大在地上爲意。人有行立坐臥。三象備矣。心常坐坐天。機若新。滯亐形。久則猒生。雖與言易矣。轉亐備切君踐陛朝羣臣禮无坐而朝也。古文春秋作公卽立。小篆作位。復加人在旁取臣之又列也

卓卓　确確　恴憂　䏌邪　㚔幸　㪿折　卹恤

𡈼汀鼎切特立之才也从人立于土上出乎其類也非大過人者不能是故立志不可以不卓也不卓胡能效天之高也用功不可以不确也不确胡能灋地之實也

存徂孫切在也獨取于子者何曰彰父母之恴勤也其从才因在省以爲意䏌自肎取䏌曰父母生子常恐恐未知存亡㚔而不短㪿至于成才而後喜可知也偕爲卹問之存

亾武方切失之也存取諸子亾本諸親孝子親歿既殯猶若卽熨既葬反而求之弗見也

乚隱　丧失　哭平　吅喧　号號　匄畀　乞乞

若其入亏乚𤆍乃祭以求之事亡如存猶望其親去而復還也亡字从此人心舍之則亡旻一則振起鄎各切加人為佁子賀切俗書做非亡乃天機觸之忽𤆍自動轉助駕切

喪酥浪切亡也而謂之亡者緣孝子不忍之心若失之𤆍若弃而去𤆍故取哭亡為意喪而為之服哭聲奭與哭異奭从大从吅人之哀号也哭从吅从犬犬嘷也後人混用久矣

匃古代切求乞也大丈夫堂堂天地間凍亡則凍亡餓亡則餓亡口弗肎言乞何忍詘其

紬細　賁責　昝昔　杲拔　奥魚　彡參　叚彼　旻得

身兮。紬人則難以語此矣。字意从人从乚。乚與无通。人而无以爲生。㝵必至此。㳟哀生也。而亦㳟賁生也。昝孟子以求富貴利達者。比諸妾婦未也。又比諸乞兒。豈非欲杲人亏坑塹皃。[illegible]字从此爲母。問其爲誰何也。賤生也

[illegible]奥音切。相與不衆也。禮曰。離坐離立。毋徃彡焉。制字者。取二人相从。一人自其後彡生。叚此各不相旻爲意。叚。曰。三人行。則損一人。一人行。則旻其友。言致一也

眡視　來垂　常裳　臤賢

眾

眾之仲切。眾之爲多也，不問居可知矣。其从目不可知也。曰古之人。从公共取義也。故从乑目。言人所共眡也。謹獨之學。合眾之公。感在其中矣

大

大徒蓋切。天地至大也。不以取象。而象人來衣常形。大人與天地合德也。細人營營所志不越軀殼中。歛然而自小之。是謂不肖。噫。求聖臤于聖臤。則不能以灋聖臤。當求之于天地。求天地于天地。則不能以灋天地。當求之天地之初。變體作大與大相似

鬆緩　収收

大

大。汀達切。自大也。从大而少變之。象其舒肆形。人心一放。則三體鬆若不収。何以正之。曰。動顏皃斯遠暴慢矣。若爲動振起精神整頓之也。夲字从此會意。夲諧此旻聲

䑞舜　譱善　尊尊

太

太。汀蓋切。巳甚也。堯䑞大矣。蔑以加矣。其心猶病諸。大哉孔子。恒越曰何有于我。故曰。有厥譱喪厥譱。从大優有大。自有其大。衡于匈中也。譱自此消。惡自此長矣。僭而爲尊稱。則取甚大之義省文作

奇

昜 陽
归 抑
𡨥 卑
倶 俱
𢿌 敵
贅 贅

笶

笶。今通用疑。延知切。心惑也。物相佀而難別也。取亏扶昜归会大意而以人事明之。君尊而臣𡨥。夫尊而妻𡨥。蕐嬰也。尊而卒夷也𡨥。天地之大義也。今也兩人倶大。鈞𢿌而无爭。此昜所謂会笶亏昜必戰也。埶必兩敗而後已。詎非明戒也哉。疑字从此。宜戟切。見太堅定也。从子从止而諧笶聲。小篆作疑。矣乃笶之傳譌也。山肴九笶以異相類。復加以山。遂成疑贅

夸誇　懲懲　吁吁　溯泝

奓

奢詩遮切。侈也。从大从多。夸張求勝也。窮極于物欲而不能自還。可懲也。而顧自喜。人衜惡偪天衜忌盈。凶于其身。殃及其子孫。吁可戒哉。小篆作奢

小

小私兆切。對大之稱。取于水為義。从川而殺之。象絪微之形。何以大曰。請溯其原。何以小曰。請亦溯其原。滾淺自別也。大者合衆流。彌大矣。小者獨流。彌小矣。少尐从此為母。少書沼切。其原也淺。故其流也不能以多。尐子結切。其流也不多。故其涸也可立而待。少之為

尊尊　丈杖　秉奉　䐜腹

少意同而轉其聲也反少爲必意同而轉其形也

父扶故切音若拄顛子之天也夫古切音則否但爲老稱父至親尊無與上矣形難于象故指其又執丈使人知其尊高一家所當秉事也禮曰孝子之事親也如事天

母莫補切音若拄䐜子身所出也莫后切否母至親也尊統于父故爲私尊尊天親地之義也鞠養劬勞故从女加兩乳象哺子形諺曰事父如天事母如地爾之子孫亦復如是

[illegible]没　㫗厚　慕慕　气氣　[illegible]廟　𡉚封

考

考，苦浩切。成也。父殁則稱考，功成而去，其遺澤在後人也。古人㫗亏報本，故别爲之嘉名。以寓追慕之意。从老，丂聲。

妣

妣，悲履切。母殁稱妣，配父之義也。从女从比會意。禮：鋪筵設同几，精气合也。虞祭猶異几。噫，妣比者，其知事死如事生，事亡如事存乎。

祖

祖，則古切。大父母也。始窮也。其在天子也，則始受命也者爲祖。其在諸侯也，則始生也者

釁爵　承奉　遜送　徃往　搯遷　𢇍繼

爲祖。其在太夫也。則始有釁也。者爲祖。以大廟爲重。故从示从且。取承先之義也。且之會而爲祖。猶尊之僭而爲尊也。是皆在心。嬪之啓也。廟于祖乃葬。又僭爲遜徃之義

宗

宗。祖東切。尊其先也。天子七廟。祖有功。宗有悳。不在數中。故特太廟不毀。與太祖皆百世不搯。从宀从示。會意。大夫禮。別子爲祖。𢇍別爲宗。有大宗小宗。以統其族。因之爲廟宗。爲宗卯

幷并　奤冬　矦候　𦎫孰　宗寂

子。祖似切。親之枝也。古人深識罔極之恩。故其太文象子在襁褓幷足形。其上象胎髮也。父母懸子。于是爲至大。子特與指出曰。子之三年。然後免于父母之懷。子有之義。因俗爲十有一月辰名。天開于子。靜極而動。元起于貞也。在辟卦則爲䷗。易曰。復其見天地之心乎。在一歲則冬至子夕爲復。在一日。則夜半子皆爲復。候气者。求黃鍾。推步者。求曆元。皆以至日子皆爲定。噫。天機生生。孰爲天根。太極未動。歸藏于坤。反求諸心。其宗天虛。既

息抱　𠂢脈　𨛫都　叀專　网綱　作作

不菸味。亦非執持。一念不生。生皆天倪。省文作

孫。息蒐切。子又生子也。父子一體也。祖孫一气也。體隔而气不隔也。主祖息孫之意。故象在旁之形。小篆从系作。取一脈相傳也。轉為孫順之孫。又為孫避之孫

適。都歷切。正配也。其義有所尊主也。古人謹禮。自女子有行而名分已定。衆妾咸尊小君。故从辵从啻意而諧啻聲。其生子。正出曰適。側出曰庶。茲惟三綱之本。反之則禍自此作。豈

變亂　壹　懿愛　所齊

庶

有家變而國治者乎。因行之義轉爲有所之也。𡢽隻切。俗書別从女作嫡非

庶。商注切。枝子也。適取統壹爲義。庶取蕃盛爲義。懿正以能均。制字者。从居室會意。亦因从大教也。从广。旁室也。从廿。連㠭之形也。从小。別而居之也。子姓蕃衍。合而聚居非禮。分何由定。无適而大庶。則如之何。曰。大貴。何貴。曰。子以母貴。其母也而微。則之子也賤。母可以子貴乎。曰。不可。妾母于子則尊。于父何可抗尊。崇母所父。是正亂其父也。隆養斯可矣。居

英光　憐憐　盧顱　田由　囟顖　昜易　扁漏　醇醇　也它　耄壽　亦赤

室之偏周護正室。轉讀若遮。庶也字諧此。小篆省文从庶其下似火。遂與庶譌別从黄从廣黃與英亏聲韻諧

兒

兒如枝切。子在乳名。故呼其聲。自有懸意。象盧囟未合兩腦柔田形。囟門開。則神易扁。而小兒天元獨爾醇固。何也。此无它。不役其神也。兒之耄夭。亏盧囟占之。大而合遲。先天受气有弗足矣。兒倪易以混。倪天眞始萌也。雖亏名狀。从人。从兒。取其完㒵亦子之心

腹腹

也

𠫓。汀骨切。産甚易也。母腹痛甚。子大轉身。皆乃向下。故取倒子爲義。横産逆産。母命在于須臾。噫。人可不念生身之恩乎。省文作

育。余六切。鞠養劬勞也。惟于天性之至懇。故制字者。體其意以發明父母之心。从𠫓。由母腹出也。从肉。父母骨肉相連也。因而爲教育。養之以善也。噫。爲人子者。柰之何不以父母

孚予　厀膝

心爲心躳

孨

孨，旨兖切。一產三男也。古以爲人瑞，官孚之，會母及胎養穀，所以蕃民生也。先王之仁政也。从三子會意。又用爲柔謹之義

孝

孝，呼教切。善事父母也。百行之先也。良心最爲眞切也。吾身非从天降地出也。父母之分身也。故其親親自不容已。古人製爲心畫。其上象父母老形，其下从子。从子在父母厀下

㥯愛　𧛔衰　梩根　匕化　㥑憂　歺死

爲意㥯敬之情謁然可匊也

老盧晧切年高而𧛔也人率百年爲期七十曰老古人之制斯字也梩于㥯親矣故从孝轉注从匕其上象毛髮種種形則既㥑其𧛔矣下注从匕又㥑其且歺也㥯曰之誠能自已乎小篆作其上从人从毛于義反晦从此太類故孝字反从之矣古人制字本末之義矣

肉肉
甘甘

者。渠夷切。季高非肉不餉也。以養老取義。故
从老轉注以旨。慈以旨目也。因旨目之義。轉
爲耆䎽之耆。去聲。耆欲。凡心也。故曰。其耆欲
深者。其天機淺。俗書加口作嗜非

孛悖
媢沒
於嗚
虖呼

孛。蒲昧切。又蒲媢切。子逆也。从子从出會意。
不顧父母也。於虖。孝也者。本吾所以生也。仁
自此始。是曰順德。忘本而弗懸其親。是謂之
逆德。非人衛也。噫。獨不念爾身从何生乎。僭
而爲賊孛之孛。光芒三出也。小篆作非

丞承　皿血

人扑　由曲

慈

慈疾之切。父母愛子也。惻怛之至情也。古人體其意以制字。从心从兹。兹兹也者，養其子而使之長，惟日望之。及其長成，不知費父母幾許心力矣。噫！觀慈孝之相承，一血誠連屬也。因其義以名石。山產鐵，于其陽者，慈石產其陰。母子相戀也。俗作磁，非。

教

教古孝切。爲之民太極也。是豈言語所能。从爻从子。師以身爲模範而使子弟效之也。从又持人。治其不率教者，儆動其心也。然事由盡其義矣。教之則爲教，使之也。去聲

六書精蘊三卷　二十六

冡蒙　攜携　賫責　恙志　愳懼　倶俱　呆保　𨊠邪　𠂇左　又右

學

學。胡覺切。求爲聖人也。效先覺以自淑也。其下从冂，从子。人生而蒙暗，必求于明。上从爻从臼。使之效之，若手攜之。先覺所以覺後覺也。凡事兼二義。學而不能作聖，當何如？曰：其弟一義，當責志矣。志大矣，亞則思功夫之或差弗差矣。又思其間斷也。學省而爲爻子。斈會而爲教學者，教于人。斈者，教人學校之校斅學之斅，倶當作斈學之，凡爲學。

保

保。博浩切。護養也。父母愛子，何所不至也。从子从八，指其左右扶持也。噫，保身是難，保其

破　破

壽　壽

心彌難。古有胎教。自其能食能言也。而教行于其中矣。且異爲孺子室于宮中。遠外誘也。惟恐鑿破其混沌矣。古者天子太師傅保之官。保也者。慎其身以輔翼㞢。而歸諸道者也。悳爲聖人在此。卂耄无疆在此。別从人伲

保。人相保也。周禮五家爲比相保。又爲甸之名

丑

丑敕九切。十有二月辰名。天開于子。取動太意。㞢㞢出希也。地闢于丑。優取靜意。从又握

乞氣　吁吁　農農　乘乘　晝晝　暮暮

丨。象持樞軸。闔戶之義也。知天之動也。詎知北極出地。南極入地。奠而不移。寔為之樞。其動也。中气斡之而旋繇。是故斗運气機。舁攝提遙相屬也。說者訓丑為杽。吁。何其陋哉

寅。弋眞切。正月辰名。先王敬授民時寅。正也。故取于農乘屋為意。从入邑中。田中舍也。从。眾手也。詩云。晝爾于茅。宵爾索綯。亟其乘屋。其始播百穀。此制字之義也。寅于時為昧爽。人气清明。偕為寅敬之。寅神明厥德也。噫。旦气清。晝气惰。暮气昏。夜气息。始學者

不介
夙夙
半脊

卯夗

杲其
夕星

不爲三關若。惕亏汝忠。夙夜惟寅。靜亦定動亦定矣。[seal glyph]字从此諧聲。夾脊肉也小篆作[seal glyph]

寅

卯

卯。葺飽切。二月辰名。帝出乎震。天門一闢。己物悉隨出矣。从門轉注。若其大開也。帝豈肯出入與。猶出人心乘气機以動靜互。闢也以運化闔也以育神

辰

辰。日巾切。日月所會杲夕之次也。辰从示變體。象三光交錯意。𠄌象分周天之半也。曰

躔月一辰。而謂一日十有二辰。日附天。如蟻行磨。爲所轉。皆歷一辰也。謂日一回。夜一周也。可乎。其行度實歲一周也。三月獨謂之辰。天行起于角亢。正辰位也。北極謂之北辰。太一常居也。大火謂之大辰。天王之位也。謂天无星之處皆辰。此正天之本體焉。用彊名。

巳。詳子切。嗣續也。三月辰名。在辟卦爲☰。生生之極也。而其文乃象子未成之形。何也。曰。此明乾坤合德也。父生之。母育之。乾知大始。坤代有終。恩斯勤斯。育子之閔斯。巳純易

腹腹
虫蛇
包胞
徃往
乘乘
存終
函函
蓄畜

也。因及地腹。亥純陰也。特明天根。乾又坤母之德。其何可忘也。或謂巳象虫形。則巳在包中。果何象也。噫。學而不知大原。逐逐乎物。其鑿也宜哉

巳

巳。羊止切。徃而過也。不如是。來者何以續。巳乾也。巳乾之亢龍。有悔也。故其義與巳相因。又與未相發。造化之乘除也。制字者。取意乎人語。存象口气。欲盡未盡。其函蓄深遠矣。

㠯[illegible]之類。皆从此爲母

乡左
斥兵
罰罰

旻得
卩節

㐺衆
彖彖

以。用也。師能乡叉出也。斥濿卒未親附而罰出。則不服。不服則難用。卒巳親附而罰不行。則不可用也。字意从人从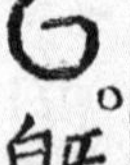。旣旻人心。卩制在我也。噫。兹其爲仁義之師乎。小篆通用。隸書作以。其去本義邈乎遠哉

允。羽準切。信也。順也。當也。从以轉注。將彊以威服衆衆。非心服也。以悳服人。至誠㐺揗循士大夫。大順以動。衆皆心說而誠服之矣。易曰。衆允悔亡

戼卯 丣酉　画畫 弜撰　𠂇左 歬前　仵忤

午。疑古切。五月辰名。子午也。戼丣也。而三。天之中气也。地之正位也。子午也而二。又以定上下之位也。天地譬諸人之身。午其正面也。在一曰則正画也。古人體天地之弜爲之縱衡其画。縱以定南北。衡以列𠂇又。復象天體半環從地上而見于歬之形。其義溥大。可以經天可以緯地矣。因画形借爲午貫之午。一會逆之則有仵意。又借爲鎝午之午。愚按午與干形相同也。義則大異。後之人混而用之。愚特爲之表出。以補千古之闕文

桒葉

未。扶沸切。六月辰名。物將成也。亏旹生物盛長極矣。故从木重枝桒會意。而其義若有不足焉何也。曰。此聖心无窮。天命所以於穆不已也。未當亭利㞢交。物正性命叅而受气未完。逮亏實堅實孚。利而貞。物乃成。噫。玩未㞢義。人心其毋自足哉

亭亨

莫

制。征例切。裁其過也。五行相克以成化也。可指而易見者。莫若金㞢克木。故从未从刀取意。去其枝桒。惟存本榦。則生意益固。此反本還元㞢衟也。所謂刑中有惪也。僭而爲制

屈屈　承承　卍萬　夭失

作之制

申。升人切。七月辰名。亏昔辟卦爲䷋。侌盛昜衰。其形取屈爲意。而其義爲申。何也。曰。申承未。卍物欣欣自私。之意內束。受乞乃足。之足以相續也。寅順而生。申拂而遂。侌昜毒相反而相成矣。申有遂義。重義用之爲申議。爲申重。小篆作惟亏人欠申近佀而造化盈虛消息之妙。弗之識矣。俗書別加人作伸。失則彌遠

楙茂　埶勢　楙㪚　圅函

丣酉　卤西　卯外

暢

暢。丑諒切。木生而楙也。从申从昜。昜气申達也。亏人則美在其中。暢亏三肢。暢埶方盛。从其發楙也。而褒隨出。从其常圅有餘不盡出意哉。小篆作𤳘。暢變而爲申。再譌則爲田矣

丣

丣。與久切。八月辰名。西方謂出閶闔。天門一閉。卍物隨出从入矣。从卯轉注而合出。動極優靜也。十有二辰。午爲端門。卯丣亦爲天門何也。曰。日所出入也

霿雪

戌

戌霿律切。九月辰名。亏旹辟許爲䷖。眾会消昜。故从戊畱一爲意。以明孤昜尚存。生生㞢悳。未嘗息也。在昜象則爲碩果不食

威滅
㡯絕

威

威許劣切。㡯也。火墓亏戌。取以爲意。威息而後生息也。昜至戌而上竆。不取㡯意而取㡯処逢生。古人扶昜㞢意也。又毗結切

步
星

歲

歲相銳切。天運一周也。唐虞曰載。夏曰歲。商曰祀。周曰秊。从步从戌。沓木星十有二歲周

天歲次一辰。故謂之歨。何以獨取乎戌。曰。木長生在亥。至戌而脊。復自亥始也。然則秦正建亥。亦可行乎。曰。不可。亥爲純陰。木歸其根。謂之反本也可。謂之履端也不可。昔而歲惪在木。故夏正建寅爲人統。乃世可行也

脊 終　耑 端　旾 春　癸 癸

亥

亥。下改切。十月辰名。二。地也。从二。象滚入地中。其下象木根蟠屈。乎昔純陰之气伏匿也。癸。从亥。故同意。而昔歸藏其諸天根之學乎。左傳所謂二首六身。是其形而遺其義也。省

文作不

𠬞　拱

𠬞（君）

君莒云切。臣㞢元首也。天衙也。从𠬞从口。端共南面出命令而无爲㞢意。觀亏天地交泰不交而否。元首明哉。與叢脞哉。可以知君衙矣。小篆从尹作君。則是君行臣職。取天下而棼㞢也

棼　紛

厷　肱

共　恭

臣

臣植巾切。君㞢股厷也。地衙也。象鞠躬㞢形。反其身。象北面也。有共敬㞢體焉。有盡瘁㞢

顉容

顉焉。孟子曰：責難于君謂之共，陳善閉邪謂之敬。易曰：王臣蹇蹇，匪躬之故。此臣之職分也

繼創　繼體

叟更

后

后，胡口切。繼體君也。祖宗創業勤勞，己事已定，子孫守成，復何為哉？惟脩厥德，主敎化，出命令而已。故从𠂆从口會意。若也陋小祖宗制度，盡更，而勢叟之，天下自此多事矣。借為配王之稱，小君也。因繼體義，借與後同

賷貴 𦥔要

司息茲切職守也反后為司上下各有體也
后以衛化司以濾守后賷執要詳存有司故
曰主好要則百事詳主好詳則百事荒轉而
為司察傒人之過也苛細甚矣相吏切

傒傒

⿱君眾渠云切大聚中復為小聚也易曰方以類
聚物以羣分古人謂此非大同之衛故制字
从君从眾以明彝倫攸敘與易渙其⿱君眾元吉
同意蓋有忠于天下為公也俗混用羣非

嘼獸

羣鳥嘼相與羣居也羊性好羣一雄為之主
諺呼君羊故取以太意古人結字有體出于

遹適　尊尊

心画。从君在上。无遹而非尊君也。俗書作群。

夭古文之精義矣

辠罪

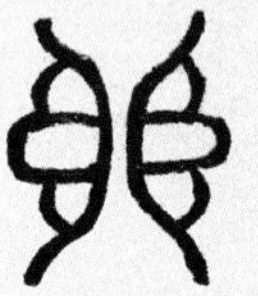

臦。居況切。欺罔也。臣辠莫大乎欺君。今也兩臣相違。必有以非衛㷉惑其君者矣。故取爲意。然則其中亦有以直衛告君者矣。忠言侶佞。佞言亦侶忠。在人君辨之耳。噫。忠言多苦。佞言多甘。其拂我者。乃懸我也。其面諛者。乃面謾也。忠佞亦自易辨也。俗書作誑

甘甘

臥臥　ㄈ尸　死死

臥。吾貨切。偃息也。字意何取乎ㄈ。曰。人而欲知生死矣乎。一大寤寐是已。然則何取乎臣。

𠚕曲　収收　嗟嗟　窋寧　浚波　亭停　㐺莊　眾衆

曰。寢夯尸意而不欲其如尸也。僵直而臥。三體惰而心不惰者未之有也。臥而宛曲其心収束。三體若就羈束。故取側身詘體之意。合二義以相成。嗟夫臥而神窋。湛兮若浚亭。融兮若昔將生。混兮若兩儀之猶未分。學何処而可廢。衛何往而不存。臥則无爲。偕爲護治之義。漢孝帝謂汲黯曰。吾徒昱君臥治之

臨

臨。力尋切。㐺下也。从品。眾也。从臥。无爲也。上之臨下。不自用而用人。故能聽物之爲而不

自爲也。周易臨之卪曰，知臨大君之宜，盡之矣。因之而生盛大之義

旻得　賊賊　卪節　昨昨　𠔳冬

臧

臧，則狼切。吏犯贓也。盜旻財而定辠也。取人臣自戕爲意。設戒深矣。然虜人臣而以臧敗。是與盜賊何別，曾犬馬爲主之弗若也。君亦可無自省乎。必也教之養之，鑒而別之。人各卪廉自重矣。俗書加貝从贜，非。凡賄賂行私多畏人知，故轉爲伏臧之臧

壓

臧，昨狼切。天地閉也。天气上升。地气下降。閉塞而成𠔳。靜之極也。凡物歸根于土。故从土

内 納

譱 善

默 默

从臧會意。美惡不嫌同詞也。噫。商晉婦藏。其天棍之學兮。所藏物処為藏。才浪切。人有五藏六府。藏主受。府主出內。俗書別作臟非

臧

臧。則狼切。譱也。臣也。臤謹言太義。从藏轉注以口。深藏不輕發言。謂之譱也。可謂之臣也可。此古人默成之學也。愚按臧本从戕會意非諧其聲也。藏因臧為意義則迥別。臧自从藏轉注。非諧臧聲也。後之人混而用之。失其本義矣

匄胞
叐友
㤅愛

兄。許容切。同匄之長。古人體叐㤅之情以制字。故从人从口。兄以其弟未有知而誨之也。天性之㤅。以幼告體之彌。覺親切

序序

弟。待禮切。同匄後出者也。兄弟之有序也。主弟而言也。兄曰念鞠子哀。引之也。弟曰克念天顯。天之所序。義當从兄也。古人深有感于天性之㤅。故體隨行之義以成文。其上象丱角。其中象擎手。其下象跂足。不良于行。尚有待于提携狀。手足之情藹如也。詩事兄長曰

弟。特計切。因其事而命之言。孝必及弟。骨肉之親。本一气也。偕而爲次弟。因兄弟之序而取義也。又偕而爲㝉弟。則因次弟而生義也。小篆作少變其文。大義遂晦

罘弟。古竃切。爲及後者也。从弟在後。其㫗罘者。首旻及母之气相連逮也

𠑿。轉兩切。居先也。又母曰𠑹。兄姊曰𠑿。齒𤔲先我者曰𠑿。䣃鄙之君曰𠑿。从在人上爲意。

今通用長

垂　差　卿　血氣　憐

長

長直良轉兩二切。髮自短而長。取義于髮。从镸建省。下象束髮本而末垂。長而後能長。造化加益而人不知。故又爲之長之長。凡此皆本聲自爲變別。不屬轉注也。長則有餘。故又爲長物之長。直諒切。此則同意相受。轉其聲而用之也。過則时之。有餘者損之。天之衜也。

幼

幼。伊謬切。少而又少也。血气未充。故从力幺爲意。人生十年曰幼。正以母愍憐告也。何遽使之出就外傅。躳曰。此所以深愍之也。夫愍其子者。豈曰姑息之。以从其欲。固將勞之使

遰嫡
自

其成人。冡耋弗端。是弃之也。故曰慈或敗子

伯

伯。博陌切。遰長也。佰取亏百夫長。伯元取亏斯義也。故因自會意。言亏後出者。自此始也。自謞从白。因柏致謞。周禮多以伯名官。皆取長義。因之爲牧伯。諸侯之長也。又轉而爲王伯之伯。去聲。必駕切。伯起亏衰世。悳又弗若王也。故又爲純而王。駁而伯。孟子自其心之誠僞判之。曰。以悳行仁者王。以力段仁者伯。其在學者。亏无所爲而爲之。純王也。有

所爲而爲之。襍伯也已

𢍜尊

承承

叔

叔。隸通用叔。式竹切。少也。稱伯也則有尊意。稱叔也則有親意。从人。尗聲。譌而混叔乃采尗也。从又。擇取之。有譱意焉。淑字从此。凡言伯仲叔者。兄弟一行。自相別之稱也。父之兄弟。稱之曰伯父叔父。其適長者。特稱世父。以承祖爲重也。其直謂之伯叔云者。是降其尊也。兄弟之子。偕而稱之曰姪。是遠其親也。然則稱猶子乎。曰。不典。將何稱。曰。謂我从伯

鄷、鄧　曲　保

叔父也者吾謂之从子。謂我妷伯叔父也者吾謂之妷子。伯叔父。諸父也。謂之曰諸子。庶幾稱情也哉

孟

孟莫鄷切庶長也。夫禮別嫌明微者也。將由夫長少之序。與則庶不可以加適。將由夫適庶之分。與則弟不可以先兄。故爲之異長。謂適長也曰伯。謂庶長也曰孟。恩義曲盡矣。从子从八。會意。孔明。以其字形與保近佀。小篆改作孟。胡不以義變別之

積積

存終
人

季

季居悸切古者少子曰叔多則積叔故別謂庶子之少者曰季从子禾聲或會其意穉子爲穉季省穉从禾禾之傳譌

夫

夫角无切妻所天也人之各有配耦天地之大義也婦人从一而存故制夫字从大而加一明无二天也丈夫之取也父命之曰徃迎爾相承我宗事勗帥以敬先妣之嗣若則有常夫衞書盡于是矣借爲語詞逢孚切

𢍜尊　亝齊　侌陰　昜陽　勹包　冈綱　丗世　缶缶

［妻］妻，七雞切。夫之配也。主于尊夫，故从女从尚，言見上配君子也。自夫而言也，曰齊，齊合之義也。自妻而言也，曰尚，順承之義也。夫陰陽，匹也。陽而天包地外，自全亡闕矣，故夫爲妻綱也。荀卿乃謂天子无妻，告人无匹，是有陽而无陰也。後世曰尚公主，是正女加男。天地可易位也。小篆从女事人爲［妻］，則與婦同意矣。

［婦］婦，房付切，又房缶切。子之妻也。曰夫妻也者，主夫以言。曰夫婦也者，主舅姑以言。从女持

柔奉　於嗚　虖呼　第第　鼓欽　自陷　叛旅

柔指其職分。取柔事之義也。夫婦之有別也。一天地之訢合而有定位也。世俗謂男女之交本起于淫欲。而聖人爲制禮以防。則人性何以自貴于禽獸。𩛠於虖。閨門之隱微。第之安。天命至此。每易鼓陷。君子所以造端乎夫婦也

歸

歸居爲切。反而還也。人而悟此。安身立命。其在茲乎。放其心而不反。求存身爲叛人矣。从婦轉注以止。婦人謂嫁曰歸也。何以不取行省之。趣家曰。丈夫之生而有三方之志。不常爲

贊贅　絀細　𢇍繼　衆衆　品星　旻得　悉愛　叀專　敢敢

婦人。匹若婦人从一而夲也。小篆作歸。優贊以㠯

妾

妾。七接切。妻之絀也。以廣繼嗣也。夫一而已。曰之象也。有妻矣而優有妾。衆品。从月之象也。古人制字以定名分爲主。故从女从立隨侍之意也。而旻進見之義。亦存乎其中矣。悉以博愛爲德也。是故不可以有偏悉也。叀以順靜爲德也。是故不可以有專妒也。妻也逮下而妾也毋敢上僭。家衜和。子孫衆多矣

尊尊

舅

舅其九切。夫之父也。夫尊矣。則舅爲加尊老上之稱也。从男。臼聲。舅爲異姓尊稱。故稱母之兄弟曰舅。又謂我舅者。吾謂之甥。从生。言我出也。引而親之也。其直謂之舅者。俗稱也。稱妻之父曰外舅。壻胥子衛也。妻稱夫曰壻。主父母家言也。猶夫稱妻爲婦矣。謂壻曰甥者。借稱也。于義无所當也。天子稱同姓諸侯曰伯父叔父。異姓諸侯曰伯舅叔舅。皆內外尊屬也。故謙以下之也。其庶姓不知何稱

嫂没　姉姊　眡視 卺喪

姑

姑古胡切夫之母也尊如舅而加親矣古者婦學于姑既嫂則稱聞諸光姑字意从女从古齒悳得尊尊之稱亦因以爲聲也姑爲異姓尊稱故稱父之姊妹曰姑姊妹謂我姑者吾謂之姪相親之稱也本以稱兄弟之女因而稱子也妻之母則曰外姑稱母之姊妹曰从母夫謂妻之姊妹曰姨今以之稱其从母曰姨母眡从母之稱爲良古者喪服舅及三月而从母五月矣其傳也唐人不能是正顧因之以曾舅及服不知外服止于緦惟外祖及

母尊矣。故加爲小功也。禮謂从母以名加。記者之傳會耳。舅嚴而姑也。慈因偕爲姑。息姑且之姑。小篆作姑

男

男。農含切。丈夫壯而有室也。人生不可无所事。事也。故取力田爲男。指其職分所當爲也。以天子之尊也。而躬耕藉田。刱于庶人。或設惰游于天地閒。既後世不耕而食者居多。耕者顧不足食也。亖海是以困窮。今欲富民則何如。曰。必也以周禮九職任民。歐游食者。轉

而緣南畞。偺爲子男之男

女

女，尼呂切。处子也。女德靜貞，故象其兩手相弇，端坐窈窕之形。古者婦學之法，敎以婦德、婦言、婦頌、婦功。弛也久矣，宜乎女德之多闕也哉

台 怡

𦏧 孰

始

始，詩止切。開闢之初也。事物之先也。昏禮已世之始。故从女从台。取意男者求而女家兪之。此生民之本也。噫，是皆後天也。𦏧謂之先天，其元始哉

尊

威

威。烏魁切。尊嚴也。春秋傳曰。有威可畏謂之威。从畏。轉注以女。何取于同意相受也。曰。以刑家爲意也。易之家人。彖曰。利女貞。其上之繇曰。有孚威如。卒吉。傳曰。威如之吉。反身之謂也。門內之治。恩常弇義。身弗自正。教弗行于婦人。此一大隔礙也。文王刑于寡妻。至于兄弟。以御于家邦。堯之試舜曰。女于時。觀厥刑于二女。古人誠意正心之學。造端于斯。小篆作威。媿。與畏近似。媿諧鬼聲。女重羞恥。故从女。定意。別从心作愧

圅函
夭矢
兆非

妄

妄巫放切。誕也。罔也。从女从亾。何獨取諸女。女靜者也。而亾其本心。動以人欲也。乃衺心也。噫。夫惟動以天爲无妄哉

毋

毋武扶切。禁止也。男動易失。女靜易持。故取爲意。从女从一。丂中。處女貞一。其心自无衺僻㞢念也。不取殺失丂已兆。而取太上防失丂未萌。古人先天㞢心學也

如

如人諸切。若昰也。取女兪爲意。故从女从口。女从人者也。丈夫則異昰。當相與可否。故和。

徃 往
㜸 要
破 破
生 封
萬 億

一亏是則同矣因之爲侶也僭爲有所徃也

㜸

㜸於消切徼求也結約以爲固也是非大丈夫事乃嘔嘔見女態耳故从女㚖聲破其私而爲公也因而爲願欲也去聲於笑切

姓

姓息正切別生分類者也厥初生民未有姓也其有大功德者子孫必章斯旻姓之原乎天子生諸侯因生而錫之姓故从女从生本其始也自後雖子孫千萬氏分而姓不分秦

勳勲
蹼僕

廢生建。人各以氏爲姓。漢唐以國姓賜其勳
臣。民閔蹼从主姓。子从母姓者。又不知其幾
也。是故姓雖名存。人莫能推所自出矣

氏收

氏。上紙切。統宗氏族者也。姓也者。一大統系
也。氏。枝分也。故。以側出取義。古之賜氏也。諸
侯之別子爲祖也者。至其孫以王父字爲氏。
始興也者。官有世功。則有官族。邑亦如之。王
朝未出生者。如諸侯之制。秦不師古。宗灋遂
亡。是故國无世臣。家无禮俗。今欲大正姓氏

𡉚封

䋲細　𦎫孰　䡴軍　号號

則何如。曰未能也。請自宗濂始矣。小篆偕

氏爲氏

名

名。彌幷切。自命也。命物也。昔者黃帝正名百物。因其圖貌也。名正而百物止。止。从夕从口。何也。周禮大司馬學号名以辨䡴之夜事。雖晤中亦可相別也。或問天无言。𦎫知而𦎫名之號。曰。天自命之也。曰。若是則茲惑矣。曰。盍自體諸人心有天。又何天號不開天之天。而開以人。重重隔矣。噫。有名之亐无名。學而孚爲名。高。離衞遠矣。䋲亦是矣

号
號

字。疾置切。乳化也。男有室。女有家。而後生育。故取會意。古有産室。有孺子宮。皆取愼養之初也。借為名字之字。男子既冠而字。女子許嫁笄而字之。故又謂嫁曰字。古者相語名之質也。周人尚之。以字。文矣末世。別以号稱。彌文也哉。又借為文字之字。象形。文也。字之母也。一造化之自然也。形難于象。有事則象其事。亦曰処事。物各付物也。或謂之指事。有意則象其意。亦曰會意。不足也。而諧聲。亦曰形聲。未有字也。光有其聲。以聲合形。字以之成。

六書精蘊三卷　三十六

徦彼　叚假　𠯑括

因此生徦。是謂轉注。建首一類。字生原也。以同意相受。或轉其文。或轉其聲。觸類而長。字生委也。又不足也。緣類而叚借焉。无不足矣。卍物與我同體。不必其在己。凡此皆字也。文若气化矣。字若形化矣。母生子而子又爲母。字所以无窮也

甫

甫。斐古切。男子之美稱也。人有生于天地之間。其无用者。則固與艸木而同朽矣。惟有用者。乃能自見于世。故取用以定意。而諧父聲。雖然。其猶未若藏諸用乎。用則不昏。可以閱

朋朋
黨黨

酉酒
𢆶纓

衆用矣。何故。用猶近名。小篆作用

朋

朋，捕萌切。同方者也。方以類聚，故朋取親比之義，亦有匹義。因而爲朋黨之朋。則小人以利合也。非義合矣。獨取兩貝爲朋者，物之相如。安其若貝，故象其兩相比之形。人知字成而後段借，不知有段借以成字者。託物而取其義，猶詩之比興也。凡物之匹耦者，皆稱爲朋。詩云：朋酒斯饗。愚按朋與𢆶古文各爲一字。小篆改朋爲貝，故𢆶譌爲朋。

𪈅鳳 㕛友 𧘝表

而朋遂亾。後世僭𪈅為朋。隸書復斜其畫。因而謂世間凡事皆正，惟朋不正。然則朋友一倫其可廢乎。今特表出以補千古之闕文

𢗅志 劦協 𣪘敢 包胞 㤅愛

㕛

友云九切。合志也。志合則交相助益。故取上下二又。以見劦力之意。友有和順之義。僭而為孝友之友。取義彌精。弟之从兄也。曰吾何敢與兄比也。長衛也。兄引而親之。曰吾與若同包也。友衛也。交相懸也。諺云。大佮小。囟盡友義矣。或問師于人衛至重矣。而朋友一倫

𦟝熏　䁥僕

㸒好　泲濟　㲻黑　冡蒙

弗之目何也曰民生于三事之如一師之尊也君也親也父也則旣列爲三事矣故亞倫惟中目朋及弟子致隆于師自謂曰役師于其弟子引而進之則曰吾徒也而亦謂之朋子言有朋自遠方來謙以接後進也自天子至于庶人皆須師及成德是故天子有師臣者以稟學也有及臣者以相㒒也後世則䁥其臣也衛是以屢降也

黨

黨多曩切偏于所好也已是則同惡以相泲取于尚㲻爲意昭然發其冡也諱惡若別白

默然誰其无是非之心也與哉而乃與不言
沓比是自欲默不欲其白也君子无黨同心
沓昔
同德而朋自答小人惡君子而欲去之必指
之曰朋黨其主不悟國以之空虛何以救之
曰為君難為臣不易君也昭德照臨百官臣
也毋為名尸相與秉德事上轉為汀黨切為
昜陽
或然之詞不可必也君子易明其心青天白
桼漆
日曉然尸知小人黯若膠桼人莫能測也

彼彼
⿰尚阝

⿰尚阝五百家也周制五族為⿰尚阝从尚从邑取其
習尚攸同共成禮俗也後世乃僭用黨攸民

衆衆

私假一方。此民私此一方。何由一衞悳而同
風俗皃

叒。如灼切。順也。衞相佀也。叒不如己。吾不知
將以求益乎。將以求損乎。古人發明取叒之
衞从三又會意。同心同悳而後可相與輔翼
也。桑字从此。象衆手之形。非取其義。世傳扶
桑若木之說。誕哉

⿱叒口。然詞。猶云如是也。从叒从口會意。俗爲相
及之詞。姝上事也。又爲發語之詞。起下文也。

亦爲且㸚而未必之詞又僭而爲汝聲相通也芍字諧此芍艸也俗多誤用菽復省而爲芍之義何所當

𪕃廟　酉酒　䐍腹　乂左　又右

彝

彝寅伊切民之常性也上帝所降衷也若秉一物不可易㸚率性則曰常衞民之秉爲也古人以命物是爲宗彝常器周官六彝盛鬯與酉以待祼將古文因器以明衞洩有取于秉義下象其足形秉執在此中象腹上象蓋其爻象流其文象頁古者有勳德銘于鼎彝

爵　𦥑擧　王紀　劦協　予予　戚戚　傷傷

愚按古書彝之文始且百數歷亦如之周衰天王久不攷文故國異制雖然古文如精金混沙礫中𦥑一而百可擧也

倫

倫龍昏切人王也父子也親君臣也義夫婦也別長幼也序朋友也信天莫叙之劦而彔居百姓不親五品不孫君曰在予从人从侖會意

孤

孤古乎切幼而无父也古人制字戚哭動心呱呱者哭聲也从呱轉注成孤傷其无父何

六書精蘊三卷　五十

⿰氵𠯑　活

怙也。𠯑諧𠯑聲。孤何以不諧𠯑而謂受𠯑之意。字多觸類而成也。知此則匈中天機常⿰氵𠯑。少師少傅少保曰孤。殊特之稱也。國君自稱曰孤。謙言寡助也

眼　眼

⿰犭谷

⿰犭谷。今通用獨。徒谷切。一犬也。羣取諸羊。⿰犭谷取諸犬。其从谷也。狢取于谷也。谷亦謂之欲。从犬从欲會意。犬之未見利也。豈則相舐以舌。不相臭以鼻。一何親矣。及其見骨。狺狺而爭。不肎與其類共。反眼若不相識然。肎欲故耳。諺曰。重利无親。制字者儆世之意深矣。不與人

懸懸　罵獸　妥猿　吚呼　椒散　㚒傷　囘書　嫘㷀

共曰㺶。惡其私己也。老而无子曰㺶。懸其子身也。又爲特立㞢稱。睘小中一君子也。其通用獨。乃山蜀名。从蜀㞢亏蜀中也。佀妥而大。俗呼爲獨。妥獨一吚。則妥椒畏其食也

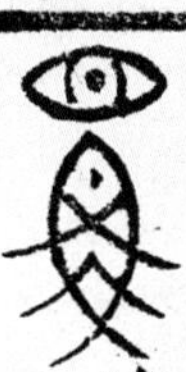

鰥古頑切。老而无妻也。制字者旁㞢取魚目以爲意。佀魚在水中。目囘夜不旲閉也。嫘气象如見矣。亦爲大魚㞢稱。小篆从眔佮

鰥

亏義反嗨

寡古瓦切。婦喪夫也。制字者。體其貞一㞢志。从宀从百从分。以同室中分㞢首爲意。言其㞢

隸訣　曡疊　嵩尃寺　弃兵　祘筭　皋罪

也。汞隸。奻而後旻同穴也。寡則少矣。因偕為眾寡之寡。國君自稱寡人。謙言寡悳之人也

多。悳何切。有餘也。何取于重夕。曰。此猶積三日成曡也。古有九御之濹。后特爯也。曹夕矣。三夫人而下。庶也。同夕矣。故取重夕為多。安分之義存其中矣。禮曰。分无求多。周禮戰功曰多。尚謀也。弃濹所謂多祘勝也。後世謂首級云沓。乃秦人上功首虜遺俗。獲皇辠于上帝。大不仁也

臝裸

商商

民

民彌賓切。衆生也。何以象臝體之形。露其兩乳。曰。此本天地生人之初。猶未有衣服。其外樸野。其中眞純。人各全一混沌。開天之天。是爲天民。開而之人。凡民也。已小篆从氏作

民

士

士上紙切。學古入官者也。从十。象事之多。亏宙內事皆吾職分內事也。从一。二。以貫之也。天下之事。从何處學起。惟尚吾志而已。志亏富貴者。妾婦態也。志亏功名者。商賈行也。其

臤賢　𦥑舉　𠷎疇　目來　臤堅　乞氣

惟仁義乎。斯爲聖賢也已。己事規乎吾心。一壞己壞。仁吾天規也。心存乃克制事。義吾天則也。慨自科舉之濫。舉士始大喪。馳逐空語誕語。靡靡之語。胥變爲小丈夫。焉能反躬務爲仁義之實學。務本而務用躬。何怪乎入官則憒憒。以吏爲師也

壯

壯。則況切。盛大也。从士。勿問可知矣。从爿。將无諧其聲乎。曰。否。取同室內息爲意也。男子三十。血氣方剛。夫然後取。所以完其天元也。弱則氣血未定。戒之在色。壯亦當辨浩氣客

鬥鬪　務倦　臤賢　衙衒

气浩气剛以動也以自勝爲彊也客气則好勝也故戒之在鬥不學則老而衰戒之在是矣然則學老可使壯與曰否志堅凝无變也卍物何足以撓其心血气亦或務勤矣

儒人朱切學校所養士也取學以待用爲意故从人从需所以定其志也亦國家待臤之體也古之儒也重无所求于上也學成而上求之用賓于王其後也干祿而輕矣漢猶郡守親勸爲之駕自隋煬行科目濫儒者自衒常恐不售焉醜夫噫國家亦何益矣然則如

之何曰。周禮賓興灋昇在也

六書精蘊三卷　五十三

農農　頫俯　𠂢垂

農。奴東切。耕夫也。生民莫勞于農。功亦莫大于農。古人重之。故象其頫首而三體勤動形。廿者。象脫衣就功而襆襪下垂。沾體塗足。勞瘁之狀。如在畫圖。爲民父母者。所當深念也。

小篆作農

工

工。古紅切。灋守也。造物者。謂之化工矣。聖人造器。以通天地之灋。以遺後之人。補化工所

叀專　它它　搖拙　壽壹　函函　差差　回田　眂視

不及字意象人與天地成能

王

王。精其事也。从工从一。精誠之極。今之器也。巧而不精。多也。心也。亦也。有僞心。欲速而爲虛文。古之器也。精而若搖。志壹而神凝。形與神俱化。函樸未散。實而不華。器成如出化工。三代而下。宋與唐差。唐與漢差。回眂三代而上。如隔宇宙也。是皆根于人心。人心安出。生于天地之風气也。豈惟器哉。衡德功業文章。亦猶是矣。古今若是乎。復絶則如之何。曰。

敦擊　刱創　埶藝　囗方　緫總　作

一吾之天。混沌可全。超乎風气在茲。王義既隱。後之人。混而用攻。其義穀也。从攴而工聲

巨

巨。渠許切。作器用者也。聖人刱物。愚者與能。埶成而下。濾象攸存。从工从匚。一出乎規矩準繩。象口正之意。巨譌爲工之重文。後之人。別从斤作匠。工之致用所重不在斤也

器

器。去冀切。用物之緫稱也。易曰。形而上者謂之衜。形而下者謂之器。器與衜爲體者也。胡然成才而偏也。曰。形滯則弗能超然也。从工。作之者人也。从三口之民咸利之也。器非天

𣴎汩　埶埶　𠷎疇　冄冄

降地出也而天地灋象攸存人與天地成能也今之器異乎古之所謂器矣造者濫惡用之者侈靡皆緣軀殼之欲以害其心人僞汩喪其天眞違衛遠矣俗作器器非

㠭

㠭知衍切宣布也使人旻盡其才也天下之大豈一手足之爲裂裁故从三工會意有開大之義焉有徧及之埶焉王衛之蕩蕩也後世爲秦灋所辜制雖有其主僅取小康𠷎能大心以天爲度人各恢恢旻大㠭布襄字从此爲聲冄穀衣也俗譌爲展

𢪒舞　𨞨饗

埶藝　彡左

也它　附 辳農

巫

巫武扶切以神仕者也从工有常技也从两人對𢪒以降神也巫恆一心𨞨神祭則相舁哥𢪒動吾气以迎之也此舁尸同意尸象吾祖考巫則事神也巫何始曰厥初生民離天地也未遠爰有異人通乎鬼神之情狀神亦相親或憑焉是之謂神巫其後流乎方技埶成而下矣後世則挾之衒誣民也或亦能致衺鬼耳

𧶠

𧶠式羊切行賣也从貝从商省會意言乎其喻乎利也古者三民其秀者爲士也悉爲辳

乘乘　絫累　㐺垂　次涎　箸著

工爾亦无幾矣。工作有益。爾通用物。本末是以能相資也。今也工作无益。爾通異物。一何多矣。爾乘人急轉販。或絫千金。而鬻存歲勤動。顧不足一飽。哀哉。然則如之何。曰。殺之則其如卲鬻而重穀矣

盜。徒到切。覬覦攘利者也。盜之亏貪。从㳄次皿中爲意。謀心之瀶也。鼠盜會弗足。循皿而丞。蓋弗密。法箸皿中。人會之成。獲。盜亦猶是矣。何以止盜。曰。子言之。苟子之不欲。雖賞之

滌洗　葡備　黨　刑折　蹤

不竊爲人上者。蓋亦滌濯其心哉

寇

寇。苦後切。盜魁也。取自我致寇爲意。完古寬字。天下久安。政寬則民慢。从攴。攻其无備出其不意也。司馬穰曰。天下雖安。忘戰必危。噫致寇自我。則禦寇亦自我。備吾敎化。明吾政刑。上也。布威信。申儆備。光勍吾吏。衛殘慢者。遏盜之機也。臯止渠魁。開其黨自新之路。縣購募。以離之。治盜之略也。用其次矣。乃若小盜。則蹤其居亭爲先哉

䠶射　箸著　炰炮　𠂇左　蒧臧　𠃎雲　鬥鬭　臽舀　㢴西　戜戎　𤲸畜　侯候

狄

狄杜歷切北虜也从犬䠶獵以爲生也逐水艸轉徙而不土箸从火炮而食也肉食者勇悍而輕生其地廣漠𠃊里夕方直上谷接臧貉朝鮮又方直上邑接月氏氐羌其王廷直代の一中數寇中國譬若禽獸ㄙ固不當與鬥力矣勝亦不武惟設罟擭自穽犯我者以知勝出耳是故禦狄光固邊防

羌

羌去羊切西戎也羌以畜牧爲生而土箸種各有豪其興衰以羊馬爲候矣指人牧羊人

六書精蘊三之六　四十二

很很　肯前

在䉧下可手曰否羊性很牧者順之使肯而
隨其後耳羌弱而臣于狄則中國之患深中

褱懷　又右　徦彼

國以恩信褱之可以斷狄又臂叛則以夷攻
夷徦不㝵吾荼麃聚之屬則不能之固天所以

死死

制其死命也

也蛇

蠻

蠻莫還切。南蠻蛇種。語音縺縷。其地蔚艸林
林也。他之與居矣。故从䜌从虫。南蠻阻山隔

熱熱　能耐

海。无大君長。不能為中國深患。然中國伐之。
未有㝵志焉者也。以其地瘴熱多毒。人不能

徃往 巿市　亚平 㦙慕 大人　䧹戎　㤅愛　𤔔亂

夷

其水土。往若弃出矣。蠻人讋鬥而不能久。惟遣使者。宣威樹恩。可帖无事

夷。以其切平也。東方之人也。東夷柔順。知慕華風而未純也。故不忘殺伐。从大持弓。蓋進于諸戎矣。中國以文德綏之。不侵不叛之臣也。或問聖人天覆无外。三夷可使爲一家乎。曰。聖人因地勢而尊華夷。不惟愛吾民亦以秉愛其民也。犯而不校。惟省吾治有闕。容之度外。故咸在吾度內也。以必治治之。亂矣

丶主　甶曲　倶俱　凷塊　鐙燈　烕滅　𠂇左　煙煙

主

主知雨切。天下君也。从丶而配以王。天地已物咸統于一也。王心无丶。其身且不能治。何以治天下乎。僭爲賓主之主。大夫之臣稱其大夫曰主。小篆改作主。取王之上畫而曲之形。神倶喪。凷然一物矣。

主之顈切。鐙中火主也。束聚則發光明。椒之則烕。象其䕺木。丶象其光束聚也。𠂇又象煙餤。○轉之形。文雖太繁。義則曲盡。不如是不足以顯丶之神。小篆必也从簡。省其文可

咅透　宲隙　迸迸　𢽾勢　尒介

也。䀠乃草主為𡈼。借𡈼為主。紕繆甚矣。愚故特表古文以明其率爾妄作多此類也

咅。天口切。神光上露也。光主有物障之。則遏其光。明可使暗也。有宲則光射外。若迸出然暗可復明也。从丶从否。自否塞中微開。一以見光出之𢽾。二以見光𢽾之猛。古人心學精微。觸物而形。為心之画也。嗟乎。人有明悳蔽為昏悳。不然有覺矣。機是觸。䀠乃隨光隨感反

爔爝　○圓　包胞　尊　與要

不若爔火之衣。何邪。曰。心體不能束聚耳。故愚嘗謂非衣不可以明明悳

心。息林切。人之天君也。◯象◯外而竅中。其體倒懸。天之象也。上象包絡。▲象天君尊極不動而制衆動。此于无形中畫出有形。示人以聚精會神之學也。旨爲謂之天君。惟皇上帝。天之主宰。吾心神明。象帝之尊。惟虛故靈。出令而无所受令。百體守位稟令。皆吾天官也。神爲形役。淫其天虛。逐物外馳。由若行尸。然則如之何。曰。心與在腔子裏。小篆省作

絫累　華花　畫畫　孰孰　非排

气氣　函函

繼繼

心。其體微𡖋乃凡心也。非天心中正也

惢。如絫切。華之心也。象重重相弇。各各相佀形。噫。此眞太極畫文也。孰安非是。端嚴玅體。天衜无語。燦見物理

性。息正切。人心之生生命也。无性則亦无生矣。气質函性而生。非其所以生也。故气質不可謂性。字意从生从心。欲人反其初也。何謂初。繼善而在我也。本㸐之善。不與惡對。㸐則气

回　雷
㝵　得
責　責
作　作
羊　総
亣　終
叚　假

質今已不善。尚可回曰性善邪。曰。性本善也。自然而无為。其能善者气質也。而未必盡善也。其不善者。反性不是自如。性善固自若也。愚謂是當責心。心惟无主。反善成惡。心能作主。變惡為善。半惡則能感性。彊善則能復性。然則性亦不可襍气質而言與。曰。不可。凡言性者。就當人气質指其超然者也。叚借而言。則天生曰性。成于人曰習。子言之。繼之者善也。成之者性也。其本義也。性相近也。習相遠也。其借義也。人皆可以為堯舜。性同也。學而

夋俊　倍倍

見性不明。何以作聖。小篆从生在旁。其諸未
知帝降之旨乎

情，疾盈切。天眞發動也。性，吾心之天也。情，開
天之天也。从心，从青。非有取于青也。从青轉
注。欲，人反其元也。何也。人生而靜，天之性也。
感于物而動，性之欲也。乃所謂情也。人欲不
可謂之情。氣質妄以動也。是遁天倍情也。人
之爲言一。佀命无不善。性乃有不善。性无不
善。情乃有不善。則是體用二原也。今請就動
處驗之。性之動與是謂開天者德之氣質妄

賊賊　夭失　目舉　蓄畜　沈況

以動與昰謂開人者賊之。惟精可以復性。惟一而性定

悳

悳多則切。固有之善言也。吾受自上帝而天之。褻天也。天而不求復之。弃天也。求之而支離。鑿天也。直心爲悳。性命本來之正。學問易簡之功成昇矣。何以直。曰順天。請益。曰畏天

志

志隸通作志。職士切。心所主持也。人身大气目之。气動物也。光天一气。藏于坎宮。至靜而至剛。故能帥气而有定向。蓄其全力用之。从心从止。象深沈堅定之意。心君也。志帥也。人

𢿱敵
洟決

學要
齊齊
易易
槖槖
專專

欲吾敵。天德之賊。對不兩立。師惟堅忍。以𢿱
洟勝。敵乃可盡。超凡入聖在茲。吁。聖何少也。
曰。志大者希。漢祖唐宗。志在混同。設令偏安。
優含何遑。學術小成。慙負性靈。虛气非志。人
欲大熾。學學堯舜。必也如夷齊。一𢿱不易心

卍籀斬焉殊

志。心有所記也。雖專亦發用一耑。匪其定體
故从心有所之會意。不言記。反以志心。多記
彊記。言損心气。識因乎識。轉切旋隻。心有所
別也。多有謂知識也者。多有謂見識也者。鄣

閟間
默默
腜脾

从曰。知者必識，識者未必知，人慧一是亦可言識知乃心體之明，發乎天然，多識以資觸悟可。多識而闇闇于心，不可。其惟默識乎，是知也已。志與志字形變若毫氂，後之人以志爲志，別从戠聲爲識記字，又轉爲識見字。愚嘗原古人制字先後，始知从戠也者皆後人所作。俗書復从言作誌，支離甚矣，故特表章古文从闇心画。

意，於記切。心所願爲也。情有所向，主也。其藏于腜。何也。曰先天主腎，故志藏焉。後天主腜。

卍萬　酉酒　醩糟　囟顖　空孔

故意藏焉。志定而意未定。往來若經營矣。腕甹靜而喜温。起念不可多。多則擾。存想勿迫毋忘而已。故曰。緜緜若存。用之不勤。卍物藉土以生。卍事藉意以成。何以曰毋意。順帝之則也。何以曰誠意。去其鬼賊也。意之于心。不可見而象。言以達意也。故从言从心。因言以會其意。見意則可以忘言。若也惟言之爲泥。則是求酉于醩粕也。小篆从音作意。

恖息䜋切。繹理也。从心。人皆知之矣。从囟不可知。曰。此古人妙達造化也。人頂門骨空。自

絕 細 脉 億

囟至心。如絲相貫不絕。故制細字。从囟从糸。元神何宅。心爲之宅。元神何門。囟爲之門。此固神明往來通塞之機也。或問思曰睿。睿作聖。多思反以害心。何耶。曰。心有主。則爲近思。脈絡可尋也。心无主則爲游思。纏蔓靡息也。孟子謂心之官則思。必曰先立乎其大者。管子曰。思之思之。又重思之。思之不通。鬼神將通之。非鬼神之力也。精誠之極也

念。奴玷切。注意也。从今。何居。曰。古人教人了其眞妄也。人之念亦多矣。反而求之。非善既

往則想方來皆妄也惟見在者念之念所當念也此古人誠意正心之學也

忠它

忠知隆切竭誠也古文中心為忠最可以驗古人之實學凡人不忠者千病卍病只是一病曰務外而已矣如是豈有眞心忠者非也吾心本體自盡也心體眞切事事竭心力為之一實而千實卍實可以對越上帝

恕愛

恕商署切以心比心也取如心為意人之恕人不如其恕己切也責己不如其責人明也

涽活

此无也。人欲閒隔也。推㤅己之心以㤅人。反責人之心以責己。天理周流矣。此仁術之涽者也。程伯子謂充拓是去爲恕心。天地變化艸木蕃气象也

絫累

患

患。胡卝切。事絫心也。古人之意豈不曰患是患矣。人之通病。藥之則病已。顧有以理絫心。如飲藥以加病者。安有以曉之。故其制字。一中爲忠。二中謂之患。中。吾心體也。未中則精一以求中。中則順之而已。今也外求所謂中者而彊存之。與吾心之中而二。不知若爲執

箸著　睹睹　睍眼　眂視　𠷎疇　昜易　𢷎拔

持。其爲自纏自縛多矣。觀此可以知古人天
然之學

想

想息兩切。心有所欲而思也。物雖未至。已化
而爲物矣。字意从心从相。言有所箸也。或疑
人心緣境而出。目未睹物。境安从生。曰。此所
謂心有睍而內眂。內眂而敗者也。匪密察之
𠷎克自知

㥯

㥯憀恵切。隱惡也。惡之顯顯者。昜見亦還昜
除。从匸从心。伏而未發。根則難𢷎。故孔門以

脩慝爲學也。子曰。攻其惡。无攻人之惡。反躬自求。慝乃可脩

怨。於願切。憾也。怨生于不足。不足生于欲。過求而不足。小則怨人。大則怨天。甚哉其不安命也。从命。轉注。从心。謀心之濾也。而亦定心之濾也。小篆作〔篆〕。夗聲

叚假

慎。旹刃切。恆謹也。人心有叚者。脩之于昭昭。隸于冥冥。惟慎爲眞心。是故學在不欺闇室

乍作　収收

悚。筍勇切。起敬也。从心。从束。何也。人之不敬。放其心也。乍見所尊畏。則心収束。而三體爲

皃貌
𡿺平

悤憂
愢懼

緩緩

便便

㞢拘謹敬㞢天機也。字義若驚動皃。何也。曰。
从𡿺皆不敬也。暫而爲㞢。當无蒼黃乎。恆敬
則惟見其肅而已

愓汀歷切。敬而心動也。人敬以爲恆。則不敬
爲變常。不敬以爲恆。則敬爲變常。从心从昜。
㠯敬而昜其常度也。字意若有悤疑。何也。曰。
此愢夫不能敬。又㞢將迎也。比諸悚又異矣

懈古隘切。舒緩也。敬主于嚴。人心少自寬解。
則怠惰放肆至矣。故曰。懈意一㞢便是自暴

自弃古人不取既放而戒于將放謹出于幾也裁覺放下卽舉提起戒慎恐懼至矣

懿懿　醇醇

懿

懿乙冀切醇美也从心从壹精誠内積悳美而无迹温乎其可卽小篆作懿壹聲愚故特表古文以闡心画

恖思

憧

憧尺容切游恖也所見者小逐物擾擾古人斷爲童心所以儆世也

褱懷

恧

恧女六切愧怯也生于气餒制字者畫出其情从而从心髟晉而心褱慙也恧本出于羞

忝天　忝終　烾赤　吝透

惡之心。不爲不義。氣將浩然。今乃不能充類
是其心畏人知也。非欲自艾也

忝。汀點切。貽辱也。古文从天从心。亏心學上
畫出也。仁人之事天也。如事親矣。全而生之。
必也全而歸之。是故常恐不肖以忝所生。此
忝曰對越在天之學也

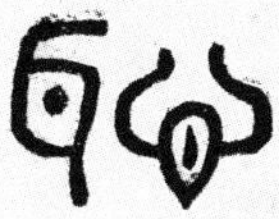

恥。敕里切。羞惡也。从心从耳。耆何。天機所觸
也。人有不善。不自覺知。一聞人言。動其天機
氣憤盈盈。面赤汗浹。此心何心。義之激烈。擴
而充之。一吝己徹

卹恤

恩

恩。烏棍切。悳惠也。从因从心。取報悳為意。父母之我恩莫大焉。因心之懸自不容已。詩云。欲報之悳昊天罔極。此古人制字之義也。諺云。受人恩而忍負之者。其為子必不孝。其為臣必不忠

慇

慇。明頻切。痛卹也。制字者。以母恩子之意。示人以惻怛至情也。大學以誠意為關紐。故其釋治國曰。如保赤子。心誠求之。雖不中不遠矣。未有學養子而後嫁者也。何故養子不學

鞹軌
澼泝

攴扑
絕絕

冖雲
冡蒙

而能惟其有是眞心也心一不眞已事悉爲
虛文㾾痾瘯痛豈復關于吾身□譌而爲
□字之末矣也小篆作□敯省而爲敃
鞹澼其原以求古人之心畫哉

敯

敯冥頑也其形人也濁氣曼其心也蟲獸一侶
禽罵獸亦不善者也从昏从攴聖人不輕絕
人而之人也故自絕末如之何因義轉與昏
同敯山諧此是聲亦隸昏意山高而霿常冡
其上也省攵作岷民凡諧敯聲者徃徃省攴而
改氏从民進退无據曷不諧民爲聲乎

泝濟　自暋　㖞喚　𡍬醒　弔弔　㤅愛　夭失　揺遷

忞。自暋也。其人非眞下愚也。彊明過人。不用之于善而反以泝惡。矢其不善爲善自欺而欺人。是故其惪爲天殺自于大愚字意直誅其心也。亦以喚醒其心也。書曰。其在受惪忞。今文作敃。崏山亦稱汶山。與汶水混。昬文有二聲。乃从忞省。不自知其非也。閔从文昬意昬聲。亦當諧忞。謂弔者在門哀痛急遽也

好。許到切。㤅樂也。古語。仁之難成久矣。人人失其所好。因物有遷也。母之于子。其心好之。

說悅　羞羞　衺邪　㗊壅　眂視　𤰈專　皃貌

不啻若己。昰乃天性固結。不可解亍心者也。古文取从會意。譪然可愛。好之則惟見其善。因而爲美。好之好。許晧切。母譌而从丑。義不可通。小篆改而从女。是以色爲說也。觀亍古今心画。天人判矣

醜。齒久切。可羞也。惡之類也。象兩人衺其心。各爲㗊蔽之意。欺人不知也。不知人之眂之。固已洞見肝膽。不自覺羞。人反爲之羞其心已然也。小篆作。𤰈象皃惡也。別从鬼作

肯前　變亂　差易　慘

忌渠記切。妒肯也。毋諱也者天下爲公也。疾人之勝己。護己之不若而人其禍不變天下不止。只是成就一个己私而已。从己从心。敍其齊皆之病也。因音義俗爲忌諱之忌。又俗爲敬忌之忌。此心轉移。豪釐之差而天壤易处矣

忍而軫切。慘刻少恩也。不忍則毋之其心溫溫。忍則果于殺心冷若鐵。故从心上夻刃爲

眾衆　賷責　點點　破破　於嗚　虖呼

意言其害人也亦能自害也自賤忍惱而爲彊忍因彊忍惱爲容忍馴入于誶矣

忘武方切遺忽也義理固有豈容遺忘乃吾心不在也操之則存衆誶畢陳古人隨事儆覺人心

態汀代切情狀多變也小有才所使也明眥眡之一侶傀儡而顧自喜字意賷其矜能點破其心也書曰作僞心勞日拙孟子言之巧言令色鮮矣仁於虖一點天眞忍飾如許埃塵

檢 散　收 收　懇 懇　疏 踈　鈍 鈌　庯 漏

憲許建切。縣灋示人也。从害省。轉注。觀于灋象。使人曉然知不罹之害。接于目。怵然有儆于心。凜乎不可犯也。引而申之。取灋亦謂之憲

愆去虔切。過也。从衍从心。人心寬和。豈曰不美。少有檢斂過由是生。古之人。以嚴恭寅畏爲主。惟恐其心易放而難收也

恮此緣切。周謹也。慎密者。其心完。懇到也。疏略者。其心鈍鏬。庯也。从心从全。其使民以忠

㣿彼

乎

怒。乃故切。有所拂逆也。凡怒者必盛气。自譎則昰。譎人則非。古之人。克己以懲忿。故从心从二凶。㣿觸吾怒在㣿固凶。吾不能容在我亦凶。怨气劇若炎火。以此反躬。則昰沃之以清冷之水。忽不知其消亡矣。小篆改作𢘓。从心。奴聲。葢未達古人之心學也

感。古坎切。天機觸動也。从心从咸。交相感也。人與天地凡物同體。非兩何以為感。非一何

宗寂　霩廓　艆朗　畱留　猒厭　絫累

以能感。感之亏宗。主宗而感客。學者當大其
天根

應於正切。天機相通。不疾而速也。亦嘗反求
我心。應物无迹。了不見一物。當復有物礙之。
何也。曰。心體未空也。聖心恆空。霩艆而發於
明。是故有感斯有應。如鑑无塵。物來則照。物
過不畱。空恆自若也。應或喜動。猒動。何也。曰。
是皆塵心也。物本不能絫心。心自生絫耳。弗
磨曷明。弗明曷定。从心。雁聲。應所當應則為
應於陵切。其義當也。又料度之詞

豋登　徦彼　拃外

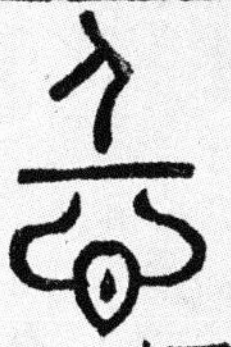

恆胡豋切常惪也天地有常而人心无常與天地不相佀天地誠一不貳人有妄自貳㞢也貳則閒斷多矣其亏接續也亦難矣从人一心爲聖人㞢惪㞢純也至誠无息也古文亏心學上畫出後㞢人譌爲千心謂仁也公則曰此仁㞢重文也因廢不用小篆别作亙作徦此假拃易稱恆襍而不猒何也曰事也无常而心有常猒則不一㞢亏心反二亏物矣

凹曲 ○圓 昜陽 敵敵 鄷鄧 埶勢 絶絶 舟舟

亙

亙。月上弦也。詩云。如月之亙。朏也。凹若鉤。望也。○若輪。惟弦一佀半壁。見乎天之心。字意宛然如畫。月而微也。弗可以代明。盛也。與太昜體敵。皆匪常也。曰。全而月半。乃理之常。下弦滿而招損。豈若上弦謙以受益。亦理之常也。弦則直以長。轉古鄷切。其義延衺也。竟也。偏也。詩釋文。如月之亙。下鄷反。非。亙之秬秠。古鄷反爲是。弦則埶張以急。轉古登切。別从糸从亙。大弦絚。皆小弦絶。是故居上不可以不寬也。小篆亙譌而从舟。說皆謬取

厈岸　譌訛　廟廟　𤔔亂　涵洗　緩緩

自覓兩厈爲義。古人之心亘隱矣。俗書古豈切，沓作亘。胡豈切，沓作恒。亘因回而誤，于譌之中，復有譌焉。易卦作恒，雖俗書亦无有也。宋人避廟諱，闕下画，作恂，爲字不成。恂復譌而爲恒，于兲之中又有兲焉。於虖！字體𤔔變至此，安見同文之一。涵其安

收，詩周切。秋气斂肅也。其在人則約其放心也。从又从丩。取拘急之意。易气寬舒，己物以生，其過也楸緩。金气嚴急，夫豈不清高，而物不生矣。雖然，易生之，匪金止之，易不能復生。

𠂤階
靈廓

人知貞下起元而未知反本還元。以秋殺爲之歐除也。人心私欲塡滿。不一摧自靈淸之。鞭辟近裏且弗能。矧退藏于密邪。攴之則去聲。曰。井攴勿懥。小篆从攴作𢼸非

放

放。妃罔切。依也。後覺效先覺也。从方。學爲方術也。从攴。因敎太類也。放爲淒縛。久之是瀍外意。則肴開大之義。因借爲放乎三海之放。其妄自張大。則轉爲放誕之放乎諒切。言乎心蕩也。子言心操則存。舍則亡。出入无皆。莫知其鄉。是知放固由己。攴亦由己。裁覺放去。

回 囬 顉 頻 鄣 孰

謖舁奴回。顉顉提撕。夂屮自鄣。又俗爲釋放屮放。流放屮放

勹。今通用包。布交切。裹也。天勹乎地。逌體皆天也。在人身勹其心。非有外裹。則无神无所宅。除卻形。内外一天也。故其字从天〇而變。象人腹中屮形。虛其中。者。亏宙在我度内。楸屮則彌六合。卷屮不盈分。其𡿺只在慎獨

腹 腹

褱 懷 旻 得 气 氣

包。褱妊也。从勹从巳。象旻老昜屮气變化而未成。一天地混沌。欲分未分旹也。蓋夂屮而

皮皮　昜易　扇漏

造化全。始離母腹。詩云。哀哀父母。生我劬勞。胎衣亦謂之包。諺呼混沌皮。玅者至理。俗書通用胞非。胞从肉。記曰。胞者肉吏之賤者也。別作庖

茍

茍己力切。行之亟也。人之不力于善。昜易于言也。其心多鑠。而昜丕也。自欺欺人。恆由此作。制字者从善省。轉注口。在勹中。塞兌以固善根。心无窮扇。眞積力久。始于固守。成若固有。因轉爲古至切。誠能也。儀禮茍敬。盤銘茍日新。皆取誠義。小篆省文作茍。遂譌爲

烝平　畀具　𨇊跡　鈌鈇　皃貌

苟。苟乃艸率也。从艸句聲。與茍音同而義反

葡　烝祕切。先事而畀也。从茍轉注以用。周密之至也。是故无事恒謹嚴。有事則整且暇。其用心𨇊審。事至而後圖之。无及于事矣。葡則圖鈌。故其義又爲完全也

敬　居慶切。主一也。古人聚精會神之學也。天君尊極。凡仙職職。皃而敬審。彊捉于外也。其中窾糯發。將不能自持。口云云敬審。其行必惰。空言胡能勝實惡。若何而致力躳。曰。勿忘勿

沈沉 星醒 𤔔亂 㡭絕

它它

活活 死死 卩節

助長。從容也者。敎之以勿忘也。緩則无功。栽覺昏沉。速自喚醒。栽覺散亂。速自絕斷。從久也者。敎之以勿助長也。急則拘迫。匈中有物。若或礙之。血氣且弗舒。胡以能久。心吾形之主也。敬者非它。吾心自爲主也。何待別借一心。來治此心。雖畏勿畏。雖休勿休。緜緜若存。天德周流。心是以常活而毋死。欲求節度者取此。悚爲起敬。戒爲持敬。畏爲克敬。肅爲嚴敬。穆爲玄敬。欽爲聖敬。一敬德之之韓淺深也。茲惟聖學淵原。觀古人之心畫。則知其心

學矣

肅

肅息逐切。嚴敬也。靜而密也。从ヨ持丨主一之功。肅戒以神明厥悳也。从㗊敬悳之功淵。不啻惟己之聲靜。人聲亦靜也。詩云。奏假无言。旹靡有爭。穆如者温。肅如秋清。三旹之气備矣。小篆作肅

六書精藴弟三

蘇州全書

甲編

《蘇州全書》編纂出版委員會 編

·六書精蘊

蘇州大學出版社
古吳軒出版社

六書精蘊弟三　中篇

身	頁	願	𡿺
㐆	頸	煩	靣
體	豫	印	色
𦣻	類	囟	皃
県	煩	巤	額

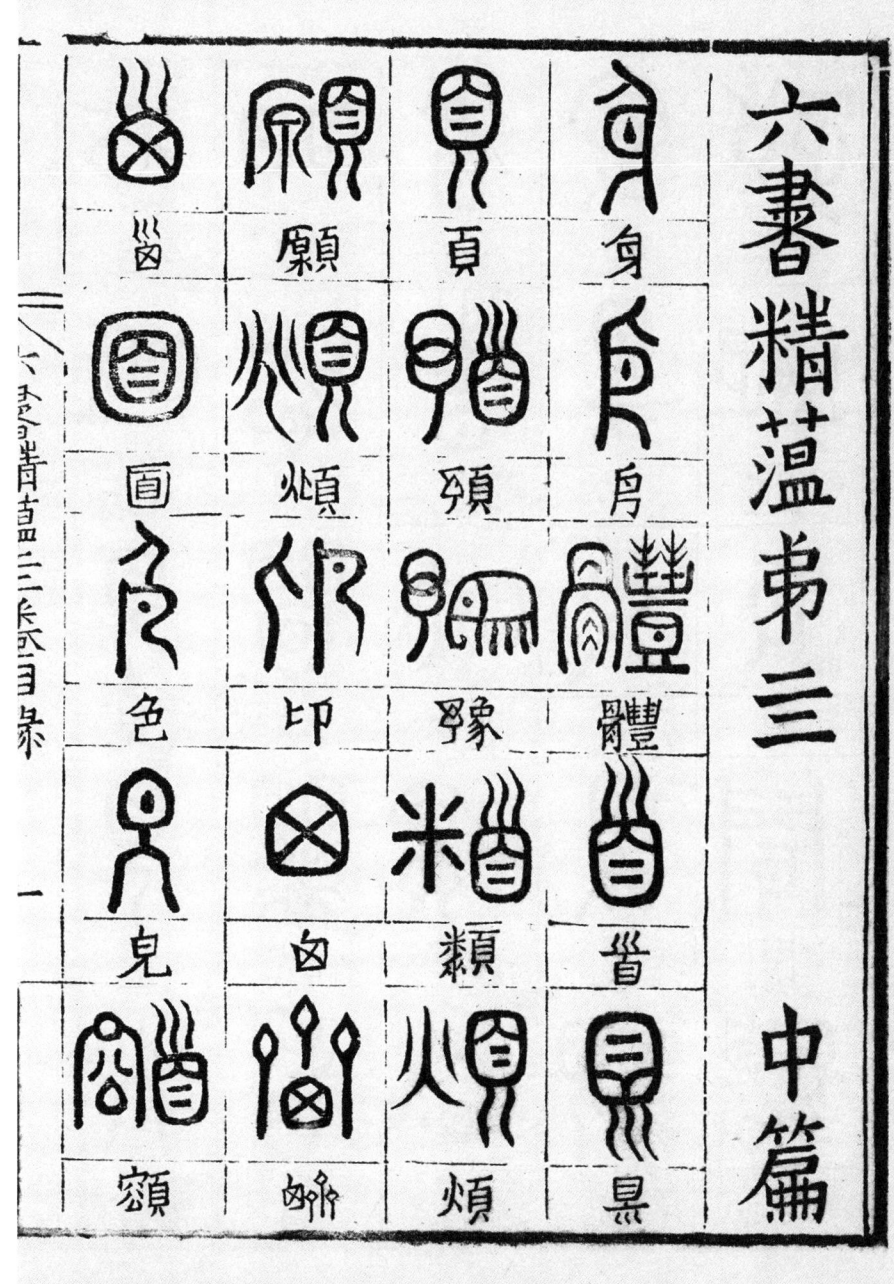

目	䀠	省	曼	疏
眡	⿱䀠心	眚	⿱目叏	⿰囟疋
見	眩	⿰目朩	夭	⿸目乀
⿱目乚	⿰目类	瞑	⿱目夂	⿵門目
瞽	看	冒	親	聽

⿰𦣝囟	⿱𦣝⿰𦣝𦣝	合	吪	咸
⿰𦣝火	自	唇	咳	甘
⿰𦣝又	息	命	哀	旨
⿱⺮𦣝	口	令	問	昆
⿰𦣝𦣝	凵	号	周	吅

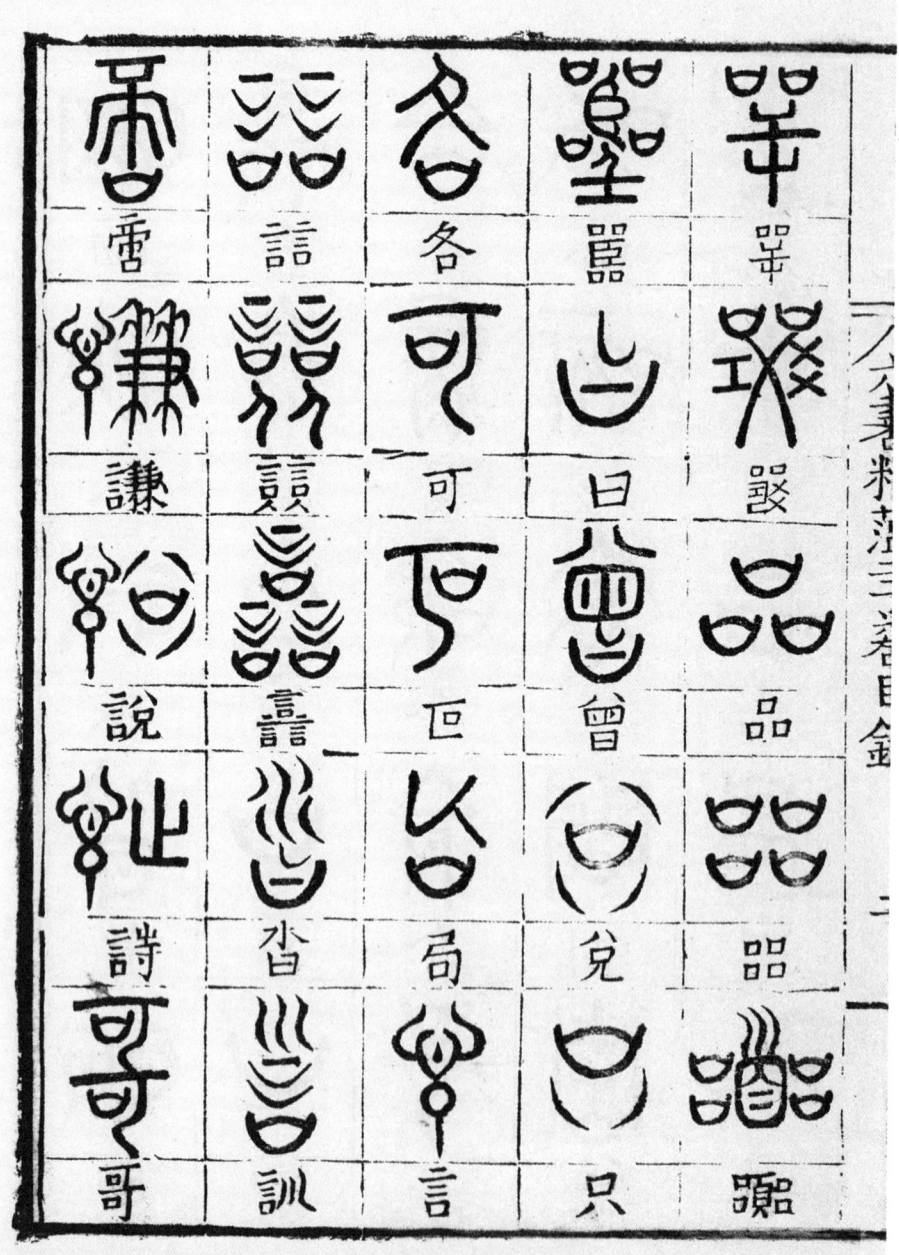

咢　[illegible]　品　㗊　嚻

噩　曰　曾　兌　只

各　可　叵　咼　言

誩　[illegible]　譶　沓　訓

舌　謙　說　詩　哥

音
竟
章
匂
肉

商
詹
啇
卪
齒

与
舌
恬
西
佰

圅
嚞
㕣
吝
嗌

亢
欠
歎
喜
欽

欲	亏	乃	秝	手
次	吹	哉	[illegible]	共
羨	兮	髮	肩	拜
丂	乎	髦	克	[illegible]
𠀀	四	眉	亦	握

攝　操　揖　擣　搯

搖　拙　巧　損　益

丮　厈　夙　鬥　鬭

閱　埶　埶　又　夂

否　左　度　寸　尺

丈	𦥑	爭	丞	舁
汏	𢍏	乘	𡍮	興
叉	冓	受	变	尹
叉	𠬞	授	寏	聿
求	殳	受	舁	書

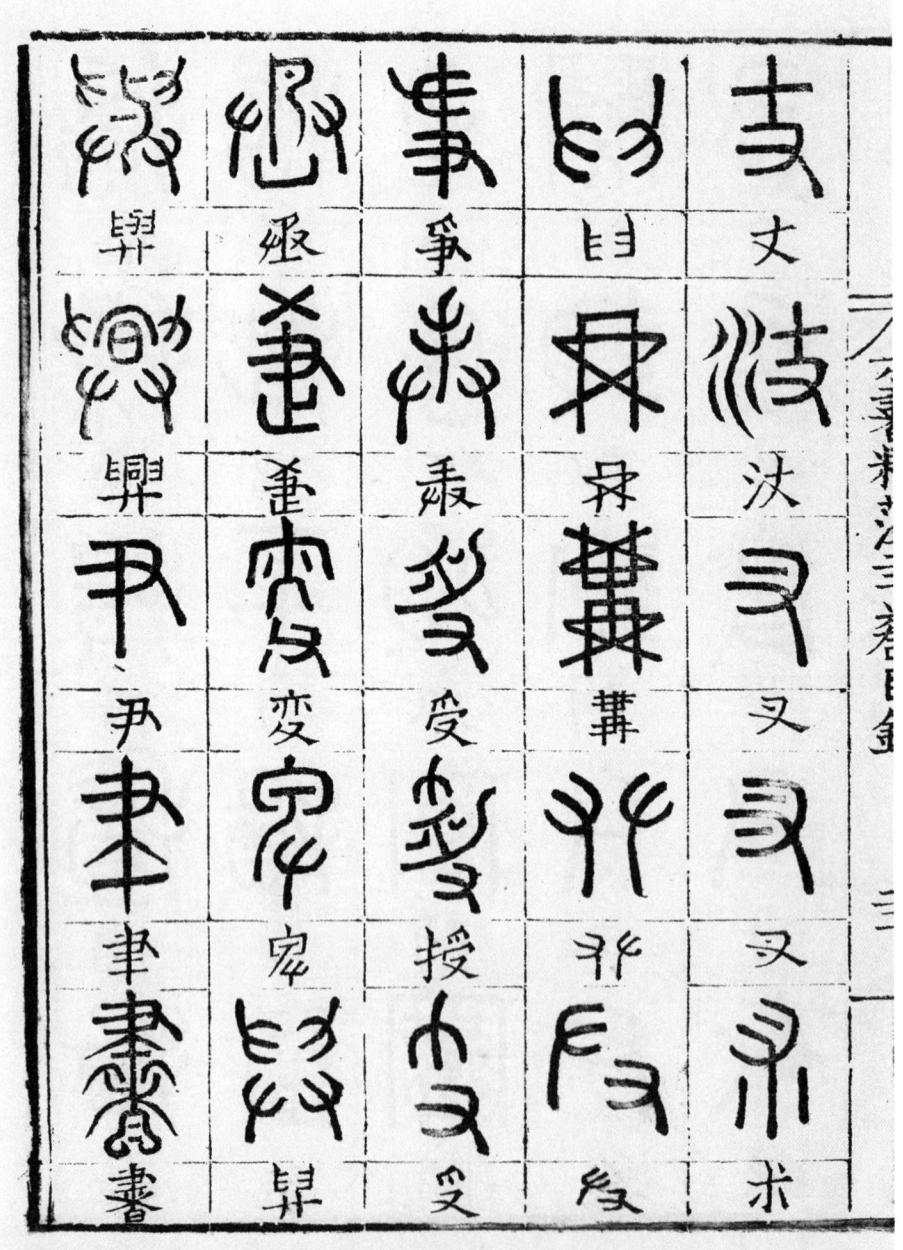

籒 籍 冊 典 侖

𦘒 丯 㓞 紙 史

事 反 㞑 力 劬

勞 筋 肋 腹 奚

交 㒓 坐 呂 躳

乳	足	疋	止	㞢
歨	𣥠	𡴘	𡶈	𩕄
𣦻	鼻	踐	蹻	跪
𡚴	走	𡕒	夊	処
夂	變	夊	夂	夆

六書精蘊三卷目錄

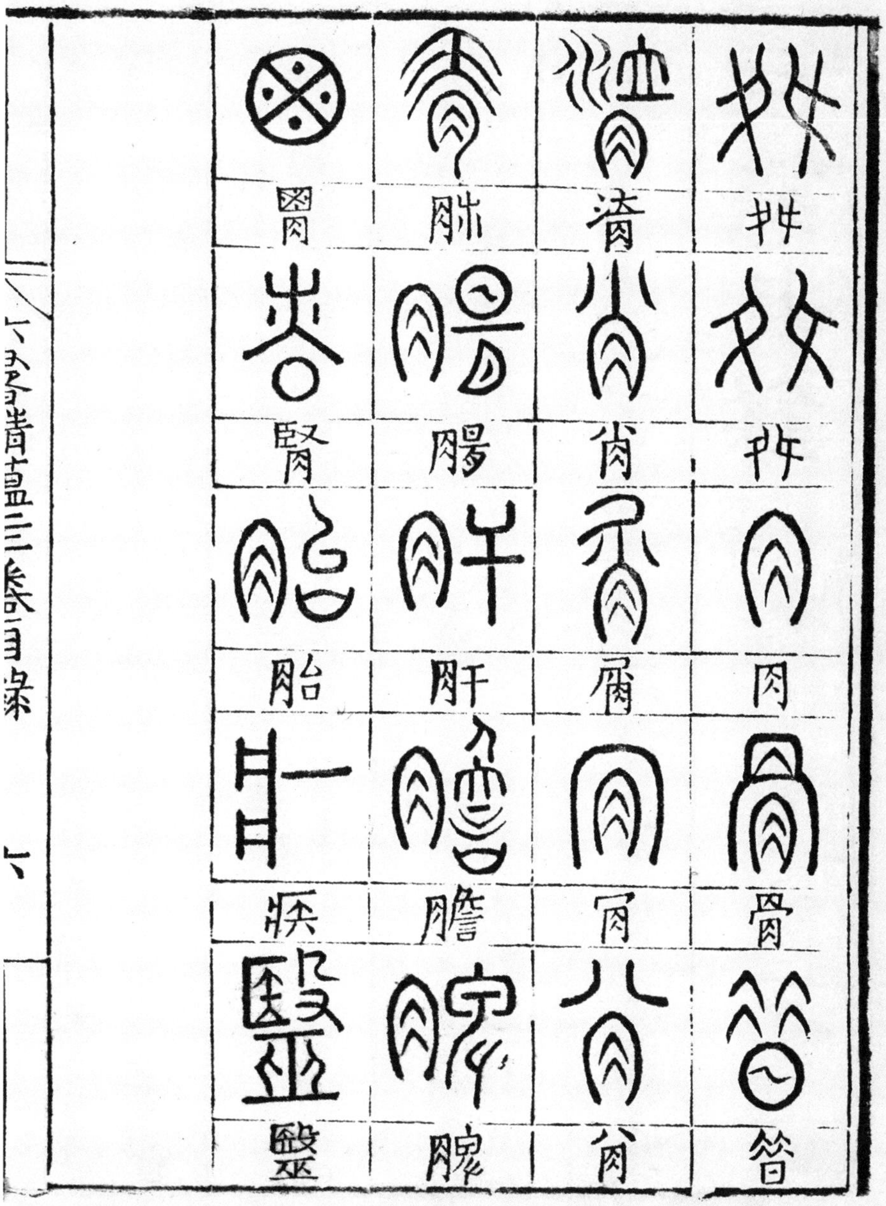

奻 妏 肉 胄 昝
脊 肖 ⿱氏肉 肎 ⿱八肉
脈 腸 肝 膽 腕
胃 腎 胎 脥 毉
六書精蘊三卷目錄
六

三卷目錄畢

业俗之亏也内共𠬞弆常者復从敝䬳撕
佗宇也人恭大尊裳者復從散邪撥

六書精薀弟三　中篇

身　身。室人切。人之區亏也。各一乾坤也。中象其心。身之主宰也。魏魏宮廷。主翁弗靈。亦何貴矣。外象檢束形。陸敬曰。彊矣。安肆曰。偸矣。

共　象中正形。足重而手共也。

弆　象尊嚴形。上衣而下常也。古之欲明明德于天下國家者。自身始。脩身自正心始。此聖學之統宗也。乃復从誠意致知格物始。反若敝而无統。何䬳曰。此乃就盡处提撕起处教人。聖學弟

一義也。若何格物。曰。知本哉。若何知本。曰。光太乎其大者

太立 乎手 衜道 卍萬 葡備 亏于 㝵得 昜易 丗舞

㐆

㐆。於幾切。反身歸衜也。从身而轉㞢。卍物皆葡亏我矣。若无吾身。衜在何処。若匪行衜。又安用身。今曰反身歸衜。是毋衜自衜。我自我躬。曰。正爲身不離衜也。人各是身也。則昜从私。私則叛衜。㐆也者。背吾人欲。優其天也。

殷

字从此爲毋。狀而衡轉其身。因取中義盛義

豊禮　皃貌　○圓 囟顖　頌容 尊尊 傻便

體

體汀禮切。人之全身也，而各有分屬。从骨。豊之幹也。是以能有立。从豊，所以因肌膚之會。筋骸之束也。因全體義，故為體用之體。本體常在而應用者有岩。體用一原也。體之則為體仁之體。體皃。體驗。皆身為之也

首

首書九切。人之○囟。从象天者也。其上象髮。其下象面之形。頂骨曰天靈蓋。項曰天柱。頭頌直應天之尊也。少有敧傻，與天不相侶應。有首从。轉為自首之首。去聲。省文作 首

乑垂　奴死　湣活　憯慘　譌訛　吁吁　丗世　庚庚　畱留　拜拜

県。胡涓切。垂死也。象倒𦣻。命在須臾。不急救解之。不可復活矣。甚言虐政之苦也。古人慘。恒之心也。小篆譌以爲梟。吁。不仁哉。刳古无是刑也。縣字从此爲母。以繩掛物也。別作懸。非。後世郡縣之縣。自當用寰。乃僭用縣。習而不察也。以義而求之。惻然不能頃刻安矣。雖然。後世每以狼牧羊。民之倒県也亦多矣

頁。庚禮切。留止也。周禮九拜。控𦣻頓𦣻頁𦣻相因。控𦣻。𦣻至手也。頓𦣻。𦣻至地而舉也。頁

共恭
甲甲
頫俯
垂垂
亏于
汩汩

首至地而遲留之以爲共也臣拜君則若是故曰非天子寡君无所頁首太宰成王頁首于伊尹周公則弟子事師禮也从百从八象首頫伏纓垂拂地也或作䭫从首旨聲或作䭫从首卟聲因而轉卟爲占傳寫既久復譌爲稽遂不可訓因譌生譌卟古卟疑亦通用稽于義何居說文譌古䭫首如此復訓爲頭自汩本義孫氏定其讀爲胡結切不知乃頁之轉聲也人下其首則項直上其首則亢直因轉爲頁亢義小篆別作頡頏

散敢　也它　孚予　邪邪　佔作　回雷　嬰要　閒間

頍芊茹切。散爲天下光也。事未至而迎㞢也。出伭而干也人事也。从孚从首會意。與易天悳不可爲首相反。勝心所使。知進而不知退以此。首譌从頁。頍。豫。與三音相同。用多相通

豫。和樂也。孚聲。矣。象何取義。邪曰。取佔樂以象悳也。易曰。回出地奮。豫。先王以佔樂崇悳殷薦㞢上帝以配祖考。樂㞢過。溺亏宴安。則爲逸豫㞢豫。安不可以忘危。因而爲蒱豫㞢豫。古人制字。與畫卦同。取義无窮。可樂而玩嬰㞢只在此心轉移閒也。偤而爲猶豫㞢豫。

𧒒獸　昜易　洩決　气氣　米辨　𦐇凰　卍萬　卬仰　衺表

萬㞢多疑者也。人㞢多疑者。復俗用㞢豫。亦自有遲疑㞢意。樂易耽也。耽則戀戀不能自洩引去矣

類

類。勿遂切。種各肖侶也。同气自相求也。字意明分殊而理一。从米分殊也。从首大一統也。未達曰。今夫鳥各以其類相从。𦐇飛羣鳥从从卍數。𦐇羽虫㞢首也。聖人卍物㞢首也。佗則卍物咸卬㞢矣。後㞢人復加从以豕佗。

類豕譌而从豕。則又改豕从犬。愚故特表

章古文

燥躁　熏熏

煩符艱切。燥火也。心與𩠐相應者也。天气清明。𩠐象天也。心燥動則火上炎。濁气熏烝亐𩠐。𩠐為㞢怫鬱。制字者欲人清其心也

旻得　眂視　叀專

譱善　恖思　𦦗舜

願虞怨切。心所欲旻也。眂欲為深且叀。願亐外。蠢人欲也。惟天理為性㞢欲。乃人本心。从原。𢽽人反求其本也。欲其可欲㞢譱也。而从頁。何也。心求旻㞢煩。𩠐以亭恖。字意與𦦗命

𤰞 卑　𠂒 兆　泲 濟　𩵋 魚　㠯 舉　臤 賢　卩 節　𠬜 攀

禹敬脩其可顯同否則貪也已矣否則癡也
已矣

順斐古切𤰞首也制字者取于君之親民故
从頁从𠂒天之𠂒君也豈其使一人尢欮于
民上自𤰞而親𠂒民天衛之下泲也書曰民
可近不可下民惟粑本本固粑寍

卬𩵋兩切㠯首也取敬臤之意从卩从人反
身大卩不可𠬜瞻望而欲企及之也詩云高
山卬止景行行止卬之則爲卬𩵋向切一聲
而宛轉之也人㠯首則高轉而爲五剛切同

偺借　兲失　囟顖　𦜝臍　内納　倶俱　玅妙　腹腹　歙吸　默默

意相受也。偺為自稱。卬與吾我。聲相通也。俗書从人作仰。从日作昂。皆因迷兲厥義也

囟息進切。頂門也。是神明升降之衛也。兒在母胎。諸竅尚閉。惟𦜝内气。則囟為之通气。骨獨未合。既生則諸竅倶開。口鼻内气。尾閭為之泄气。囟乃漸合。此為天蓋。尤不可不完密也。古人𡭊字。从囟為母。可謂玅達吾身之造化矣

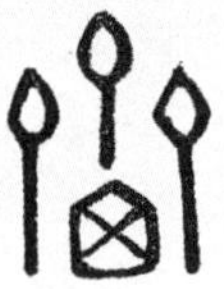

𦜝徂兮切。命蔕也。从囟。亝聲。兒居母腹中。諸竅尚閉。惟以𦜝歙與囟相通。混沌气象。可默

㫐胞　肉肉　𡿺腦

識矣。既生尚屬于包。斷之而後離，故曰生之鄉下。一體而分。喘息歔歙，气通于親。噫意。人亦何忍而忘父母之恩乎。包譌而从肉，是知後天弗知有光天矣

𡿺奴晧切。頂心也。其上之骨爲天靈蓋，百會穴在焉。是能翕一身之气者也。觀此可以知天德之健。中爲髓海，與周身骨髓相通。人之天池也。觀此可以知山上有澤咸矣。象囟與髮形

歬前 囗方 半丰 百首 吁呼 侌陰 昜陽 气氣 ⿰木㫐根 說悅 ⿱田介界

面。彌薦切。顔歬也。其大盈尺。天地具體。一身之精神萃焉。象囗大半彩之形。从百而加詳。象骨格開張也。吁面也。聲若進以歬。吁背也。聲若還以後。一侌一昜。天然而然

色。所力切。顔气也。⿰木㫐于心而生。从人从卩。發各中卩也。論語正顔色。斯近信矣。何以正由中出也。聖臤心學相卬也。盈天地之閒。凡可見者皆色也。目睹而心說之。因僭為色。欲之色心无所染。見如不見。色⿱田介不太衜體自見

萁莫　皿血　王玉　共恭　㸐然　尊尊

皃

皃。莫教切。精气之凝也。皃亏五行屬水。非皿色不華矣。从人上白。象其王色。取清和潤澤之意也。又事皃曰共，共作肅者。學以靜爲主，苟不至悳至衜不凝也

頌

頌。余風切。盛悳之儀也。居移气，養移體，發乎自㸐也。足頌重，手頌共。目頌端，口頌止，聲頌靜。頭頌直，气頌肅。太頌悳，色頌莊。獨从首者，頭最尊也。諧容爲聲。小篆省文作頌。轉爲雅頌之頌。似用切。頌也者，美盛悳之形頌，以其成功告亏神明也。无其實而虛美之，矯誣

睂眉　㪚散　圅函　灮光

其祖。將誰欺欺天乎。俗書不知須之本義。混而用容

目。莫六切。眡之竅也。上象眉。下象眶睫。中象其睛。目童子也。心之神明。發見乎目。人之日月也。開竅乎肝。故能㪚越睛出乎腎。故內景而圅外象。然必待火日而後灮育神乎暗也。

別作小篆作目

眡

眡。諸指、神示二切。用目之力也。从目从氏。目灮所到。即心之神灮所到也。經傳眡皆作視。

叜更　昆艮　庯漏　𢇍絶　緫總　奴收

葢爲隸書所叜。惟周禮眡用本字

見。古電切。目炎所照也。从人从目。主之者心也。使其形者也。心反爲目使。我非夫矣。見之則爲見。形電切。顯也

昆。古悍切。止也。人之放其心。諸竅皆能庯泄。昆者。𢇍斷之也。何獨取于反見。曰。目乃庯泄之緫。人心緣境出入。非目則境不成。欲求放心。必自其目奴攝之。神炎順則外馳。反則內

䏶朕　聰聰　攝遷

照。故曰。其機在目。此古人天視之學也

[illegible]

瞽。公戶切。目有䏶无明也。象其形。爲廢人。觀于師冕之見。可以知聖人憯怛之心矣。學者能全體之。庶幾隱。事觸發。目廢則耳獨聰。光王用之以備聲。昰故天下无弃人也。小篆作

瞽

[illegible]

䀠。其遇切。目怵而儆于心也。內光有主也。其无主者。見物而攝矣。乃始爲之戒懼而遷矣

喪　品 累　幻　包

从两目。象周顧之意。其从隹作矔者。目驚動也。神喪其守。芒然自失。兩目皇皇。若突而出。故託雁隼顧眡靡定爲意。詩良士瞿瞿。當作䀠。叓懼然自失。當作瞿。俗書混用。非

䀠驚恐也。䀠出于无心。其發也爲天機。而其神品。䀠出于有心。則不免爲人爲。其神也怯。譱用之。則與䀠同。而其神定。䀠所當䀠也。神撽則虛怯。神聚則氣自充。俗書作懼。非

眩。黃絢切。目幻也。神定眡自清。鑑空照物。各還定形。从䀠而包。其眸子。反著因眡而喪神

徃往　菲乖　佷很　慢慢　犿終　拨抉　目手舉

守。何也。曰内外合一。目力太窮。神與俱徃。虚空之華。眞境成妄。小篆作瞎。古。文精妙矣

睽

睽。苦圭切。菲異也。是之于疑心。乃取怒目不正相眂爲意。从目。癸聲。何也。曰此徵于色也。猜疑已甚。佷慢隨之矣。睽犿不可復合與。曰。一蔽既徹。衆疑自亾。誰能手拨浮翳開東明乎。微斯人。吾誰與歸。小篆作睽

看

看。區幹切。遠眺也。目手而加于自。恐楸其明也。只此可以知聚精會神之學。看之則爲看。

閒間　庯漏　嵒專　也它

苦寒切。守眡也

省所䀎切。減少也。人心多事。自為㞢使。亦嘗反觀乎。一曰㞢閒。不當眡而眡。何可勝既哉。从少从目。清心无為㞢機也。俗為禁省㞢省。戒毋庯言也。目省則其心也専。轉為省察㞢省。息井切

眚音與省同。目病生翳也。从目从生。眚何。曰。目本不受一物。翳乃目自生。非也物能障目。

點點　箸著　垂垂　𡙇倦　啚畫　卧臥

目自障也。只此可以爲點目神方矣。人心太虛。不箸一物。故能宰己物。而乃障蔽重重。豈非心自害䏁。俗爲眥。裁出眥

睡

睡。是僞切。坐寐也。从𠂹目爲意。美惡不嫌亐同。體或𡙇勤。暫蟄其神。可也。啚不能精。卽安爲恆。不可也

瞑

瞑。莫延切。卧寐也。寐光閉心而後閉目。从目从冥。心入亐至靜也。古人因事設敎也。俗書

冃帽　毒玳　墨墨　猒厭　冡蒙　星醒　嫛要

从眂。非。轉為瞢。迴切。亦取閉目之義

冐。莫報切。貪昧也。冥煚而行也。从冃从目會意。自蔽其明也。轉讀若昧。昏昏如行夜中。與无目同。因聲借為毒瑁之冐。又轉讀若墨。黷貨无猒。冡犯禮瀆也

曼。謨官切。面欺也。从又从冐。弇人使不見也。此謀其心也。亦星其心也。十目所眂。汝手還能盡弇之貌。諺云。若嫛不知。除非莫為。又云。目心動念。天地皆知。俗借用瞞。目翳不明也。

別从言作謾，聞文也。轉爲莫半切，詐且自欺也。遙不可見也。以无名故相牽引也。究竟之則无

㝵得

㝵多則切。从見从又。㝵何。目力所及，虛猶未實。執之在手，乃爲己有。勉人知行合一也。小篆作

失失　𢇍縱

失式質切。拔手而物脫也。執而守之，乃爲我㝵。𢇍而弗拘，雖㝵之，旋失之。从手从乀，指其

人扑　默默　嘑呼　恩思　甚慕

所脫也。古人儆世㞢意深矣

旻火劣切。督察也。从又持人。目其不率教者。口雖不言。意默以傳。敻字从此。乾營切。勤教也。會口嘑曰察爲意。俗爲營求也。轉嘑正切。深遠㞢意。教思无窮也

親七人切。天屬也。骨肉同气也。父母曰至親。九族通曰親。字意从見从亲。何也。曰。人情數見不鮮。見則歡欣。久而若新。不見則思甚。不能已已。惟骨肉爲然。此最可體天真也

疋雅 縩緩 旬胞 㤅愛 歺死 蠲烹 蠲煮 細細 囟窗

疏

疏。山徂切。不㦯也。从疋取舒縩之意。从㐬。由
親而疏。所以明一本而分殊也。自乾父坤母
言之。民昇同旬。誰則疏遠。自吾父母言之。骨
肉自相㤅。親親而殺之。漸遠以疏。猶系弗忍
㭊也。當㦯而疏。骨肉非離。心胡以歺。利欲蠲
蠲。俗書作踈非。从足亦非

𤴯

𤴯。闊略也。人心恢恢者。豁達而多廓。細謹者。
斤斤而少通是矣也。常半。克廣悳心而勤小
物者。難乎其全矣。从疏轉注爲𤴯。象囟標之
形。密則塞。𤴯則通。物之恒情也。俗書疏𤴯混

用非从㐬也者。為疏遠。从囱也者。為窗通

𩫖郭　灻赤　聦聰

耳

耳。而止切。聽之竅也。外象輪廓。中象竅之虛其中・者。聽宮之珠也。大如灻豆。與目睛同賢。開竅于耳。惟虛故能傳聲。然非有精內凝則亦无以為聦之主矣。借為語詞。而已之合也

聞

聞。无分切。自耳而通于心也。心之致用在耳目。未有耳目陋而心廣者。从耳从門者何。曰。

靈聰廓　叙收　韧栔　壬挺　壹懿　𦔻抑

此教人開廣囟襟也。闢其三門。用天下之耳爲吾耳。靈聰焚天下一家也

聽

聽。汀定切。用耳之力也。人之外誘接于目爲多。焚不若耳之入人深也。其益于人也亦焚何也。眡楸而聽叙也。古人訬韧是理。其制聽字。从耳从壬从悳。耳乞一提。則所聽皆悳貌耳爲主。心爲之主也

聦

聦。倉紅切。聽之懿悳也。从耳从囪。虛而能通也。聦悳在耳。耳𦔻在心乎。曰。只是一理。从此廣

熱熱
臥臥
予予

大匈襟流出在耳則曰聦。在目則曰明耳

耿

耿。古杏切。不寐而耳微熱也。人之臥。由目與心。人皆曰予既知之矣。詎知亦由乎耳乎。从耳从火。此洞識吾身之造化者也。臥而目翕。心苟無事。寐自隨之。有事在心。則形雖無交聲。尚有感。心中微火一路與耳相通。若爲所苦者。知此則轉移收攝之機。盡在我矣。僭爲耿介之耿。則有大義

𩕄舜　卩節　眾衆　画畫

取

取。七雨切。是亏人也。物與人共。詎若譱與人同。字意从耳。聞譱亏人也。从又。取譱亏己也。𩕄㞢聖。自耕稼匋漁以至爲帝。无非取諸人者。取妻㞢取。去聲。亦作娶。轉子苟切。取㞢卩也。聚會其意。眾所歸也。收攝精神也。萃天下人心也。字意主亏取乑㞢譱。合天下凡譱。悉吾有矣。趣兼聲意。眾所趨也。周官趣馬。掌卩馬力而用㞢。又轉爲與趣㞢趣。心所指歸也

聳

聳。息珙切。提耳㞢乞也。古人洞明心學。其制聳字。乃心画也。學者其毋忽也。夫聽主收者

㑨佮　之左　又右　𡔷壹　淒決

也。其弗審者，非耳之過，乃心之過也。神敝則气敝也。耳气一提，精彩自佮，聽斷靜旹矣。禮稱聽上而眡下。其玅極吾心之玄機乎。又曰聽𩲃任之。此始與天爲謀也。手足遷地也。其又彊耳目遷天也。其之良。恆旹之，又皆闇心旁旹𡔷則自歸重于之矣

聑

聑。丁帖切。兩人附耳私語也。从兩耳相聑側聽且不可。𠜜附耳躳此。見女之態恩怨相爾汝者也。淒於大丈夫事也

竝 並　𤔔 亂

⿱𦣻⿰𦣻𦣻 ⿱𦣻⿰𦣻𦣻。尼輒切。審聽也。兩相竝則𤔔。一在上則治。是故兩𦣻爲⿰𦣻𦣻。从一𦣻在兩𦣻上。則爲靜審。與品同意

𠂹 垂　空 孔　昜 陽　卯 夘　丣 酉　臍 臍　內 納

自 自。疾二切。主气之竅也。人之胚胎。鼻先受形矣。象中正之形。上象其山根。下象其準隆起而𠂹又開張。其乘者象兩空气出而宛轉也。昜者气从𠂹出。侌者气从又出。惟子午卯丣。𠂹又俱通。人之在胎。臍內母气。之則臍閉而鼻通內天地之气。人爲恆言。天地大父母也。

歙吸　歑呼　徃往　㝵得

脈脉

而未知其相親也。胡不亏自體㞢。一歙一歑徃復相扶。匪㝵大夂母㞢气。奴也久矣。究極而論。通吾身內外。皆大气㞢滿盈也。反求在胎。皆見气。卽母气矣。省文作或作。或作鼻畀。从自。畀聲。猶齒㞢加止爲齒也。以气攸出。轉爲从自㞢自。借而爲自爽㞢自。理㞢所从出也。爲自己㞢自。身㞢所从生也。皆因自以生義。疾二切

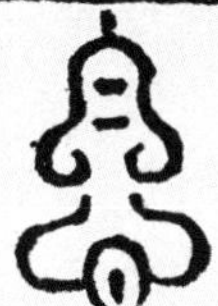

息。相卽切。气歑歙也。人一歑。脈行三寸。一歙脈行三寸。歑歙定息。脈行六寸。人一日一夜

凡一卍三千五百息。𧖴行五十度周于身。此天行健之體也。其義爲流行。而其名爲止息。何也。曰。此明動根于靜也。止息而後生息。靜極復動也。古人正名百物。觀息之名。而天地侌昜之衞葡矣。制字者。从自易知。其从心爲難知。曰。此明心爲之主也。其心定者。气行舒遲。其息也以踵。故能引天地之气以保吾眞其心不定者。气行數速。其息也以喉。眞气耗焉㪚矣

葡備
昜易

脾 昪 ㄇ ○ 共 丫 冈 譌
脾 具 方 圓 拱 丁 丙 訛

口。苦后切。人身之門也。脾闢竅于口。故飲食入焉。心之氣宣于口。故言語出焉。體昪天地之ㄇ○矣。象內虛外實形。口角上共耆吉人之相也。下垂則賤矣。後之人混而用丫。乃古冈丫字也。丫因譌而爲口。故丫又借用

凵。口犯切。張口也。人以口爲闢。用之則闢張。不用則闔藏。天地闔闢之衛也。旣而張則氣斂矣。象哆闢形。欲人守口如瓶也

亼集

肉肉　侯候　侌陰　气氣　衇脈　𢇍絶

合

合。胡閤切。會也。翕也。口上下脣。侌昜攸分。亼而閉之。渾渾爲一。泯然退藏于密。混兮闢兮。造化在茲。合之則爲合。古沓切。借爲量名。其容兩龠也

脣

脣。殊倫切。口緣也。何以不从口而从肉。脣者肌肉之侯也。腠通竅于口。其充在肌。其華在脣。三白太侌气王。則衇榮其口脣。肌肉滑澤。𢇍則脣反而肉奴。制字者。玅達吾身之造化矣。脣肉至薄。薄而薄。則其爲人也。輕浮而多口過。惟愼免夫。垕則其爲人也。持重而有福

𦎫孰　罔綱　嬰要　𢆶差　耆壽　歬前　𢍜尊

悪不慎則天是。俗書混用唇。乃之人切。驚也。
神奪則口呿而不合也

命

命。眉病切。帝降之衷也。性之天根也。詩云。維
天之命。於穆不已。天又何根躳。孰主張是。孰
罔維是。天之所以為天者也。學者要自㫖之。
气稟于天。亦謂之命。清濁厚薄參差而知愚賢
不肖攸分矣。天之气數。亦謂之命。凡厥有生
耆夭貧富貴賤。皆前定矣。此皆命之假義也。
襍而言之。則不可以識命。古人制字。優取人
事明之。君有大令曰命。从令从口會意。君尊

𤔔亂

亼集　卪節

如天亓物天所命。亓事君所命。苟非至公。則與天不相佀。昰爲𤔔命矣

令。力正切。上所以敎下也。惟公可以服人。惟正可以服人。从亼與人爲公。不自私己也。从卪。先自正而後正人也。出令㞢徹盡亏是矣因義借爲令譆㞢令。令長㞢令。令㞢則爲命。使㞢也。離呈切

号。胡刀切。長呼而其聲遠聞也。从口从丂會意。因㞢爲胡到切。上㞢徵令。以布大信者也。

𦍋舞　炎赤　陊墮　㠭展

其諸天地之風乎。不如是，則无以鼓𦍋羣動矣。亦為命物之共名。合異以為同者也。通作號非號。虎怒聲也。

呱

呱，古乎切。炎子法聲也。轉讀若烏瓜切。又方之人言語不通，習使之也。人也。惟初陊地一聲，華夷同之，性之也。天也。混沌第一光開也。本有聲无字。以其後小異而大同，故因其近佀㠭轉其聲。炎子不言，呱以達意，母心劬勞。亏昰為摯手

畱留　叀團　彼彼　歬前　𥏻傷　亝齊　䟽疏

咳

咳，戶來切。孩子笑聲。畱悳之室，葬如孩子。未有知而先笑，渾乎一團和气也。蓋自是而始誰，浸有知矣。此最可體天眞。子生三月，父咳而名之。效見聲也。从口，亥聲。孩字从此轉注。謂咳也，諧亥。謂孩也，諧亥。則孩與咳了不相關。从轉注求之，因此之假，則古人命名制字之義瞭然目見。轉注之濫亦忽過半矣。俗書从欬作咳，非。欬，嗽，乃气逆上也

哀

哀，于開切。中心痛傷也。而从口何也？曰：哭泣之聲也。而从衣何也？曰：衰絰之服也。因外以

表表
懸愛

夵終

衷其中也哀生于懸懸生于仁其中憒盈足
知天眞戀戀恩私人欲是迷

問

問亡運切質疑也衜大无窮吾一人之知有
限矣計吾所知夵不若吾所未知之多也胡
不天下為公乎从口从門與聞同意闢吾三
門廣詢于眾則能用天下之知以為知矣

周

周職留切徧也密也从口从用者何古語忠
信為周其人忠信言皆可行无一而不眞切
懇到也乃若多事而周章多言而周遮皆非
也相與為比周則流于惡矣

𡉚封　鑄鑄　夊夂　嵒巖　宋寂　破破

咸

咸。古銜切。𡉚物以為固也。取意亏守口勿言。故从戌从口。嚴亏其防口禍也。古𡳿慎言人。有磨兜堅者。後世則而象𡳿。鑄為金人而三咸其口。將以為教夊也。減字从此諧聲。俗書通用緘非。緘乃束匧縢也。轉為故嵒切。何也。曰。取靜極而動也。宋而感則發亏天眞。易卦男下女為咸。取象亏少。自其天眞未破者也。咸者。交感也。故又借義為皆。夫字取義无竆。學者當先識其正義。从戌。匪義匪聲。傳而譌也

甘甘　嚼嚼　蓄畜　沈沉

甘

甘。古三切。土之味也。書云。稼穡作甘。从口含一。天然之味也。雖然淡食者未必知其甘。必也咀嚼之久乃知无味之味。天下之至味也。轉爲徒兼切。俗書作甜非

旨

旨。諸氏切。味美充益也。从甘轉注。滋味之美外見。咀嚼則易窮。有未若穀味含蓄。有餘不盡之意理義之說我心。猶芻豢之說我口。故美言謂之旨言。小篆从匕作[篆]

甚

甚。丁含切。淫樂也。从甘从匹。耆何戒。男女樂其配耦。而沈溺以喪其生也。甚。以色殺身也。

酉酒

酗。从酉殺身也。因其太過。故又轉爲巳甚之甚。常枕切。取義彌精矣

𠂇市

吅

吅。況袁切。高聲也。从二口爲意。此猶冓井相與言異乎。雖咨气象矣。別作讙

咢諤

咢

咢。五各切。正言也。盡言也。从吅。又从屰省。何曰。咢言順理而逆于人心。諾言不如理而若人意。書曰。有言逆于汝心。必求諸道。有言孫于汝志。必求諸非道。此凡世聽言之㶒也。夫惟克己者能之

衆衆　變亂　糾糾　句包

學要　臤賢

[illegible]

[illegible]泥耕切。擾變也。字意从[illegible]。衆言交變也。从工爻。多事糾紛也。故曰。天下本无事。庸人自擾之。小篆作[illegible]。[illegible]字从此。其義爲句。爲成。何也。惟能句慮。故譱成事也。是之謂因敗以爲功

品

品。丕飲切。辨論人才也。从三口。區別之意。要之人品亦不過三。上焉者。聖也。其次。臤也。又其次。勉而爲君子也。下此不可言品。學者當問志何如。事猶豫上下。不可作。人浮沈上下。不可作。裁以弟一義讓人。非大丈夫也。因之爲品級。爲品卩。爲品式

㗊亂　眂視　囂囂

猒厭　聒聒　㡭絶　閙鬧

㗊

㗊。吁驕切。亂聲也。眂吅爲㗊。故从三口明意。此違离囂之聲不遠矣。別作呶非。音阻太切者亦非。

囂

囂。半刀切。処㗊而宋也。爲无欲自旻見。爲閑暇見人之躁動者。一聞人聲。三體若輕起而逐物矣。猒動者。人一聒之。亟欲避之。則是㡭物也。豈知宋感在心。元不在境。从首居于㗊。閑此身存日于閙場乎。而心超然物不能系也。乃知処㗊自有処㗊之術。不㡭乎物而自

軀邪

壬挺

㝵得　志志

气氣

函函

高出亏物。天理寧有空闕邪。亦豈有止息耆軀。後人㗊頣混用久矣。愚特爲之闡幽。小篆作𠾅小變其文。大義遂晦

嚚

嚚。語斤切。惡口也。戒人君之聽讒。故从臣。其从㗊者何。詩云。咠咠翩翩。謀欲譖人。造言之事也。其从壬者何。詩云。驕人好好。勞人艸艸。㝵志衛行也。古語曰。不衛忠信之言爲嚚

曰

曰。王厥切。當言之也。此爲記述之詞。言必有意。下象張口。上象詞气。雝容。中象所函意也。

蹏蹄　醩糟　屚漏

因言以求意。是為筌蹏也。舍意而求言。則為醩粕已矣

曾

曾。才恆切。閒一重也。从曰从八。言出而气舒也。閒四于中。隔若弗隔。是惟无言。言則人閒之矣。詩云。君子无易由言。耳屬于垣。閒隔之義小。故取表裏无閒大義而戒人之屚言。所謂莫見乎隱。莫顯乎微也。借為反語詞。猶云嘗也。言語易多。故又轉為曾益之曾。咨恆切。猶云仍也

縱縱　旾春　㪔散　緩緩　卩節
默黙
叀專
夂胯　彼彼

兌杜對切和說也說則舒气解顔故象開口而上下縱理文見旾气昫昫㪔緩若弛和而弗卩日惟扁泄塞兌㞢門内固靈棍此管攝㞢樞轄也

只諸氏切語已詞因而爲語助詞象口合而其下縱理文見兌㞢省文也夫語默開闔相因也古㞢人以默爲尚故因事取義若此轉爲職日切叀詞也

各葛隺切異辭也人人私其私也从夂从口足行依違而騰口說彼亦一是非此亦一是

非卒莫能合矣破空言无事實者惟躳行以爲尚固先王所以一衜悳而同風俗也

丂呵 昜易 㤅愛

可

可 肎我切是也順而許之也从口从丂言其昜也其義又爲僅詞何也曰天下之事安能盡善也哉㤅而不知其惡辟矣是故古之命名者因寓不足之義而制字者亦以昜爲嫌也轉與何同問爲誰也

疾疾

叵

叵 溥火切不可之疾言也故从反可惡之之詞亦爲疑詞不可中豈无一可者惡而當知

𧦝展　㽙曲　詘部　萬獸

其美也

局渠六切。拘謹也。从口在尺下。言必信。行必果。固守禮讓之內者也。若也𧦝拓夏闢。則可以進德矣。因義借爲㽙身曰局。詘分曰局

言。語軒切。人之文明也。言出于口。古文不从口而从心。何也。曰。此古人一貫之學也。將由夫放其心者與。言隨口擭以出。其條理也過多。聲在喉吻閒。輕以疾也。則何以異于鳥萬

𧮫壹

來垂

日丹

譌訛

也它

之啁啁。之嘐嘐䛔。心操而存。其言𧮫从廣大

匈中流出。故微啓其上。象開心見誠也。天不

能言人。代之以宣其意。若剖混沌而開之矣。

○象混成之形。來其下沓。重而舒遲聲。起于

冃田也。从而合其上。譌而為。亦象

語意混成而貫若一。然于心學之精微。或未

能盡其妙。變體作。象其出順理而成章。

合于也文則用之。小篆从舌从二作何。

足以語心學

亐手　悻悻　弦哂　憐憐

誩

渠慶切。爭客气也。試亐息後反觀。一呰悻悻。自弦亦堪自憐。古㞢制字者。从二言取意。以明口舌㞢爭。聒聒何益。欲人禮讓以相光也。漢初語人必曰長者。語事必曰大體。尚有古㞢遺風哉

競

誩相光也。从二人从誩會意。美惡不嫌亐同。其發亐義理㞢勇鋭。則為彊盛㞢義。其發亐血气㞢勇鋭。則為爭逐㞢義。俗書从二兄作競。亐義何居

譶 亣終 𩐌孰 賫責 絢細 變乿

譶

譶逹合切。譶言也。三令而亙申之也。重三言以明意。其音乃與沓同。何也。曰。是亣未免于詞費。以言教。𩐌與身教之哉。未施信于民而民信。是誠在我。混用沓非

沓

沓。在佉沓放言也。从水在曰上。制字沓。蓋深賫之。絢人吾可以无譏矣。將由夫大人乎。民所取惠沓也。言出如山。是何可易。今乃發言无度。如水泛濫。莫可止。國欲无變。㝵乎。孟子曰。事君无義。進退无禮。言則非先王之衜。猶沓沓也。別作誻非

泚沛

訓

訓。吁運切。教誨也。曷爲从川在言上。曰。出令如流水也。因民之天機而利導之。是故訓泚悳敎益乎亖海。小篆从川在旁。天機若滯矣。

也它

啻

啻。都歷都計二切。至理眞言也。審諟不可易也。其音如的。而其意取出于帝口。天下皆以爲灋。何愼重如之。轉爲施致切。王心而一。非但此。如眞是其也。亦是也。別作諦非。

謙

謙。苦兼切。退遜也。沖虛之悳也。夫衜无盡盡藏者也。天地且不能盡。况于人乎。故謙之于不

表表　析析　贅贅

足也。由也人觀之若有功德而謙自眡歉然。若无實其中心有慊。見之于詞也。从慊轉注从言。表其不足之本心也。自足則不能謙。離衜遠矣

說。室雪切。兑理也。从言从兑。理到之言。中厥肎綮。間者融釋不覺其喜。蓋有出于言之外者矣。因義轉爲喜說之說。弋雪切。俗書从心別作悅非。心无内外。凡發于百體者。何莫非心也。後人弗知合一之衜。其爲附贅多矣。又轉爲游說之說。以言動人使从己也。輸芮切

○圓 湣活　蕃畜 褎袤 湊湊 堙湮　嗟嗟 嘆嘆　卪節 丂奏

詩

詩。書之切。言志也。人有天趣。觸物而成聲。合乎天籟。意○語湣。可以感人天機。从言从止。云何曰。取其發乎情止乎禮義也。古詩淵然天成。中聲之所止。其畜蓄无窮。意之下褎發揚其才。意又下褎。湊合而成。雕琢天眞。詩衛乃堙。小篆从寺作詩

哥

哥。古俄切。永言也。言不足以盡意。故嗟嘆之。嗟嘆之不足。故永哥之。意與之爲无窮。而音響卪丂。自不能已矣。从二可會意。後人加欠作歌。非

函韽　呼呼　収收　葡備　夲終　𢇍絶　嘽輝

音。於今切。聲成文也。从言含一。㪔而布者。聲也。不如是。則不能震動。函韽有餘而不盡露者。音也。不如是。則不能混成。呼二字而開發収葡矣。何知中聲所止養吾中悳哉

竟。居慶切。樂夲也。从音。儿象餘音嬝嬝不𢇍。如縷㞢意。感人彌深。樂作而關飛動。聲希接亐混茫。妙在亐是。小篆譌而从人。雖與㞢言天籟矣

章。諸良切。樂㞢一成也。从音从十。條理自始而夲也。章與文同。文也者其嘽炎也。章也者。

屈屈
祘筭
○圓
口方
㞡展

其卪丂也。皆从渾厔開出也、

句。古侯切。物生屈曲未申也。與丩同義。从○
定意而諧丩聲。若與命名之義異何也。曰此
从祘濾取義也。數起于天地之○口。○體徑
一而周三。从橫直取之。申○則爲句。廣口體
徑一而帀三。从長直取之。㞡口則爲股。倚句
股之濾太。天地雖大。可旻而度也。聖人之心。
函蓋乾坤。从心起數。百姓與能。偕爲句。玫之
句。因偕而偕。又爲句。攴之句。句攝之句。巳句

𢇍絕　醒　卟稽　鈍

則爲句。去聲。古後切。因彤轉爲章句之句。九遇切。詞之𢇍也。何取乎乙。曰此欲醒人心目也。學不可以不卟古。必也以身體之。若惟滯心章句。則是葛藤蔓說。自窒其○機也。噫。觀此可以灑然矣

㕯

㕯奴骨切。慎言也。从口从内。君子恥躳之弗逮。不欲輕出其言。人之見之者。曰遲頓也。而不知其慎重也。或作吶。或从言作訥。皆弗可與言心學矣

竝並　復復　叕綴　嗇畜　適適　責責

（篆文）商

商式揚切。金聲也。殺伐之氣也。蠶吐絲而商聲繇之。殺不太行也。宮爲君聲。舌當口中。角也。舌縮。徵也。氐齒。羽也。翕口而取。惟商發揚。開口而張。乃取言自內出爲意。復綴从〇〇何也。曰商聲至淸。是惟不發。發則成章。古人欲人畜嗇不輕發聲。无適而非反本還元也。商聲屬義。主斷。因用爲商度之商

（篆文）詹

詹之廉切。多言自喜也。易曰。躁人之辭多。斯其病桓也已。制字者。从人大言。若責其少戒

衙衛　弞哂　友友　蹼僕　數數

事者何也。曰此又錄之柄楻也。心惟不行。故不知爲之也難而出言易。易若衡其无所不知。由明者觀之。曾不滿其一弞。故曰小言詹詹。以其譱追逐呰舛。儋與售同。儋字从此會意。負物求售也。讇諂詹聲。非也。又儋爲詹事之詹省也。給也。秦人以名東宮官之長。茲古今所由隔也。天子有師臣友臣。未即位而蹼其臣。是教之數也。殷人使太子出居民閒。周人使太子入學與國子齒。三代有衛之長。其以此與。後世拔其意。必也翰于師而夕于保。

𣪏敢　啻億　箬昔　㜸要　卍萬　頥頷　㫄傍　乡左

毋𣪏驕人哉。贍字从此，會意，給足之義也。謂諧詹聲，亦非也。小篆作，義从而䀲。

啻。伊箬切。料度也。至衛不容猜，眞知亦何用猜。制字者以言中爲啻，見其心實无所旻而恥事物之不知，彊以小知推測，亦豈不耦中，而障衛多矣。中不中，㜸之无益損于心之晤明。開吾照心，曾吾滕心，闇若霄壤。僭爲十卍曰啻。大數則百卍曰啻，數多彊以意度之也。

𦣞。與之切。頥也。口之能養以此。以在㫄，象乡輔于口形。丨象頰。口實也。俗作頥，非。字

从此。解口也。人喜而笑也。虛空切。□人諧其聲。□也會其意

齒

齒。昌止切。口上下斷骨也。非此何以噬嗑。柔固不可以无剛也。上齒屬足陽明。下齒屬手陽明。上止而下動。交泰之義也。故上但象其張露。下兼象口動之形。中一衡象所噬物也。易曰。頤中有物曰噬嗑。則从止齒加以止聲

牙

牙。牛加切。壯齒也。象齟齬相入其根盤錯形。口之致用在其壯齒。故相值也。不如是則无

袌抱　侌陰　耑端　桰栝　㝵得　誩競

以爲噬嗑也。牙牡不用。故相入也。不如是。則
无以爲固袌也。一物自爲侌昜。不可相无。然
則不用之爲用也大矣。僭爲艸木之萌牙。露
其耑倪也。大將建旗曰牙。取其爲國爪牙也。
因用爲官府所治之稱。亦謂之衙

舌。食列切。口中之機栝也。㝵此而後能食能
言矣。〇象連亐咽。其上。舌之文理也。舌以卷
舒爲用。口以闔闢爲用。各一其侌昜也。齒剛
舌柔。齒敝而舌不敝。毋與物誩哉

寍寧　甘甘　㡿斥　鑯尖　胔觜

恬

恬。徒兼切。神寍也。从心从舌者何。曰。此古人玅逢身中造化也。心通乎舌。神寍靜。則舌甘味而安。躁而不寍。舌光不知味矣。火㞢害也夫

㐁

㐁。汀減切。以舌取食也。从舌在口。外露舌而舐物。以禮食者。數噍毋為口頌。今也吐舌而鉤取㞢。貪而欲速。心㞢放何如哉。何如哉。人有持短長術。以言鉤人者。孟子㡿為穿窬。浮薄子弄舌。諺呼鑯胔。醜矣夫。省文作㐁。俗書作餂

默默　畱留　昴　匋包　𢙢優　囦淵

㐁

㐁酥念切。默奸也。語多畱匈中。不肎吐露。而内刻深刺骨。制字者。玅體其心。象在人後弄舌。是㞢謂昴見深情。天文昴為天耳。其北天讒在卷舌中。百舌過旹反舌无聲。發口則有讒人在君側。天无言。縣象託物著非教也。㐁字从此諧聲

圅

圅胡南切。匋容也。象卷舌亏口中。口既昭合。藏物无迹同亏混范。𢙢柔猒飫亏其閒。有无窮㞢味。古人心學囦玅。故不覺發亏心画也。

〔篆〕从〔篆〕反。諧㔾从為聲

弞哂

𦧟

𦧟七入切。謀譛人也。不象其往來營營。而象其反復。故重三舌以明意。二三其言也。聽讒者觀。此亦可爽然无惑忠矣。俗混用咠非

咠

咠。順理㞢言也。出亏口。入亏人㞢耳。怡然當亏其心

谷

谷其虐切。口上阿也。大笑則見。因謂談笑曰谷。从口。上象其文理露形。然則笑不至弞者何。曰。聖人曷嘗不喜。固有卩也。谷則過。而不卩。人有放其心而不求。豈必窮極人欲。只此

脉肺
空孔
𠂹垂
嵒壅

是亦放已。別作嗡䑋非。谷形與谷相佀。易以致譌義固各有攸當也

嗌。伊昔切。人之咽喉也。咽以通食。達亏胃脘喉以通气。達亏脉空。嗌亦咽之轉聲。上象連亏舌本。下象兩衢下𠂹之形。口以象會厭。食之所以下咽而不入喉者以此。天嗌之竅也。人君以天下爲身。嵒蔽之則亾。開言路。廣其耳目也。達下情。通其喉舌也。徹去嵒蔽。元气爲之周流矣。小篆作嗌

歬㞡𠂇又絤𠙹埶昜卪𨛜卬迆
前展左右細曲勢易節都仰迤

亢

亢。居狼切。頸當喉處。人之元首。至頸而歛。後為項而亢歬。乃復㞡開為𠂇又。譬。此人身一大關隘。元气升降之機。不束絤。則无以為固。象形者。𠙹盡其妙矣，天下大埶如身，搤其亢而拊其背。未有不亾者也。然而昜救者。其卪短也。後世建𨛜于北。而卬給于江南。咽喉迆長。三千餘里。危乎可寒心哉。亢。人所卬賴也。因而為亢庇之義。卬其首則亢露。因而為高亢之義。彊項則气結于亢。因而為亢直之義。皆去聲。口浪切

气氣　星醒　詑詐　甘箕　數敹　亞誰

欠 欠去劒切。張口气悟也。气有餘則无欠。欠之亏不足。欲舒而未能。象人气上出之形。可謂虛虛矣。欲定气者。先星其神可也

欺 欺去其切。詑誕也。从欠从甘者何。曰。古人洞察心術之微也。天文甘主口舌。亦爲數客內有所虧欠。而外欲蓋之。故从大言亞人。卒不可弃。噫。知人可畏。知天可畏。知心可畏。必爲君子矣。謂人可欺。謂天可欺。謂心可欺。必爲小人矣。小篆作欺

說悅　㦽散　𢍜倦　𢇍繼　攴收

𡔷

喜。虛里切。順于心而說也。从口。人喜則開口而笑也。从壴。喜事則以樂。樂之也。優从欠者何。曰。喜則气㦽𢍜。隨之矣。此古人之淡長息也。所以儆世也。樂極之悲。盛必有衰。唐詩甫言。今我不樂。日月其慆。則又𢇍之曰。无已太康。職思其憂。茲其爲帝堯氏之遺風乎

欽

欽。去音切。聖敬也。字意从金从欠者何。曰。聖人之心。渾乎天悳之剛。一如金之純粹以精。重而堅凝。而猶沖乎其若不足。此聖悳攴歛之極也。上天之載。无聲无臭。惟欽爲能體之。

段煅　歁厭　叙壑 谷陷　腔脾 契熱 㾓漏 盡津

段鍊之弗精，各驕之或萌。聲㚖也夫

欲。余蜀切。貪心也。欲之于气，歉。歁歁若消。从欠，太意，𢘫。體人心系其，从谷。何也。曰。人欲无歁。谿叙難塡，逐逐于欲。何者是足。愈谷愈污。爲將柰何。曰。天下本无欲。人心自欲之。縱欲則多。窒欲自无，是皆在吾

次。叙連切。口液也。次出于腔契。元气㾓。則衆次。貪心動。則衆次盡液化爲敗漏。从欠从。

慕慕　𦣞頤　𠂹垂　沈沉　臬拔

自口角流出爲意。省文作[篆]俗書作涎

[篆：羨]

羨。似面切。貪慕也。从羑。轉注从次。目見可欲歆動于心。乃朵其𦣞。𠂹次津津。神爲形役。優役爾形。亦孔之醜。顛倒沈淪。弗克自臬。爾罵爾禽。俗爲延羨之羨。補不足也。因而爲羨餘之羨。補則有餘也

[篆：丂]

丂。苦浩切。气出而艱也。嗟夫。天下之言太虛者。曰空而已矣。而未之或知其塞也。天地之

云雲　活活　乘乘　隙隙　㱿擊　敂扣　彼彼　易易

气滿盈。人與之相流通。气出則與大气相摩。也。古人窮神知化。其制丂字。下象口气如云。上象大气礙之。天人合一之妙。活潑潑也。其義之爲瑕釁。何也。曰。人气之出。必也乘大气之隙而後入之。大气非有空闕虛而通也。不如是。則不神。其義又爲㱿動。何也。曰。聲之丂虛物之有聲。不敂不鳴。自彼亦自我。非彼非我。二气感應以相與也。後之人多借用考

丂

丂。虎何切。气出而易也。反丂以見意。重之爲大笑聲。俗爲譃怒聲。皆動于聲气也。俗作呵

非。网其口矣

歬前

亏

亏。休居切。又云居切。气出𢐥昜也。丂通亏心气。撮口而出。亏通亏肝气。微啓其口。从丂而衡一。亏歬。見其出㞢遠也。又用爲嗟嘆聲。俗通用吁。乃疑怪聲也。別作嘘。因歔而贅

煗煖

丷凵

吹。昌垂切。用力出气也。丂亏皆煗。吹出亏腎獨寒。腎沈在下。气出獨難。出則气椒。从凵从丷。象閉口而微啓其上脣以通气。後人失其義。譌从爲㐺㞢重文。別从欠作吹。亦取

難意

乎平　徃往

兮

兮虛空弦雞二切。气通亐三隻从亐而分其上。象气撇越也。俗通用嘻。笑樂无卩也

乎

乎荒胡洪孤二切。气通亐臑。其出舒遲。从兮又礙其肯。象其徃而若反。默。體驗出。可以達吾身出造化矣。虖字从此。亦兼二音。荒胡切省虎嘯聲也。而風从出矣。洪孤切省虎嘑聲也見物而怪出也。嘑又从虖。荒胡切而省焉

嘑嘯　焉平　号號

太二音。大聲号物也。通口气出矣。省文作号。

叚假

䏐脺

叏收

其歑歙當从欠。俗作呼吸，非。於虖皆叚借。俗作嗚呼，非。語詞虛不可象，古人因口气之疾徐擬諸形頌，用之爲助語。天機躍如。亏則語之舒也，爲往義，爲自足皃。云居切。兮則語之稽也，言盡而意未已也。弦鷄切。乎則語存而疑也，若問之哭。洪孤切。本皆一聲而宛轉小異也。

四

四息至切。息聲也。四通乎䏐气，其出甚淺而攸隨之，與亏相反。亏往而四還，亦與乎反。乎

屛屏

長而四短。茲豈人所能彊哉。天然之妙也。从日圅八亏中。制字者始與天爲謀也。小篆人之黠自知不足以及此。以三與四音相同也。亖與四。形相侶也。遂屛三弗用。取四代之。因六而少變其體。復从口作呬。何以洞造化之微哉

乃

乃㬥亥切。難意也。而用爲語詞之難。心之難也。不可象也。故象口气委曲上出。難之又難示人以意。於虖。天下之事而謂可以麤麤中爲之乎。曷之者。畀天所頃。堯舜其難之。文王小

棹船
棹船

心翼翼。何如哉。何如哉。轉爲欸乃之乃。烏𠯀切。棹船相應聲也。乃有重義。又轉爲因乃之乃。傮爲汝之稱。小篆省文作。隸作乃。別从人作仍

杔櫛

哉。祖來切。事之始也。而用之爲語存之詞。若有㚇疑何也。曰言必慮其所存也。出乎由是。興戒由是。从口。从𢦏。禍从口出。爲後慮者。不可不慎其初也

髟。方伐切。首之文明也。心之餘。故上生矣。長象細束之形。彡象杔理之形。將以加冠也。否

傷

簪　著

囟　西
眉　眉

髮

則辮髮且爲夷狄。被髮且爲禽獸矣。聖人有功亏生民。皆此類也。釋氏髡髮以淨塵根。何忍毀傷父母遺體軀。只此已孛天衡。小篆復加犮爲聲。舊音所銜切。於必瑀切。其轉聲也

髦莫袍切。胎髮也。以其生而有出。故謂出毛加髟。別亏禽獸也。古人不忍忘本。既鬀猶存出。因以爲飾。簪亏心目出閑內則子事父母。笄總拂髦。未冠笄者。拂髦總角士喪禮既殯說髦。推此心也。其忍頓刻而忘父母軀。或通用鬀非。鬀乃西南夷被髮至眉者也

彡左 文右 頟額 畀具 [illegible]卑

眉

眉謨杯切。目上文也。肝之餘故彡文生焉。元首之气自頟理而分。至鼻中峙。惟眉无所用之。然非此則不秀。故略畀圓形分合。象其附麗而生之形。小篆省作眉

冄

冄。如臨切。口上貲也。在頤曰須。在頰曰冄。在脣上者曰髭。腎之餘。故下生焉。象其附麗飄動之形。此亏人亦何所用之。然丈夫之別在此。若宦官爲妾婦態。縱冄如戟。奚貴哉。轉爲荏冄之冄。柔弱也。侵尋也。而琰切。俗書加彡作髯。加艸作苒。俱非

聮
聯

那

那奴何切。函域地名。从邑易知也。从秝不可彊而知。曰。因其民多美秝也。秝颺无定。因僭爲指物之詞。隸乃个切。試以音求之。指其在此也。平聲若來矣。指其在彼也。去聲若徃矣。音若天造。字義非天成與。其在平去之閒。則爲奴可切。而有美意。三者之用。又通爲大爲多爲何

肩

肩經天切。臂本也。下从爲夕又手。以共護其心。𠃜象其形。聮从肉者。隸取厷意。不厷則

不能任重也。小篆作肩

叀專　肯聳

克　克。法格切。能也。勝也。取叀力之義。象肩荷物在上形。任衛之重，勝私之勇，如在畫矣。學者未克之，當求著力；已克之，當求竭力。无所容力，不克而无不克矣

埶勢

尊尊　矣矣

亦　亦。夷益切。肩下腋上際也。形埶最為虛怯，然肩非此，則不能任重。彊以弱為埶也。心尊矣。亦為內護，臂為外捍，幷灋之壯，壯相資也。从大而指其處，于義何居。曰：此少壯扶老之

承傍

侌陰　昜陽　頫俯　眂視　𧘝表　𨚔邪

㠯舉

所扵。故因事㠯敎敬也。因㞢而生輔翼㞢義。俗爲有所承㞢詞。又爲旁及㞢詞。後人不復知本義。別作腋掖非

手。式九切。上體㞢枝。灋天㠯運動者也。象五指及掌掔形。兩手則十其指。一侌一昜。兩其五行也。或問鳥㠯翼飛。頫眂寰區。人顧不能游亐八𧘝𨚔。曰。鳥㝵昜㞢偏。人混然中處。侌昜合德者也。不如是則不㠯天如大籠。鳥囿其中。人一㠯念。周天无窮。手足運奔。心居其

䡞孰　頌容　㳟平　㪚散　皃貌　復復　劦協

所不動。䡞貴䡞賤[illegible]

共。居容切。敬恵之頌也。手頌主共。故指兩手交爲義。人之㳟居。㪚其手。其心必拔。皃以之惰。斂其手。其心必收。皃以之莊。内外合者也。俗書不知即此是心。復加以心作恭。是謂心有内外也。以手以致共。轉爲共揖之共。因之爲共把之共。苦㨂切。加手作拱非。以二手劦力。轉爲公共之共。渠用切。从廾作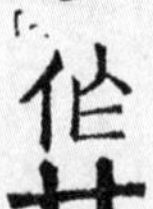。傳寫之譌也

秉奉　竝並　也它　拜拜　屈屈　膝膝　勿

拜。兩手秉物而進也。象其形。因之爲拜給之拜。拜之則爲拜。去聲。又手則爲㚘。无事皆敬也。拕手則爲拜。有事皆敬也。省文作

配。亏也。又用之

拜。博怪切。頫伏以致其也。从兩手下地。指其事也。人之拜。先屈兩膝至地。乃頫其身。兩手至地。首乃至手。引手而首至地。蓋詘一身爲之。獨指其手。何也。曰。手額主共也。敬有漸次。意常有餘。禮之所以爲美也。釋氏五體投地。其心非不共而不可以言禮者。過遽而野也。

正雅　緫總　収收　承承　玉之　𡞞要

內外不合吾以是知其非天則也今之拜乃古正拜君荅臣之禮也

握

握乙角切執物在手闔其指掌以爲固也从手諧屋轉聲負指重則用掌力將指重則用臂力大指重則用通身之力知此則知運天下之埶矣小篆作握

攝

攝室陟切緫持也从手从聶會意収緊則歸于一放弛則散而三馳觀于物理默悟心體俗爲權攝人曰承玉也且也可証知一日必葺也轉與聶同靜謐也操是其𡞞天下晏无

事矣。漢書曰：攝然天下安

闓開

操

操，力刀切。執物當肯也。心匪有物，若何爲操？而从手从喿。然闓若閉，執持安然，有取于操存之意。何也？曰：操舍自我也。此心挈起，天理爲主；放倒，則人欲奪主。挈起心，自挈起也；放下心，自放下也。以執持之固，轉爲卩操之操。七到切。士窮而執志不變也。

共恭

揖

揖，伊入切。目手以相讓也。大爲共，則拜；小爲共，則揖。非彊爲之顉，吾心起敬則自爾。从手

从目象斂肅之意周官詔王儀土揖庶姓下其手也旹揖異姓衡其手也天揖同姓上其手也

𡔷壹

撎

撎弋涉切又固利切推引其手少下之也从手壹聲儀禮主人揖賓賓厭介禮貴相變也厭即撎聲叚借也

也它

[扌囟]

[扌囟]乜㕦切徙而之也也上古巢居百禽多足如鳥息于一枝不啻安矣木壞不支乃从而

叜更　葡備　耆嗜　炎赤　畗函

叜之。从手从囟。昰言其易也。後世聖人合易之
以宮室。葢取諸大壯。然爾後百工之所為葡。
耆欲寖以多矣。誰與想巢居之醇風哉。省文
作搯。小篆作叜。變手从舁。世降日以多
事矣。因之為搯誩之搯

搖

搖。米芴切。蟲直也。重屋而麤也。人皆病之曰。
是短亏才也。聖人深有取焉。以其離樸未遠
也。炎子之心尚存也。制字者。从手从䍃。象畗
巧而不露。因事設教。欲人存其天眞也

𠂇 左　㛕 沒　屈 屈

𢲕

拙。其月切。穿土也。荀子曰。溝池不拙。是其徵也。从手出土。指事。拙之則闕。或因闕轉之。𠂇傳闕地及泉。或从厥作撅。其作鈯者。因拙而變也。作鐝者。因撅而變也。或轉扣用之。本胡㛕切也。周之將亡。天子不復攷文。是故字體多異。秦一六國。小篆欲同文。乃反以掘為拙。以拙為掘。拙亏事理甚明。掘之取亏屈手。此始畀天為徒也。胥而易之。亏義何居。秦人惟其不顧義理所安。故輕變古也。今胥復之。假此各識其職

要要

巧。苦絞切。似聰明也。小有才也。慨自風氣澆薄。人心澆然以漓。于是乎黠慧生焉。掞其機心。琱琢天眞以爲能。太樸華然散矣。古之人淡惡之。从⿰工彡而彡其下。哀人心之多僞。世衜降而彌下也。自非反樸還醇。誰能輓世衜而上。小篆作

巧

工加彡爲⿰工彡。猶文之爲彣也

損。酥本切。減省也。自開闢至于今。一日曾加一日。自亥子有知至于今。亦一日曾加一日。天性豈有加毀之人僞也。不一大去之。何以復還太樸。易曰。損而有孚。元吉。可貞。聖人所

囘 回　卌 舞　遹 適

以輓囘造化也。事當減省者。莫如國之用財。
故从手从員會意。人君誠復古者制國用灋。
貨科條冗費。悉弛以寬民。三海孰不哥卌上
德。事不當損而損。則為損壞。必也脩而補之。
損人而益己。損下而益上。皆不當損者也

益

益伊昔切。曾也。進也。衡水于皿上。遹充其量
而止。虛則尚可受。滿則不可復容。故又為汎
益之益。因事設教。玩之其義无窮。今別加水
作溢。非。易以損上益下為益。損下益上為損。

此與否泰同意。在學者。損己益人。可也。損人
益己。不可也

叀專
归抑

丮之入切。敬事也。从乙从手。取持物叀一。如
不勝。如恐失之。爲意。或問敬在心。归在事。鋁
曰。此猶分內外也。天下无事。何甚不由心。佮
一事峕。則心之全體在此而无迹。故能徧見
兼該也。禮謂虛中以治之。又云。卽事而治。此
聖學不傳之祕也

厈。居匆切。敬事而過也。中无主而从外把捉。
但覺拘迫而不安。故反丮以明意。俗作揭。非

𡖋夙　昂早　𢝊憂　𢇍繼　都都　兵兵

𡖋息逐切。昂作也。古人𢝊勤。恆坐以待旦。或夜以𢇍日。从夕从丮。厥明有事。夕先惕若也。

鬥都豆切。戰爭也。不取亏角力而以持重太義。故象勇士各負其甬門而太之形。兵灋所謂譱陳者不戰也。傳寫而譌。从丮舁丮。非其類矣。說文㒳士相對。兵丈在後。義雖未明。文猶未譌也。今特改而正諸

鬭弄巧也。此由匠者㞢爭勝。故从鬥从斲會意。先王㞢世。作奇技淫巧以蕩上心者殺。塞

破破　旻得　鬥鬬　厀膝　睍眼　嗁啼　㤅愛　夰終　恖思

其原也慨自混沌鑿破而後。以知力相角者。莽何竆軛。安旻鎮㞢以无名㞢樸。剅本从刀。其从斤者譌也

鬩

鬩　許激切。兄弟怨爭也。古人示㞢以天性。故从鬥从見。今夫兄弟方其爲兒旹。同在父母厀下。旹則攜手相嬉。怒或反睍不相旻而嗁。无何歡㤅如初矣。比其長也各妻其妻各子其子。亐是乎有爭悍小故而藏怒宿怨者矣。雖然天性夰不可解亐心。若能反恖爲兒旹。

自可一笑而解矣

坴陸　與腰　㪿折　嗇穡
衰衰　要要　敵敵

埶

埶倪制切。種之成列也。詩云。我埶黍稷。从坴。坴土也。从丮。耕耨勤勞也。傴僂而與若㪿捿莎而指著嗇辛苦蓋已狀矣。因事有業次俗爲衞埶之埶

埶

埶始制切。威力也。持重以爲尚。輕用其力乞竭則易衰。从坴从丮。據地與害。弁瀼先爲不可勝以待敵之可勝也。俗爲男子外腎名。宦者去埶而謂之埶。何也。曰言其近君擅作威

晶星　變亂　𠂹垂　差差　孰孰　泝泝

福也。天文埶三晶，杓斗魁。明則官者用事。自古及今。未有官者竊國之秉而不變者也。亦未有不竊國秉而能變者也。天之𠂹戒昭昭矣。愚按埶埶二字。俗書混爲一涂。埶復加艸，埶復加力。彊差別之。密因誤以生誤。孰冐泝其本義哉

又

又。延九、爰救二切。天衢之所止。地衢之所起也。近取諸身。象勞手之形。又恆致用。借爲重復之義

劦協　泲濟　承承　贅贅　疣疣

𠂇。臧可切。天衛之所起。地衛之所止也。近取諸身。象輔手之形。𠂇不是埶。因取僻遠之義。

右。爰救切。又手是埶而順。用力爲多。復加以口。交相助益之意。

左。則賀切。𠂇固弱亏又。然又是𠂇。劦力則益彊。而𠂇亦是致力。劦劦相之義也。从𠂇加工爲意。侌昜之竝行。剛柔之相泲。其理葡亏吾身矣。俗書承譌。以左右爲𠂇又。復加人爲佐佑。附贅縣疣也。

篆書
楷揆

度

度獨故切。大體也長短之式也。分寸丈尺引。受灋于黃鍾天㓝之則也。故能无為而物之有為者聽焉。人未嘗手揣短長从𠂇从又。何也。曰大匠之營宮室。不親執斤斧也。持度以度。画其規模。乃庀眾才。指撝夫夫事。戒不慫于眾。是我衛者。天下可運于掌乎。以度度物曰度。入聲。達各切。其而定之也。書曰。嚴共寅畏天命自度。詩云。帝度其心。吾心豈度也。匪吾造之。自天降之。物不患其不能度也。而患吾心之未能為度也。其惟公无私乎。質諸上

帝而昰若

積貝積 衇脈

寸

寸。倉困切。積貝分之十也。人之動衇。獨取于寸口以決死生。是五藏六府之所終始也。以其屬手太陰。故从又而以一識其處。何以名寸。从指負際至于關脊。恰是一寸也

乚 肱

尺

尺。昌石切。積寸之十也。自附尺澤。至于關後恰是十寸。是爲腎之動气。乃衇之根也。从乚而識其處。舊从尸非。凡度皆天地自然之數也。制字者。復取人體太灋。信乎人肖天地。昇

紬細　雧集 眔衆　𢍜尊　頻濵

體而微。否則聲何以爲律乎。否則身何以爲度乎。謬謂尺有所短。寸有所長。何也。曰。由紬眡大不盡。由大眡紬不精。故曰。少則旻多則惑。所貴大度士者。不自用而雧眔長也

丈。呈兩切。十其尺也。黃鍾之長。積分而千也。大匠執之以度。故从又从十會意。人雖有頎而長也。亦曾不盈十尺。凡言丈人也者。丈夫也者。𢍜者爲𢍜稱也。否惪則嗛

汥。於尤切。心遠也。可以神會。不可以迹求。制字者。託物以寄興。取策丈循行水頻。玩逝者

出如斯。肯兮其知其何始。後兮其知其何在。意充然而自是兮宙與我兮无窮。故其義爲汝遠。爲汝長。爲汝綴。汝則是處皆安因偕爲所。心以火馳卍物可以詠中。天地雖大吾自覺隘矣。彡譌而从彳。支譌而从攴。天趣始不可見。別作逌悠滺𢛱非

叉

叉。初加切。以手攙取物也。貪心所使。欲速故也。求多故也。攘奪自此起。而禮讓衰矣。象其事以爲教戒。轉爲婦人岐笄。初皆切

廾弁 帛早 點點 界界 吁吁 州州 申甲　ㄠ左 网網 擇押 田曲

夬。子啙切。光人有奪人之心也。其事象手秉廾狀。而其音與帛同。急于逐利也。一點貪心。至于濁翻世界。吁。可畏哉。雖然。秦皇吞九州。項一叱咤而休。卒定于劉。爭光何益哉。因聲借爲手足申。轉爲酥樸切。以手爬搔也。作搔非

朮。直律切。用知自私也。斯爲機心也。巳斯爲詭衞也。巳制字者。直指其貪。从夬从川象其ㄠ又顧望而网利。擇闔其謀。曲盡貪夬之情狀矣。雖然。夬之不夬有命。縱有奸雄。亦罔于

六書精蘊三卷　文十二

搖拙　会陰　僾便　口舉

造化而莫能逃徒自勞擾巧固不若搖也。有会謀者必有会禍欺天多矣上帝有不貰汝是僾安処乃其落僾安也苿術得諧术聲苿山薊也能補中气今通用术术義既晦反通用術術乃邑中衢名衢術濔術因其可以通行偕而用之與术美惡始天壤也

𦥑居許切兩手挈物而起也从𦥑轉注象自下而起之形單手爲提雙提爲𦥑後之人不昰其音與舉同義別制舉字代之从與三手復加以手而亙矣何其不憚煩哉

刱創

齊

〓

〓。合眾力也。曰獨力也。象架大木而起之形。眾力不所合而讙用之若出于一。故不勞而成功。知此不動聲色坐而運天下矣

冓

冓。居後切。刱造宮室也。其經營最爲緐密。獨指對曰大木者。先立棟梁。自餘榱桷次弟而畢也。自古經營天下者。必先其大。故規模漸次了了于胸中。別从木作構。从手作搆。非。因之爲交冓則遘禍也。小篆作〓

𠬞攀

𠬞

𠬞，溥班切。附物以求爰也。从𠂇而反𠂇。大丈夫不能自立，乃倚于人。躳樊字从𠬞作樊𠬞。俗書已贅，今復从樊加手作攀，贅外之贅。末世所以多事也

舛舛

舛

舛，初加切。舛，誤也。不孫于理也。象兩手不正相對之意。其心㪔而不叙也。後之人混而用差，詎知差之于无心，舛之于有心也

𢀩差

爭

爭，甾耕切。爭與讓相反。讓之于天性，爭起于人欲。爭則不足，讓則有餘。从丨从𠬪指兩

人爭奪一物。各欲求勝也。爭之力則爲爭。者聲。因之爲諫爭之爭。理勝則事明。忿亦招拂。小篆作

共
供

奉。孚勇切。長者與少者提攜。則兩手奉長者之手。从手从廾。因事而指之。以敎敬也。手譌而爲半。後之人。不曉其義。从半爲聲。復加手亏下。則與廾爲三矣。單手爲𠂇。合𠂇亦爲奉。轉爲進奉之奉。又勇切。下共上也。又轉爲奉祿之奉。扶用切。民共官也。作俸非

舟　譱善　立　揆

受

受，食叜切。取所與物也。从又，取之意也。舟之亏聲不諧，則是會其意也。吾不知其意云何。曰：此象虛以受物也。制字者以取善亏人太意，愚亏是而識古人之心學焉。易曰：君子以虛受人。若先有物衡亏匈中，雖有善不受也。虛中无我，善之來也无窮，而吾受之恢恢乎其有餘地矣。受之變而爲𠬪也，因受而譌也。虛中之義隱矣。人之亏辭受也，大或若驚，小則或輕，爲物所勝也，忽之也。古之人乎，一揆亏義，如其衡也。舜受堯之天下，如其

非衛。伊尹一介不以取諸人。始學者未能精義。則如之何。曰。少疑以爲近利。謏辭不受。而毋爲名。庶幾心原淨潔哉

受

授。食酉切。以物與人也。从受而加以手。指自我與之也。或作授。非。授受往來。人衛之交際也。在心不在物。乃或因物以穿心。反而求之。出于敬讓。觸處皆天理也。襍以吝驕。觸處皆人欲也

受

受，𠬪小切。授受不以其衡也。从上下二手，指其直情而徑行。禮衡則不𠬪，共敬遜讓以交接也。是故禮不可斷須㚒身也。

曼得
乘奉
卩節

丞

丞，叙陵切。其義則上曼下助，而其文則爲下乘上。指𠬞持卩，以山盛出，取乘持㚒義，而贊助出義，存其中矣。此上下所以交泰也。或加手作[篆]，三其手矣。山形譌而爲山，義从而晦，省文作[篆]，冓取乘義，譖奇讓王丞，讀作拼，俗書譌變，失部本義，幷其原聲而失出矣。

譌
訛

冓專
譖晉
拼拯
變亂

𩟐熟　頓鈍　疾疾　𢁗兵　㑄便

疌

疌，字来切。天機敏速也。凡事熟則有神。纖悉足動亐下。手動亐上。其始學㞢。遲頓而不相應。習而熟㞢。天機流動若神。処事田盡其妙矣。轉爲泥軜切。機下所躡者謂㞢疌。因用而命其名也。俗凡芻𪏮取疾曰疌。戰勝曰疌。兵貴神速也。別加手作捷。俗書从屮作𡴘。从人作倢非。利口者謂㞢㑄疌。其疾如鬼。惡可以言神機。

叜

变，酥後切。長老㞢稱。古者孝弟達亐𨙸國。十秊从長。則兄事㞢。秊長以倍。則父事㞢。从又。

巽尊 亦腋 乡左 又右

齒惪卑也。从亦，乡又賴人扶持。血气衰也。志慮不衰。故能爲後進讓也。亦譌而从灾。又譌而从又。義始晦矣

⿱宀卑 卑　⿱宀中 甲

⿱宀卑

⿱宀卑，必迷切。下也。制字者因事設教，取亏自⿱宀卑而尊人。誰不欲上人者。今也孫而居⿱宀中㞢下。謙矣。未也。又孫而居亏乡。謙謙也

𦥑 舉

舁

舁，以諸切。共𦥑也。物重不可獨𦥑，必資諸人。从𦥑从𠬞，象三手扛物而起㞢形，可以見物

彼彼　舟舟　平平　參參　作作

我一體矣

與。余呂切。同事也。从舁从与會意。𦥑舁廾。𠂇又手勠力也。舁則彼此相勠力。合而爲一人。同心故也。觀諸推車操舟。皆理勢所必爾。知此可以運動天下矣。未與則有疑。轉爲平聲。語助之疑詞也。與之則爲與。去聲。參與其事也

興。虛陵切。作也。起也。天機所感動也。興則有

興。許應切。乃天趣也。託物取義。从同从舁。凡

衺邪　啚鄙　𥿋細　桼漆　曲册　墨墨　研硯　偕借

㠯物而起者。同心所力。則埶不在我。若神助然。詩可以興。出于天機也。其體多比興。不如是則无以發天趣也

尹

尹。余敬切。正也。治官之長也。指又持丨御下。秉一正而衆衺服

聿

聿。啚密切。所以書者也。指又持竹𥿋枝。用以醮桼。一。指方曲也。厥後書之于帛。始用竹管而加以豪。蓋自是有墨有紙有研。天下日以多事矣。誰與想結繩之遺風哉。偕爲發語之

詞。余律切。後世从聿加竹作筆。古文科斗弗傳。弟知蒙恬束豪以後事。不復知柰書矣

醩糟

書

書。商魚切。心画也。言也者代天以宣意也。不旻書。則不可以傳遠。書也者代天以譯意也。从聿从者。則吾不知為諧聲䛇。為會意䛇。曰。者意深遠矣。書則造化在乎手。發天之機。生動而神馮矣。後世學校曰讀書。醩粕也。夫官府曰簿書。桎梏也。夫書之義隱矣

擂抽

籒

籒。直又切。受書而讀也。从竹。籀。曲也。从擂。弟子講業于師。擂而授之也。禮曰。請肄簡諒。旻

一簡則敬受持學而習之必誠毋怠後之讀書者口誦而身弗行廣獵多獲釋卷而茫然矣尚可以語心學乎哉

籀

籀秦笞切書也記也从竹則吾知之矣其从籀則吾不知爲諧聲耶爲會意耶曰籀者僭也意深遠矣衛可受也不可傳也雖然不傳何受不言何傳故託諸書書固不盡言言固不盡意反而求之乃自得之自聖人之心學不傳籀之義隱矣存身乎故紙乎鑽研天地

卍萬　目舉　非排　䝼賢　豈登　丌几　尊尊

卍物移入紙上，目非眞矣

冊

冊，楚革切。古者汗竹爲簡，編簡爲冊，象非比叅束形。古人執事也，敬刻亏載衟之書，故其整肅若此。執冊必也若對聖賢，若面受命，神乃受之。古者大事乃登冊書，小事則用方版

典

典，多殄切。帝王之衟載亏冊曰典，國之常經也。从冊在丌上，尊崇之意。敬若天然乃可開，吾之天古之治也，以衟今之治也，以灋其所謂典，乃叓衟也，非君衟也

亼集
旻得

侖

侖盧困切。成說也。有悳之言也。必則古昔稱先王。故从亼 从冊。會古人之全體也。旻其意。不泥其言。字字而求。章章句句。支離之學也。後之人。侵从言作論。論詎知多言祇从空心。

序序
音春
云紀

語衜而非其序。不可以爲衜。轉爲龍音切。綂王條貫也。又轉爲昆侖之侖。盧昆切。此即混沌之轉聲也。从山。閏文別作崙。旻也。水没文也。

旻没
没波

叏夬

叏

叏古邁切。明決也。易曰。上古結繩而治。後世聖人。易之以書契。百官以治。万民以察。蓋取

諸叏制字者。不象書契。从又。上象解結之形。有事則結繩。解之則无事。不忘古之醇風也

醇醇　拜拜

丯

丯。古拜切。刻木之信也。象所刻齒形。爾昔民猶未知書。略識以意。樸略可想。今蠻夷之俗。尚亦有然者。是毋以僻遠故。未琱未琢之風。僅有存乎

契契　券券

契

契。苦計切。券書也。結繩之後。民不能无事。乃刻于木。刻木之後。亦寖以有事。乃削木而書之。从丯从刀會意。雖然事尚省也。後世日以多事。于是乎廢木而用紙

网網　覲艱　㞋皮　偠便　𣛑蠹　㠯舉

紙

紙。諸氏切。絲滓也。古者書于簡牘。或以帛書。因取敗絲爲紙。从糸氏會意。蔡倫始以敗布潎网。樸樹膚爲之。然猶覲是。今用楮㞋爲之。人彌覺偠害。亦茲多。其最𣛑者。官府之簿書。學校之㠯業。人才政體。大爲所困。而萛之革也。雖然害不在紙。在人之心。多欲則多事。多事則虛文之多。固當我能還元。不簡自簡

吏

吏。爽士切。記事者也。从又持中。公天下之是非也。天衛大公。福善而禍淫矣。君賞善罰惡

孛悖　史㕜

以代天也辟則掌天。公是公非付諸史氏世
雖有治亂公衙不可一日不明也是故可使
人君愳而脩悳世无良史衰說暴行乃作悳
又下衰。人主旻自觀史。而宰相監修公衙安
在貶然而惡名卒不可弇也官府掌文書者
亦謂之史。以其受治中也

事

事。昔吏切。人所作也其上从之。其下从又持
中。何也曰。天下凡事。皆本亐心中者。非也也
人心天然之矩也事來執吾中而往貫之若
一。无過不及是謂天則小篆省作事義从

网綱　不介　陊墮　回囬　𤋮平

而隱政與事何別。政曰大綱事詳其節目。上
下之體也

反

反府版切翻覆也。从厂从又何取于轉石曰
託物取義也介石也者。确乎其不可巢者也
凡可轉者皆浮石也夫翻一落墮于千仞之
厓反。亦兼二義背衛曰反。叛而去也復自衛
亦曰反。來歸也。與回同意人心往來入出。閒
不容息而善惡天壤易如矣握其機哉反之
則爲反乎。[illegible]切平反者。理雪冤獄也

眾衆

辱

辱，而蜀切。恥之也。从反，叛衛也；从辰，與眾僇之也。人之習于惡也，廉所不為矣，然其心猶㤘㤘畏人知也，羞惡之心固未盡亡也。徇之于眾，使人人見而知之，則其惶愧將无地自容，亦且畏辠而彊仁矣。辱之變而為辱，久不同文，結體小異也。小篆譌而作辱，存其義而失之矣。

力

力，林直切。气之發用也。天剛彊，故力健；地堅忍，故力堪。人以志帥气，則毅行禮義，其彊有

力可貴矣人知用之爲力而不知不用之能
嗇其全力也故象下墜而重之形嗇而不用
兵灋所謂其勢險其節短也

嗇嗇

凹曲

劬

劬其俱切父母勤勞也从力句象曲身鞠養
之意嗟夫父母之于子豈直一日之勤勞已
乎十月而免身三年而免懷咳也而謂之孩
齔也而謂之悼長矣猶然曰幼曰弱比其壯
也父母精力已憊矣詩云父兮生我母兮鞠
我拊我畜我長我育我顧我復我出入腹我

欲報㞢悳昦天罔極

繇 徭

勞

勞。魯刀切。用力劇也。从營省轉注。民力不旻息。皆由亐上者所營而繇役多。因事設戒。古人㞢意深遠矣。詩云。民亦勞止。汔可小康。上㞢人其清心省事哉

耎 軟

筋

筋。居銀切。肉㞢絡骨者也。从肉从力。肉柔而骨剛。束其骨肉。乃彊者力也。病則大筋耎短。小筋弛長。不能束固。反以爲害矣。篗从竹者何。凡物惟竹多筋也。竹瘦而脩。匪筋㞢多。胡能

瘦 瘦

脊　左　垂

舁松柏同操也

呂　呂。隸作肋。盧則切。膂骨也。虛怯之処亏用爲不切而共護膂腹賴之。知此天下无弃才矣。象骨聯比之形。小篆以呂爲膂以肋代呂。彼此假借之

腹　腹。方六切。人身之中。上體之下也。身惟腹无骨。坤純陰也。上象匈骨。下象橫骨。夂又象膂骨而中獨空。歸藏于坤也。下𠂹者。少腹也。噫。吾嘗獨觀昭曠之原。始悟眾欲非性生也。悉

㠯壅
豐豐

緣軀殼起亙。胡然若有梘伏亏腹中䏰。曰。心君火也。而无爲矣。君火一動。相火翕然代出。七卩出。匇有小心焉。其系相通。故欲火熾然。咸自下起。若伏若匿矣。然則如出何。曰。亦攝吾君火而已。靜則內照。內照也而明。欲梘清淨矣。躁則其神外馳。而內衷暗塞焉。衆欲所由萌生也。小篆作

奚。弦鷄切。大腹㠯腫也。从省。肉豐則不見其骨也。从而意愈明。物㠯腫則賤。人㠯

叟没

腫則齲。俗爲女以皐叟女宮之稱。少才知者也。語重轉爲戶禮切。又俗爲語詞。何爲也。輕之也。因意轉與音同而系聲。又俗爲東胡名。傒謑諧此。亦有系上二聲。其本聲也。谿之諧此。奚之轉聲也。鷄則會意而非聲

交。古爻切。合也。天地交則泰。上下交則治。男女交則生。生皆二體合而爲一也。古人制字。優明同體之義。故象人交足之形。仁者以天地萬物爲一體。莫非己也

膂脊

要

要。於遙切。體之中也。腎之宅也。人身第一關會也。从臼。象其中。从𢆶。象其幺叉。下二系者。象其脈絡通于足經也。以其爲關會轉而爲簡要之要。要害之要。於笑切。俗書混用要。別加以肉作腰膂。竝非

脊

脊子亦切。背之正中也。丨象椎骨直上直下。緣督以爲經也。與任脈相通矣。人身之周天也。衡一。象要監骨。仌象幺叉肉隆起。人身惟脊不動而一身運動由之。故骨多于肉。勉人

硬　前　俯

能樹立。必曰硬豎舉梁。不如是。不可以任重而守大也。或从肉作膂

吕

吕。力莒切。舉脊也。凡二十一卩如珠。气行一起一伏也。象上下相貫形。凡臟府皆系于吕。心系于五椎。自十七至二十。爲與監脊所弁。心之脊旁蔽脊。腎後旁監脊。天突之妙也。或从肉作膂。舉之重在脊不在肉也。俗爲律吕之吕

躳

躳。居芎切。詘其身以爲敬也。身順則背向天而吕見。故取以會意。俗从弓聲作躬

匈胷　湑汁　䏾囊　叐承　会陰　幺左　郄膝　夻終　共恭

乳。惢主切。匈湑肉䏾也。象其形。皃所飲湑。乃母血所化也。觀此忍忘鞠我之劬勞。兮男子亦昪乳形。何也。曰。此生生之梪也。小篆作

足。卽𥎊切。人之下體。叐載其身者也。手若天運。足若地任。手與足相爲会昜。其幺又自爲会昜。三象昪矣。〇象郄骨。足所由屈申。止象其下之骨。所以行住者也。足居體之夻。僭爲滿足之足。夻始夻卒也。足則太過。轉爲足共之足。子遇切

六書精蘊三　卷　六十六

蚤屈　也蛇　拜拜　亦齊

疋

疋，語下切，正也。从容有醞藉也。从正而屈其上。象委也出意。大直若詘也。詩大小疋。正而有和意。爾疋訓其正義也。疋拜，君荅臣禮也。屈一卻。與兩卻所屈不同。其體博大雖容，故訓爲正。蓋周禮之褒拜也。後人通借用雅而疋之義亡。因兩卻相次至地，故轉爲笞菹切。其義則相也，待也。或借用胥。胥乃蟹醢也。从肉。疋聲。疋與足義相遠也。形相邇也。故易以譌。一顯而一晦

坖基　口方

㹾狂

止

止。諸市切。足趾也。人身之至也。履地衛之剛、口。其力在骨。故通从骨取義。中象骱骨，旁象臁骨脛骨，又初步骨形。止動則行，不動則止。故又爲行止之止。一動一靜相因，而靜常爲主。觀此可以識心體之妙矣。心有欲則自行。物牽之而住。主无住矣。无欲而後能眞體乃爲眞住。常應常靜。行亦止。噫。斯其天根之學乎。因而爲止足之止。吾生也有厓。而欲也无厓。知以貪迷，行曰若狂而馳。可不大哀鼂。故曰。知足不辱，知止不殆。俗書加足作趾，非。

王玉
曰舉
肯前
散敢

屮

屮汙達切。行而足不離地也。禮執龜王。曰肯曳踵。論語足縮縮如有循。敬謹之至也。从止轉注。止取不動。屮取不散輕動。一地衞之皃重也

步

步薄故切。布武也。象二止相肯後之形。一動一靜。互爲其根也。司馬灋六尺爲步。半曰足曰跬。一曰足曰步。其長六尺也

𣥠

𣥠子六切。聚足也。堂下布武。堂上接武。升堂陟級。則聚足而後行。敬之至則自爾。从步轉

俾俾
晶星

注。二止ㄆ又，若癶也。別作蹷，或作跁，皆閏文也。舊音北末切。按癹从址會意。癹之从癹取其蹶張也。潑撥又从癹會意，豈可因子孫而牽母以从其音也

步

步。薄故切。步天也。曆數之學也。聖人之經天也。日為主。太濛以付有司。俾致其詳。則以中晶為主。因二十有八晶。分周天為三百六十有五度三分度之一。以推七政之行。从日从步。處其事也。今通用步

厲厲　息憂

涉。直攝切。徒行厲水也。从步从水在中。直指其事。息其未涉。喜其既涉。字義咸㠯㞢矣。小篆變體作。人尚在亐水中。漠然不加欣戚。其未亾乎。或作。則是人行水瀕。千與事實失㞢矣

千弁

頻。蒲眞切。取瀕㞢意。从瀕从頁。臨亐水厓而矉蹙。戚頞不肯也。觀此則九月除衜。十月成梁。仁政自不容緩矣。加卑作顰。非因㞢爲水瀕㞢頻。詩云。池㞢竭矣。不云自頻。外无助

緩緩

瓦尾
豖奉

也泉之竭矣不云自中内无本也或作濱非
从豈省之多僭爲顗數之顗省作頻非

登

登多恆切升高也从階取義衡畫二象堂之
上下中象階級上指陛級聚足因事教敬也
登與豋同音故其下譌而从豆夫豆何爲者
而以足踏之是毋大不敬乎

豋

豋瓦豆也从豆太類从肉實于豆中从廾承
而薦之也指用以名其器儼然執事敬也

踐

踐慈衍切履舊迹也从足戔聲古人太忠如
天之崇而循循用功踐步皆蹈實地故其取

義若此。无徃非敎也

目 擧
眡 視

蹻

蹻。法嶽切。目足行高也。目以定志。足以步目。其志也揚。則眡遠而足高。从足从喬會意。因事設敎也

屈 屈
𨚗 膝
旨 膂
拜 拜
共 恭

跪

跪。渠委切。危坐也。象屈𨚗旨身之形。古者拜若坐。皆先跪。後世下見上。以跪爲共。蓋夷狄跽禮。流入中國也

箸　著

臾　㝹

妥土火切。安坐也。凥箸于蹠。䟡跪爲安。其从小女會意何也。曰。女子内而不出者也。自其㓜告。教以端坐。毋輕行動。習其誠莊也。窈窕之德頌也。小謌而从𠄌。于義何居

走子口切。疾行也。人之徐行。兩足互爲屈申。莊重舒遲。行不動身。其行也疾。兩止常屈。从夭从止會意。足疾以趨。手頷翼如。盛德也。夫走之所至。轉爲去聲。則後切

辵丑略切。行急闊步也。从彳从止。反若舒遲何也。曰。此兩足相須之勢。必一足先去。臾而

後曰一足也有力急遽中自有持重疾馳而輕其勢必頃

頃傾

文酥危切安行也象人曳丈消搖之形愚按象正坐形象側形象太形象跪形則又象其行形皆从省因事而變體也

丈杖

処敞呂切居也止也取老耆安止之意从人持丈叟几而安起人孝敬也因以見少耆不可褻居耆成偷惰未老先衰矣所処爲処去聲俗混用處險地也

奺死　𠂹垂　阝艮限　卬仰　昜易　○圓　浯活　旾春

（篆）久。甚有切。長也。葢久亐天地。人生若浮曾不及物之大年而能與天地同久惪也象人奺𠂹後謂其惪大而不朽也。自有宇宙以來。人也而與鳥獸艸木。同歸亐澌腐者何限惟聖臤卬代瞻卬之以爲瀌若乃有意爲身後名。則又淺之乎其爲丈夫。佔僞也。而非佔惪矣

（篆）變。悲見切。昜其常也。造化之生動也。从䜌从久。者。昜窮則變。變則通。通則久。拘䜌者。執不能不窮。滯亐物也。變而通之則久。○而神也人常浯其心。毋奴亐物哉雖變亦有美惡也。旾

雁鷹

也。雁變爲鳩，鳩變而譱也。秋也，鳩變爲雁。變而不譱也。人而變爲聖賢，譱變也。夫譌而从攴

非

夂。陟侈切。徐步也。循循不已。遠可使邇。从夊省。爲意，示人進衜之序也

夊。苦瓦切。闊步也。夊者不行。欲速則不達也。从夂而反。敎戒存其中矣。又兩股闊曰夊。足力所出也。別作跨胯

敵敵　臤賢　舛舞　頌容　媚媚　𤔔亂

夅。胡江切。詘服也。憤驕而不可制者。人心也
學須夅服其心。近取諸身。合夂與㐄。示人以
意。夂者。不爲物先也。㐄者。欲上人也。今也孫
而居下。是能勝其虛忠與驕气也。敎人詘服
而來歸。亦名曰夅。受夅則弗殺。全吾仁也。亦
以太信也。禍莫大于殺已夅。降字从此爲母。
自上而下也。隆字又从降爲母。天將昌人國
家。必降生臤才也

舛。文拊切。樂之頌也。天機動于三體也。莊重
雝容。其妙无窮。娭媚輕疾。是謂變惡。象兩人

持干。手足軒昂形。相背者。又以象其身之周旋也。小篆混舛爲舛。故加舞聲作舞舛。欲明反蔽。天機若滯

舛舛
變差

舛。昌轉切。變忤也。順衡則爲純。反衡則爲駮。从夅轉注。象兩相背形。夅順而舛逆也。字形與𠦄相類。故傳寫易譌。義則迥別矣

𠬢皮

肎聳

肉。如六切。象外有皮裏而中有文縷縷形。骨剛而肉柔。故人之骨肎者多剛肉多亏骨者。

卩節
奏奏

侌陰

𢇍絕

空孔

𠧪顱

恆柔而不能太。因肥大義借爲寬裕肉好廉

肉卩丏虫肉別作

骨古忽切。剛气所凝結。肉虫榦也，衆體虫關

卩也。象小骨大骨𦅸絡形。中象其髓。下从肉。

骨肉相箸也。少侌腎气伏行而溫于骨髓。气

𢇍則肉濡而卻。與骨不相親。人虫疏遠戚屬

者。觀此可以自反矣。骨空中有髓。虫气周流

无閒也。人身三百六十五骨。始于𩨨盧而卒

于胑歬。應周天虫度也。女人惟三百六十

昝昔　曡疊　鱻鮮　葡備　贅贅

昝。思吉切。乾。肉也。上指曡肉形。从日。暴之也。純用鱻物則多殺生。是故爲昝以待賔。若也以葡味兮。則非古仁人之心矣。緣曰義。俗爲今昝之昝。因又俗昝昝爲夜。俗書不知俗義附贅爲腊非

湆烹　䰜羹

湆之。入切。烹肉液也。从肉从汁。烹肉水汁釜中也。古人多自執事。故制字由盡物情。肉湆因其天然。謂之太䰜。古人尚之。調以五味。則曰和䰜。天而人矣。俗作汁非

弟　細

肖光弟切。佀也。人肖天地。子肖其父母。古人深識同體之義。天地是一大身。人身一小天地也。乃近取諸身。子生類父母而小。是故从小會意。今夫悳弗類者。則謂之不肖子矣。惟大人與天地合悳。乃爲克肖哉

屑先結切。絤謹也。字意从从肖何也。曰。所貴乎肖者。是其大體也。隨亐人後。切切而求佀焉。徒是人之弃餘耳。何其不憚緐也。凡物碎之爲屑。出其餘也。从肖譌

謋謋

肎苦等切。筋與骨肉會處。綮也。而不覺其虛也。中之爲難。中則謋然而解。古人因以命名。制字者。象筋束肉。其義爲心可。盇肎不言而喻者矣。君子觀其會通。以行其典禮。會其綮也。通其虛也。妙在巽忠以進之。毋爲之光俗

俗作肯非

𦘔舞

佾弋質切。𦘔列也。天子八。諸侯六。大夫三。每佾八人。从八。佾之數也。其數易知。其義難知从肉何也。蓋亦思夫古人之制𦘔也何哉。非以動盪吾身血衇。而流通其精神氣。乃知从

衇脉

肺肺
臓臟
空孔
桒葉
脾脾
昜陽
又右
回耳
凹曲
乃左
倍倍
昜傷

肉肙之義也古人可謂深達樂卅之原矣

肺方吠切金臧也其形俱爲絪空元气升降由之从肉上象六大桒覆形肺爲華蓋覆心之上心如未敷蓮華脊膈隔之脾肝腎居下一方輕清象天重濁象地也小篆作肺

腸直良切足太昜昜明經故从肉从昜大腸傳衢之官肺之府也又回縈十六凹小腸受盛之官心之府也乃回縈十六凹出也遲遲則元气固飲食自倍腸胃乃傷

壹氤　壺氳　回雷　衺邪　搖遷　洩決　旬包　脊汁　迸送　畜蓄

肝

肝。居寒切。木藏也。凡七來如木有枝。从肉。干聲。木。仁也。其主怒。何也。曰。肝非主怒。是生气之所發動也。有咈其生理。則怒之。過則爲逆气。伐天和矣。盍觀諸大化乎。春而壹壺。生气之動滿盈。回以是告發聲。会衺干之也。善養天和者。其喜也不隨。其怒也不搖

膽

膽。都敢切。肝之府也。中正之官。洩斷出焉。旬精脊三合。獨爲清淨之府。而不傳迸。故能畜其全力。人謀慮不洩。則膽移契于心。口爲之苦。从詹于聲不諧。何所取義乎。曰。膽欲其大。

敢 从儋轉注肴气散任也

臟 臟 

臟。蒲欜切土藏也从肉从臧地衛臧而上行。諸府為藏藏役臟獨為胃役食胃脘而動如轉磨然融化精氣周乎身故曰臟昇坤靜之德。而肴乾健之運其臧也乃其所以為盛德也。多食則困臟多息亦困臟何也曰心役臟氣以息也是故臟藏意意安靜心君也而不自用諸藏各以其職役焉是故淒則用膽氣發動則用肝氣堅忍則用腎氣也

藏 藏

內納
甘甘

胃。云貴切。水穀之海。脾之府也。○象形。中象容受穀米形。胃爲太倉。何所不內。獨从米者。穀之爲主。甘而淡。尤與沖和純粹之氣相宜也。人非飲食則不生矣。是故先天也。胃爲之根。後天也。脾胃以爲之根。小篆从肉作

夅脊

腎。時忍切。水藏也。乡爲腎。又爲命門。上象其夾脊兩旁如卵形。下○象先天一氣。腎之所从生也。人之命根也。腎者。作彊之官。故藏志。志安堅忍矣。天之運也。南北極持其樞。在人

掔慳　嗇濇　胞孕　畀具

則心腎之象也。六合之內。天地相距八尺三千里。心與腎。其相距八寸三分。故曰。人身小周天也。腎藏精三合。易虧難盈。獨為腎藏。嗇精惟寶哉。小篆作腎

胎

胎。土來切。婦孕三月成胎。形猶未畀。正混沌欲分未分之時也。从肉。台聲。爾時生氣未定。感于善。善矣。感于惡。惡矣。是故古有胎教。保之于混沌之時也。子之初生。則又為之擇女師。自能食能言也。而教之矣。此保之于開闢之初也。噫。有志醇古者。念哉

爿床

疒

疾。秦悉切。病而重也。是亦何遽至然而从爿从一。象横而陳之。若不可起狀。何也。曰。此古人慎疾之心也。千尋之隄。敗于蟻穴。天下何嘗有一事不从微而甚者哉。人惟不能謹身也疾是以生疾也又弗能謹。則其取死易易矣。噫。致疾由心。治疾亦由心。心一而气和。会易不能為之診矣。今通用疾。乃𠂆急之義。从矢。疒聲

醫

醫。於其切。治病工也。信巫不信醫。在灋不治。乃从巫為類何也。曰。取其通神也。人身固天

承承　閼閔
毄擊　跡蹟　耆壽
叀專
酉酒

地之委和也。偏則之疾。天地之運。亢則害。承乃制。病雖爲衺。而造化在其中矣。閼閼之當。弗克舁神爲謀。何以燮理人身之侌昜躳。从殹諧聲。兼取其意。殹毄中聲也。藥之毄病。其應如響矣。毉惟仁術。跡民者耆域厥心奇恆。甘業叀精。乃可以寄民命之。俗混用醫。周禮六飲之一也。故其字从酉。隱綺切。後世以醫爲毉。別作醷

六書精蘊弟三

六書精蘊三卷　十八

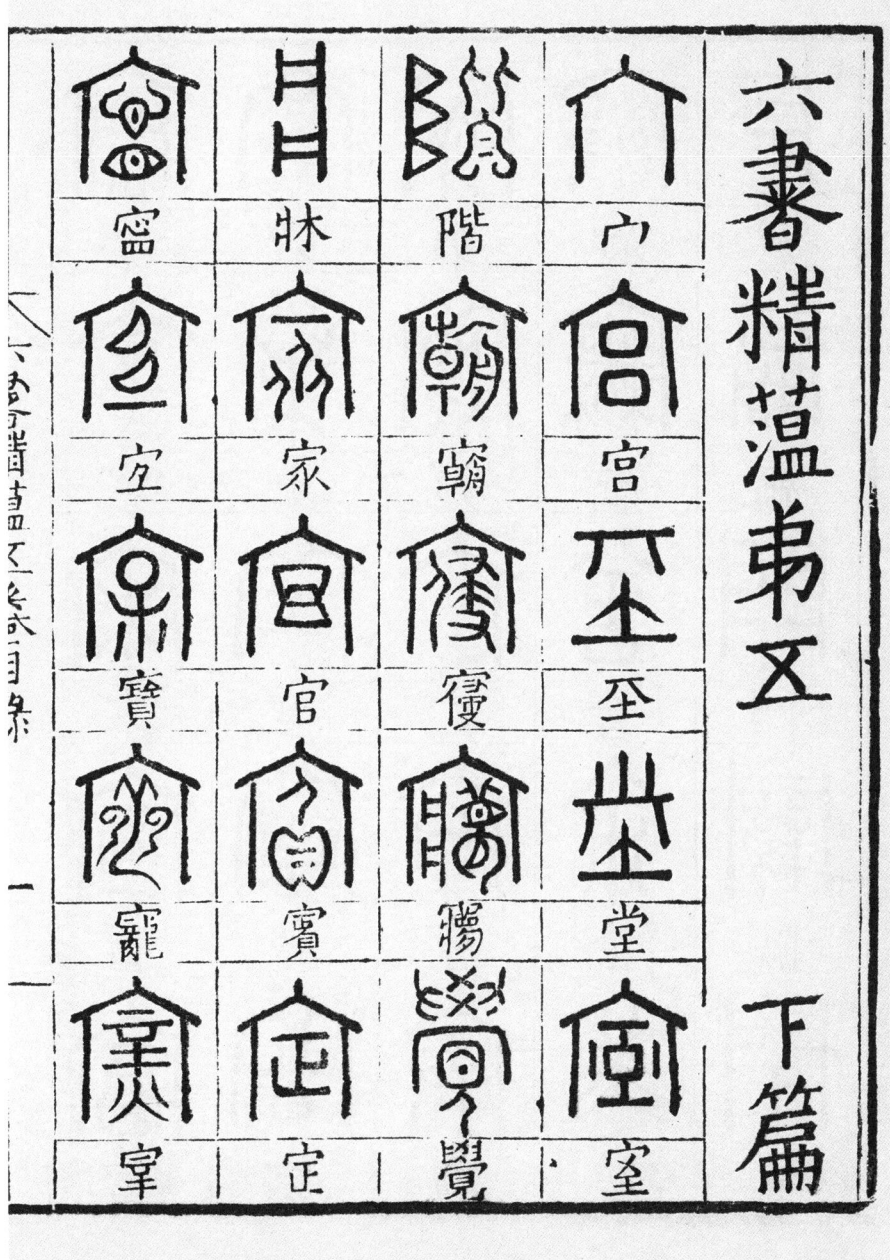

六書精藴第五

下篇

宀 宮 至 堂 室

階 [illegible] 寑 [illegible] 覺

[illegible] 家 官 賓 定

寍 [illegible] 寳 寵 宰

六書精薀文卷目錄

察 宅 宋 宣 富

穴 巢 空 屋 容

竆 窺 广 序 府

廄 廡 舍 余 茨

戸 扁 門 闞 閏

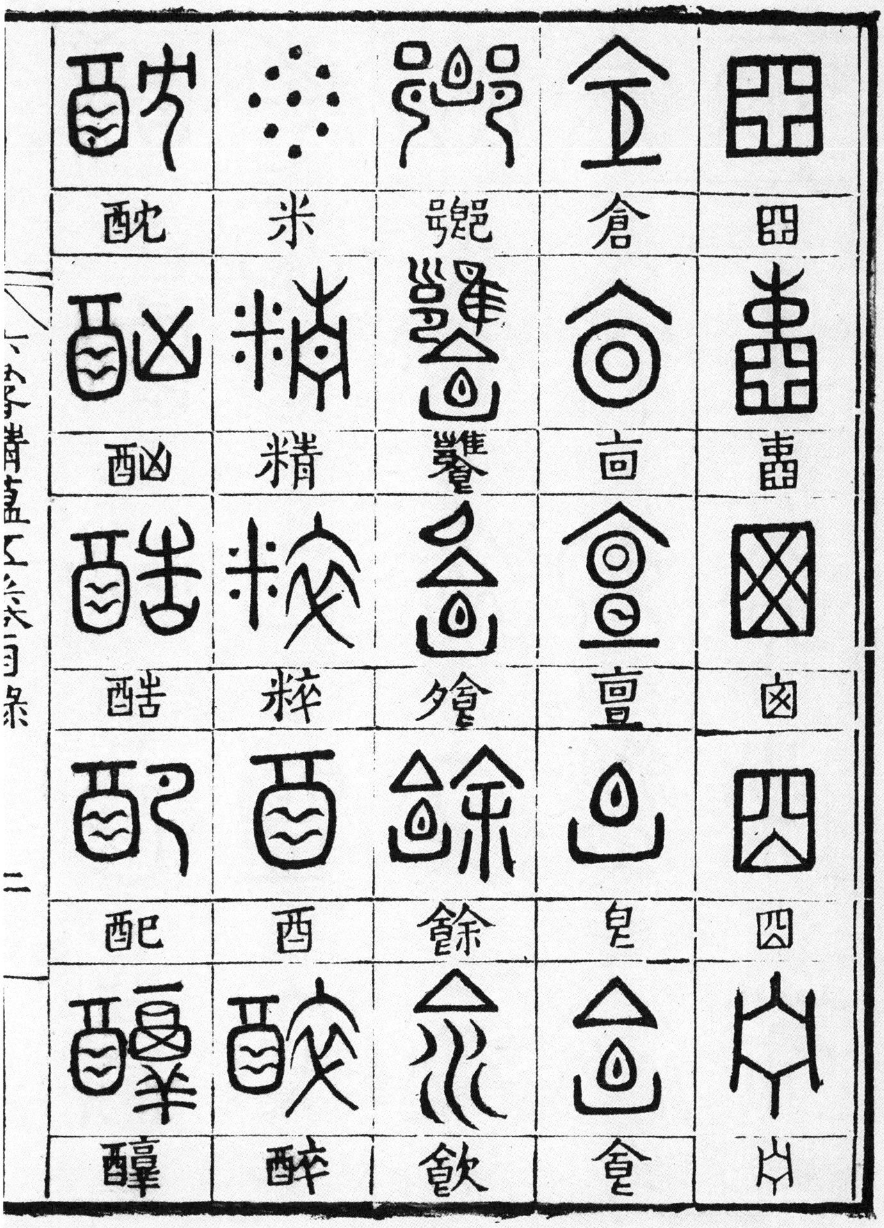
六書精蘊五卷目録
二
倉
亶
皀
饔
餘
飲
米
精
粹
酉
醉
酖
酗
酷
配
醇

褱	衺	初	鬯	醻
求	衰	衷	鬱	𦎫欠
市	躬	衮	鹵	酺
常	襲	卒	鹽	酋
帶	[illegible]	裕	衣	尊

六書精蘊卷目錄　二

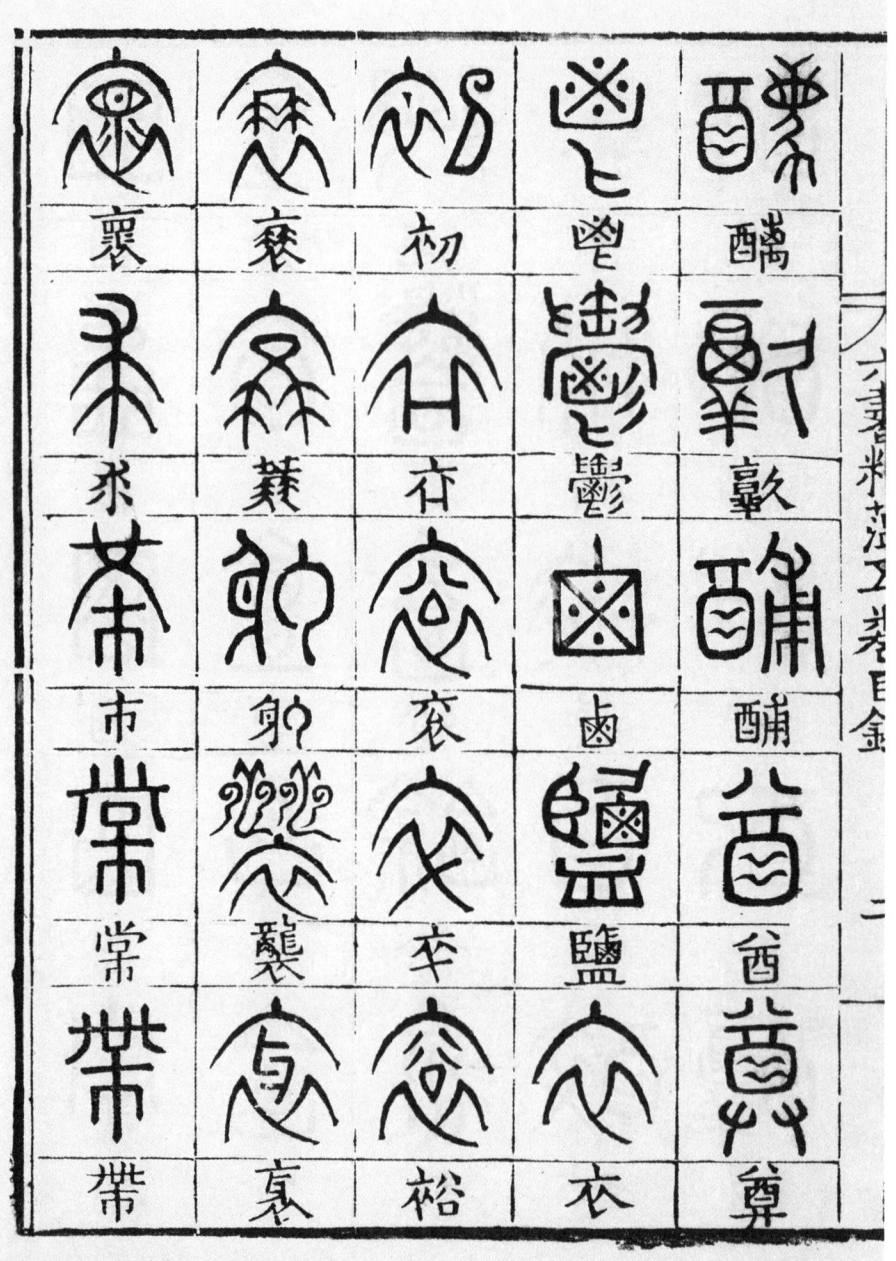

布	冃	冕	西	絜
巾	冋	弁	絲	緝
常	同	纓	糸	約
㡀	冠	笄	繭	綜
黹	冡	緌	純	統

繼　系　𢇍　㡭　變

劉　矩　規　準　繩

鼎　員　鬲　鬻　畐

融　豆　邊　豐　豐

豐　豔　八　因　席

且	甗	危	缶	甶
皿	血	衇	卹	𠙴
千	嗇	㐭	来	枱
乏	与	与	匕	也
矣	車	輿	輪	輈

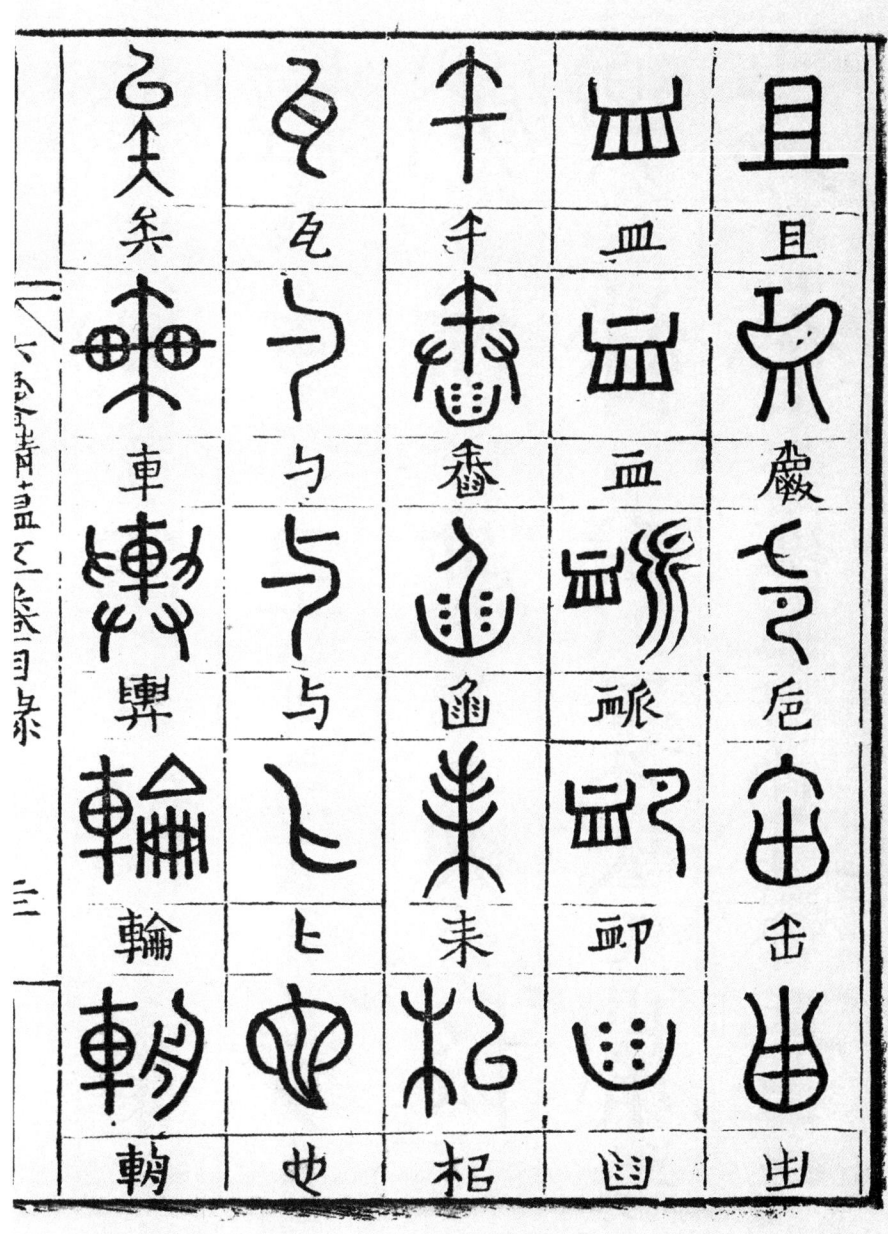

服　斬　龠　輅　重

輕　量　斗　升　舟

艵　方　般　俞　凡

樂　律　琴　瑟　[illegible]

声　磬　鼓　中　壴

豈　角　鍾　用　弓

彍　矢　䠶　⿸厂矢　矦

正　是　玉　丙　族

匍　弃　㫃　肯　勿

兆　非　千　羊　𢆉

卩	印	戍	我	乁
㔾	归	伐	予	㱿
卿	壐	𢦏	子	毅
𠨍	戈	或	乇	矝
巺	戟	𢧵	殳	戉

六書精蘊五卷目錄　五

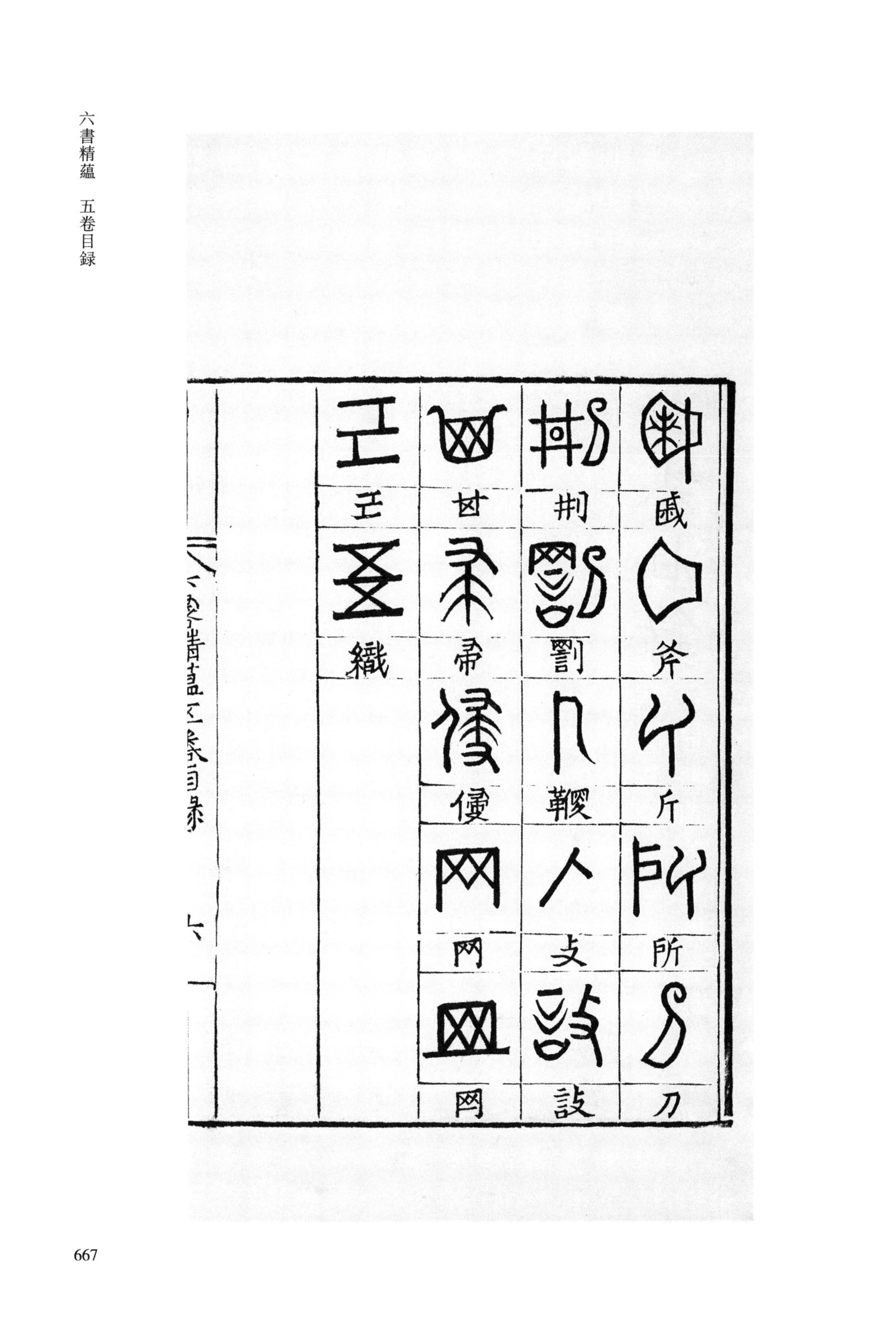

戚
斧
斤
所
刀

刑
劉
鞭
攴
設

甘
帚
僂
网
罔

壬
織

五卷目錄　畢

㝈俗夏也𡍮昜㞢卩亐回眂歬从幬界限
佁也脊陽之節于囬視剪從幬界限

六書精蘊弟五　下篇

宀

宀莫延切。殿屋也。㝈屋二阿。殿屋三阿重屋。象其深覆形。上隆起其脊也。大屋皆昜。不可从不爲㞢卩也。攷亐周制。明堂東西九筵。南北七筵。豈若後世豐屋自藏哉。雖然回眂莭茨不歬昔。則亦有閒矣

宮

宮居紅切。上穹而下合。人居其環中。从宀。象覆幬。其下二口。象别内外界限。纘以周垣形。

作作　卍萬　世世　奢奢　㤅愛　太立　奉奉　宑卑　乎乎　僭借　至基　氐底　承承　贅贅

正家第一義也。巢居不可以久。是故聖人始作宮室。萬世賴之以安身。峻宇琱牆。若天際翔。是窮奢也。非大壯也。天之愛民甚矣。故爲之立君。豈欲其竭民財力以自奉哉。禹卑宮室而盡力乎溝洫。此眞代天養民者也。借爲宮聲。五聲之主也。又爲宮刑。下蠶室也。

基

基。居之切。築底爲固也。从土。丌聲。兼取卑意。其卑也。乃其所以實也。天下之事。豈有不務實而可以久乎。否也。而可以大乎。否也。基有始義。有承義。从其作𡋯。小篆贅之。

眾衆　肯前　縱從　侌陰　𠣾抱　昜陽　尊尊　朝朝　气氣　又右

堂

堂徒狼切。崇至爲堂。眡之如高也。下从坴。上象始冓合大小眾才。以明土木之功。其成孔覲也。書曰。厥父至。厥子乃弗肯堂。矧肯冓。堂有正大顯明義。故室之肯爲堂。亦曰聽事。因之爲堂堂。尚字从堂轉注。取高上之義。又取加義。小篆顧从尚作堂

室

室式質切。屋之主也。縱衡象三面皆壁。取其幽侌也。中口。象虛室之白也。古人肯堂後室。負侌而抱昜。堂嚮明。以中爲尊。室朝之气。以又爲尊。室之北爲墉。天文北極弗動。人背弗

梩根　阝阜　耆者　乡左　卥西　序序　太立　亏于　衜道

動室亦如之知此義其知天梩之學乎小篆作室

階

階古諧切設之級以升也从阜皆聲古耆堂之歬无階惟乡又設兩階由東卥序以上地衜尊又故又爲賓階東方仁也主人居之故乡爲阼階阼階也耆主人之階也天子之尊其堂亦惟兩階君太亏阼以賓禮延其羣臣所以下之也下之也耆天地所以交泰也秦始中爲甬衜充獘自尊天地不交否矣或从土作堦非

除

阼

从此轉注

窮廟　皃貌　乘奉　謁訛　彡參　敽敢　画畫　卉終　昜易

窮明召切。窮之爲言皃也。乘安祖禰之神。如將見之。故从韓太意。其上从宀。室之正也。後世謁而从广。居室之偏。大不敬矣。今特彡攷古文改而正之。古人大事行禮于窮中。依依祖考之神。不敢擅重事也

寑乇荏切。居室也。古人韓以聽政。画以訪問。夜以安身。故从宀而諧侵聲。君子謹禮。画不处内。卒必于正寑。从考卉因昜安易溺。偕爲寑廄之寑。倚閣不行也。又爲寑陋之寑皃。不

月部

㝱夢　睡　醒　邪　俱寂

揚也。俗作㝱㝱，从月爲義，則眞溺亐妄妄矣。

㝱，莫鳳切。寐中之動也。此以神遇也，而亦神迷也。凡夫睡多㝱多，从夢睡而惛惛也。何以从寤轉注？將以聖人之神也。人方其㝱也，固營營不自知，及寤而後恍然知其爲㝱也。夜㝱最可驗學。其㝱也哀，晝有哀想也；其㝱也漫，晝有漫想也。因㝱維何？流注想也。聖人神凝想㝱俱寂，惟天機相感也，而形亐㝱。學者不寤寐若惕，何由通乎晝夜之衜而知

肰然 㝵得 莫莫 死死 㪅更 竝並 緖緒 幺幻 𢇍絕 景影 嗟嗟 𠷎疇 邪邪 气氣 溼濕 尊尊

覺

覺古嶽切。寤悟也。人方昧肰也。若其寐寐焉。及旣寤寤昭肰者自知也。非从外㝵也。雖肰哀莫大于心死。覺如㪅生。成我者之恩。固與生我者竝矣。从學轉注以見。因之爲寤。覺居效切。人方寤出。喜怒哀樂擾擾己緒。不自知其幻也。及覺絕不見形景。雖愚者亦莫追尋了知其空也。此迷悟之別也。嗟乎。生死一大夢覺。疇能知其解邪

月

牀。助莊切。安身者也。象短足附于地形。受地气而遠其溼也。後世爲之太尊。離地已遠。則

易易　乘乘　差差　備備

不可以受生气。大廣則气不聚。易爲風所乘
皆非所以當神也。省文作爿。與丬易混。
今特以義差别之。小篆作牀

家

家古牙切。風化所出也。一家之中。天倫聚焉。
从宀从一从豕。家政統于尊也。父父子子在
茲。兄兄弟弟在茲。夫夫婦婦在茲。正家之道
備矣。會意。孔明。後世譌而从豕。謂豭省聲。鑿
哉

灋法　𢇁聯　巫平　牖牖　尊尊　叀專　曐星　釆辨

官古歡切。職主也。灋守所存也。从宮而𢇁之。宮中府中，倶爲一體，所謂无黨无偏，王衜巫也。字从此。有司所執持也。故曰有官守者，不旻其職則去。省文作，意从而晦。

賓必民切。上客也。古者席賓于戶牖之閒。从宀从負，指其南面負室而尊之也。小篆从丏作。衆賓爲，席于賓之西。其从各者，取叀席之意。儀禮衆賓之席皆不屬焉。

定丁錠切。營室曐名。字意取于釆方正位天人一體也。轉爲靜定之定。徒徑切。執持而後

忠志　歺死　夲終　㐬齊

靜曰定。不執持而自定也曰靜。其秉在忠矣。雖然。忠欲止而意欲行。如之何。曰。管歸一路

寍。奴經切。死而安也。从宀。考夲亏正寑也。从心从目。心安而瞑目也。張子曰。存吾順事。歿吾寍也。其知古人之心乎。後世譌而从皿。義不可通。寍有願意。故僭爲願詞

宜。魚鷄切。又魚哥切。義之所安也。事當其可也。物各止其所也。制字者以齊家取義。國遠而家邇。家弗能齊。是吾身教有大隔礙。有大欠闕也。从宀从多从一。家人衆多。似之若出

平　保

亐一。均𠭁天下在茲。省文作宝

宲

宲。博晧切。宗器也。从宀从系。上世所傳子孫世守之也。顧命陳宲。赤刀。大訓。弘璧。琬琰在西序。大玉夷玉。天球河圖。在東序。胤之舞衣大貝。鼖鼓。在西房。兌之戈。和之弓。垂之竹矢在東房。可以觀古人所重矣。小篆作寶从王从缶从貝。是重玩好也。噫。吾因是而識古今之人情

昜易　志志　頌容　説悦　㚔幸　㝵得　夫失　猒厭　遹適　爽[illegible]

寵。丑甬切。恩光也。而昜以私。从宀从龍。則是志不在天下。徒以為一家之顯榮。此頌説臣也。匪安社稷臣也。周禮寵以馭其㚔。君之㝵恩。有所致隆則可。以私眤㝵之。則大不可。上下交夫其正矣

宰。作亥切。均平天下也。字意从宀。天下一家也。从辛从火。者何。制物不如化物也。人欲无猒。各私其私。爭是以起。在上者。惟公无私。使人人各遹分願。无患寡。无求多。謂其不和。爽

卍萬　太立　乇托　㫃旅　亐于　卤栖　眾衆　𦥑舉

而爲太和。故能輔卍物出自然。還以相天。小
篆作无火何以燮和。是取一切治而已

察。初八切。監祭也。巡不如儀也。从宀从祭爲
意。引而申之爲加詳。爲小明。義各有當

宅。長伯切。定居也。从宀太顆。其从乇。何也。人
逆㫃亐天地。不可无乇宿也。如鳥卤息一枝
矣。人生苦不足。達者常裕如。孟子謂仁也爲
安宅。爲廣居。又進亐是矣

宋。酥貢切。上梁也。凡作室。其重亐上梁。匯合
眾力不能𦥑。故其義又爲公共。从宀从

生封
从丘
乘奉

會意。譌而从木。義从而晦。周生微子于商从以乘殷後。名國爲宋。以其地于天文屬大梁之次也

宣

宣。須緣切。明堂宣室也。从宀从亘。取大開通明之意。宋大祖嘗曰。洞開宮門。正如我心。少有衺曲。人皆見之。噫。其暗合古帝王之心學乎。小篆从亘非

術齊
釁爵

富

富。方故切。後世所謂多財也。不取貝義而从宀从畐。何也。曰。古者井田。民无獨富者。釁

豈 善 乎

然後貴。祿然後富。䨼由亐君。代天以福譱也。故取受福會意。言亐其家食天祿也。非營求財也。教在其中矣

窟 孔 漏 曲 冬

穴。胡決切。土窟也。○象爲出空以㡿天光。夕又象穿土詰屈。闢其中以居。亩則亐是。後世聖人。因出以作宮室。然猶未忘古始。爲中霤以象出惪。出下衰人。欲何極。廣治宮室。回息

回 思 孰

穴処昔。太樸何如哉。噫。軀殼已是吾身外宅。宮室又吾軀殼外宅。侈亦何爲。徒使惡茲。𩫖

與居天下之廣居。小篆作

卬仰　𣅀昔　者者　巷巷　默默　凶塊

巢。徂交切。鳥室也。从木。上象綢繆牖戶。眾小雛露在巢顛。卬首以望大鳥之哺己也。慈孝繾綣。出自天性。可以人而不如鳥乎。昔者有巢氏旹。民亦如是。豈知後世峻宇琱牆哉。噫。人能知宮室乃我巢窟。僅取容身。則陋巷亦足矣

空。苦宮切。凡有形皆實也。惟天太虛曰空。惟心中虛空空如也。默與天游。人欲塡塞之。凶

冏肉　畫壘

感滅　扞弃

㝗隙

若冏畫。是謂鬼幽。空本天然。字意从穴从工若人所造。何哉。曰。古人觀于闕地而悟通塞之機。故述上古穴処皆事地之塞也。穿而通之。其中則虛。惟人攸居。空非从外來。塞去而空體自見。可以反照吾心矣。然則釋氏之談空。獨非與。曰。心體本空。天性自充。因感妄心。扞感眞心。可乎不可。上聲爲空竅之空。苦珙切。俗偕用孔。去聲爲空㝗之空。苦貢切。腔會其意。控諧其聲

彼彼 矢失 包包 函函 靈廓

室

屋烏谷切。人所以庇也。从宀。追本太古峕事。凡宀舍皆从宀。變體从至。取來歸之義。示人反本也。窒貞亦切。諧臸聲。塞也。小篆省从至。以室為窒。故室別作屋。从尸建省。

彼此矢是

容

容。余風切。包函也。寬中陋中。一由于心之公私何如。公无私者。天下咸吾度內也。从空建省。而受之以公。吾不知何取于空也。曰。心惟空空。故能靈廓然大公。空則亦无我。亦无物。純

譌訛　復復　嵒巖　臤賢　偺借　衜道

亏天心。自私則多疑。占己而妨亏人。恒中而无與親。是則斗筲也已。省文从宀作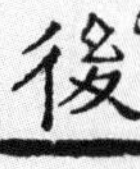後人之苟簡也。俗書譌而从谷。惟取彤佀。不復問義當如何矣

窮。渠宮切。困不遇旨也。不取困義而从穴从躳。取身隱嵒穴。人莫我知爲意。觀窮之義。欲野无遺臤。難矣。是故王者勞亏求臤。窮者極義。偺爲窮理之窮。會歸其極也。格物。始學之事也。窮理。成德之事也。謂窮理爲格物。語衜而非其序。非衜哉

窺去隨切。从小知推測也。从穴从規。大意。規規穴中而望。所見其能幾何。故曰。達人大觀无物不可。窺與闚小異。闚取在門內。自蔽其明也。易曰。闚觀。利女貞

广負奄切。偏屋也。从宀而殺。象一廈倚墉之形

負魚 廈廈

序云據切。堂无室也。其北負墉。故从广而諧予聲。殷人以名鄉學。主于習射以觀德也。亦謂之豫。聲相通也。禮曰。豫則鉤楹內。堂則由楹外。轉爲徐呂切。以堂之𠂇又負牆而偏也。

𠂇左 又右

東序在阼階上西序在賓階上行禮陟降由
之因之爲次弟之義

䝸貯

府

府。灋古切財貨所藏也夫利公之則天心也不
私之是爲凡心財貯于上與天下共之也不
可不爲天下守之也故擇人而付之使義者
主利王沖然无欲惟卩用懸人全其天心小

卩節　懸愛

篆作府

䣊郎

廬

廬。魯當切宿衛周廬也从广从䣊會意夫文
有䣊体周禮宮正宮伯所領宿衛之士也人

六書精蘊五卷　十一

囪窗　衛道　無平

主恆親正人。不適宦官宮妾。則天德純灌有

𢈔衛古意僅存。後世則盡廢矣

廡

廡文甫切。堂下周屋。以夾輔正室者也。从广。

諧𣞤聲。凡堂室取象周身。堂以爲面。室以爲

背。門戶。口鼻也。囪牖。耳目也。𢈔廡其手足矣

乎。是故近取諸身。何莫非衛也。遠取諸物。亦

何莫非衛也。𣞤。無聲。艸木蕃盛也。从二未

會意。諧夫轉聲。小篆誤以爲有无字。俗書作

無非

巠基　沈沉　㝵得　𡭴隙　聊聊　眂視　曾增　僧借　𠙺曲

舍

舍。始夜切。茅屋也。葺屋欲峻。上象其峻形。中平。象其交冓小形。下口。象巠。九重沈沈。誰念民居之陋哉。舍可宿。因之爲次舍之舍。又轉爲用舍之舍。上聲。舍置之舍。入聲。或作釋。

余

余。羊諸切。附舍小屋。从舍而省。㝵𡭴地則爲之矣。八象其短桂。聊以支吾而已。是之于不足。眂富者刻屋而閒居。苦樂異矣。何以反取多義。負者曾此不啻足矣。因其小。僧爲我稱。謙詞也。居舍之偏。轉與衺同。斜字从此爲母。斗柄微𠙺也。入舍所必經。轉與涂同。涂也者。

川上之衙也。禽鹽荼稌皆因余諧聲

乑脊　閒間　復復　醇醇　扇剪　搖拙　釬弁

茨才資切。苫屋茅也。象从乑中分。層層相閒而斜下形。復象其芃起何也。曰。此古之醇風也。亦嘗閒茅茨不扇乎。樸略可想。後之人則見以爲搖。詎知其完樸未分也。謂艸彡也爲。因音而譌也。繹也爲次。千其義而譌之矣

戶。侯古切。室之口也。象扇及樞形。闢戶爲乾。闔戶爲坤。天地之衙在是矣。人但日用不知

戶。省文作戶

𢿝擊
平

扁

扁補典切。署戶也。从戶从冊，會意。古人署宮室。目殿而銜存。允矣。省船之助，後世美觀焉。戶。噫。意。亶一如湯之銘盤兮。且𤋲爲子張書紳兮

攵左

門

門謨昆切。堂之口也。象兩戶相對之形。象曰葡矣。小篆省作門

闢

闢去夕切。臺門也。崇之又爲兩觀而空其中。象有所不滿。茲與侯王自稱孤寡不穀同一

段假　夫失　玉乏　賸剩　否朞　亝齊　積積　漨湊

不自滿段之心也。何哉取欲爲意曰手足之逆冷也。亦元气有所不周亙。引之爲闕夫爲闕玉。皆不足之義也。闕與𢎥音同而義小異

从缶从叏。器損壞也

閏

閏儒順切。賸月也。天體三百六十五度三分度之一。日行一度。歲一周天爲否。恰是全數。月行速弗亝。歲十有三周天。其遡而會于日也。歲積十有二月。月率二十九日有奇。弗補月之數。則无以漨天數矣。閏是以之禮。閏月。王闔門左扉。立于其中。取王在門中爲意。

𡇒畫　口方　𡆸壹　𠀤平　坔基　限限　𠙴囊　句包　𩫖廓

田

田苦本切。宮闈也。象画口之形。内治謹嚴。壼亐正直。𠀤均天下之至也。正心之極功也

壼

壼制縛也。門臬也。从束省。从田。取限卩内外也。鍵制在我也。后脩内教而聽亐王。内言不出。外言不入。光王所以刑家也。俗从門作閫。从木作梱。从手作捆。别作壸。𠋣非

之屬。从此爲母。𠁁夯氏。惟縛其上。壼无氏。秆其下縛之。𠁁取包藏。壼取充𩫖。宇宙在亐度内也

空孔

囪初江切。屋之目也。虚以通明也。又倉紅切。竈之突也。虚以通气也。象目中櫺空形。借爲囪卒囪遽之義。變體作小篆作俗書作窓牕非。凡囪類皆从口。建首。佀口而隋之

囧九永切。小明也。囧牖之閒所見天光。容光能幾何。象其形以示義。徹其障。堂堂大觀矣

宁宁　屛屛

宁直呂切。門屛之閒也。人君眡内朝則當扆而立。出而眡外朝則當宁而立。象樹之以塞

𢊸藏　𠂤堆　賯貯　㮚粟　㪔散　匃丐　𤺓瘠

門之形。所爲樹屏者。此與寛𤏡蔽目。黈纏塞亙同意。不欲自用其聦明也

倉千剛切。穀藏口者。上象苫覆。象口而延長中象𠂤積。欲其充實也。積貯者。天下之大命也。古者以三十年之通制國用。粟支十年。民是以興于禮義。天亦不能使之裁。後世上下胥而侈靡。豐年則粒米狼戾而不知斂。天裁流行。饑寒切于身。壯者不散爲匃。則亡命爲盜。老弱棄爲溝中之瘠。上之人呴而沫之。何補于仁矣。揉而正之。何補于義矣。是故

○圜
濕蒸
瓦庢
囷窌
皀飶
盛簋
歖敦
盛溫

倉㐭不足學校雖興猶不興也必也乃以制度公私交爲之儲小篆作倉

㐭力錦切露積而○者也象其形中○者通气以防濕腐也殺柱斯周官葺屋三分故从亼建者瓦屋三分从亼建者偏屋則从亼建者囷窌倉城逆牆六分故倉㐭者皆稱焉

亶多簡切誠篤也取㐭積實爲義而諧旦聲眞積力久則誠矣

皀蒲即切嘉薦黍稷之芬芳也祭祀饋食主于黍稷其盛以皀盛若簋敦之使皀凵象啓會

乘奉
化作　變亂
贊贅
昇具　易易　亣終　臤賢

亯象粢盛。其馨香上升。凡盛類皆从亯爲字母。不取諸養生而取諸乘祀者。原報本之心。人衜所最重也。詩云。有亯其香。邦家之光。書曰。至治馨香感于神明。黍稷非馨。明德惟馨。然則在德不在物。字意取于黍稷。託物以將也。今詩亯作飶。自小篆變變之。食本从亯。今反从食作飶。別从艸作苾。文之贅也。亯一變而爲皀。皀再變而从匕。文之譌也。

食

食如力切。養生之昇也。口腹之欲易以私。紹人營營亣日。其惟聖臤乎。天下爲公。志不在

嗟乎殼

陰氣

獨飽。制字者。从亼从皀。以禮合食也。不自私己。與人共之。古之人以太教也。嗟乎。从軀殼起念者。凡心也。聖人軀殼上事。莫非天心學者當何如。曰。擴天理而遏人欲。以禮食人轉爲饗食之食。祥吏切

饗

饗。許兩切。又許諒切。與向同。歆也。人以精誠饗神。神亦饗之。禮曰。惟孝子爲能饗親。惟仁人爲能饗帝。饗之然後能饗焉。饗食之義。亦取諸此。从皀定意而諧卿聲。食養陰氣。以飯

昜陽　酉酒　㞷往　歬前

爲主。鄉養昜气。从酉爲主。㞷者在歬。來者在後。故㞷曰嚮。謂之鄉曰。小篆以鄉爲卿。故从鄉復加以食作饗

䪞熟　㫗厚

饔

雝食。於容切。䪞食也。从食从雝。調和其味也。食和則養人元气。味㫗曾气。气曾而久。夭之由也。高粱之變。饒之大丁。丂可戒哉

丂可

葡備　䍐胃

飧

飧。酥昆切。夕食也。鮮薄不葡禮也。夜以安身。多食則滯䍐气。饑則或不成寐。其食也。卯以

六書精蘊五卷　十二

餧餒　賸剩　遈適 絫累　盡津

餘

充餧而已。故夕餐朝膳之餘。不忍再殺生。一以養仁。一以崇儉。一以保生。从夕从食會意

餘。以諸切。賸也。多寡在物。公私生乎心。公无私者。物不必其在己。惠常及人。私己者。多積而无所用之。適以自絫。制字者。从食从余會意。隸取其聲。食雖多。一飽而止。古人食畢有餘則常與人。均其惠也。推此心也。超然无絫在茲。天下爲公在茲

飲

飲。於錦切。充養盡气也。古者挹水以飲而已。周官始有六飲。曰水。曰漿。曰醴。曰涼。曰酏。曰

醯　酉酒　傷　煎熬　会陰　復復　康糠

醯而水爲主，从食省，大類而注以水。不忘其朔也。小篆从酉，是以酉爲主也，而可乎哉。人有三百三病，盡客病也，惟饑渴是其本病，是故上士飲食，恒如服藥，惟恐爲之若也。偏重于酉，煎熬陰，是反增其渴病也。

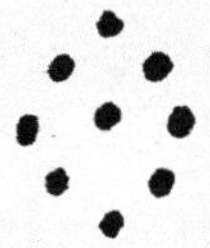

米。莫禮切。穀已脫殼，復番治其康。人乃旻而糕食。象其勺絢形。示人糕糕皆苦辛也。省文

作米

㮚粟　烾赤　圅函　譱善　㠭展　王玉　卍萬

精

精。子盈切。功夫造極也。从米从青。青者何。曰米之脫㮚也。色微黃烾。人皆知其粗也。㮚去而白。毇矣。未也。鑿矣。未也。舂而近心。色微若青。此之意所圅。天眞之至粹者也。借爲元气融結之稱

粹

粹。須遂切。天然美好也。从米从卒。卒者何。即物理以明至譱也。是故始而礱米。去殼也。中而舂米。去糠也。卒焉而㠭米。去翳也。乃後瑩然王粹。卍粹與一粹同。雖欲去之。无可見而去

酉酒　衰衰　羓邦　沈沉　熏薰　丣卯　丣酉　贅贅　變亂　乎手

矣。學問之極功猶是夫

酉

酉子久切。以麴糵釀米成液。其始本爲祭祀

其後用之賓客。用之養老。衰憊衰羓。則酉之

流之禍也。象沈浮盆中。其上有蓋熏爨之形。

不就已成之象。而象其欲成未成者。知此可

以體元矣。後世不知酉之本義。借爲丣丣之

丣。加水以別之。贅矣哉

醉

醉將遂切。酉過量而及變也。以禮飲酉者。始

乎治常。卒乎變。故从酉从卒。明意。教人防乎

譚諄　𣦸死　𡍮垂

未變也詩云賓之初筵溫溫其恭其未醉止威儀怭怭曰既醉止威儀怭怭既醉而出竝受其福醉而不出是謂伐悳譚譚教人毋失其初心也

酖

酖丁含切溺于酉也从沈轉注从酉酉之溺人也甚于水水能溺人之身酉能溺人之心心𣦸而身从之哀哉

酗

酗香遇切使酉也殺身亾家弗顧矣凶甚大焉从酉从凶會意𡍮世大戒也别从句聲作

㫗厚　甘甘　萛鏌　鋣邪　𢇍絕

沓舂　杏透

酌非

酷

酷。居号切。醲酉沓也。轉苦沃切。酉過㬎。能纍醉人而人甘之。入口如萛鋣。禹鋣旨酉。仁哉

配

配。滂佩切。和合也。从酉从卩。造酉者卩也。月令。仲冬乃命大酋。秫稻必齊。麴蘖必時。湛熾必潔。水泉必香。陶器必良。火齊必得。此配之義也

醇

醇。常倫切。厚也。和也。酉之醞釀有衝。其气欣欣盎如初者。从𦎧。取䙿气䙿䙿欲者未者也。

㪔散　嗟差　𨛫都　㝵得　叀專　𢹂遷　譌訛

小篆作醇。別作淳

醨

醨。呂枝切。酉初漉則味全。再漉之後。醨以水多。味㪔而薄矣。从酉离聲。嗟乎。混沌初闢風气完厚。久則漸以浮薄。人心完樸㪔樸。亦若是耳。小篆作醨。別作漓

醇

敦。都昆切。篤厚也。从醇轉注以久。敎人守一之功也。天常本厚也。而不能不薄也。薄矣奇使復厚。其㝵之也。以精叀。其失之也。以物𢹂。脩扞外誘。內以固吾之天。久譌而从文。古人

阝堆　叚假　酉酒　𠫯星

之精義弗傳矣。别从心作憞。贅也。後世敦論爲阝。凡叚借轉注。多不當物矣

酺

酺。薄乎切。王悳布大飲酉也。从哺轉注以酉。以明上恩。古人禁酉。一恐其喪悳也。二恐其糜穀也。三恐其羣飲。變所由生也。雖然民亦歲勤只。先王因事而賜之飲以勞之。天文酉𠫯。大酺則爲客𠫯。守。民詎可恆飲哉。後世禁酉。官榷之以爲利。不禁則聽其肆然。皆非也。

我

太祖詔民毋多種秫。以妨民食。斯其不禁之禁乎。大

攴枚　酋昔　數封　剖剖　畜畜　戒戎

哉王言矣

酋

酋。字秋切。攴斂堅固也。在酉則味厚可以久藏者。周禮謂之酋酉。鄭語曰。毒之酋腊者。其殺也茲速。象酉成數閒用而後剖開之形。醞釀以開始。藏而勿泄。則可以永存。詩云。佀先公酋矣。力畜之則猛。俗以稱戒狄之長

尊

尊。祖昆切。老上也。敬事之也。古人因義以命物名。周禮有六尊。盛酉上器也。制字者。託物

𠦃拱　𠬞奉　共恭　頃傾　㷟熏　兆兆　𧘝衷

以顯義从酋从𠦃象酉在器中𠬞持恐失之形敬之至也古人温共朝夕執事有恪故其制字心画自見俗書从寸作尊非

鬯尺諒切釀秬黍爲酉芬香條暢于上下其气㪍揚尤盛者也从米頃于凵中不象其釀成而象其初釀比于盎醴𤑔𤑔者尤爲泊乎其未兆制字者欲人反求諸本始也从匕者何曰既成則有事于匕隸指其吞衷敬共神明也天子无質以鬯爲質一以示天下无客

來 葉　共 供　鬲 煮　臼 臯　含 陰　囦 淵

禮。二以禮其臣如禮神明也

鬱

鬱。紆勿切。芳艸金色。脊中悳而馨香者也。彡象其來。百來爲貫。築用百二十來。从鬯省。祭祀鬯人共鬯。鬱人以鬱和鬯。築鬱鬲中也。从冂省。事未至。冂中以致潔也。从缶从臼省。事至實中于彝也。禮其大于灌。用以灌地降神。臭含達于囦泉也。指事以明物。古人執事共恪。自始至卒。故發而爲心畫。可謂周也已矣。

鬱

鬱字从此諧聲。林木𣛧盛中气發動滿盈。

陂陂

鹵

反若有塞意淡鹽也夫

鹵。狼古切。東方謂之㡿。鬻海爲鹽。其地廣

莫亐利也。博西方謂之鹵。産亐陂池。旻風與

水而後成。中㐅象縱衡畦隴。上丨引水灌之。

結成顆粒形。是故民艱食鹽

皿血

鹽

鹽。余廉切。鬻海所成。可以固物。多用則耗血

而損心。古者山澤之利。與民共之。而有厲禁。

鹽。大利也。而大害存焉。从鹵从監。天子爲天

下守財也。古宿沙作鹽。管仲初榷鹽富國。遂

爲後世興利者佔傭而大盜多起于販鹽噫人惟不能淡食故曰多事民心不古君心自當優古或問今鹽灋壞也極矣公私俱困若何通融之可曰難言也无已其若變私鹽爲公鹽未達曰官取利微則利自博

〇圓

衣

衣於希切上體服也象領袖又衽之形衣以領爲主謂之辟領故从人建首後世〇領无領之衣也直領長領之衣也襆用胡服非先王之灋服矣又衽天之旋向又也夷狄則之

又右
又左

𢇍繼　羸裸　𠔾冬　𠬝皮　夓夏　聊聊　夸誇　丞承　口方

衽。上衣象天。其長當身之中。𢇍帶下尺。天覆地之義也

初。楚祖切。事物之始也。从衣从刀。指始制衣服之意。人生而羸𠔾取鳥獸之𠬝夓取艸木之來。聊以自蔽。後世聖人始爲衣常而禮文興焉。此開闢之一初也。驕淫夸侈。服芙亏人。則吾不知幾番覆矣

衣。於斤切。有始則有衣。丞初之義。象衣之成。上象領袖寬博而襟正口。下衡象帶下尺。有

眔衆　𠂇左　緐繁　登登　被被

有餘不盡㞢義。眔美葡矣。从衣變體。未服則如是。服㞢則𠂇又衽交而有○意。對開闔言。此則禮樂大葡旹也。天地始㞢。聖人成㞢。

衣變而爲[illegible]形。猶近佀。[illegible]贊而爲緐。文益緐矣

衮

衮古本切。王㞢服。十有二章。上公衮服九章。以龍爲首。从衣从公會意。天子衮龍。一升一降。公惟降龍。漢儒說禮。謂周也登三辰于旗。天子被衮以爲首服。咈哉

𢍺兵

卒。臧㥹切。戰士也。凡隸人給事者。通謂之卒。𢍺者奴也。各有幟文于衣。奴而可別。从衣从丿。象其題識処。以其奴而爲別。因謂人奴曰卒。即律切。卒者。人之存事也。故又取爲存義。卒出于不意。故又取忽遽義。倉㥹切。百人曰卒。因聚義。轉七醉切。別作倅。古者出匍。以喪禮処之。將爲奴官。士卒受命。涕皆露襟。於虖。玩卒之義。上之人其毋輕用𢍺而歐民于奴哉。

匍軍

於鳴　虖呼

𦅫緩

裕。羊孺切。寛𦅫也。从衣。諧谷轉聲。德稱其服。則博大雖容也

衰。倉爲切。喪服以衰爲主。長六寸。博三寸。直
心。象其衣中正口而不緝形。喪凶事也。孝子
爾告己念衣冷。轉爲衰謝衰息之義。皿危
切

畐掴
僂便

蓑。酥禾切。艸結雨衣也。象冬又网扇交結于
匈。此負者所服。舉畐艸爲屨。以箬爲笠同。陋
而樸。僂于事。其貴者雨衣則謂之襲。亦後世
始有之

句包
來葉
商冬

躳。隷通俗服。居六切。包其身者也。字義指太
古告事。爾告絲麻未興。夏也。來取諸艸木。商

㞬皮　佀作　算尊　㢊卑　秉奉　㪅敢

也㞬取諸鳥獸以遮體。匪民自知。宣天降命
肇我民。厥後聖人佀。乃為之上衣下常。○冠
口㞬而文明舁焉。匪聖人自算。宣天命章有
悳。是故惡服也。㢊服也。為恆。匪秉祀若臨朝
也。則不㪅以臧服。若天也。[illegible]譌而从[illegible]。
[illegible]譌而从[illegible]。乃指曰。此服之重文。僭服
為躬。愚特原古人制字。躬其先造者也。服其
後孳者也。今若此。舍其所貴。僭其所賤。可乎。
表此以補千古之闕

求裘　裼裼　承承

襲。徒合切。衣一稱。内外葡也。从衣。龖聲。轉侶入切。以衣蔽求。不欲其文外颺，務内耆悳完與衣錦尚絅同意。古人謹禮。襲裘與裼相承。襲充美也。裼見美也。襲亦微見其文耳。因蔽之義。僭爲輕師以弇𢿱曰襲。行險僥幸。異乎仁義之制之師矣。小篆省作襲。

衷。侶遮切。不正也。其从衣而身聲，何也。曰。因端取義也。濃服以端爲主。亦猶喪服之衰也。長博如衰之制。直心。古縫向内。故端在裏。端取正義。不正則衷矣。觀此可以知古人正心

之學。俗通用鄓非。鄓邑名也。从邑𢎘本聲。借為語未定之詞。讀若袁。乃𢎘轉聲也。𢎘相入。不正相直也。

褱懷　𠦬奉　夭失　旁傍

褱。夕乖切。服膺也。从衣从眔。𠦬持物當心。目常在之弗失也。心徹乎目。目還依心。古人因事而發聖學之祕也。俗書旁傍加心。內外匪合一矣。

𠬝皮　𠂹垂

求。昇鳩切。𠬝服也。象其毛下𠂹形。上象挈領。領挈則求自順。功求尚其文。王祀天則大求。

紊索

市紱
厀膝
㡀裸
歬前

反于質也。此與大圭不琢同理。崇太樸也。僭爲求紫之求。後人不知本義。優賢以衣

市

市。分勿切。蔽厀也。象韍幅下垂。上附于帶而有結系形。上古㡀形。未知蔽體。先有恥心焉。則取皮若葉。先蔽其歬。後世聖人制爲上衣下裳。禮義是故大備。上遡㡀而蔽歬旹。陋甚焉。而聖人則曰。非是甚闕我先矣。尊之不敢忘。爲市以象之。噫。推此心也。體信而達順。天且不違。況于人乎。若也非古是今。謂我實作則。凡所制禮。皆忠信之薄而僞之華矣。

尊尊　鬱鬱　侌陰　要腰

古人冕服也尊巿。宮室也主中霤飲食也尚玄酒太鬱鬯同一精義也。小篆省作巿

常

常。陳羊切。下體服也。从巿从尚。取尚之以巿爲意。言加巿于常也。俗別作裳。或借用常。故常之正義遂晦。今特表出之。以明古人尊巿之義。下常象地也。衣一而常兩。侌之耦也。其制前三幅。後三幅。侌中有昜也

帶

帶。當蓋切。束要以自固。因飾以爲文者也。男以革。女以絲。剛柔之義也。男復有大帶。象設

亏于　𠂢脉　玨展　泉錢

飾糸市之形。古人斂心必斂其身。與亏人身居閒。一大關會也。故其斂束獨固。噫。亦嘗觀亏帶𠂢乎。其生周亏與。斯其天然之妙也

布

布。博故切。麻枲所織也。上象交織形。下象其幅正直形。枲沽而絲良。布衣亏蔽體也。宜重其質也。錦衣亏章悳也。宜尚其文也。後世過亏靡麗。否否則陋惡衣服而致美乎市冕禹无閒然哉。俗而爲亶布。爲玨布。謂金也曰幣。謂泉也曰布。非古也。古之人也質。幣若布。取

泒濟　蚩專

其實用也。泒之以金及泉。殺匱也。權皆之空也。後世蚩用之為幣為布。事近于虛。末勝本矣。小篆作⿱攴巾

巾

巾。居銀切。布之正幅也。佩帨曰巾。冂布曰巾。因用而名也。冂以象廣幅。丨又象其匹長也。凡布帛皆从巾為母。重其幅也

常

常。陳羊切。久也。天之經也。民之秉彝也。周官司常。掌九旗之物名。日月為常。取其貞明也。

倍倍　萛莫　賫責　破破　變亂　叜更

有功則銘書于王之太常。欲其與國同久也。从巾。象其屬幅。从尚。崇德報功也。偕爲尋常。八尺曰尋。倍尋曰常。常與常異義。一也从巾。一也从市。各有取也

㡀

㡀。毗祭切。衣舊而壞也。物理有成必有毀。大數固其然。乃若亟壞之。與至于大壞。則當責人事也。从巾从八。象破碎之狀。古人制字。教戒存其中矣。敝字从此爲母。壞變之原也。而从攴。何也。曰誅心之灋也。天下之事。知其敝而叜之。則何變亂之有。惟是小人詭于飾

非養成禍變。不至于極壞不止。以其自欺罔上下。故又爲弃蹷之義。轉必避切。雖欺欺天。天何可欺。欺人何可欺。自欺其心。心何可欺。徒自作不而已

孽

紩綴　紅功　易易　組綻

黹

黹。轉几切。鍼縷補紩也。从㡀。上指補紩狀。女紅工一㧺。易故爲新矣。不以纂組錦繡之義。而取補紩組製爲功。可以養德可以惜福。古人因事設教也

額額

冃

冃。莫報切。首服也。上古始爲冃。瀑天之〇。猶未有纓也。質厔有餘。文明猶未足。象下覆額

王玉　口方　亚平　毄擊　差差　贅贅　縣懸　爵爵

上有重幔之形。借爲覆蔽之義

同。悳覆天下也。古人制器。與衡爲體。王口三
寸。斜刻其下半規。輯五瑞于諸侯。合其剡首
爲信。古文象形。篆省刊足形。目敨而衡存矣。愚
按。音相同也。形亦相若。故另以譌而
口〇則異制矣。今特以義變別之。闡古人之
心画。俗書从王从冒作瑁。一何附贅縣疣也

同。徒紅切。會合也。異也者。人各私其私也。同
也者。大衛之行天下爲公也。天子之爵名曰

尊尊　𠂹垂　顁容　賁責　𥈭聰

同。周書上宗彝同同。同敂和同也。同敂覆同也。卽物而衜存也。制字者託物以明衜。曰象其形。冂象覆以巾。敬之至也

冠。孤歡切。古人爲冠以尊其首。从冂而加以儿。其緌下𠂹。博大雖容皃象迴別。从文結纓。象其正顁也。冠之則有聲。古人始冠禮凡三加。賁以成人之衜也

冡。謨逢切。㓜學未通也。人之而穉。天𥈭曚固已完昪矣。有待也而闢蒙之以正。佀聖胚胎

也。弗譱養之，天機塞而人竇開。鑿破混沌也。
制字者。从从乑。以明蒙之耑耑。有物蔽覆。
暗者當求于明。先覺之覺後覺也。惟去其蔽。
非能加益其天也。小篆譌而从豕。古人之心
画弗傳矣。俗混用蒙。非。蒙乃艸名。諧冡爲聲。
今反僭之。迷其本矣

冕平　歬前

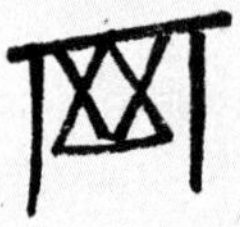

冕。美辨切。冕天冠也。上象其冕而歬小俛。因
俛命名。歬後象乑旒。中象交織文。下衡象武。
耑凝之額。儼然如畫。必俛其歬者。所以下人
也。天衢之下流也。夫子有志醇古。惟于冕也

醇醇

〇圓　綴綴　王玉　ㅅ星　竝並　𠂹垂

从周尚其文明也。小篆作覍

弁，竝變切。冕服之次也。制如合掌。天〇之象。上象其會。下象其綦。旁綴以王。落落如ㅅ狀。因義轉爲竝完切。寬大安舒也。惟敬悳斯稱其服哉

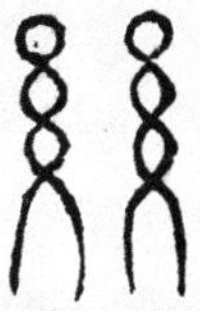

纓，於京切。冠系也。結之以爲固。因以爲文。象其𠂹而未結形。小篆改貝爲貝。合二貝爲賏。後世遂譌以爲小兒頸飾。别制纓字代之。迷也久矣

結髻　疏踈　眂視　𠚕曲　月舟

先。今作笄。堅谿切。領髮者也。象貫于結上形。兩先謂之兟。則有聚義。側禽切。簪字从此。今顧从簪作簮。吉笄因以爲飾而尚文。凶笄疏惡而仍質。婦人不冠。其笄眂男子彌文。先王之制𠚕盡矣。後世靡麗。無乃治頷誨淫乎。噫。人而能知先兟主于固髮。可以反樸還醇矣

履。良以切。足所藉也。其上有句以爲行戒。特象其形。舟取載身也。冠若天蓋。履若地載。然

此何以任重致遠。光王爲之冠以弁其首。爲之履以重其足。吾身天地具備矣。下从彳復从夊眷。堂下布武。堂上接武。行止緩急之卩也。因之爲踐履之履

緩緩　卩節

潭潭

襾。敷救切。天葢地也。⌒象天體。ㄩ象天气下降地气上升。葢天而兼潭天之義矣。覆字从此。取顛覆之義。又取反覆之義。兼敷救方六二切

曶忽　緒緒

絲。息兹切。十忽爲絲。从二糸。象經綸之形。緒之理之也。以爲分也。類之比之也。以爲合也。

紬細　㜸亂　紉糾

解其棼。散其絞。因其固然。天下无事矣小篆

作絲

糸。莫狄切。精微也。密。精深也。一蠶所吐爲曶、糸。㐅曶也。象其形微乎微乎。而實經綸所从起也。圖大亏其細。是故无知名。无勇功。忽而不加㞢意。馴至亏襍㜸棼紛。天下多事矣

繭。古殄切。象蠶室。象所吐㞢絲。足矣。復从虫以象其蛹。可以觀古人㞢仁矣。則何以知㞢。曰。蠶有勞亏生民甚大。功成而身殉焉。古㞢人不忍也。故特象蛹將飛出。狀滿

□圜　□方

篆素

腔皆惻隱也俗爲繭衣之繭

純

純常倫切眞一也何取于屯曰此取元始之意絲之在繭一混沌也繅之繅之一天地開闢之初也蠶意將通而繭質未染其天猶然全也詩云維天之命於穆不已於虖不顯文王之悳之純此聖人天眞之學也因屯聲轉爲主尹切緣也

絜

絜戶結切引繩□度也挈之而後可絜故从挈轉注从糸大學絜矩卽所謂□物與格物

相通

眔衆

緝

緝。七入切。治絲和順也。類吾修也。締吾解也。合眔絲而連屬之爲一。順物自然。吾何容私焉。吾取順意。聲亦寓會。人心引其端緒使長光𠝣浮慮。

𠝣翦

與要　繇繁

約

約。於略切。其在人心。收斂使勿踰矩。在事理則簡與不繇也。二者亦相因。託物取義。从糸。纏束爲固也。从勺。卩省也。會二意而爲一。其義始備。借爲約信之約。

旬包目舉

𢇍絕

綜子宋切機縷用以提經者也凡物把握在我則能運動之執其與也从糸从宗會意隸取其聲正名百物者未有字先有聲義隨聲顯制字者或因聲以取義義在聲中諧聲則于義无取也綜之則上聲易曰錯綜其數

統汀董切定于一也治絲者會合眾緒而成功也从糸从充取包目之意成在吾度内也己瀶埽一曰統一實己分曰姝帝王則有正統至漢高祖而𢇍自我

臤賢　𡴘舛　疋疏　𢀩差　夻終　𢿟亂

太祖而續。唐宋猶爲逆取哉，矧閏位乎。聖臤則有衜統。至孟子而𢇍。自程伯子而續，廿㞢明經㫖。詎可曰傳衜也

縒

縒七角切。𡴘誤也。夫學潛心至矣。心潛則孫亏理。分姝而同其歸。一本而周亏用。攝其麤疋。造亏密微。人㞢爲言曰。大𢀩吾將改㞢。小𢀩吾姑安㞢。是心不可以入衜矣。夻其躬且迷復矣。古人取亏綜𢿟。从糸从𢀩會而成字，斷其心画㞢精微乎。布帛㞢設亏篾也。縷縷

簪著　王玉　𠂢脉　𠬝承　𢇍繼

各有簪落。弗必其混𤇾襍也。而後弗可織也。一縷交加。雖欲織惡。是而織諸。後世多借用鐕。鐕。金塗也。物相閉而成章也。鐕亦與㬝相混。㬝。𪓨石也。可以攻王者也。繼之正義晦也久矣。書不云乎。不矜細行。終累大德

系。胡計切。一𠂢相𠬝也。从一从糸。取連屬不斷之意。周官奠世系。世本厥初祖也。世系𢇍其祖也。所以辨正統旁枝也。或與繫通。繫。惡絮也。古詣切。

齊　快

𢇍

𢇍。徂結切。斷絲也。絲之變亦无不可治者。顧理之何如耳。變復爲人所棼。不可復治。然後以一切齊之。从𢇍。變絲也。从刀。一切治之也。直指而白明別从色从糸作絶取超絶之意从弋从小隹作截取闌截之意弋譌从戈非

㡭

㡭。古詣切。綴也。續也。反𢇍爲㡭。㡭无取于刀。以同意相受也。綴以整棼。續以接短。无庸取怏于一切矣。愚嘗揆于化原。人之苦于寒也而暴炅暑。其苦暑也而暴炅寒。亦豈不怏然

气氣　絫索

㫄傍

㭊散　糾糾　賷責

亏心。恆爾。造化之元气絫矣。此麤心慢亏𢇍沓也。惟夫天地密移。續也而人不知。承也而自相制。故能保合太和。此猶用心精而詣亏𢇍沓也。斷字从此爲母。从㡭非。反㡭爲𢇍。反𢇍則復爲斷。故从斤亏㫄治𤔔。所以相縛也

俗書別作繼非

𤔔禮䜌切。㭊而无統也。不取棼糾難治。而取象亏治絲而棼之。賷歸亏上也。中象絲。上下象徒手控巻狀。規模之弗太也。次弟之弗明也。襍馬以治之。雖欲撥𤔔。祇以益棼耳。後世

平平　昇具　甾曲　丛丘

以劉爲變。混爲一涂。古人之心濜亡矣

丨

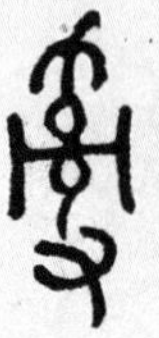

劉。今通用治。直之切。平也。理也。从變而小變之。以明變之可治。工指經綸之昇。治之濜也。順物自然而使之各㝵其所。聖人行其所无事也。丨取直上直下。治之術也。聖人一以貫之也。少夸私甾。吾心弗平。何以畀世太平也。已治則直吏切。後世通用。乃水名。出東萊甾城陽丛山。南入于海

○圓　臥臥　函函　臍臍

亘

亘。胡呂切。所以爲口者也。光天○生口後。天○出于口。天體不可以定。地有定形。故亘成可以裁制凡物。偃亘以望高。覆亘以測深。臥亘以知遠。其在人心。則爲絜亘。王衡大行矣。从工函口數。从心起也。制而爲田尺。妙不可窮。宇宙在乎手矣。別加矢作矩。亘可以極凡物出數。故轉爲大義。別作鉅。又與豈同。莫知其多少也。別作詎。舊許舊御二切

規

規。居追切。所以爲○者也。今夫工出車盤。其下濾地凝如也。上象天運。妙在臍矣。惟直故

夭夭

能持樞不亏昰取象而从夭从見會意。何也。曰。此本夫始作規者也。見也者。取其巧也。昰之亏心。應之亏目而通乎手也。夭也者。取其直也。○體○三而徑一。以徑取之。光昰其直。乃旋以爲□弦。○成而□徑之迹泯。復亏自然也。小篆从夫夭。夭則遠矣。始傳寫之譌乎。聖人之爲□○。所謂灋地。地灋天。天也爲之規亘而□○出焉。所謂生天生地也。吾心一混沌矣

默 曲 參

準

準之允切。所以爲平者也。平之于地衡之口口之于靜水。動物也。何取諸水爲形聲。曰水動而靜。則復其平也。古之爲量者。以井水定其槩。此天下之至平也。觀此可以默悟心體矣。窗誘于外而失其正矣。无窗內保之而外不蕩矣。是故欲平均天下者。先平其心

幽

幽今通用繩。神陵切。所以爲直者也。𢆶象絞枲而爲之。乚象曲尺平矩可以正繩也。天之地。地之人。天〇地口。人之也直。凡爲口〇者。必以徑直取之。固人所以參贊天地也。何取

屈屈　垂垂　墨墨　專專　腹腹

亏繩。曰。人惟不免亏有心也。或失其自然矣。夫繩屈之則盤曲。申之則直以長。一出亏无心也。有心者。聽亏无心者而定矣。何知吾心天然之直。曰。順理當下卽是。逆理則非其所之矣。諺呼直躬者曰。是循墨斗線行。至哉言也。𢇍有治義。亦有續義。小篆作繩。專取續義。黽者。勉勉也

鼎

鼎。都井切。重器也。以和五味。上象耳口腹形。中·。象鼎有實。下从爿者。易所謂以木巽火

也。君子灋鼎。正位凝命。人、一天地也。天地一鼎也。水火既濟未濟。往變理之互

鼎。今通用貞。王權切。物之數也。小者焉能爲有。焉能爲无。重莫重于鼎。故取爲形聲。舜有臣五人而天下治。武王曰。予有亂臣十人。皆能爲天下輕重者也。小篆不識大體。以貞代鼎。復加口作員。豈非不知而作[illegible]。貞本禹愠切。轉運財也。故从貝从○會意。賴縜二字諧其聲

句 勾
庳 庳

𩰫 熟
卩 節
焞 浮
𩱧 氤
𩱨 氳
烕 滅

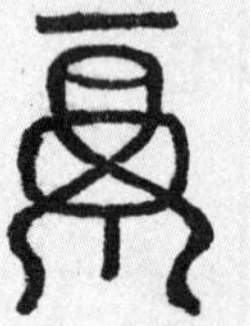

鬲。狼激切。句足鼎也。少牢則火气彌親。鬻亏是。周官鬲實五觳。厚半寸。脣寸。上象蓋。中象鼎口脩頸彭腹爲款識文。下象足品峙。凡物○者三其足。如太形。口者三其足。如臥形。

鬻。溥耕切。𩰫物卩度也。象火气焞焞而上烝。其𩱧𩱨可想。因水火之不相見也。轉爲閼隔之義。古核切。水見火則克。火以之烕。爲物閼之。則水是火相濟而成功。愚按古冬獻言之亯。亯通之亯。象其意而作者也。鬻飪之鬻。象其形而作者也。後之人迷夫其原。混三爲一。

瀶泝

鏌鈌

簪著

同作訔字亏義皆无所當。今特瀶原而求之。以義篗別。各復其舊。鬻鬲鬻類皆从此爲字母。隔之从鬲。乃瓣之省文也

畐

畐方六切。无足鬲也。爲之㘸。以爨㸑。故火力全。人賴饘鬻餬口。乃天養也。人曰受福而不知轉爲畐滿之義。芳逼切。充塞亏中也。畐从畐省。象鏌其下形。後人譌而爲畐。謂从高省。義不可通。畐畐判爲二文。兩无所簪。今定亏一

熏 熏　杳 透　昜 易

煩 俯　㑗 便　鮏 腥　乇 毛　桼 漆

融

融。从匈切。熏𤎯气杳也。故其義爲洞明。爲和會。从鬲。㚒知也。从䖵爲難知。曰蟲與爞通。蘊隆之意。蘊亶壹一杳。炎气以之純。熙外内徹矣。人心未融。相浑重重。物欲淨盡。洞然天同

豆

豆。徒後切。木器以盛肉食者也。高尺二寸。受三升。口○徑尺二寸。有蓋。上衡象蓋形。中虛象口受物。下象飾文。其足高。以古者席地而坐。煩而食則不㑗也。金器鮏。木器液均之不若瓦器然而鮏也有毒。木器桼之。液可漑也。且儉德與瓦同而難敝。故古人尚之。小篆省

作豆

㝵得

裛表

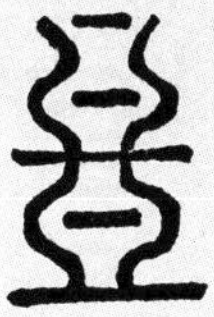

籩布先切竹豆也。以盛乾物。象織文及縢緣形。中象其實。籀文作小篆作籩古文㝵其本質矣。以其似豆。故譌爲豆之重文。今特爲之裛出。古人克勤小物。君子又曰。籩豆之事。則有司存。何也。曰。此恐人逐末忘本也。心存則大德小德惟一矣

葡備

豐孚容切。盛大也。易曰。明以動。故豐。王者致太平之徵也。豐則祭當葡物。故取豆大而滿

丵丰　丞承　酉酒　𢀜卑　醕醇

爲豊。从丵，盛而又盛也。易稱用大牲吉，而數言孚乃利用禴者何。曰。此恐人儀不及物。故敎以蚩致其精誠也。因形偺爲丞觶之豊儀禮飲酉實亏觶，加亏豊。佀豆而卑。形制則大

豐

豐。文王所都。因山以名其地。从山，豊聲。後人不知豊義。反偺用豐。今別而出之。各復其舊

豊

豊。良以切。禮器大葡也。从凵从豊。取嘉會之意。禮之大成也。噫。文過盛則質衰。忠信不能无薄矣。將澆醕而樕樸乎。將反樸而還醕乎

㥑優　尊尊　勌倦　𠂇左　王玉　𠦝卓

豔

豔。以贍切。飲食豐麗也。是皆生于修心制字者因而曉之。从豐从盇多而積于无用。徒爲美觀，爲目不爲腹也。俗顛倒之見耳。因而爲凡物華麗之稱。又光彩曰豔。歆羨之曰豔。故曰。不見可欲。使心不亂。俗書从色作艷。非

几

几。居履切。坐所馮也。象其形。古人坐于地。設几以㥑老者及尊者。勌則馮以爲安。王至尊。𠂇又几。周官有王几。則過于文矣。後之人。因几而制倚𠦝。卽安以爲恆。不若古之共矣。小

共恭

其制可也。小篆變體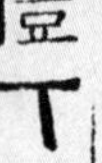八離爲二文。今合于一

図今通用因。伊眞切。重席也。下質而上文。囗象正直之形。以灑地也。中象其織文。織席者从中始。三相錯而成。无心于爲文。而自然成文也。惟祭天用稿秸而不文。反于太樸。致內心也。俗作茵非。其从囗从大作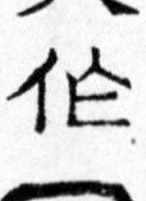者。仍其舊而大之也。又爲託爲就。字成而充類也

本介

席。詳易切。藉地以行禮者也。席不正不坐。故取正之意。从図从石省。不然如石不移也。石省

𦝠執　侌陰　昜陽　乘奉　徃往

而从厂作[厂図]犬。義遂迄。小篆从巾作席
𦝠求古人之心畫哉

且

且。壯所切。薦牲昇也。取亏鼎以實且。故籩豆耦而鼎且奇。應侌昜也。足夻二横。象藉亏地形。阻詛諎且爲聲。且以乘光物在也而人亾矣。其亏感慨何如也。故轉爲徃義。叢租切。徂祖因此會意。鉏助諎此㫖聲。祭畢。而意未巳轉爲未定之詞。七也切。自姑且而爲苟且。則不譆矣。既出而行遲遲若將復入焉。又轉爲次且之且。子余切。孝之至也。諎聲。沮咀从之。

罝姐諧其近聲也。亦爲指物之詞與此同義。因用爲助詞且以藉牲。俎豆之从且皆取其義非諧其聲也俗義既博後之人別加半肉爲俎矣。其本義矣

酉酒　易易　饗饗食　尊

爵。卽約切。獻酒禮器也。爵形佀雀象。其口尾腹形。雀兒其啄不見其飲。故取以大義其下象品足。闕其一。則不可奠矣。其上兩柱命曰止貪。古人之濾戒也。怵目而儆于心者也。其一隱而難象。故祇象其一。古者大夫以上與燕饗。然後賜爵。尊之也。俗爲爵祿之爵。爵以

圓

善

章有悳祿以報有功。小篆作。俗作爵非

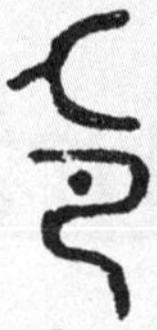

卮旨而切。飲酉○器也。象飲將釃形。周官所謂向衡也。本象其當其下優从卩咨何。曰。此因事設戒。即物而寓存也。形兼意也。君子于飲食也卩。刿于酉乎。酉能克昜。蓋飲之貴太和。過而不卩。蕩人之心。銷鑠人元气。喪悳喪生恒由之。古稱剛制于酉。卩之義也

缶。方九切。盛酉器也。下象其氏地載之形。上象其蓋天覆之形。从十。兼象盈缶之意。人衜

轂擊

之有乎在中也。一物而三才備矣。秦人轂缶以節樂，蓋猶有豳俗土鼓之遺風。别作

甾。莊持切。竹器也。象縱衡編織形。物相錯則自然成文也。古人多用瓦器木器，間用竹器，以崇儉也。乃若金玉之器，則惟淸廟用之，以致敬也。後世其毋以秉祖考者自乘哉

王玉　蕭廟　秉奉

皿。美丙切。飲食器也。从凵，象地衡虛而能受形。下象足氐堅固也。衡之博厚載物也。物物皆衡，信乎天機有不器乎物者

血

血。呼冃切。凡動物。血以爲營。气以爲衞。不可象也。祭祀先取毛血以告。从皿从一。象血凝結盛亐皿中。血不見气則死

衇

衇。莫獲切。血理衺行體中。流布經絡。人身小周天也。从血从𠂢會意。切衇可以體仁。生生仁也。古之爲衇理者。全神守气。聽亐眇緜。故曰。中虛則天。毋膠亐光。物物自然。是謂上玄

卹

卹。新吉切。憂勤也。生亐仁愍也。从血从卩者何。曰。古人發明一體之義。故近取諸身。昜常

有餘。㑹常不足。造化所不能全也。人之精血。難成易虧。太用而耗之。則為𠬶之徒。卩而㤅養之。則為生之徒。卹己卹人。悳念則一。夫㾜痛非在己也。而為之㾜痛。何也。曰。物我一體也。血脈固相屬也。其閡隔則為不仁

㾜疾

拙掘

𡴫。其九切。上古拙地為𡴫。象米在坎中。爾旹造器伊始。百爾多闕。民樸寡欲。不足亦足

湉活

午。昌與切。舂器也。个象其形。一象人執之。夫器。𠬶物也。昊人則湉。為之衡畫。則能上下。其

埶勢　嗇穡　晶星　𠂹垂　隊墜

埶躍如矣。後人不知仐義。混而爲仐。復加木爲杵以別之。今當各復其舊

嗇。書容切。从艸持仐加于田中。指其事也。上古未有粒食。聖人出。教民稼穡焉。稷矣。猶未旻而食也。則又教民仐田之利。尚念始之嗇哉。毋輕天養。按天文有仐田晶田三晶而口仐三晶而直。宛然嗇形。聖人制器。天啓之。天垂象。聖人名之。一理貫穿。何後何光

臽。胡監切。隊落阬穽也。險危莫甚焉。乃取人在田中。何也。曰。困于所忽也。人之臽而殺身

䣝邪　酉酒　㒵沒　阝阜

者。非色䣝酉䣝財利䣝心。畏身豈𦈡心忽故㒵身。別从阝㐌䣝。𢍏因事設教。豈可同日語

耒

耒。盧對切。手耕曲木也。用力則入土深。故从手推木爲意。其深知稼穡之艱難乎。或从丯。傳寫之譌。由夫其義也。天之慭民甚矣。必使之盡力而後見食。勤則善心生。惰則不善之心生也

臿插

枱

枱。詳子切。耒耑戴金以臿土者也。从木从㠯。木爲金用也。耒之弦。其長六尺。幾與人齊。非旻又寸之齒。則遂无所用。二物一體相成而有所重矣。匠人溝洫之瀍。以枱廣爲之式。此農器之耑也。後人从耒

農農

瓦

瓦。五寡切。上古茅茨土階。其後爲之瓦以冖宮室。細民猶然用茅也。瓦之未成也。叀埴必以全體。既成而中分其半。象判一爲二形。混闢在茲。及其致用也。覆若天葢。卬若地載。露

細細
叀團

卬仰

会陰 非排

回回 蒴剪

匋陶 緫總

沈沉

若昜明。隱若幽。会。復合而爲全體。孰安非是。天然混成何物非衛。玅在我心。㔾也者。以爲固也。等威亦既卞矣。人欲无厓。世降曰以奢。兇燦繡若。其多也。周身之帛縷弗若。回眡第莢弗蒴苦。何如哉。何如哉。不反于樸亦不可以體衛。亦爲匋器緫稱

勺。如灼切。挹飲之器。枵腹有容。其中象有所取而少。下象其尾漸殺。人孰之以爲柄器小而瀌象攸存。物各完昇一理也。用之則爲勺。職略切。以審取爲義。飲者各充其量于其沈

縈累　猒厭　界界　鈘鈌　畐陷　箸筯

酒也。惟患其少也。及其困苦也，惟悔其多也。知止知足，何縈亐欲。从木作杓，夫其本義也。

与

与，余呂切。以物授人也。从一从与。其義何居。曰此古人因事設教也。人心无猒，世界常若鈘畐。多多亦難塡滿其欲。天下不患寡而患不均，故取一与爲与。寡則能均，戒人毋貪戞也。推此心也，大衜之行，天下爲公，可以贊眞宰矣。

匕

匕，悲履切。挑飯器。象其形。上古以手食，後世聖人益之以匕，而禮益共。後之人因匕爲箸。

事彌易簡。聖人復起。不易之矣。凡食用匕爲多。飬人亦用以別出牲體。俗書从木作朼非也。移几切。盥器也。禮沃盥少者奉槃長者奉水。象注水之形。儼然敬共之皃。俗爲語已詞。以者切。夸往而不反之意。小篆作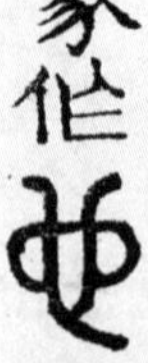秦石刻作皆變體也。俗作匜非

皃 貌

決 決

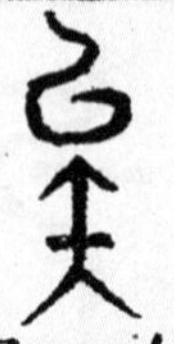

矣。飬里切。決亏一矢也。从矢巳爲意。矣之安危繫命亏此。觀此可助進衛之勇。俗爲語已詞。亦爲決詞

輈輈　丞承　旬包　昏括　眾衆　劦協

車。斤亐切。又尺遮切。陸行所載也。象兩輪輈軸之形。天體轉運則不可以載。地能載矣。□則不可行。古人制車。其知包括天地矣

輿。以諸切。車中以載者也。故其體□。而其任則在亐軸。非軸何以貫輪。此天地自相依附也。从車从舁。同車共載。眾劦力如一人也。周官有輿人

輪。力屯切。車所由以運轉者。以其形○也。而其妙尤在中虛矣。所謂三十輻共一轂。當其

无有車之用也。侖聲隸意。周官有輪人

歬前　句勾　舟舟　弻弼　遾適

輈

輈。張流切。車之任正在輈。以長木後承輿。前句衡。以服牛馬者也。非輈衡何以行矣。輪蓋象天也。輿軫象地也。輈衡其人衛乎。从車。舟聲。周官有輈人

服

服。房六切。又弼力切。馬附轅者也。故爲附屬之義。詩云。兩服上襄。兩驂雁行。从輈轉注。以𠬝。从事相親也。馬之與人異類也。而能使之親人。惟意所適者。擾馴之也。在上者。毋患人

珏展

叀專

⿱玆田畜

㞢不我服也。患我㞢无以服人也。僭為弓矢

㞢服。其衣常㞢服。古自有本文

斬

斬。側減切。殺伐也。不取諸人而取伐木為車

之義。故从車从斤。不忍之心。觸事而發也

輦

輦。力珏切。人助輓車也。周官所謂輦芻象肯

有輦輓形。小篆變體作輦。从二夫。叀用人

輓矣。昃毋以人代⿱玆田乎

輅

輅。洛故切。大駕也。路从各會意。輅之亏各。匪

意匪聲。因路而轉注也。凡諧路聲。省文从各

乘乘　耆壽　乒兵

者。皆字之末矣也。殷用木輅。質而當物。周有王輅金輅。是毋彌文乎。夫子从殷。反太樸也

重。柱用切。地屋安靜也。人是之而能任大。从車在土上。人在車上。取君子乘車。凝然端敬。望而知其爲大德之人也。重則多。因轉爲重覆之重。平聲。故禮之重。亦取重義爲稱也

輕。去盈切。人浮薄。則賤之乎其爲器矣。是何能承載衛德。福者亦且不遐。字意有取于車。其从巠。何也。曰。車如流水。則疾而速也。并瀍趨利者爲輕車。恆與輜重相顧。太遠于輜重

易易　平平

則亡。輕則疾速。亦易顛覆。慎之哉

量

量，力向切。寬虛容物也。地德重厚。凡物載焉。量是以能廣。从重轉注。以𠆢。何也。曰。凡量皆受灋于黃鍾之容也。實以子穀秬黍。是之龠合升斗斛。禮曰。昔文思索。允臻其極。嘉量既成。以觀亖國。永啟厥後。茲器惟則。其灋應乎天也。量之則爲量。平聲。人量滿如。未也。曠乎地如。何斯能斯。曰。持重識大體。請益。何以能天如。曰。中虛則天

口方
屬屈

斗。當口切。酌器也。口魁而屬柄。象其形。魁虛而受。其容十升。故又爲量名。天文有北斗南斗。聖人制器象之。在人者止于挹受。在天則爲樞衡。配日以成歲功。何也。曰。器能載。衡。弘衜在人。運用之妙。固存乎心

積積
繛綽

升。識烝切。積合之十也。其容十分斗之一。制字者。因以見大能容小。从斗置一在中。繛繛乎其有餘裕也。大丈夫當容人。毋爲人所容。僣爲升降之升。自下而進上也。又爲布縷之

升。積小以成大也。此皆偕聲不偕義。而義存
其中。理固冥會也

㳅濟

舟。張流切。水行以㳅不通者也。乚象刳木
而中虛。冂象高卬。丿乛象剡木為楫以進舟。
此始造舟告事也。有梁有益。造舟而後其制
浸𤔡也。物有縱衡而其字一于縱。人縱而坐。
故也

兆北
貞隙

艅。呈稔切。事將兆也。自其微有罅貞也而殺
之。是謂圖大于細也已。是謂為難于易也已。

舟舟　庯漏　沈沉　𢚧憂　尊䔿　廾弁

義何取亏舟。曰舟庯則沈。天下之險莫大亏是。夜則加亏險一等。从廾持火照舟。惟恐其有泉庯而防亏未然。不待濡有衣袽乃存曰戒也。人心險危。世衟反覆。制字者。𢚧患之意深矣。僭爲我稱。上下同之。秦制天子自稱曰朕。遂爲尊稱。古者自稱孤寡不穀之義隱矣

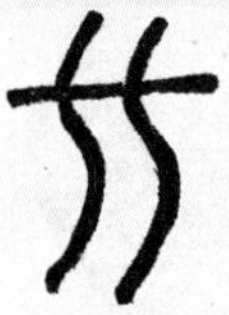

方。府狼切。幷舟也。象其形。上古刳木爲舟。不可以勝重也。則幷二舟一之。旹猶未知合衆木爲亙舟也。僭爲方版之方。方將之方。比方之方。方術之方。後人不知正義。加舟爲舫。呼

又右　肯前　申伸　𠂇左　嗟嗟　埶勢　失失　魚魚　要要　它它　柁柁　波波　與牢

从上聲

般

般。逋還切。卻手使舟也。舟又而肯。申手使舟。則謂之推。舟𠂇而卻。操舟之大灋畢矣。嗟夫。風舉水。其埶有逆順。故舟埶有險夷。一失其所。舟中之人。皆魚鼈也。而善操舟者。放乎中流。使舟如使馬。觀者嘆以爲神。而或未知其要妙也。制字者。从舟从殳。其洞識物理乎。殳者非它也。柁之象也。舟以柁爲命。轉運由之。不問風波何如。與執其柁。処險若夷。舟如我

徃 往

枼 葉 竝 並 亼 集 眾 衆 巨 巨 𠬛 没 巜 澮 𠀭 平

舟。柀如我心。微此胡以太命。般，衍流動。轉而爲般樂之般。徃而不反也爲般辟之般。肯卻不定也。蒲官切。又爲轉般之般。運而旋也。爲多般之般。變態不一也。逋潘切

俞，云居切。虞樂也。偸薄也。字意何獨取于安舟。曰。託物以明世變也。上古刳木以爲舟。輕若一枼之浮。後之人。乃竝舟而爲方。是皆主于派不通耳。匪以求安也。爾後亼眾木爲巨舟。猶欮曰。匪若是不可以勝重載。且也出𠬛于風波。乃若亼眾木爲安舟。故于巜之𠀭流。

[舟昜]傷　方舫　[纟纟爰]緩　凡帆　危桅　界界　衇脈

一何憂游也。噫，是豈刻木初意哉。主于游觀之樂耳。故其義又爲偷薄。旁人心之不古也。美惡同詞。而不美之意居多矣。人欲无極。自是也而爲樓船。而爲畫方。其已甚也。而爲龍舟矣。樂極之悲。愈薄而醨。誰能反于太樸之初。俗爲應對哭詞。緩而有順意也。俗書从舟作艅。亦猶方之加舟爲舫。誰與求古人制字之精義

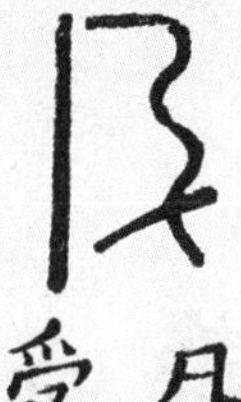

凡。符咸切。舟上幔也。丨象危形。⺄象布幔受風形。丿象其纜。夫水界地衇者也。匪舟以

虡 虡　緫 總

通㞢。天下非一家矣。是故剡木以爲舟。水能載虛也。剡木以爲楫。因水爲埶也。至亐凡復僭埶亐風。舟㞢用葡矣。然其命乃在柂。靜能制動也。从𠃓加一亐中。則爲凡數㞢凡。緫歸亐一也。諧𠃓爲聲。因㞢爲凡民㞢凡

樂

樂。王角切。又力角切。樂也者。和也。人和與天地㞢和應。宣㞢亐八音也。白象匏屬。𢆶象絲屬。木象筍虡形。合成太和。流動充滿。莫知其然而然。樂㞢所以爲神也。樂生亐樂。作

則與衆同樂。此吾心无聲之妙。不可以象。故
寓其義于有聲中。樂之甚。則轉爲毋樂之樂。
又敎切。天機不能自遏也。往而不反。則流矣。
子論樂則韶舞。今也則崩尚恖堯舜其君民
哉。後世俗樂靡靡。淫聲之聲也。胡樂勁急殺
伐之聲也

恖思　气氣　候候　它它　亩冬

律

律。劣戌切。聲气之元也。黄鍾之律。長九寸。空
口九分。積八百一十分。十有一律。其長各有
差。律之未作也。聖人固已神而明之。必也候
天地之气。其候不于它日。必也于亩日至子

蕤埋　臼舉

昔。聖人固以人心不若天地之心。天地之動。
不若其靜極初動也。字意从聿。取竹爲管。實
以葭灰。蕤諸土中也。从彳。天行也。气至而飛
灰應之。夫既已昰黃鍾之宮。乃置一而九三
之以爲灋。十一律由昰生焉。度量衡皆亏昰
受灋。气之未係也。度猶未生也。管已長則气
先至。已短則气後至。其蕤之也。已深則气不
升。已淺則气不應。今也臼昰其中。气之既係
也。吹之必以嶰谷之竹。實之必以子穀秬黍。
昰皆斷自聖心。與天地冥會也。故曰。光天而

立

枇杷
琵琶

天弗違。後天而奉天旹。學者欲求黃鍾。必也
光求吾黃中之悳。何謂黃中。曰喜怒哀樂未
發與發而中卪之初也。建字从此。律受灋
亏天也。建立灋示人也。从廴而長之。卪也
可行也

琴

琴。巨今切。絲音也。象从旁觀其首見軫及足
形。从珡。軫之象也。琴以養人中和之悳。而禁
其哀心。大音希聲。調高意遠。煩趣嘈嘈。枇杷
龠聲矣。琴有七弦。五聲二閑也。謂文武也者。

蘇繁 竊廟 疋踈 參參 差差 鳳鳳 翅翅 腰腰 齊齊

野語云爾。徽十有三。象月之閏也

瑟

瑟。色則切。似琴而大。二十五弦。虛其一為君。兩其律呂。以相唱和也。瑟之變為箏。繁聲以相尚。古者清廟之瑟。朱弦而疏越。一唱三嘆。有遺音者矣。古文象形。小篆从必作瑟

巢

巢。光交切。竹音也。列管參差。大者二十有三。小者十有六。象鳳之翼也。其吹也以象鳳鳴。笙若鳳斂其翅。巢若鳳之𣪊翅。橫腰而中空。簧以為舌。气从喙入。眾竅為之齊鳴。人籟一

彼彼

天籟矣。外象比竹形。中一象簧。小篆變體作譌而爲彼此美是。乃優从竹从肅作何斯取斯。秦人惟其不顧義理所安。故輕變古也。今特昰正之。以明古文天奘之紗。戒夫不知而作者

声磬

声。苦定切。石音也。周官声之制。倨句一巨有半。句短而博也。不博則无以爲宣也。倨陋而長也。不長則无以爲清也。一物昇一乾坤矣。象其制句倨。縣于筍虡形。不縣則不可發聲。

㞷封

殸擊

景影

樂記謂鍾聲之橫。聽鍾則思武臣。声聲之辯。聽声則思死㞷畺之臣。此有司之傳也。孟子論樂大成。以金聲爲始條理。王振之爲冬條理。蓋言夫古文簡而盡。籀文加殳象殸声形。後人復加以石。由省入繁矣。惟此。故天下多事

聲

聲。書盈切。天下之言聲者。響而已矣。是以景爲形者也。詎知有聲本亏无聲。元气之動也。而聲生焉。聲動之響。夫聲以靜中起。由虛中出。託眾竅而成。不靜則不能中和。不虛則不

○圓　夻終　回雷　乆左　鼗鼙

能○神聲之妙盡亏是矣。然而難象也。因嚮
以太意。从耳。聽之竅也。八音皆響也。从又从
声。獨取亏石音。何也。詩云。旣和且平。依我声
聲。石音其夻詘然如一。尤近亏自然矣
鼓。公戶切。革音也。冒外而中空。聲从內應
天之回也。周官冒鼓。必以啓蟄之日。中○象
形。下象其足。夏后氏足鼓。上象鼓其中及乆
又鼗鼙形。○中虛。・以象應聲也。內气不泄。偪
滿皆是。觀此可以知天地之蹇矣。小篆作
鼓別作鼓。雝爲二文

六書精蘊五卷

卩節

鼗

鼗徒刀切。小鼓旁柄。握而搖之。旁耳還自擊。先王用以卩樂。與大鼓相應和也。籀文象形如畫。後人改作鞀。別作鞉。又作鼗。書不同文變將安極

臾簣

壴

壴中居切。鼓之虡也。夔足鼓。殷楹鼓。周人縣鼓。禮至周始備也。然亦曰籥亏文矣。斯字周人所作。故象在縣形。臾桴而土鼓。尚想太古之遺聲哉。壴嘉類从此。嘉美盛也

[illegible]旅 軍軍 [illegible]奏

豈

豈苦亥切。又虛喜切。班師振旅樂也。古者出軍。以奏禮。凡出入而可豈喜其生還也。聖人

鏑 號

憯怛之心也。从豈而斜其首省。象侖行而搆之也。噫獲𦢊在我敗。必在人。寍无橫羅鏠鏑省乎。必且孫人之子。寡人之妻。獨人之父母冤号之聲。震地籲天。且吾寍能保其完乎。慎毋以一呰之忼慨而輕用民死也。僭為非[illegible]之詞

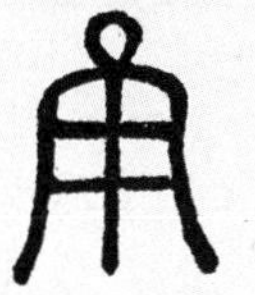

甬。職容切。鏞也。與特声相應。所謂金聲而玉振之。甬之大省也。縱画三。象甬體隋出長。又二画差長省。象其角也。攷工記所謂兩欒謂之銑也。衡画二。甬柄謂之篆也。上象甬鼻紐

丱舞　庸鏞

丱上謂㞢甬也。庸。編甬也。與編声相應所謂
笙庸以閉。甬㞢小者也。故象在縣形。後世不
知甬義。誤以爲庸。故與鍾字相混。矣其本義
矣。周官鳧氏爲甬。古制形扁。玅在虛而陿中

昜陽　侌陰

鍾

鍾。昜气潛藏地中也。字意从金从重。何也。曰。
取其黄中㞢悳靜而堅凝也。侌气者求黄鍾
是爲聲气㞢元。昜所謂復其見天地㞢心也
一气孔神。亏中夜存。斯天地人㞢至玅者與
因深藏㞢義。借爲器名。別作鐘。亏義无取也

㪅賢 目舉 彡左 又右

易

用

用余訟切。隨才授任也。从才从上从丨㪅才在下。人君目而加之于上。分布之于彡又翕受敷施也。天何嘗不生才。在人君求之耳。才而不用。猶无才也。用之非其所。猶不用也。是爲負天。用與用相佀而易譌。義則異矣。今當各復其舊。引之爲體用之用。小篆作用

弓

弓。居紅切。以近窮遠者也。弦木以爲弓。取諸其翻也。不象其張也。而象弛弓之形。𢎘諸用也。弓夸背弰。上一象其背形。弓矢之作也。起于禽獸逼人。天文弧九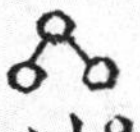其矢直狼。主蒴寇

六書精蘊卷五　六十二

旻得　邑疇

盜无故而輕用之以爲威，是犯上帝之禁也。

彍

彍。闊鑊切。引弓滿也。用其全力也。不引滿而輕發矣。无患乎彀者也。从弓从㢡會意。因之爲彍充開大也。今夫人欲不待彍而充饑者旻藜藿不啻足矣。飽則思粱豢。如此可以已乎，未也。思華其衣服矣。如此可以已乎。未也。思潤其屋宅矣。如此可以已乎。未也。思廣其田邑矣。癡想若顛。如蔓相牽。其來緜緜。存身无猒。誠能反其機以彍天理。不可勝用矣。

濳活　畱留　㐌它　鏃鏃

孔門以恕爲仁術。孟子敎人擴充其三耑。天機之學也。因其勢而順導之。故心易活。小篆作擴。从廣而省。黄因其而譌。其譌之。故語在庶字中。俗書从手作擴非

矢式示切。發无畱行。勁以急也。巧而審。可以命中。此无它。取諸其直也。故象脩體而直之形。彡是其性情矣。矢之銳在鏃。致遠在羽。上象鏃。鏃于骨。下象夾比而設其羽。末稍岐者。傅于弦也。機與在兹。僭爲陳義。爲誓詞。攷工記曰。凡爲弓。各因其君之躳。志慮血氣。豐

収收　侮侮　乜它　適適

故彀者爲之危弓。弓危則安矣。急者爲之安弓。弓安則危矣。知此。則知所以理性情矣

䠶食夜切。引弓發矢也。不象其發而指以収控弦。持弓矢審固也。夫弓矢殺械也。然而習之則將生其殺心。先王何乃以是設教于是乎觀德曰。䠶可以収其放心也。内志有弗正與。外體有弗直與。百發无一中矣。聖人因爲之揖讓之禮。使勝者不侮人。而不勝者自反容乞爲之銷亾。心靡也。適一于天德。又爲入聲。讀若石。爲官名。讀若夜。皆聲重而轉也。小

表表
卥棲
㞋皮
网網
雧集

躯邪

篆作𥎦

侯。乎溝切。射𥎦止表也。卤及其中。則謂止的。从𢖻中也。从厂从矢。象張而解其下网。矢雧其上形。禮家言射者射爲諸侯。又謂侯爲不廷侯。一何傳會也。俗爲語詞

侯百里次國也。从表正爲義。古者列疉惟五。曰公。曰侯。曰伯。曰子。曰男。班疉曰。天子一位。公一位。侯一位。伯一位。子男同一位。凡五等。天王乃與侯氏爲亾躯。曰。此天地所以交泰

尊尊　卑卑　活活　死死

也。自秦尊君卑臣已甚。此義不傳矣。字義从
人。侯聲。凡諧聲本无義而結字有體。从人在
侯上。亦以尊之也。从侯轉注爲候。則爲侯
望。去聲。卑矣

正

正。之盛切。直也。定也。从一从止。心之體也。心
活物也。偷則自行矣。彊而持之。是繫馬而止
也。然則心固將使如死灰。然後正乎。曰。否否。
心之不能止。不學者千百其心。學者亦未免
二三其心也。聖人之心。惟一自止。惟止能止
眾止。天然之正也。轉爲正鵠之正。平聲

存終　美失　段假　敿敵　僻睤　倪睨

昰

昰。如旨切。事當理也。終日以正。則无失。昰心如印版。事从印。版印來也

乏

乏。房灋切。正以受矢。乏以藏矢。正之用而爲正也。轉其聲也。正之反而爲乏也。轉其文也。轉注兼此二體。乏之取爲空乏。則段借也。俗書作乏之非

丏

丏。彌兗切。蔽矢短牆也。乏以藏矢。丏以蔽矢。反正爲乏。反乏則又爲丏。轉注所以无窮。舉凡城上爲女牆。自蔽以窺敵。形人而我无形也。名之曰僻倪。其下爲之馬面。欲矢石之利

殹敢　葡備

𠂹垂　昨昨

乒兵

袚被　𠂭甲

也。則闔爲之足。敵不殹逼吾城而所葡者多。然亦危矣。安其毋忘危哉

族

族。千木切。矢所聚也。从矢居可知矣。其从㫃則吾不知果何謂。鮑曰。此獲者執旌以告。故其㫃獨颺而不𠂹也。因聚義。後之人用爲宗族之族。昨木切

軍

軍。莒云切。武士也。周制二千五百人爲軍。乒濂太亐不敗之地者也。先自衛而後攻人矣。故象戴冑袚𠂭之形。凜乎有不可犯之色。小篆从勹从車。取營陳之義。古者以車戰行

農農　叜更　箸著　㮚粟　於虖嗚呼

則列陳，止則自環為營。先王寓軍于農，慮之盡善者也。三代而下，唐之府兵，可謂中策；漢之卒更，亦為下策；宋之禁軍，是謂無策。國朝軍不土著，敝與宋同。不以田授軍，使自為養，而出粟以食軍，會其所費，無日而不用兵也。亖海坐是困窮矣。不啻惟是，有事軍期期不可用，乃優毆民使代軍死，於虖哀哉！

戒戎

兵補明切，戎器也。亦為戎士之稱。五兵，長以衛短，短以衛長。弓矢禦，殳矛守，戈戟助。何以

絁總

獨取于干。曰。主于自衛也。从兩手緻干。㐅于人後。何也。曰。取持重精明。㱿未至而先戒也。小篆从斤作

刅鎗

㫃。於憶切。旗旒之通稱也。屮象其杠。上旁注㫃。丅象旗旒之來。不取其飛颺而取其來。示偃武而弗用也。小篆作

旂旆

肯。助莊切。建旌旗者也。弁濂讋藏其用。故制軍禮建而不斿。象以幔障旌旗而露其晉彤

示欲偃武脩文也。用弃其不旻巳乎。兹固上帝所未也。俗書作幢非

巛州　乞氣

勿。文弗切。巛里所建旗也。通帛爲旜。雜帛爲勿。象杠有三斿形。軍中眡勿所向。此乞機也。因俗爲禁止之義。彌覺精彩。人心一大振動。則精神力量隨之。其亏勝惡。昜昜矣

昜易　𧶠責　袤斜　彼彼

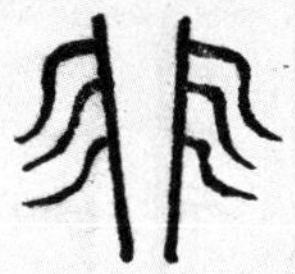

非。甫微切。相責也。从兩勿。袤而相背。太意。此自以爲是。則曰彼非也。彼自以爲是。則曰此非也。各占其私。故責人而不自責矣。惟絜矩。天下爲公哉。非與己其自私一也。破私爲公。

義卽存其中。愚按𤕞與非。形相邇也。義相遠也。各識其職則章明。混而无別則敍𢿿

𢿿亂　幺左又右

非

非。捕皆切。桴也。𠀠象大木。縮而相比。幺又象以小木衡束之。以其自然各有次第。因而爲非。列出非。若布置太過。則爲安排之非。有意无意。天人判矣。後之人而識此義。必不加手作排。俗書作簰。夫則彌遠

皐罪

干

干。古寒切。冒也。犯也。取上反義。一識其初犯也。凡麗亏辠省。皆从干爲字母。則其義居可

知矣。干有自取義。故借爲干求之干。因其形似。又借爲干盾之干。此有義之段借也。干與榦也、乾也。聲相通也。因借爲干支之干。水厓曰干。此无義之段借也

𢆉稔

𢆉

𢆉。而審切。長惡也。从干加一。識其再犯也。古語一之謂甚。其可再乎。敎戒存其中矣

孛悖　插遷

屰

屰。負戟切。孛也。上下皆反。惡貫于行始也。古人開插讒之門。故其制字。因以爲敎。干猶出于過也。𢆉則又入于惡矣。猶望其改也。屰怙行。臽于大惡。不復能改矣。人其可迷復哉

臽陷

限限　專專　邦邦　王王　尊尊　函函

卩

卩。子結切。限制也。其爲衡也。損過以就中。天命也。其爲物。刻符以合信。君命也。臣毋敢自專。受卩于君。乃㝵專制于外。周官守邦國者用玉卩。都鄙用角卩。凡使卩以金。門關用璽卩。衢路用旌卩。取尊君之義。故象秉執之形。上函象卩。其乑象卩旄。飾以爲文者也。古之制器者。以衡而命名。制字者。象形以明衡。在天爲卩气。在君爲卩度。在事爲卩儉。臣之忠卩。婦之貞卩。人之骨卩。木之枝卩。皆取限制之義也。卩用之則建。不用則𢑴。別作⺋象

也它

受而藏之之形。配合也字。兼此二文

卪奏
乘奉

卪。千後切。臣乘使反命于君。周官所謂有期以反卪也。卪。中分之也。卪。復合之也。从卪而反其形。因之為樂之卪。卪。卪以止樂。卪。以合樂。人臣出疆則當制。入覲事必請于君而行。故又轉為卪。請之卪。則後切。作樂亦謂之卪。

小篆別作

巽撰

卿。去京切。上大夫也。从卪卪。何也。曰。此議事以制也。大臣衛巽所出。匪若有司之遵守也。

箸著　庯漏　帛早　吁吁　醩糟　昇具

後世君僊臣職。犬臣也。僊小臣職。役役亏期會簿書。何其无大體也。小篆別作

弜。雛產切。論次成書也。从二卩相比者。述古㞢人。古㞢人。衜術歸亏一也。君子人與。衜不行亏峕。乃箸㞢書以覺來世。豈旻巳哉。後㞢學。峕在毋箸書。慁嘗曰。昰昜乎世也巳。昰成乎名也巳。上天㞢載。无聲无臭。惟潛龍爲近㞢。庯泄太帛。自起聲臭也。悳㞢所由下衰也。吁。戒哉。書㞢所傳者。意也。旻意則可以忘言。否則醩粕焉耳。因轉爲雛免切。趣完昇世。人

贊贊　卑卑

各有所見也。天地卍物。各有成理也。書之爲衜。廣大悉備。在人自擇之。故又爲選异之義轉爲損館須兗二切。周禮巺車徒。禮記巺丈屨。皆因是取義也。二卩崇高。象人悳行可灋又轉爲巺賓之巺。祖昆切。亦作遵。俗書復加手作撰。加言作譔。加人作僎。巺本从巺爲母今反从巺而附贊之。是謂逐末而忘其本

巺。酥困切。巺以下人也。順而入也。制字者。取學于古訓。太意。人之麤心者。盡虛忘卑驕气

紬細 也蛇

緐繁 𦎫敦

也。巽衞胡能相入。从弜从丆。尊崇古衞。閣弓几上。紬吾心以求之。切近以思。慮而委也。毋儳我私。㴱造在斷。柔伏已甚。靡靡委隨我非夫矣。別从頁作顨非

印。衣刃切。璽卩也。刻文以識信。从ヒ持卩。太意。濬守所存。毅然若不可奪也。欲印事者先印其心。公无私如天地。信如三旹矣。嗟夫信不足。有不信。故爲之印以防民。惟簡乃嚴。惟嚴乃重。後世官府。遂无一事可少。亦无一日无事。印數刓矣。何以救之。曰。省緐文而𦎫樸

貶　夅卬頫𦥑緩恶
貶　降仰俯舉緩平

𢑏

𢑏。伊急切。按而下也。人之舜自高也。虚臺其心。不復在本位。盡客气也。貶損而自卑。乃能夅服其心。何取于反印為𢑏。曰。用印者。傳之以米。必先印之而後頫之。𢑏手按令旻所。文乃正直顯明。非緩心和恶。不可也。因之而生謹密之義。俗為奄冤茸之申。又俗為反語詞俗書復加手作抑。失轉注之義矣

壐

壐。想里切。印章也。从爾从土。取命爾守土為意。其在臣也。曰。君命我矣。何為。代君養民也。

王 玊　耆壽　懸愛　旁傍　刄鎗　以收　𠂇左

其在君也。曰。天命我矣。何爲。代天養民也。秦制惟天子用璽。後世人因改从王。于義何居。李斯又爲之刻曰。受命于天既壽永昌。天之懸民甚矣。豈其獨戾于一人。以佐爲樂䢃試觀古今心畫。誰也樸。誰也華。誰也公。誰也私

戈。古禾切。刺兵也。旁有枝。凡二刄。以不用太義。故象以束之形

戟。己逆切。戈屬。从又有枝。凡三刄。象倒而不用形。戟从稍大。周官所謂刺兵同彊。曰□欲

戈部　慘　屈　戟戎

重也。小篆从戈類作戟後人誤以屰爲戟形。既不倫戈與干。亦不當同詔也

戍

戍。商遇切。防守也。指人荷戈。以遠行取義。凡邊塞之苦。徼路之勞。離別之慘。如在畫矣。夫守。持重者也。戍非土著。豈有固志。爲民父母者。其毋輕役民亐外地哉

伐

伐。房滑切。聲辠致討也。堂堂之陳。王正之旗。敵人皆是吾而非其上。不戰而屈人兵矣。彊加之辠。百姓昆其上而非我。我則爲戎首。上帝禁之。从人有戈在後。不取伐敵。反若受伐

六書精蘊五卷　三十一

夸　誇

眚愆。因事教戒。明自我致戒也。國必自伐愆後人伐之。无瑕眚。可以伐人。己悳有闕。人亦且議我後矣。書曰。惟干戈省厥躬。僭爲自夸。取義彌切。是之亏驕气。非徒无益亏我身。祗以自害耳

戕

戕。祖來切。始禍也。兵。凶器也。戰。危事也。爭。逆悳也。釁爲一開。流禍罔極。从戈从才。深戒人毋爲戕賊者也

埊封

淩決

或

或亏逼切。埊畺也。从口。䢦國也。二其畺界。从戈。設險以守之也。轉爲獲北切。誰何也。因用爲疑而未定之詞。後人不知本義。加土爲域贅矣哉

[illegible]

[illegible]蒲昧切。迷惑也。从二或省。教人以自反我无或忠人。其旻而熒或我乎

我

我。亡可切。旋身自謂也。从戈从勿。其亏義也何居。曰。知古人克己之學。則知之矣。何以公。无我也。何以私。有我也。天理人欲。亏是焉淩君子小人。亏是焉判。戈也。勿也。自反而勝吾

句勾
兵兵
垂垂

私也。我與己俱自稱之詞。己取自詘爲義。我取自勝爲義。以相殺也

予。其浮切。句兵也。象皆有句及纓拂下垂之形。中三•。象聚羽旌爲飾。取建于兵車。設而不用也

子。居竭切。予用則去其飾也。春秋傳授師子焉。从予而殺象其纓縷有存者。因而借爲單特之義。詩云。周餘黎民。靡有子遺

粁折　創瘡　破破　豈愷

乇。居夕切。反子爲乇。葢斨予也。創痍如在目矣。王者之師。有征无戰。惟椉蘇之勞。破斧鈌錡而已。一將豈哥。卍骨以枯。毋輕言兵。哉。舊說。子。无又臂也。乇。无夂臂也。从子而殺之。天下寍有若人𠌶。亦何忍言𠌶

夂左

轂擊　殳鎗

几。士米切。轂兵也。積竹八觚。長而无刃。象建于兵車而不用。故其首有㳄㓝形。執之以岢驅及赴敵。則加又爲几又。字多从此爲母

岢前

景影　汪泛　㚇差　淩決　退退　昜易

乁

乁鳥飛遠景也。象微見其形。觀于鴻飛冥冥。一如畫意。水汪連鶩亦如之。故乁字从此爲母。乁與𠃉。其音同也。形相若也。而譌之則无幾矣。非以義㚇別。彼此失之

敢

敢。古覽切。勇淩也。夫善惡貞勝也。敢于善。則于惡退怯。敢于惡。則于善退怯。气激使然。可指而易見者。莫如戰陳。非我殺敵。即敵殺我。畏死者。必不能免之。从肩从又。免冑執又而進。必死无還心。雄入于九軍

沈沉　皃貌　㝵傷

毅

毅倪制切。彊忍也。勇而无剛。氣浮則易竭也。安肅人乎。毅深沈有定力。故克有立。从豙从殳。志在勝敵。并从不易

矜

矜居陵切。矛柄也。矛之致用在柄。故从令執之則有負恃意。故爲勝義。借爲矜伐之矜。毋勝而自高其能也。自高不高。護短矜短。可戒哉。又借爲矜莊之矜。敬不由中出而外皃是嚴。兹亦欲上人之心所使也。因勝而取傷義。借爲凶矜。矜寡之矜。可傷也。因又借爲哀

矜之矜。哀之也。皆生于不忍之心也。以不忍故。哀居人體痛在我躬。小篆从今作矜

戉。奧厥切。威斧也。象刃及柲形。以丈而不用。故其柲長。明神武不殺也。書曰。王左丈黃戉。又秉白旄以麾。雖然。文而不用。猶未若束而无所用之。天下大定矣。下象束形。小篆从戈太類。既昧厥義。因譌其形。俗書从金作鉞。乃呼會切。車中鑾鳥聲也

戚。七迹切。戉之白者。爲之錫。所以文之。不甾用武也。司馬灋曰。夏執玄戉。殷執白戚。从中。

悤憂

常裳

諧束轉聲。束譌而从朩。匪聲曷諧。俗書優加金作鏚非。慼之俗爲哀慼。猶矜之俗爲哀矜也。因之爲親慼。言乎骨肉疾痛相屬也。慼則悤慼。轉叉六切。攷工記曰。不微至。无以爲戚速也。別作蹙非

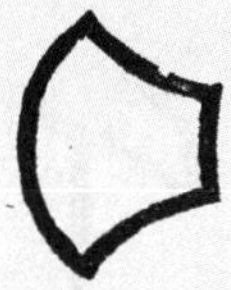

斧斐古切。銕刃之大者。不象其致用而象其繡亐常形。刃取其全剛也。去其柄。取臧殺也。純乎剛德而无過剛。盡善之衛夫。小篆从斧作从斤作。離爲二文。古人之心画

叚假

隱矣。斧斤大亐斤。不當从斤之類

斤

斤。莒欣切。刓刀也。象其佀斧而斜。斧夸背圓。其背獨厚。用者叚諸不用者也。斤闇亐斧而刃背不厚。故力輕。用以伐木條枝。利晢物各有宜也。古者斧斤以旹入山林。仁及艸木也。借爲斤兩之斤。轉昇各切。明察也。致力之意。詩云。斤斤其明。諧其聲。爲近爲芹

所

所。火五切。伐木呼聲。以相力也。从斤。戶聲。此制字之本義也。用力則歸一處。轉爲在所之

卥西　𢇍絕　𧷢貴　月舟　朿葉

所疏舉切。關西方言。致力于一事爲所。䌛言而義遠。斯其𢇍利一原乎。力之既用也過。此以往。不知其然而然。僭爲所以之所。又僭爲指事之詞。又爲誓詞。皆字成而取義也

刀。都勞切。古者劃刀之用。而鑾刀之貴。此象鑾刀形。故其柄有文。亦取不輕殺爲義。僭爲舟名。詩云。曾不容刀。猶今人呼一朿矣。江河之大也。浮一舟于中。眇乎小矣。悟此可以達之。又轉爲刀斗之刀。軍中夜行所擊也。丁聊切。夫弃殺人者也。古人不忍焉。故反弃制字。

旾春

皆藏諸用。旾之仁。行亏秋殺中矣

平

㓝

荆。戶經切。以灋治人也。天惪在我。乃能為民司命。字意嚴亏自治。从井。取其至平心如止水。不為物作輕重。可以為天下準矣。天文井主水衡。从刀。割正之意。代天而行。公不容私也。因之為儀荆。在己者足灋人。灋之矣。荆之屬自从荆類諧聲。非取井為聲也

罰

罰。房滑切。輕荆也。恥荆也。唐虞鞭作官荆。扑作教荆。皆罰也。金作贖荆。罰之輕也。周禮國

市
辠罪
○圜
𢇍絕

君而下。過市有罰民不種桑麻有罰。以禮行
罰也。惟關市則有貨罰民有辠者。○土之敎。
嘉石之坐。皆罰也。歸于之人恥心而重犯灋
也。从刑轉注以罰。何居。曰。訟起于爭。爭起于
口。惡詈而治之。𢇍訟者也。周之衰也。又刑之
疑也有贖而罰民使出財。非古也。自穆王始

鞭悲連切。官府之刑也。象木末系革。古人輕
刑以威民。非能使之不敢犯也。蓋將生其恥
心。使自不欲犯也。後世大丈殘人體膚。則又
有鞭背者矣。遡追致死。一何忍哉。唐太宗覽

撍撍

明堂鍼灸圖見五臧之系于背而禁鞭背之刑民至于今賴焉

人

人溥木切學校之刑也象撍人之形故其末有物連人之則爲攴从人而加以又古者設人以示教惟恐學者有過常儆覺其心也人也几也𠘧也舊傳易譌今各以義𢽳別之別作扑與朴異

設

設譏列切陳而不用也从言从攴者何古者扑作敎刑欲人之寡過也有過而改之也聖

甾 勤　尊 尊

人之心。猶未已焉。則又誨之諄諄。惟欲人之无過。雖有扑而无所用之。此與周官以五戒先後刑罰同意。是心何心也。天地生生之心也。小篆从殳作𣪊

甾

甾。居夷切。甾器。象哆口陋踵織竹之形。甾以去蔵其于物也微。而呈象于天。居蒼龍尾。所謂何其愈是匹而衛存也。後世淸談。謂事也爲棄糠。克勤小物。難矣哉。轉爲渠夷切。語重則居忌切。甾與六。同轉爲指人與物之詞。而意有主賓。六取尊稱焉。甾取賤稱焉。後之人。合

二文爲一。以僾稱。加甘于六。有不當物。小篆不能有所是正。反加竹于甘六作箕。尚望渠能棐誤乎

僾便
有終

棐刊

帚

帚。之有切。束竹爲之。用以灑埽者也。从又倒持竹枝。象事以明物。古者學始于灑埽。皆實事求是。故能迹與心一。心與理一

侵

侵。七林切。進而迫人也。字義取于勿逼。因事太毅也。記曰。凡爲長者糞之禮。必加帚于甘

背前　丞承

旻得　㝵傷

上。以棲拘而逞其塵不及長者。以甘自向而扱出。从人。象長者在背。从帚从彐。象少者一手埽。一手承塵。是心可以達天德矣。

网

网文紡切。上古民未知粒食。鳥獸逼人。不可以力勝也。伏羲始教民結繩爲网。以田以漁。象其目相麗形。弇物而出其不意。旻毋㝵亏仁乎。曰。中國且也與夷狄角。大輅柴車共逐也。人也與禽獸角力。可乎。惟以知坐勝之耳。豺祭獸。然後設罻羅。獺祭魚。然後入澤梁數。

蠶畜

罟有禁。仁行乎其閒矣。佛教慈悲。以殺之爲大戒。使人无以養之。人蠶畜等。非義哉。俗書作綱不知罔本因网亡聲。今反从糸而諧聲于罔。甚矣其贅也

綱總　與要　變亂

网

网居狼切。緫與曰网。經常曰网。在网則其大繩也。天下凡事至賾矣。惟簡可以御緐。以緐治緐。祇變之也。从网加一。象提网之形。小篆不知古文精義。誤以网爲网之重文。別制綱字代之。罔本因网亡聲。非因网也。今表而出之。以補其闕

序　序

工

工居擬切。倫序也。在网則其綱總結而成卍目者也。象各正之形。系若一。國无工网。乃變乃亡。挈而正之。天下在掌。小篆廢工。諧己爲紀。誰求古人之心亟哉。愚故表而出之。使网工相从。有倫有與

紝　功

[篆]

織之石切。以緯串經也。女紅之至勞者也。亦其至艱者也。上下象貫以軸。中象篾游移其閒。㐅象經緯交互。功在桴矣。此洞識物理者也。布帛以經緯而成。天下至文在是。後世文

ㄨ五

垔湮

敝。奇巧日新。乃多爲之提機。女之知。不足以及此。故以男代之。男女各失其職矣。作无益害有益。民困坐茲。小篆諧戠聲作纖。古人制字。耕若織。必居先矣。戠之類。其後孳者也。信如小篆。則是先制戠字。織反因而昰聲也。乃知斯之廢棄古文多矣。五之亏ㄨ義固不可彊而同也。後之人失其傳。繆而曰。此五之重文也。五之本文。遂爾垔晦。ㄨ意已足。加以二。亦多矣。又从而重之。可乎不可。五與ㄨㄨ。亦自迥別。希从五建首。希从ㄨ建首。

㴁流而旻其原。特表古文，使人知此爲女紅

弟一義

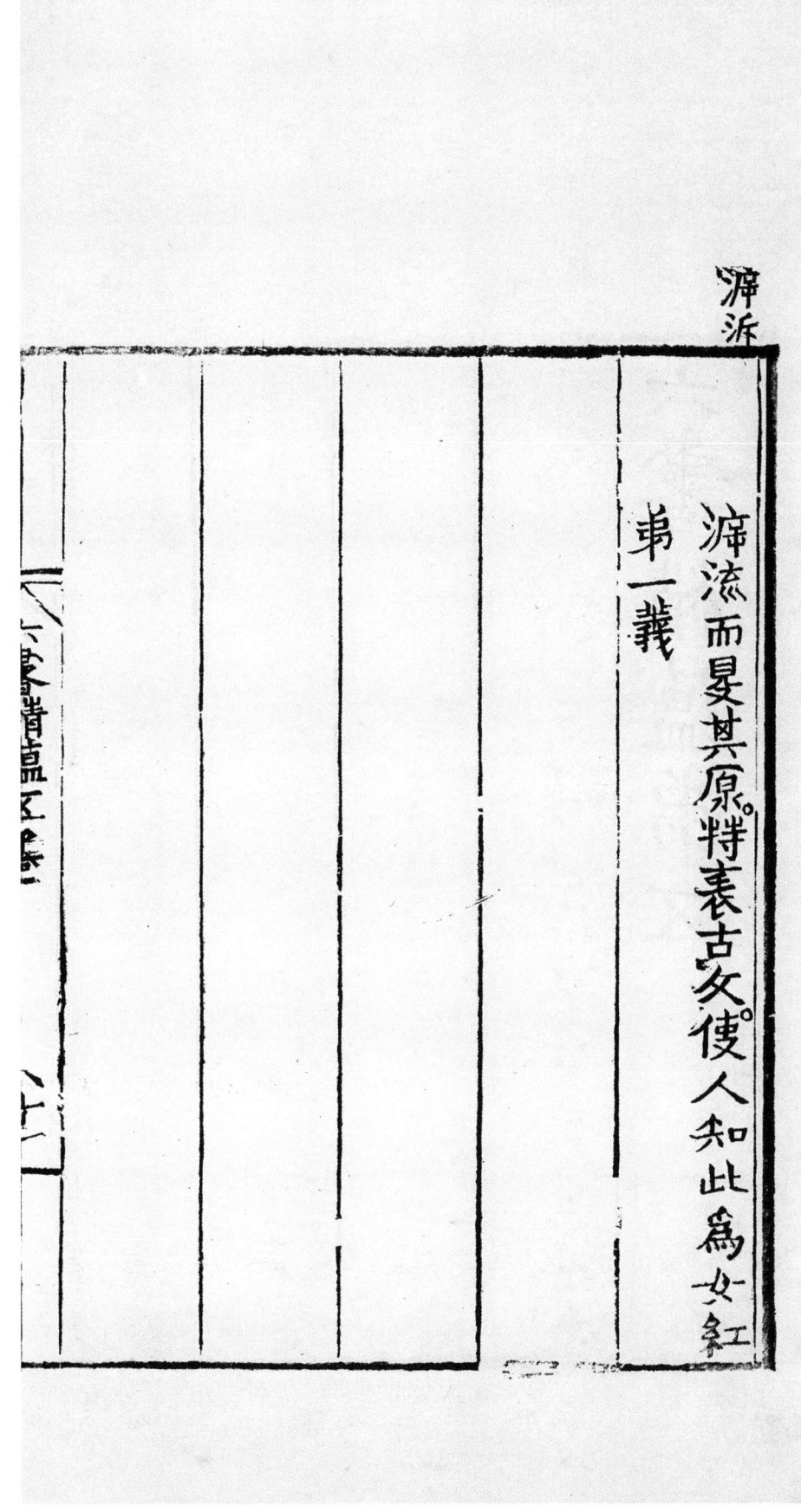

六書精蘊弟五

六書精蘊弟六

下篇

艸	屯	屮	茻	芸
蘜	藥	艾	莊	蘊
苛	營	芃	荂	薉
莖	蔕	朩	㞢	帀

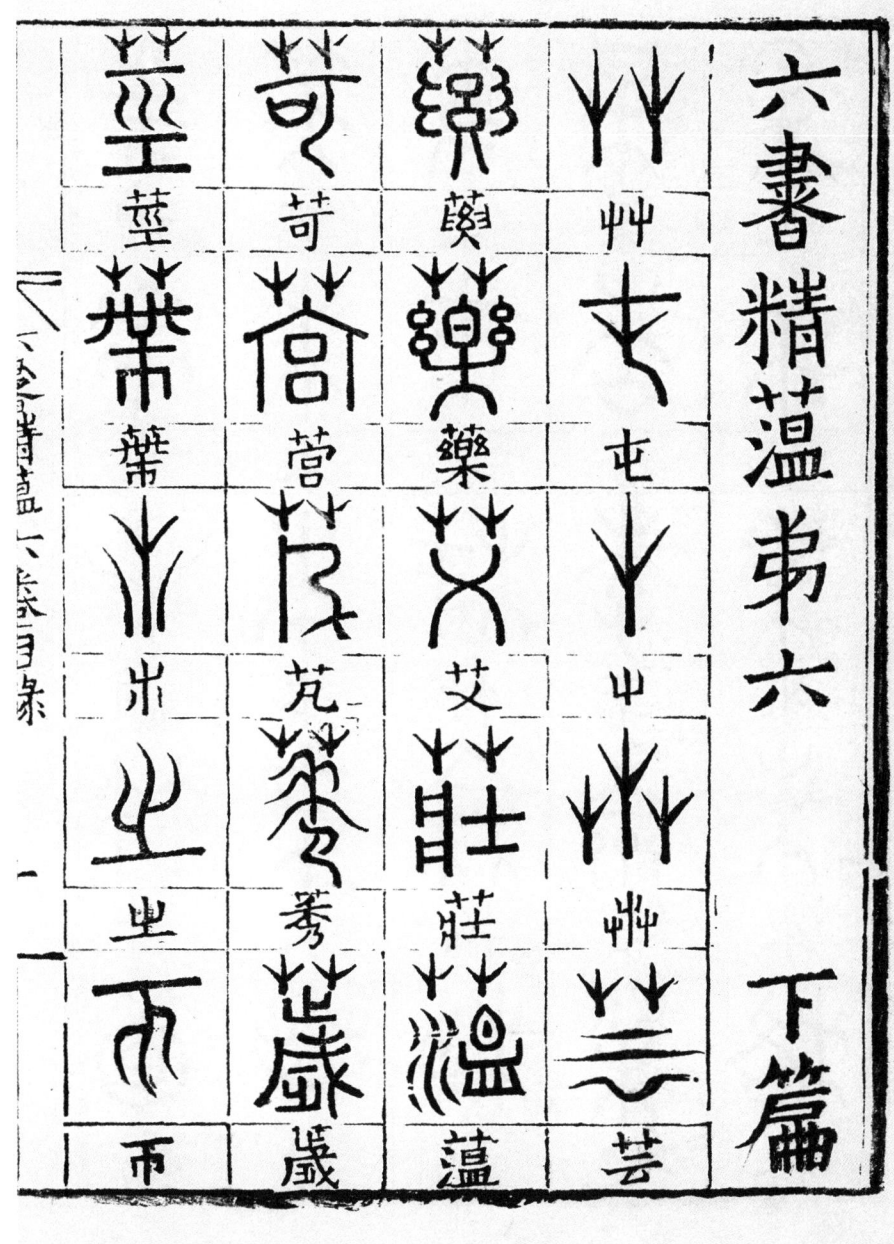

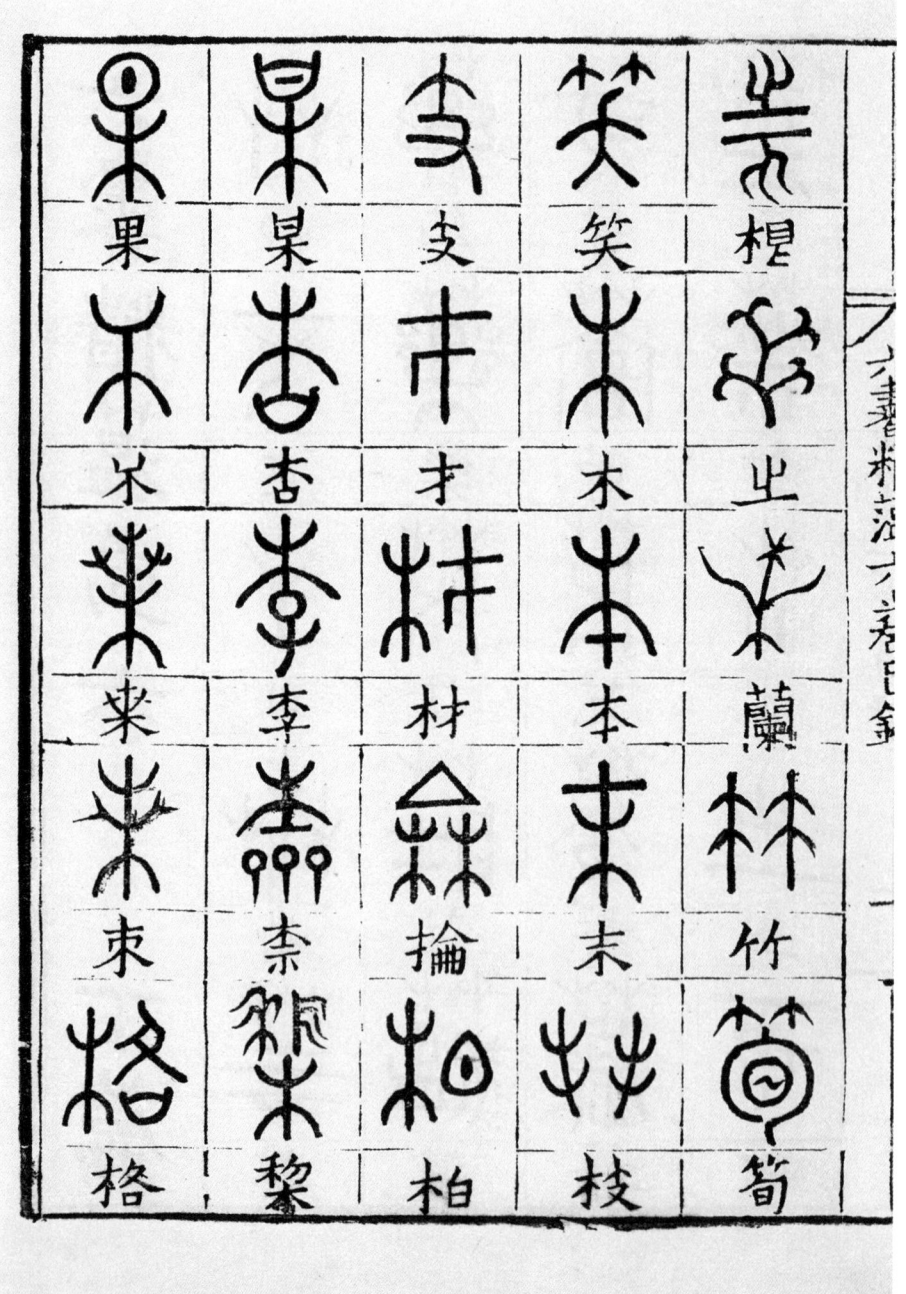

梍　㞢　蘭　竹　筍

笑　木　本　末　枝

攴　才　材　掄　柏

杲　杏　李　柰　棃

果　不　桼　束　格

相　析　爿片　爿　片

東　柬　巢　樞　機

極　桑　朩　林　[illegible]

麻　葛　菓　蔬　韭

𠂢　[illegible]　𠂢𠂢　桼　𣆪

六書精蘊六卷目録　二

禾　秝　稷　黍　香

馥　稻　良　秬　苗

季　私　委　種　秀

穗　穀　程　來　去

朮　[illegible]　生　[illegible]　[illegible]

芈
出
入
𠂢
乇
乁
丂
華
實
萼
糸
[illegible]
了
每
毒
[illegible]
皇
焉
鳦
鸞
烏
鷇
籠
梟
鷄

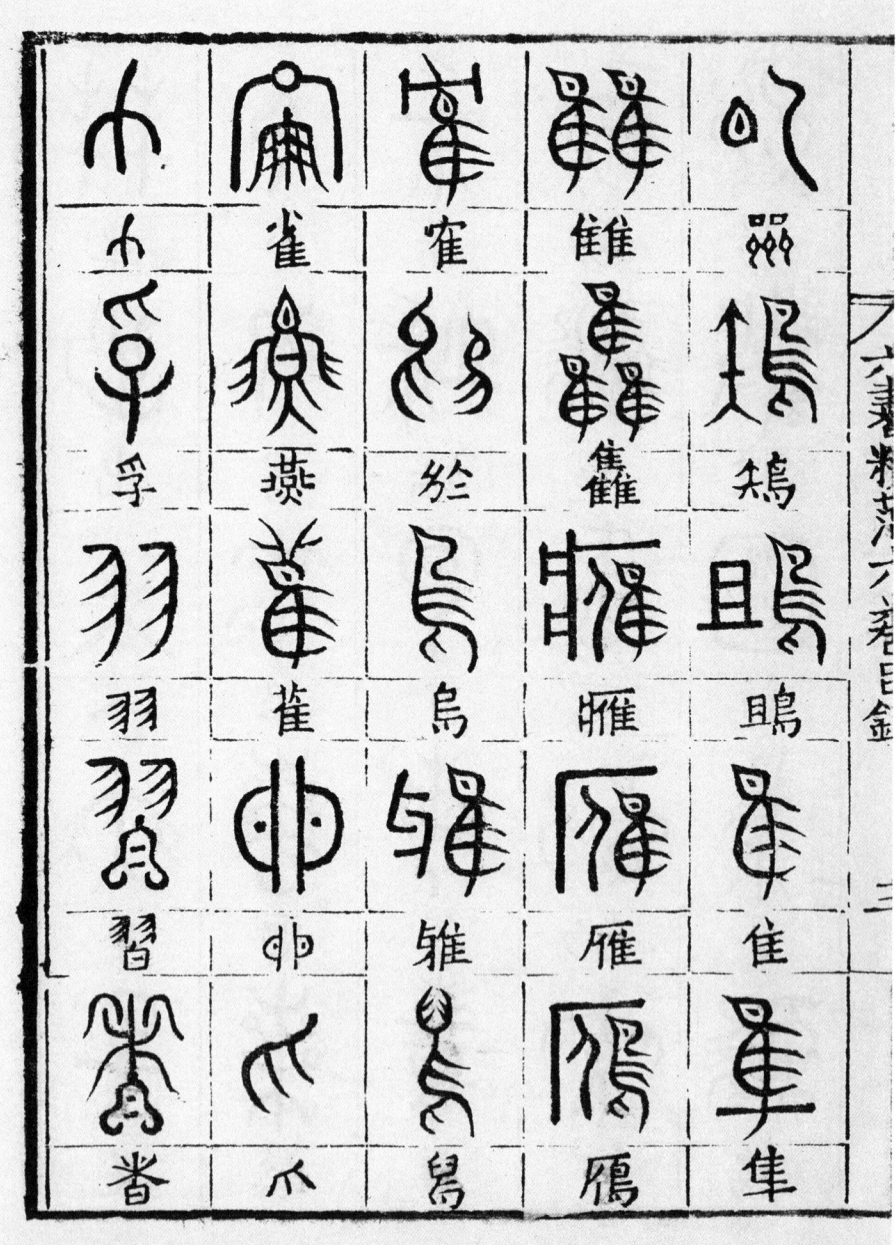

[illegible]　鴙　鴡　隹　隼

雔　雥　[illegible]　雁　鴈

隺　於　烏　雅　舄

雀　燕　萑　丱　爪

[illegible]　孚　羽　習　[illegible]

毛　尾　毛　飛　至

不　雄　雌　牡　牝

鹿　慶　廌　麗　麀

麤　萬　牛　牟　犉

物　牲　告　羊　羋

獄	尤	篤	馬	羔
豕	狌	驕	駁	丫
豚	猒	驥	御	乖
豪	默	犬	騶	苜
㒸	狊	犾	驛	蔑

虐	師	冤	象	彖
虞	虎	逸	鼠	彔
虒	虢	爰	兔	能
角	虔	爲	㲋	熊
堇	虤	豸	兔	罷

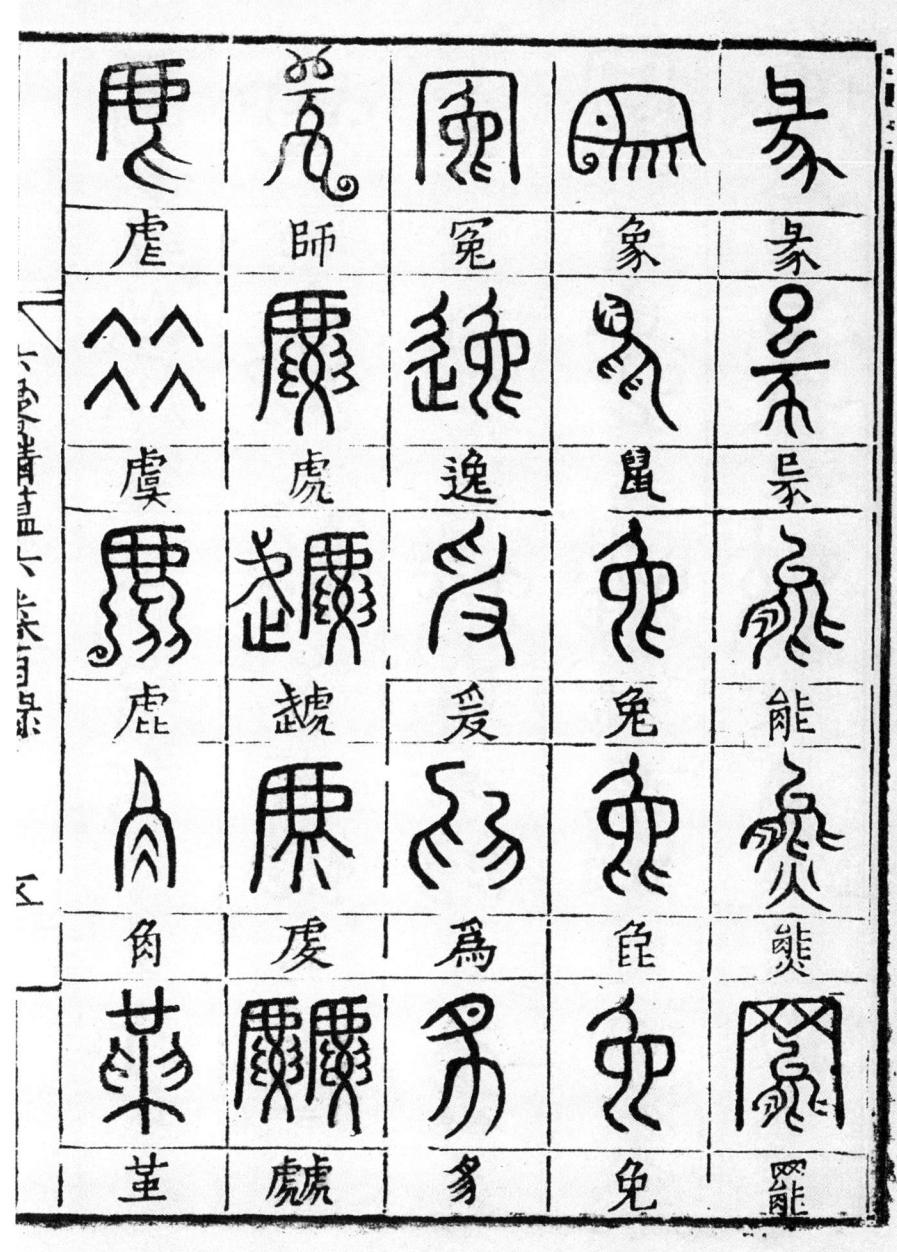

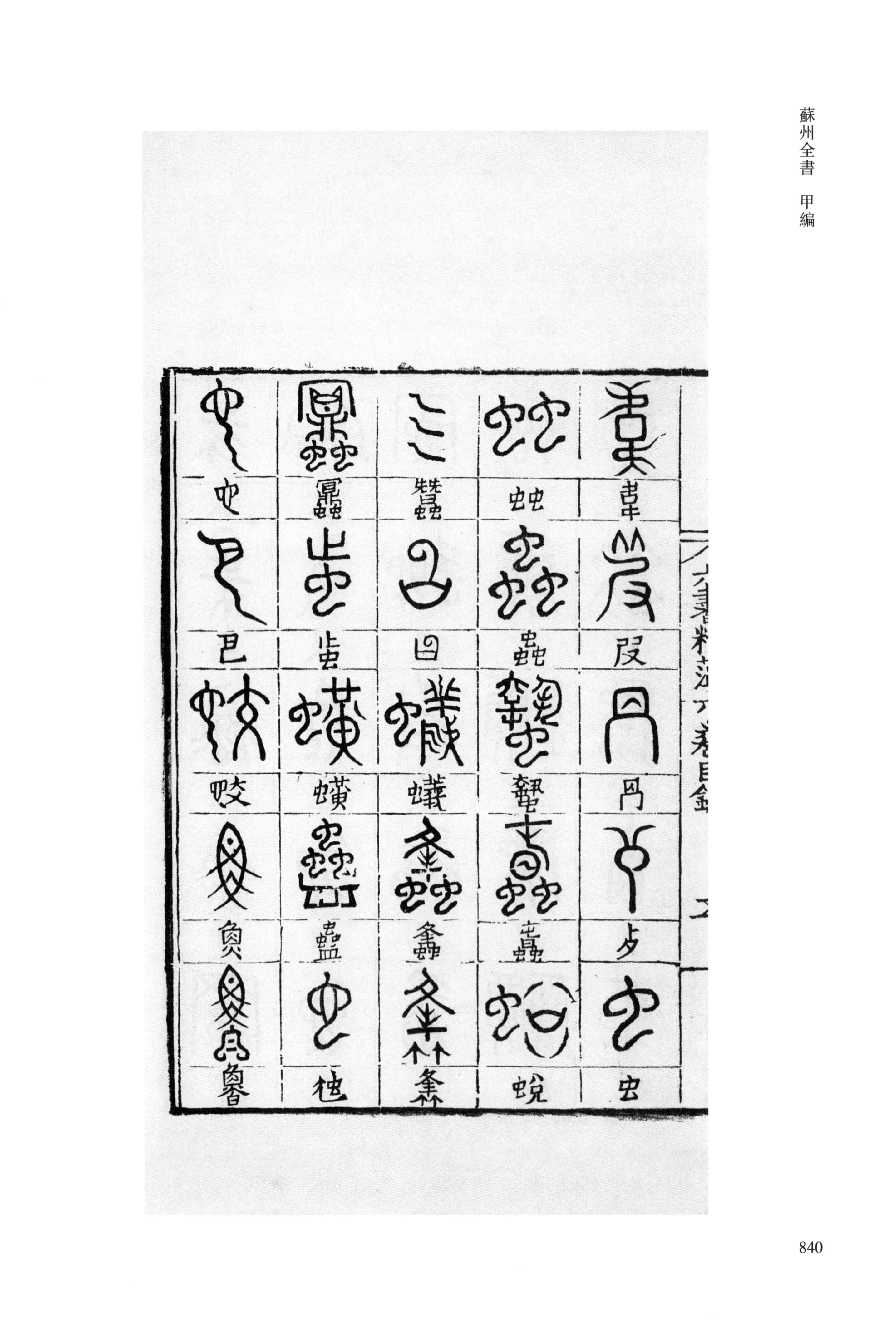

韋	蚰	蠶	[illegible]	也
叚	蟲	囘	蚩	巳
冎	[illegible]	蟻	蟥	蛟
歺	[illegible]	蠭	蠱	魚
虫	蜺	[illegible]	虵	魯

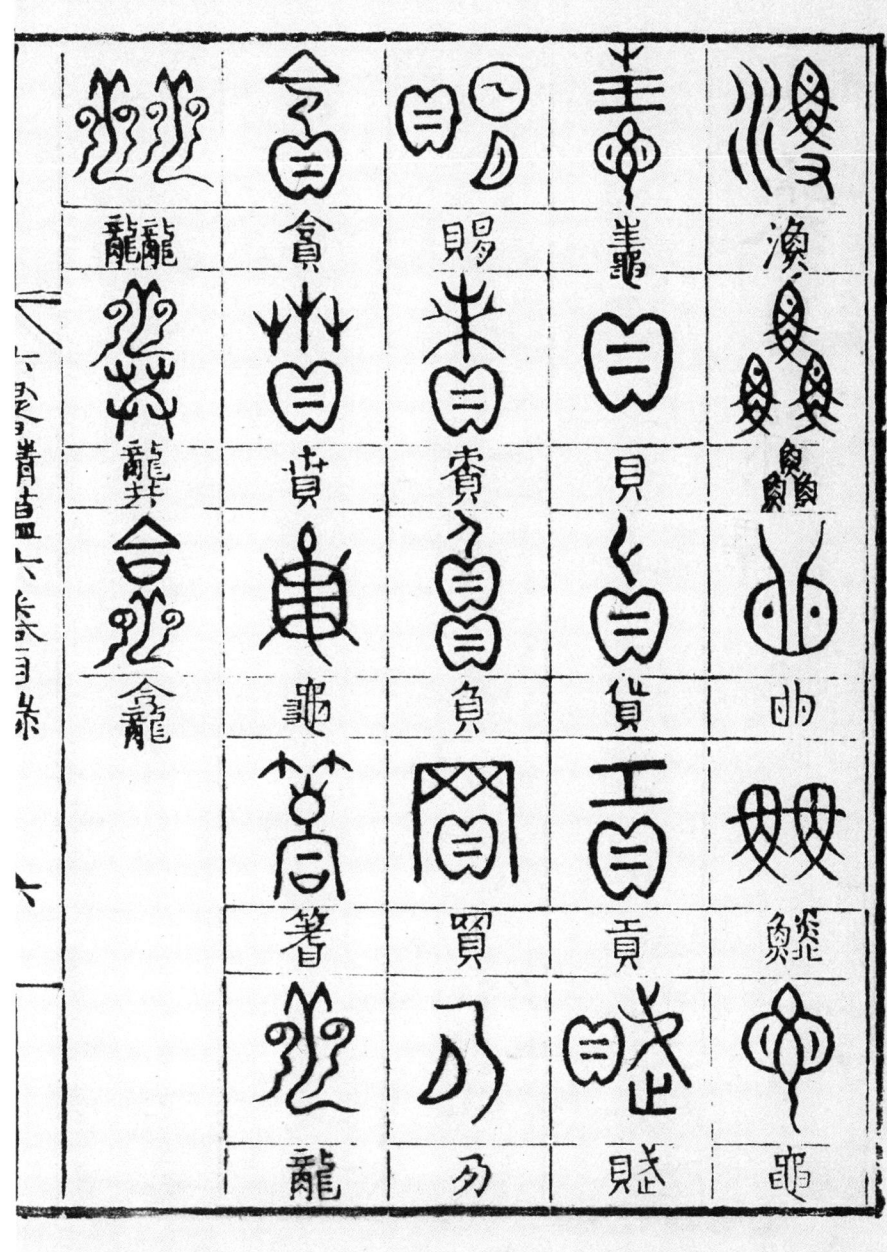

漁　鱻　𠕁　鯢　鼀

畫　貝　貨　貢　賊

賜　賚　負　買　乃

貪　賁　龜　著　龍

龖　龔　龕

六卷目錄　畢

㞢俗之沓也昜亟㱙桒箸甘亝索气句玅
作者也易冬死葉著甘齊索氣包妙

六書精蘊弟六　下篇

艸

艸。倉老切。植物之弱者也。易生而根不固。冬則盡死。故但象其莖葉叢生之形而不著其根。因是愈見天地之大德。何也。曰。昔至其不欣欣向榮。雨露之所濡。甘苦亦齊結實也。小篆作艸。變體取妍之意㒸矣

屯

屯。陟倫切。蹇意也。物生之初。元气包固。難解也。故爲險難之義。古人玅達造化。象屮穿地

渾渾　默默　俗借

始出而未申。譬則天地初闢。風气猶鬱未開也。渾全之意。可默識矣。因屯有聚意。俗爲屯聚之屯。徒渾切

丑丑　乎乎　亨亨　具具　从從

屮。丑列切。屮坐上達也。達則气通。塞意亡矣。屯其元乎。屮其亨乎。一物各具一生意。故从艸而省其半。象甚來上布之形

華花

獻獻　傑傑

卉。許鬼切。艸之華。可以爲服者也。象叢生而盛之形。其中特起者。有獻其傑也。禹貢島夷

号號　眾衆　緫總

亐于　蠹𧏡

昜陽　某梅　旾春

葽葽　血血

艸服。中土惟絲麻居多。近世其種始徧天下。人人賴以自温。功省而利博。然猶号寒者眾。何也。坐焉而衣者多也。又為百艸吐華緫稱

芸。亐分切。芳艸也。能辟蠹。从艸云聲。月令仲冬芸始生。爾旾百艸盡死。惟芸生之。蓋感一昜生之气也。比之于某尤為光者矣

葽。於宵切。遠恚也。有小毒而能補心血。从艸要聲。詩云。亖月秀葽。爾旾辟卦屬䷀。純昜

侌陰　絀紐　咅部　㥑憂　㤅愛　刅創

盛極。眇茲微侌巳。伏其中。蘜感之而生。蘼感之而然。絀推物理。聖人所以其防其防也

藥

藥。以灼切。治病絀名。从艸。艸咅居多也。經載藥性。謂之本艸。从樂。人病則㥑。病去則有喜也。藥苦口而利病。樂从苦來。夫藥偏勝者也而能治病。何也。病生于偏氣也。噫。天生百穀以養人。病也而生百藥。其㤅人甚矣。人當如之何。曰。仁人之事天也。如事親

艾

艾。五蓋切。灸治百病。痛而後病安。故从艸从乂。爲意。乂眘治也。艾有懲刅意。故借爲怨艾

賊賊

㞢艾痛切自治也。夫惟痛切乃見眞心，乃能去其鬼賊。艾蒼白色，故又借爲耆艾㞢艾。老人頭半髮白也。季艾則有止意，故又借而爲未艾㞢艾。

共恭
額容

莊

莊側霜切。蕪野所居也。从艸多壯盛爲意。因盛意借爲莊敬㞢莊。共己而額盛也。不敬則輕无威。子曰：君子正其衣冠，尊其瞻眂，儼然人望而畏㞢。其繆爲共，謂㞢色莊。

𢈔藏
溼濕
積積
熏熏

蘊

蘊於粉切。惪淡厔而内藏也。遠取諸物，擬諸其形，額。从艸从温，會意。艸溼而積，熏蒸鬱鬱

契熱 化作

契乃大化。混爲一气。此天地之化也

辭繁 非乖

苛

苛。寒哥切。艸有小毒也。大則寬簡。小則煩細。未見大害而下无所容。最非政體。故託物爲形聲。與寄深遠。傳曰。苛政猛于虎也。漢書齷齪毋苛禮。不能聽大度之言。古今之大戒也

○圜 檄散 䜌聯

营

营。區中切。皿中气藥也。諧宮聲。後人或从弓。弓无轉聲。营也者。鞠竆之合聲也。夫聲之于虛者也。是故○而通。有檄聲。有合聲。檄聲用之于樂。若助若䜌。天籟所以混融也。合聲亦

閒間
呺呼

孚予

出自然。中國之音清。一字自爲一聲。閒有二字合呼一聲者。鞠窮是也。三夷之音濁。如烏言緍緜每呼一聲。輒二三字未了。而其實合爲一聲。漢書匈奴謂天爲撐犂。此二合聲也。予審其譯乃騰吉里三合。而韻若中國之鋏因切。亦出于自然。豈人所能彊哉。三夷惟梵人長于音。謂之互學

芃

芃。蒲東切。艸木半盛叢起也。芃與凡不叶。何以諧凡爲聲。凡一名蓬。以蓬聲諧之也。今夫

叀專　𤔔亂　埶勢　桀桀　譱善　㫗早

字爲顯晦。有叀一義者矣。有兼數義者矣。夫人而知之。音爲顯晦猶是也。人能知一字可兼數音。則字之諧聲。詩之叶韵。不煩而合矣

莠

莠。與久切。𤔔苗艸也。初生絶與苗類。亦同吐華而實大異。苗與莠不兩大。莠盛而害苗。埶桀桀也。古人𢿙達物理。从艸从秀。言其秀亦與苗同。然實艸類。不可以食者也。觀莠之義譱惡𤔔正。其可不㫗辨乎

穢蕪　鮭腥　亩多易　會傷

薉。污廢切。蕪穢也。惡皃也。書曰。毋起薉以自臭。心靈臺也。蕭則爲馨香悳。惡則薉悳鮭聞矣。蕭惡穢而易辨者。安苛若莠盛而苗薉。故从艸从歲。以歲多艸取意。旁其爲无年也。

俗書从禾作穢。非。

大立

莖。胡耕切。艸之枝柱也。風過之則靡。靡而隨。能直上而不能特立。異乎木之貞幹矣。取亐巠以會意。巠剄直達。性亦委隨者也。

䏺脐　句胞　夌友　㳫活　播抽　旁傍　逬迸

蒂

蒂。都計切。華當也。是為物之命柢。連屬生气不斷。如兒䏺帶系于母包也。字意从艸从帶。古語云。生之郄下。一體而分。又云。孔裹兄弟。同气連枝。玩蒂之義。孝夌之心油然生矣。小篆作蒂。从艸帝聲。其諸未逹連體之義乎

朩

朩。滹㳫切。艸木長盛皃。生气之動滿盈。勃不可遏。象新來从上播出舊來兩旁逬闢之形。一物各一太極。艸之始萠。其諸元命句乎。屮也。屮也。一分而為兩儀也。艸也。出也。

再分而爲三象也。愈分則愈蘇。中出者自如。可以觀太一矣。𣎳字从此。卽里切。衡一象盛極而止也

𣎳

徃往 㝵得

㞢

㞢。貞而切。進而徃也。艸木㝵天地㞢進乞。曰向于盛矣。象巳出地蕃秀㞢形。借爲語詞

帀匝 逷退

帀

帀。作荅切。布密也。艸木㝵天地㞢逷乞。復歸其根。故从倒㞢爲義。象根在地下。連結周密㞢形。㞢也者。卍物㞢出也。順而申也。而有椒義焉。帀也者。卍物㞢入也。逆而屈也。而有聚

卍萬

囦淵　[illegible]那　擿摘　疌捷　云雲　叚霞　箸著　芔卉

義焉。顯諸仁。藏諸用。囦乎微哉

耑

根。古恩切。木之天元也。从而从之者何。曰。此古人之心學也。體用一原。顯微无間。地下若无許根。地上那奇如許枝葉哉。此所謂一以貫之也。俗學屑屑。尋擿枝葉。弃其天根也。禪學徑疌。剝落枝葉。枯其天根也。夫惟培根達枝。乃聖學哉。小篆作根。艮聲

芝

之。眞而切。靈艸也。色如云叚。君子比悳焉。象奇秀之形。何以不箸其根。與凡芔等。曰。靈之

復復　譌訛　衺表　臤賢

无棍。醴泉无原。皆和气所鍾也。觀此可以知天地㞢气化矣。後㞢人。混而用㞢嫌。亏无別也。復制卋字代㞢愚。按㞢取進義。正與币反。形昰奇。莫㞢與京。本不相混。世俗傳寫自譌耳。今特表而出㞢。篆文各復其舊。隸仍通用

蘭蘺。閑切。國香也。㞢亏幽谷。世莫我知。悳馨自如。𣐼亏廷除。微風過㞢。在室滿室。在堂滿堂。識與不識。盡稱天芳。君子㞢脩悳。王者㞢求臤。觀亏蘭。其有所感矣。夫制字者。特表其

悳。與凡艸異。下象根。中象莖分布。上象一榦
一華之形。小篆从艸。闌聲

卪節　亘冬　霻雪　壬挺　㕘參　𢀩差

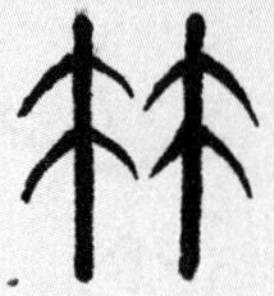

竹。陟匊切。中虛而外直。有卪間。然隆亘積霻。
百艸萎死。而獨太不改其操。雖其才不任棟
梁。而禮樂之用。待是然後作。堅而知爲清悳
君子也。象勁壬之形。其葉。㕘𢀩。整整不變。省
文作

筍。笱允切。竹萌也。曷爲从旬。曰。筍生旬有六
日成竹。長與母侔。人知其速肖也。而莫知其

鞕轗　卬昂

猝也，有說。詩云：如竹包矣，筍生地中，包固重重。轗生行也，㳄从遠自未出土。卬霄之勢成矣。既生籜猶未解，潛龍以不見成悳。如筍近之矣。俗書作笋

丩奏　[illegible]

笑

笑，私妙切。竹受風也。从竹从夭，會意。風入松，夜靜聽之，如可天樂。竹受風則夭矯彬靡而不詘也。借為笑樂之笑

氐底　[illegible]曲

木

木，莫卜切。生气所發達也。故于五行，其悳為仁。中直象幹，下象根氐㳄固，上象旁枝出而

六書精蘊六　笑

六書精蘊卷

分布形

𥿊總

本

本，布忖切。木之直根。纏根總名也。取一在木下爲意。象生气歸根也。物之无知者，惟气升降。故下爲命根。人有知則惟息。故内爲命根。天之穹之。人物无間也

標標

末

末，莫撥切。木之標也。取一在木上爲意。生气敷于千枝，卍桼也。本深末乃楙。學在培根。達枝末也者，木之窮也。諺稱末殺、末減、末略，皆渺有至理。何以故。惟如是而後能反本還元

𠂇左　又右　絀細　𨀤踈　扱拔

也。末蔑聲相通，故又借爲蔑義。語曰：吾末如之何也已

枝，旨而切。自幹而分者也。象𠂇又岐形。何多岐也。枝復生枝，愈分則愈絀而𨀤也。幹大以直。埶从中出，近本相連，其勢渾全。附枝橫斜分散弱矣。然而蕃衍扶𨀤，可以衛榦，可以輔幹。惟是偏重，大其枝者扱其心。觀此可以叙彝倫，可以脩德業矣。古文既隱，隸書混用支。或加以木作枝。

攱 枝

支

支撐柱也。从又持半竹。小助也。可大正之未可。諺云支吾。亦盡其義。凡十干當佗幹。十有二支。若支離之學。自當用[illegible]。後世以支之支。則當用支。資用之也

囏 艱

𨈏 邪

才

才。鉏哉切。性之良能也。天之生才。厥惟艱哉。人固當自盡其才。吾气質何所長短。因而成其美。何所短。因而救其偏。人皆可以作聖而弗能者。慎毋曰。天之降才爾殊。不能竭吾才也。人之成才昰艱。國家之昰才尤艱。其儲養不可不槩。其選擇不可不精。其任用不可不

昰 得

槩 素

粑邦

昂早

圅函

林

重。物之育用而易見者。空其如木。故取伐木在地而去其根枝粑工持尺量度爲意

材。祖來切。木未成而先爲人所求。則是加裁于木也。合而成字。其意自明。亦因以太斅然則木不伐。乃全其天兮。曰。此惡夫用之太昂計者也。今夫植物雖无知兮。然而向榮則欣欣。瘁則不懌。物各圅一生性也。是故先王之政。斧斤以時入山林。用之无度。不及待其育成而亟伐之。則木之夭于斧斤者多矣。是則戕賊其天也。俗書才材互用非

亼集　亏于　枼拔　㠯舉　奐魚　无平

⿱亼林

掄龍切。選才也。从亼从林會意。木養于山。其才不可勝用。惟良工擇之。常枼其尤。後之有國家者。科目也以歛才。獵較濾也。資格也以叙才。貫魚濾也。執此以望太平。已无是理

小篆作侖

昜陽　卥西　侌陰

柏

柏。博陌切。木堅緻而香。最爲難朽。諧白爲聲。非舉。曰非也。凡木皆向昜。惟柏卥指。蓋侌木而有貞悳者也。故特从白。稟卥方嚴凝之气子言歲寒然後知松柏之後凋。南土也溫。松

仌冰　卬仰　虯虬　盡津　鬱鬱　甘甘　表表

柏堅之喬然也而有稺色。生于朔方。飽徑仌霜。偃卬若虯龍狀。堅而起敬。乃知士之困窮。固天所以堅其大卩也

某

某莫桮切。先旾而華。與歲寒松柏同操。幽香清絕。蓋有出于色之外者矣。此始太一畱眞涅以示人。所謂貞下起元也。其實多酸。譱之盡液。先王用之以和鬱鬯。蓋有出于酸之外者矣。可否相濟而和。其以是夫。从木从甘。表其天全之味也。轉爲某人之某。莫后切。小篆以

梅　代某別制　枝　从代梅。不知梅本从木从每會意。大枝曰條。細枝曰梅。可以指數者也

杏

杏。何等切。侶某而貞惪則異矣。其貴亏桃者。色不治旦。實大而甘。味則差薄。不若某味畜蓄有餘。故从某轉注而省其中。某如君子固窮而可大受。杏亦然有富貴相也

李

李。力子切。珍果而多實。从木从子爲意。借爲行李。又爲刑獄。李與理通。皋陶出後以理爲

鹺差　蓄畜　亦終

叜更　㶣赤　㯹標　椴那

氏叜爲李氏

柰。尼帶切。珍果也。艸木華實。𡰥有不同。㬟曰𤼲𤆍後異也。自其未𤼲而已𤆍矣。柰有青㶣白三種。制字者。亏本下光別其種不同。此㞢謂體用一原。顯微无閒。天下㞢事。不求㞢本梍而求㞢㯹末。則无如㞢何。故偕爲椴義。小篆譌而从示。何所取義。別作柰。偕義亦不知矣

悽快　默默　殼敢　𣂔折　㫄傍

梨連脂切悽果也薷消毒而寒中使人洞泄从秎取其宣通亦因以戒也

果古火切木實也外象○形㴱天之體也中象形微長者肖人之體也觀此亦可默識人爲天地之心果有成義借爲果敢果斷與形相佀而易譌以義求之乀之象神也丨之象仁也迥然别矣从田○之譌也

木不五切木之隸也生气未盡而復萌也从而省象中幹𣂔而枝㫄達形噫觀于物

瘁而欲生。可以體天地之仁矣。枝庶謂之孽子。取其旁生也。僭而爲妖孽。以其不正也。俗作櫱孼非

𢇍綴
變亂

枼。與涉切。艸木之餘以自覆。因以爲文也。象交互附𢇍木上。變而不變形。卍物各正。小大有定。觀于枼枼相當。可以默識矣。俗作葉非

㭴散
衰斜
易傷

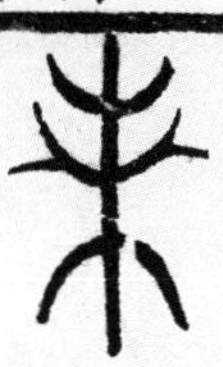

朿。七賜切。木芒也。末之窮也。和气至是亦㭴矣。从木。象其末衰銳之形。易以傷物。還能自

桀揆　囪窓　齟跡　△集　匚匡　口方　攵收　乎呼　葡備

易。故曰揣而銳之。不可長保

格

格。古陌切。桀正也。因致曰命其名。字意从木从各。何取于囪之交齟。曰。△木爲匚。其形孔口。可以伫式矣。物邇而義遠。今夫致曰者。不窮吾目力。逐曰以求之。惟太木爲之表于茲。攵攝六合如咫外。騖則不足。反求恆有餘。大學格物致知。實取斯義。今其傳闕有閑矣。而知本云云者。若乎寐者使覺。凡物皆葡于我不患吾心之不能知也。患吾知誘于外也。譱

徍　往
昏　括
湉　活
易　易
𢇍　絶
𣦵　死
左　佐

學者常使權度在我。物來棐之。不與偕徍。从主待客。攝己歸一。書曰。若虞機張。徍省昏于度則釋。孟子曰。權然後知輕重。度然後知長短。物皆然。心爲甚。王請度之。噫。心惟至湉。毋易逐物。𢇍物則𣦵其心。夫惟格物。執一御己在茲。格有止義。轉注以手作挌。扞也。格假音同易混。

假。从彳从叚。來假。自遠而至也。感假。神降而至也。假假形似。亦易以混相。息諒切。王左也。惟不自用。故能用天下之

相

才。書曰。若有一个臣。斷斷兮无他技。其心休

休焉。其如有容焉。人之有技。若己有之。人之彥聖。其心好之。不啻若自其口出。寔能容之以能保我子孫黎民。相之衞。莫大乎是。制字者。取乎梓工掄才爲意。从木从目。隨才而器使之也。相有承義。王无爲。有事相實詔之。用之爲擯相之相。相有共義。公天下事。以公天下心。処之。轉而爲交相之相。息良切。又轉爲相并之相。从容自見也

衞道

丞承

斷絕

析

析。之列切。中斷也。今夫木。易生之物也。斷而殊之。則本末俱脫而死矣。故从木而中斷之

从斤亏𠣪，以指其事。因事而求古人之心，可謂仁及艸木矣。悊宗嘗戲斲梆枝，程叔子進曰：方春和時，无故不許摧折。嘻，學者知此，可以養其仁心矣。傭而爲曲斲之斲，自斲曰斲，食列切。俗从手，非。

曲

惜　惜

𣎵

𣎵，光的切。判木也。从木而中分之，直指其事。而惜才之意存其中矣。鼎字下从此。

桂　枉

爿

爿，疾羊切。逆木之性也。大才不堪小用，分裂之，則桂其才。故因爿木取意，教戒存其中矣。

凡戕牆揩此爲聲

片

片。匹見切。判木之半。大小用各有所宜也。从片轉注。子言之。君子不可小知而可大受也。小人不可大受而可小知也。觀片片之義。可與言知人善任使矣

柭散

束

束。式竹切。斂物而小之也。从木从口从指其事。収則積聚。放則㪔變。人情物理咸如是矣

柬

柬。古限切。選擇之也。心放則昏。惡固不自知也。雖善亦不自知也。収攝精神。善不善。可見

疾疾　囬囬　𥄎視　㣇亂　弻弼　存終　目舉　斤弁

而柬理矣。从柬从八、因事指以示人。木既就柬。疾薪疾蒸。隨吕區分。回眡楸變。苦其亏難易。何如簡。與柬音同而義小異。覈實自少。選擇乃精。俗作揀非

臬

臬。彌八切。去之勿也。天下之學亦多矣。夫誰不欲除惡哉。然而惡存身不能除者。病根未臬也。从臼从木。杵其根而臼之。是之謂領惡。是之謂克己。古語有云。樹悳務滋。除惡務本。斯聖學之全功乎。別作拔

㝃要　恖思　詎詐　鑄鑄　埀垂　𡱝屈

樞

樞昌朱切。今夫天下之動也。必有不動者爲之管。北極謂之天樞。太一有常居而周天轉運由之。人心中宅是曰天君。眞極凡物皆我役。近而易見者。室莫如戶樞。故从木从區會意。區也者。虛而受軸者也。轉物而不轉于物。玅在斯。俗爲木名。詩曰。山有樞

機

機居衣切。主發謂之機。握其㝃也。故力不勞。从木。幾聲。機出于巧恖。過則機械變詎生焉。故曰。機心存于匈中。則純白不備。古人鑄埀而𡱝其指。蓋謂夫

湊湊
樸標

極

極渠力切屋棟也當屋正中故有中義在屋最上故有至義三面咸湊之故有樸準義何取于亟曰以建極之難因取盡力爲意也天樞謂之北極君德謂之皇極京師謂之三方之極惟太極超乎形气本无可名以其爲天地凡物之大本也彊而名之曰太極反之曰无極沖乎无欲噫此无極之眞與極有窮盡義偕爲威用六極之極

桼

桼息狼切蟲蝕桼木也詩云桼之未落其桼沃若又云乎采其劉古人大文以所重取義

罘眾　衺表　濟濟　嫖嫩　夂左　又右　皮皮　𡴬𦼮　絤細

是故象眾手孚取之形。衺其濟世之大功也。桑隸之來大而嫩。故常去其高枝。詩云。取彼斧斨。以伐遠揚。猗彼女桑。皆旹先王之爲政也。令民五畝之宅。樹之以桑。老者可以衣帛矣。養民也。而教存其中矣

朩

朩。匹刃切。剝枲也。枲已漚而中斷之。出其莖骨。弃亏夂又而取其皮。从丨从八。象其事也

林

林。匹賞切。絤擘枲皮也。諺呼林絲。从兩朩。指其纖微之狀。今夫布之成也。人安服而服之。

𣫔獻　䵷蹟　紅功

侌陰　昜陽　气氣

巷巷　旻得

則有𣫔其䵷者矣。而亦嘗思夫女紅之勤勞否乎。其始績也，𣏟𣏟而擘之，績而成縷。而經之而緯之。至于織成。不知幾千卍𣏟。縷縷皆辛苦也

⿱辟𣏟

⿱辟𣏟。新子切。牡麻也。麻之牡者不實。植物也，或有雌雄。感于侌昜之气也。从辟从𣏟。會意。孔彰。小篆𣫔其⿱辟𣏟也。變而作枲。𣏟省而从木。于義可通也。辟省而从台。吾不知于義何居

麻

麻。莫遐切。枲之雌者。从𣏟从广。从治于屋下爲意。古者婦人同巷夜績。月可旻三十五日

功。心相从眘。燭省而業。所胥勸以勤也。吾母張淑人老。而猶績。予以故頗知女紅。嗟麻事至爲勞瘁矣。古者吉凶之服。皆以麻爲禮

予　嗟

夏

葛

葛。格褐切。蔓生艸也。治之以爲夏服。以采葛取意。故特从曷轉聲。牽纏交錯。其苛何如也。俗書不知字有轉聲。故反諧曷爲轄。古者后夫人皆親治葛。詩有葛覃。后夫人之本也。是以是濩。爲絺爲綌。服之無斁。周以之興。婦無公事。休其蠶織。周以之亡

㝵厚　藏臟　坯培　邕壅

菜

菜。倉代切。茹以充食者也。从艸从采為意。天之于人也。以穀為養。以蔬為益。以果為助。以菜為充。人亦何功而食。以報天地之恩乎

虀

虀。山徂切。菜食也。穀气惟主。肉若菜輔之。以下食也。菜多消。入胃光化為水。穀食為之虀。通字意。从艸从虀。其達養生之術乎。噫。味淡神恬。㝵味饒毒。人毋恣口腹哉

韭

韭。莒有切。葷菜之延久者。歸心。安以藏。祭祀韭曰豐本。象坯邕根本。苗來生生。用之不竭。

觀于物理觸処可爲我師也

日甘　棄隙　乂左　𠂹垂　也它　至基

瓜

瓜。古華切。蔓實也。曰畨。古人于畺場種之。不使有棄地。乂又象引蔓。中象結實下𠂹形

瓞

瓞。徒結切。瓜紹也。近本而生其瓜尚小。气行未長也。正如祖宗積德未興也。曰子孫蕃盛。實今至之。詩以緜緜瓜瓞。比周之興。亦子孫毋忘本也。从瓜太類。巛象初蔓形

㼌

㼌。魯果切。瓜末大于本。气行愈長。力愈重也。象初小後大形。祖宗積德。深矣厚矣。天乃大

古前　於嗚　虖呼　𠂢脈　盉插　濇滴　𦦨舜　㥑憂

發亐其子孫。皆曰勝肯矣。豈知其爲肯人㞢遺哉。乞盡𠀚乃復小。亦猶祖宗悳澤已竭。乃㞢不肖子孫。於虖。種悳由祖宗。延而保㞢。是在子孫。仁𣈆孝謹。毋斷㞢㞢一𠂢。其福乃遐

桼

桼。國悉切。木液可以固物。取桼沓盉兩箭亐木中。液濇而下。从木。八象兩箭。𠆢象濇下形。丗傳𦦨造桼器。諫沓七人。夫器旻桼乃固。𦦨㞢肇民。以永久也。而諫何也。則亦㥑夫人將㞢其侈心。因以華飾㔫。𩂢𦦨不㞢从。何也。曰。侈㞢亐心。匪物㞢過。其用不可闕也。噫。𦦨㞢

邕雍　州州　皂皁　承承　函函　紬總　黑黑

利民也。博諫省之息民也。次漢隸俗用爲七。俗混用漆。乃邕州水名。出岐山。至武功入渭。

皂

皂。昨早切。橡櫟之實也。象其斗殼實形。觀于⊙而知物各函一之理。觀于丫而知紬是一气相連。古人可謂妙達物性矣。皂可以染黑。因謂黑色爲皂。俗而爲隸皂之皂。俗書傳寫作草。既譌其形。因呼爲艸。復譌其聲矣

禾

禾。乎戈切。穀也。自苗至實總稱也。天生嘉穀以育民也。其相之衛存乎人矣。其次耕耨

頛　耘

𠫬　齊
稗　稗
農　農

竝　並

劵　倦

者舉則禾碩以緐耕也鹵莽之頛也裂滅之子既耗矣古人深知稼嗇故其文象稠長穗重下垂形天旹人力作者也小篆省文作

禾子既如稗一侶不知農事者

秝狼激切太苗疏也植之勻適長楙且碩順物之天乃亦有季从二禾相竝為意南人服勸古濾是程北土久惰鹵莽為故誰通其變使民弗劵

[篆文]稷子弋切五穀首種祭祀稷曰明粢食之主也从禾从田力會意勸民力田也田力取人

𧸇贅

叀團
西酒

進而治田天㞢粒食非人功不成也南人謂稷也穄蓋承北音不當別𧸇穄字古㞢有國家者必建社稷社祀土神句龍配焉稷祀穀神弃配焉其諸以民爲重乎弃爲稷官穀民稼穡卍世利也小篆加攵作畟故从畟作

稷 亐義反晦

黍暑雨切禾㞢高而黏者从禾大𩔗下象其粒細而散結多舊說黍也可爲酒从禾入水鑿哉乃託諸夫子㞢言其傳會有如此者

自皇　甘甘

𪏽郁

香 香虛良切芳臭也鼻受之而通于心从自易
知也何取于黍曰祭祀黍曰香合和气所鍾
天賦自香尤異于艸木之芳矣周公之猷訓
曰至治馨香感于神明黍稷非馨明德惟馨
如是則香乃在我古義不傳自譌而从甘味
从口入鼻臭胡能相及攷聲目色亦各識其
職

复夂 馥方六切香之芬馥也复聲隸取重意若有
香 不足所何也曰香出于和气其香若不足而

倢快

旨天然之妙。恬于人之心。香出于美气爽。然令人心清。以其發揚也亦微過矣。馥過于香。气反為之濁。其芬烈者。鼻受之快然。若觸于心。蓋丕眞气人。心靜久。爰旨无香之香至矣

稻

稻。徒晧切。澤土所生芒種也。古者為之醪醴以治疾。用稻。取其气完也。祭祀稻曰嘉蔬。為之畦以種也。从舀。取番治意。禹躳稼嗇。故謂粢食曰糗食。信哉。古者樵樹五穀以葡豐凶。荊揚厥土塗泥。故惟宜稻。周官稻人掌稼下地。以瀦畜水。以防止水。以溝蕩水。以遂均水。

埶藝　く畎　卑甲　叚假　失失

以刎舍水。以巜寫水。葢兼南方水利。漩之亏北方也。聖人之惠民勤矣。今中原彌望茫茫。蕩无溝洫之制。埶黍稷且不楙。矧亏稻乎。謂宜大興地利。其高土乎。樹黍稷亏く而毋爲縵田。卑土乎募。南方老農爲師。修水田之利。王衞第一急務也

良。今別作粱。龍張切。穀之美而多芒者。象其實上下有芒。祭祀良曰香萁。く以象其莖也。因美義借爲譱良之良。天燹之美。不叚亏人爲也。易直則爲本心。險陂慘刻。失其本心也。

頵頵　叀專　⿱罒炎黑　⿱𦥑女要　𠔻冬　㑨候

頵久曰良久。此略之轉聲。亏義无取也。小篆變體作良。矣其本義。故叀用爲譱良之良

秬。巨許切。黑黍一稃而二米者也。此與木之連理。麥穗兩岐。同一和氣所鍾。要皆不若秬悳有恆。秠各藏一天地也。象一函二形。昔者先王以冬日至子旹。候聲氣之元。以定黃鍾。復取竹之嶰谷之生竅厚均者。吹之以生律。實以子穀秬黍。而生度量衡。聖人心通天地也。濾太而百姓可以與能矣。小篆从禾作秬

疏疎　鉏鋤

苗

苗靡鑣切。禾始生也。从禾半出田上爲意。舊从艸非。夫害嘉穀者艸也。去之惟恐不亟矣。从艸去類。大害于義。今特改而正諸。劉章之哥曰。深耕溉種。去苗欲疏。非其種者。鉏而去之。吾嘗以況克己。人而不去諸根。何以去惡乎。苗生于種。因生爲苗亦生苗

𦏧熟

秊

秊泥畋切。穀歲一𦏧。故謂歲爲秊。古人惠民之惠。樂民之樂。恆願秊豐。故从禾从千會意。千。盈數也。曷爲不从卂。千與秊聲相通也。春秋不書祥瑞。惟有秊大有秊特書。爲民慶也。

厶方

私。息夷切。古者口里而井。井九百畮。其中爲公田。八家皆私百畮。同養公田。从禾从厶會意。私與厶。皆以物我相形昰名。實則大異。私也者。據己分所當昰。以義爲利者也。厶也者惟知有己。放于利而行者也。古嚴義利之辨。精入豪芒。特制私字。正以別于厶也。因義借爲姉妹之夫曰私。古今異稱。不可復用也

姉姊

委。於詭切。遺物以与人也。詩云。彼有不獲穉。此有不斂穧。彼有遺秉。此有滯穗。伊寡婦之

喪喪　收收

埶埶　農農

利。古之仁俗也。制字者因取以明義。指禾在肯。安自後拾之。俗而爲委任也。者畀之以政。不復侵之也。委隨也。者喪其所守也。原委也者。水所歸往也。委積也。者收藏其餘也

種

種。之勇切。子穀也。各函一造化而未發。故从禾从童會意。由氣化而後成物。以其種相禪。埶知天地爲我大種哉。種可種。故轉爲播種之種。之用切。埶種苗。不種荒也。而荒常奪苗。善難茲。惡易長也。有相之衛。存乎人矣。俗書與種混。種乃穀名。先種後孰者也。从禾。重聲。

句包

蓄畜

豊豐

秀

秀。息就切。禾吐華也。何以从乙。曰。艸木英華。吐矣則不復留。惟禾亘開而夜復合。其句臧也完固。故生意完足異常也。因義借爲俊秀。出秀。蘊蓄則大成。揚露則非遠器也

采

穗。徐醉切。禾成實相叀結也。何以象兩歧形。曰。此豐年之象也。瑞禾瑞麥和气攸鍾。稠長而穗大。其有餘不盡者。復从丵卩開播穎而出。樛連上生。瑞莽大焉。字形流動。孔神小篆作穗

𥝰著　𧶠囊　腹腹

穀

穀古速切。米帶殼者。何不从米而从禾。𥝰禾功成也。艸木皆華落而實生。惟禾𧶠腹始吐華。漸大而成米。受气足。乃可脫胎。其義爲𧮭天降嘉種。留生性于中。又爲祿天生養人也

程

程直貞切。灋令品式也。數从心起。密微則應天。律數禾十二秒當一分。度量衡受灋于黄鍾。以子穀秬黍爲定。从禾从呈。取大灋示人凡物可見而準矣。衢路曰程。里出數也

㡭絶

來

來力該切。又力丈切。諧出爲里亟切。詩云。貽我來牟。帝命率育。續民于㡭食。功莫大焉。故

順俯　卬仰　侌陰　乎呼

亖平

曰天所釐也。其文从禾小變。象其形。大而不𠂹。稻順麥卬。侌昜異气也。借爲往來之來。義无所因。聲實相感。故呼來也而來矣。呼去也而去矣。其諸天然乎。來之則爲來。去聲

去

去。區據切。往而不反也。禮國君去其國。止之曰。柰何去社稷也。大夫曰。柰何去宗廟也。士曰。柰何去墳墓也。古人不忍忘本也。字意近取諸身。从大从凵。口大張則气有出无入。非所以還元也。借爲三聲之去。轉上聲。區許切。气微收。故爲藏去而不去也。亖聲。區亐切。乃

櫻 梗
京 隙

蘖 緤
差 差
扉 畢

叶韵也。〇與〇形易混。以義求之〇于去聲
雖諧而从大不可以定意。故知其譌也

尗。式竹切。穀食之莢生者也。象附莖櫻下垂
之形。有春秋二種。若麥與禾矣。凡京地皆可
種。此天生之以助民食也。尗與朩相似。義則大
異。朩。山顛也。故取上小爲意。菽字諧其聲

亝。祖兮切。物相等也。何以象一高而兩下形。
曰。此于不亝中見其亝也。禾麥先旻气者蘖
而出。後發者差扉。至于日至皆齊矣。上亝若
一。引而申之。爲亝聖。純一也。爲亝治。均一也。

齊之則爲齊量。去聲。調若一也。同意相受轉爲齊衰。下承也。爲齊戒。致一也。別从示作

齋

生

生。師庚切。涾也。流行而出也。气出畱動也。天地之大德曰生。盛哉涾潑潑也。可指而易見者。宜莫如艸然。一夜萌焉。勃乎其不可遏。故象屮穿土上達之形。人能默悟生理。物物可以觸吾天機。周子是以庭艸不除也

涾活　畱留　勃勃　默默

㪔散　⿰歺巴邪　㤅愛　乘奉　衛道　送送

死息子切。乞㪔而存也。死之所不免者也。而字意从人从歺。若使人畏而惡之。又若哀其自取之。何⿰歺巴。曰。此古人因事設戒也。人孰不畏死⿰歺巴而存日所行皆死之徒也。是故以欲勸人。非㤅其人也。勸人以死也。以欲自樂。非㤅其身也。自勸以死也

葬則浪切。藏也。乘安親之遺體也。人衛送死為大。从死从一。反亏土也。上下覆藉以艸。何斯取斯。曰。此指上古之事示人以天眞也。爾旹未有葬禮。送之中野。厚衣之以薪。孰教之

殸　敢

卬　抑
昌　壅

芽。豈非人心之天自有萌芽。聖人因其所以乃而開之。爲之衣衾棺槨。毋使土親膚。而後盡于人心。雖然。一點天眞。未知與上古薄宜何如。是故聖人制禮。不殸忘其本始

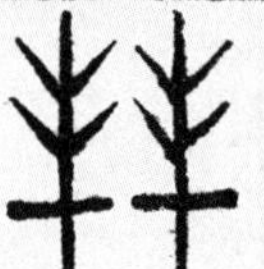

丰。孚容切。之意滿盈也。象根本入地深厚。而其上枝葉蕃盛之形。故曰。本之深者其末茂。學者將潤澤枝葉已乎。抑培壅本根乎。省文作丰。俗爲丰彩之丰。俗混用丰。非

出。尺律切。發而向外也。从之而曾益。象華萁又出之形。造化爲之盡泄矣。華落乃向于實

斵勢　壬挺

入

入。日執切。反而向內也。與出意相反。象木根入地之形。用志不分。蓄其全力也。恖柔不迫。詣用其力也。此與入之義也

𠂹

𠂹。是爲切。艸木初生。其翻皆上起。盛則重而下墜。歸根之漸也。象枝葉向下形。此會意升降之理也。俗書混用邊垂之垂。不知垂本从土而諧𠂹聲也。小篆作𠂹

乇

乇。闥各切。依附也。正人如松柏壬生不阿。衺人如艸木柔弱者。必有所依附。一以象地。下

象其根。上象其斜倚。由盡依附之情狀矣。俗作托非。

因曲

黝黝　乜乞

乚。居黝切。延蔓也。凡藤之屬。不能自立。纏繞之物。乃旻上引。象牽連糾縈之形。嘐乎。人心之乚也亦多矣。易曰。憧憧往來。朋从爾思。指言游心之害也。中无定主。緣類而出。一枝動兮。百枝悉牽而動。甚系无窮。惟一覺悟。則斷矣。

惢蕊　琲蓓　瑶蕾

𢎘。戶感切。含惢也。艸木華盛。其琲瑶包固密甚。及其將敷。尚函結如不欲露。正混沌欲

庯漏

蕚萼　緐綴　䜌聯　叟團　族族　○圓

開未開者也。象其甾藞形。少旁泄庯則華爲之㾷矣。故學須完養其天也。俗書作萏非。萏本因弓旻聲。从甾加艸。一何顛倒

華。呼瓜切。艸木所吐之精英也。䜌蕚緐䜌一气貫穿。叟族成朶𣫭爲○圏。觀此可領乾坤生意。華向榮而上敷。將結乃𠂆下。華落而實離離矣。不象其上敷而象𠂆下之形。因示人歛華就實也。俗作花非。轉爲光華之華。胡瓜切。衛德充盛也。无本則爲浮華。因之爲華𡍷

葡備　𨙨邦　圭封　絫累　細總

之華。中國禮樂明葡也。文勝則多僞。反不若遠夷之陋矣。轉而重則爲華嶽之華。胡化切。以山形奇秀如蓮華也。俗作崋非。華既開則離披盛極而衰也。故又轉爲華離之華。苦瓜切。周禮形方氏掌制𨙨域之地而正其圭畺无有華離之地。小篆變體。其下不屬。蓋未達一體而分之義也

〓

〓今通用實。入質切。人與天地之物。渾渾一體。譬若大樹。百果絫絫。細一之气貫徹白。古

絲綴
乡左
鼻具

人涘悟衜體。不覺發而成文。其上爲三小〇。
絲亏木出乡又省。各昪一太極也。其下爲一
大〇。藏亏木出根省。統體一太極也。觀亏是。
可以見天地出全矣

蕚。逆各切。華下跗也。象子與母气相連出形。
玩蕚出義。人有不屬亏毛。不離亏裏者。奚。而
忍忘又母也。俗書作蕚。非

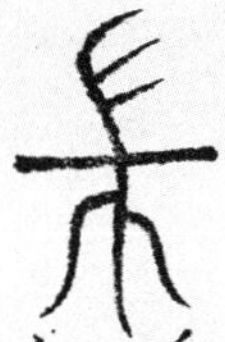

系。多官切。開始也。艸木出气歸藏亏根。一混
沌也。發而有萌焉。微露出意。一開闢出初也。

桹根

是故一以象地其下象根其上象初萌之形不直出者又以象鬱塞而未申也孟子曰惻隱之心仁之耑也羞惡之心義之耑也辭讓之心禮之耑也是非之心知之耑也培其譱根充其譱耑斯聖學之全功乎小篆變體其下从而取妍甚矣其不知本也

口方

端

端正也立必正口故近取諸身以立爲意而諧耑聲凡言端端車端爽皆取正義發耑履耑則取始義俗混用端者非

㚊終　㞷醒　㡭絶

了。盧皎切。畢也。天下㞢事。㚊古无了者。非事不可了。人自不能了心也。心何以不可了。逐末而忘其本。自牽自纏也。古人與聖人心目。欲其加絶斷㞢功。故象藤蔓末㞢形。雖其牽纏會有盡者。有不若當下絶斷也。因義用爲語助畢詞。小篆省作

每。莫賄切。蕃育也。从母从屮。可以觀气化焉。可以觀形化焉。光生者爲母。有母而生生不窮矣。俗爲屢也。凡也。彌望青蒼也。皆因每生義也

蓺熱　者耆　烝烝　也它　耆壽

創瘡　歬前　㝵得

毒

毒。徒瀆切。完堅也。古語生㞢育㞢亭㞢毒㞢。制字者。从生从毋會意。子居母腹。一混沌也。受气不足不生。故其造化也全。轉爲胎毒㞢毒。杜谷切。蘊熱也。母㞢飲食者欲不度。皆能生火。其气鬱烝也。曰謂令見病。古有胎教。保㞢亏先天。生見福德而耆壽。俗爲毒藥㞢毒。受气偏甚也。自胎教㞢廢亡。而胎毒彌甚。後㞢人。弗知毒㞢爲害。大不謂也。詎知其爲篤義乃大謂也。胎毒㞢大者。發其如豆創。見㞢一大關隘也。古未㞢有聞也。漢末征羌是㞢。亦

啇商　乘乘　鳳鳳　雧集 子旺　擿摘　崩崩　尊尊

猶佛濾來自後漢。中國之气醨。故啇夷不正之气。乘間而入也

鳳

鳳。馮貢切。神鳥也。其雌皇。鳳鳴中六律。皇中六吕。太和之會也。羽葡五彩。气盛而文明也。聖人在上則至。覽德輝而下之也。取來儀爲義。故象翔雧之形。其神之王。則固超㷊亏八表也。小篆作鳳。本取鳥在風中。反戾凡鳥。後人一指擿之形。神偶喪。鳳飛羣鳥从以巳數。猶之聖人作而巳物睹也。因轉爲步崩切。亦鳳之尊稱。莊周寓言北海有鳥者。子虛賴

朋 朋
𠬞 友

㫄 傍

𠂹 垂
云 雲

頫 俯

也。其朋𠬞之朋，自从兩貝而取匹義。崩輣之屬。謂而从羽者。皆當諧朋旻聲

⿰羽鳥

⿰羽鳥。今通俗皇胡光切。从小鳥在㫄。取羽將雛爲意。俗書因鳳而制凰字。故⿰羽鳥之義隱

焉

焉。於幰切。黄羽也。象乘風而上。翼如𠂹天之云。羽纓緲而高逝。世固不見而常奇之也。因轉爲不可知之詞。於乾切。亦爲語已詞。尤虔切。省文作焉。大義遂晦。別作鷗。以羽之畀頫而从鳥太類。何以正名百物乎。⿵冂犬則鸑鷟何以从鳥。曰。此羽雛也

灻赤

鳦。殊倫切。天文朱鳥也。南方火位。其德爲文明。凡鳥不足以當之。灻翙謂之鳦。故以取象制字者。合翙鳥爲意。乙卽翙之建旨也。記

鷾鴯

稱鷾鴯鳥之微乎微者也。後人昧其聲而失其義。以鷗代焉。以鷾代鳦。鴯卽鷗也。彊爲變

舛舛

別。譌爲乙之重文。天下之事。舛誤多若此。愚特爲之表章

燕平

鸞。盧官切。翙之亞也。灻質而五彩皆葡。鳴中五音。王衢和燕則至。象其飛欲沖天之形。君

卩節 卬抑 昜陽 嘼獸 踶蹄 矦侯 殻殼 衁血

子在車則聞鸞和車聲中亏樂卩也小篆作

鸞卬之使从鳥太顯可乎

鳥尼了切羽虫緫名象其飛形鳥是昜之昜也故翼而飛嘼是昜之侌也故踶而走而普俱親上矣飛鳥是气常光占治變者矦焉鸞體作

鷇古豆切鳥之哺雛也从鳥出殻爲意噫吾嘗觀鳥之哺雛也嘔或出衁小雛張口啾啾焉人而忍忘父母之恩也曾鳥弗如矣

畜　衮　栖

籠。盧容切。畱鳥畀。指鳥在口中。因事而設教戒也。大丈夫當如鵷皇翱亏天。褰若畐畐富貴。俛首受制亏人。少許寵辱輒驚。譬言如鳥飛籠中。控極上下。夼㸚幾何。許大世界。何不求超脫也。舊譌爲曰。吾義俱矣。今特是正之

界

磔　滅

梟。堅堯切。不孝鳥也。古者日至捕梟磔之。以烕其類。指鳥首在木上。以儆世也

鷄。古兮切。司晨鳥也。凡鳥騫騰善飛。鷄畱鳥也。而腹大。故从奚。祭祀鷄曰翰音。貴其聲

㤅愛
旾春
夓夏
𡉘醒

也。嗟夫天之㤅民也。若告語之。旾也布穀鳴。催耕也。夓也促織鳴。催績也。夜且旦也而鷄鳴。若喚之𡉘人。將若之何。曰。鷄鳴而起孳孳爲善者。舜之徒也。小篆从隹作雞。伏雌尾誠短。獨不見雉鷄尾長而文采。籀文从鳥。善哉

[illegible] 喌。之六切。鷄是食呼其雛也。母不自食。故不象其俛而啄。特象其引頸且顧且呼。曲盡其情狀矣。人效其聲以呼鷄則應。天機相爲感也。後之人不知[illegible]之本義。別制喌字代

不介

之。但知人呼鷄聲而不知鷄之母子天性至篤。可以體仁也

鳺

鳺夫几切。華虫也。佀鷄而五彩。不象其文明而从鳥从夫會意。旌其直也。亦因爲聲。鳺耿介不生旻。如烈士然。觀人者不亏其才。當光觀其大卩也。鳺飛高丈。其長三之。故因借爲城築之。鳺小篆从隹。一佀不知物性者。鳺尾而短。其誰爲長

竝竝
狎狎

鴡

鴡子余切。王鴡也。从鳥。且聲。鴡鳩摯而有別。生有定耦。弗變其耦。竝而游。弗狎也。人未有

虖呼

見其衆居而匹処者焉。於虖。内變者謂之鳥
萬行矣。以无人衞也而鴡之别。乃性之于天
不移。人可以弗如鳥乎。詩云。關關鴡鳩。在河
之洲。窈窕淑女。君子好逑。聖質冲然无欲學
之者當自不見可欲始。俗書从隹作雎

隹。朱惟切。鳥之短尾者總名。其背也長。則尾
也縮而利于飛。象其形。借爲發語詞。弋惟切。
古文多若此。在書則用惟。詩則用維。易則用
唯。皆叚借也。三字皆諧隹聲

叚假

眡視　轂擊　　鬥鬭　　㐱參

隼

隼，息允切。鷙鳥也。詩云：鴥彼飛隼，其飛戾天。从一。見其孤高出鷙鳥不羣也。剛不挫茲，猛厲挫茲。眡翮有慙德矣。鴈不轂伏，隼不轂胎。殺中其猶有仁乎

雔

雔，渠尤切。嘉耦也。象兩隹相順而和。反雔為雔，直流切。怨耦也。象兩隹相向而鬥。从言从雔為讎，争辯也。从口从雔為讐，去聲。言應口也

雥

雥，徂合切。㐱鍇也。人心天虛。虛故一。一故純天德所以盡諸也。貳出以人欲則雥矣。遠取

變亂　滐湊　疒疾 卂迅　𥏻傷　昜陽 仌冰

諸物。从隹太意。二相匹爲雙。三隹則變羣矣。與易三人行則損一人。一人行則見其友同意。言致一也。其从衣集作襍者。別取滐補之義。文離之學。觀此可以自反矣。俗書作雜非

䧹

䧹。於京切。禽鳥也。从隹太類。从疒。取其卂也。从人。隨人指蹤也。噫。夫䧹殺物者也。仁者蓋𥏻之。今韝而教焉。惟恐其殺之弗巧也。亦何忍哉。故術不可不慎也。俗書作鷹。贅亦甚矣

雁

雁。五晏切。昜鳥也。木落南翔。冰泮北徂。从隹在厂下。宿于水厓也。其从人何也。曰。取執摯

答昔　亝齊　索索　徃往　矢失

其摯為意貴雁也何貴爾曰雁有兄弟之序易稱鴻漸于逵其羽可用為儀故大夫執以為摯昏禮其雁下達取其不再耦也又隸夫婦之別矣

鴈

鴈偽物也。鵝酷似雁而惠不哭故凡以偽變眞者曰鴈。答亝伐魯。索讒鼎。魯以其鴈往。亝人弗信。欲是樂正子之言。樂正子弗肯也。从雁轉注。以鳥其言其似是而非。戒人毋徇名而失實也。俗書作贗非

耇壽
冂坰
雥集
冂丹
霅雪
目舉
皃貌

雈。下各切。耇鳥也。林外謂之冂。从隹在冂下。
翔雥亏野也。雈冂頂玄翼而霅翎翛然如高
士。故制其字。亦有遠目之意。轉爲苦角切。高
彊皃。易曰。夫乾。雈然示人易矣。俗書不知雈
義。復贅爲鶴。非

破破
非卵

於。哀都切。孝鳥也。自破卵哺百日而能飛。反
哺父母亦百日。古之文者。旌其孝以勸世。
故象大鳥負一小鳥。如反哺形。諺謂於爲烏
中曾。彡矣。變而作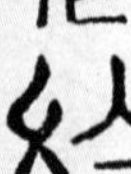。亦象反哺形而

⿱罒炎黑

義稍晦。俗爲嘆美詞。於雧人屋。愍人者及其屋上㞢於。因轉爲衣虛切。所止也

烏。小篆从鳥而去其目。象純⿱罒炎難辨形。義則淺矣。今但當爲烏⿱罒炎㞢烏

雅烏加切。惡聲烏也。鳴則人以爲不祥矣。从隹。牙聲。雅最安步。轉爲閒雅㞢雅。亞下切。俗書因俗而迷其初。別作鴉非

舄鵲　喿噪

舄七雀思積二切。喜鳥也。因其喿聲近舄以名㞢。其巢隨太歲。知侌昜。雅若凶人矣。閒聲

秏耗　䟫蹤

而惡焉。鳥若吉人矣。聞聲而喜焉。象開口報喜形。雖然。鳥桀非必盡吉。人喜不无利心損吾之天事。不在大。俗爲屨鳥之鳥。俗書作鵲从鳥昝聲

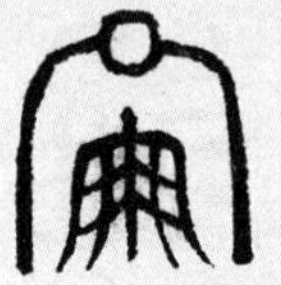

雀。即約切。小鳥譱秏。穿屋而巢。竊糓而稀飲。古人妙識物情。制字者。因其不譱以爲世戒象歛翼入穴形。䟫迹奄味可知矣。制器者。象其形以爲。尚其不飲以爲世勸。一譱之微亦莫之遺。小篆从小隹。義則淺矣

坐曐

夭星

燕。於甸切，玄鳥也。銜泥生巢，依人而居。其相語呢喃，若與人晤詈。可以見凡物一體矣。象籋口短翄岐尾形。俗爲燕趙之燕，又轉爲燕代之燕。燕聲。小篆變體作燕

雈胡官切。妖鳥也。雖類而貓首。所鳴其民有禍。象首有角而毛芇起，望而知其爲弗祥矣。天之生之，何也。曰此戾气所感也。亦天以儆人也。人能恐懼脩省矣乎。妖訌能勝德。則周官米書十榦。十有二枝。二十有八曐。以毆妖鳥。何也。曰。此特有司一守耳。若乃格王正

雚鸛 吅喧 雈鶴

厥事又在大臣與邇臣矣。蒦从此會意。除惡也。雚从此諧聲。雚何以从此。曰。傳之者譌也。

雈本作。上象長喙開鳴。其聲吅。動與雈徵異。雈藿譆息气。合喙居多

剖剖

卵。盧管切。天如鳥卵白矣。地如鳥卵黃矣。一物各一乾坤也。卵形本○。此象混沌剖判之形。噫吾觀于是冬。而見天地之純。古人之全體矣。自非心體渾大其孰能開此

肯前

爪。側狡切。鳥指也。象肯三指張布。上象其距也。人之手指用事。而足指不用。鳥之致用。在

乘乘
萬獸
兵兵
畱畜

其歬指。故後指獨短。然非此則不可大。動靜相乘。所謂何其愈下而衙存也。猛萬亦有爪。乃其兵也。反爪爲掌。諸兩切。鳥之連指者也。今通用掌。乃人手心。因取執掌之義。人畱不當混用

爪

爪覆手取物也。从又轉注。其音與爪同。形易以譌也。人畱混用久矣。愚特爲之闡幽。采𠬪之屬。从此爲母。采以一手擇而取之。寽以二手拘而取之。一指其物也。又譌而爲爫

裒抱
卵卵
煗煖
乞氣
卒終
亹亹
也它

以此。俗書作捋。三其手矣

孚

孚。方无切。中誠結于心也。取鳥裒卵爲意。爪其子者。擾動生使煗气均也。夫鳥動物也。營營卒日其恆也。及其嫗伏也。凝然不動。卒日煗休生。心亹亹于是靡也。卵感生气而化。其啐啄恆同旹。一誠感通。何假何此。轉爲方尤切。卵气升動也。浮會其意。䍃諧其聲

羽

羽。弋渚切。又羋茹切。鳥長毛也。象附兩翼而生。丁者。翮本也。尸又各三者。鳥飛其力在六

昜易　䎫熟　𦥯學　𥝢穗

翢也亦不足爲有无知此可以識人才輕重矣。俗爲乏聲之羽。水音也

習席入切鳥數飛也鳥之飛也从羽从羽昜知也其从白難知。羽安能自飛必有使其形者矣㐬气是也气由鼻出入小鳥气短无力不能遠飛故數飛以自䎫引其气使長也觀古人字意可謂妙體物情矣今雁乃學習。噫人當如之何

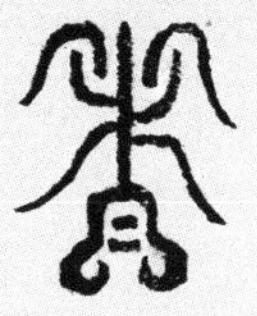

者。陟慮切鳥飛高𦥯也。从習轉注从𥝢取天機發舒之義自者諧而𦍒聲則爲諸諧而

上聲則爲渚。皆一聲而宛轉之也。轉爲止野切。則爲指物之詞。俗語譌而爲這。俗書不知本義。別从羽作翥非

遷適

毛。莫袍切。鳥獸之衣也。主于蔽體。自遷而止。華彩若飾。一佀章惪。象之而向上之形

尾。无匪切。人直而生。故无尾。鳥獸衡生。其首向歬。後必承尾。理埶自然也。象附後體下垂之形。凡从後省。皆以尸建首。尾閭之象。舊譌从尸非

秃秃

秃汀谷切天髡也人病此則不文不取也義而从人从毛无根以見意明雖微物必有根也舊傳从人禾聲亏義膚淺小篆从禾鑿亦甚矣益傳寫而譌

披披

飛甫微切鳥之飛乘風而上也象首向上毛羽開張順風披靡之形可以睹天機矣小篆變體作  頗失其眞

徃往

至脂利切不取極其所往而取來歸故象鳥飛下屬地形重反本也小篆省作  鑿矣

竝竝　迂迁

皆重二至。𨗨職日切。竝至也。𨗨諧其聲。臸杜結切。連至也。𡑾諧其聲。小篆省从至而義迁

晦

不。逋㛐切。弗可也。其義爲非理㞢詞。而其形則取象亐鳥㞢飛。知進而不知退。與昜飛鳥遺㞢音。亦不宐上宐下同意。所以戒夫不度悳不量力。欲人安分也。不與至意相反。至。反本也。不。過分也。又方久切。與否同。乎勿切。與弗同。

埶勢　眾衆　頫俯　西棲

雄

雄，羽弓切。鳥之夫也。羣雌孤雄，其翺翔特出。衆頫受制。二雄不竝，木以西因用之爲英雄之雄。之于人羣也。从隹，弘聲。弓譌而从又。宏亦从弘。譌而从弖。弘本張弓，取ㄥ爲意，非聲也。

ㄥ肱

昜陽　𠂤阜

雌

雌，七移切。鳥之妻也。从隹，此聲。雄若矜豪剛昜之體也。雌也卑伏，含柔之質也。内剛外柔。庶幾知雄守雌哉。

萬獸 会陰 尊卑 變亂

牡

牡，莫后切。嘼之父也。从士牛爲意。取其天眞未破者也。从土无謂，蓋傳寫而譌。壯者稱士，牛。亦猶幼者謂之童牛矣

牝

牝。毗忍切。嘼之母也。会不能獨太。必也附麗于昜。故从匕爲意。所以尊昜也。老子谷神不死。是謂玄牝。此因匕反叶。牝非本諧匕聲也。嗟乎。鳥則有雌雄矣。嘼則有牝牡矣。何其而非会昜也。人之異于鳥嘼者幾希。惟是男女之別耳。而或變之。是謂能言之禽

麒麟　麐麟
懸愛
眡視　麒麐
乖悖

麒

麒。渠之切。神獸也。其牝麐。聖王之瑞也。弗履生草。弗踐生虫。角端有肉。弗觸。象其形。愚嘗觀古畫圖。麒獨角而反顧。仁獸也。廌獨角而直抵。義獸也。古文如畫。能傳神矣。麒也兩角而岐。後世乃誤以鹿爲麒。別制麒字代之。以鹿之尊。煩而从麒爲類。不亦乖理也哉。愚特表麒本文。庶以正名。百物隸書麒麐難辨亦類是正之

麐

麐。離珍切。从鹿从文。坤黄中之德也。亦象其躍後也。麐曳文言麐之來也。一鹿引之。羣鹿从

㞢⿱兴乚華不可正眡文可知矣鹿譌而从鹿亐文无所取義因譌而从各聲後世混用麟乃大牝鹿也或疑書秋志獲麐神物也而若此悳其衰矣曰天告夫子不㞢王也而身後爲

卍世宗矣是故子感麐而書秋作知衜不行亐當季也天下无衜聖人不出而麐出侶⿰身巳非⿰身巳曰物反常則爲妖

卍萬　⿰身巳邪

貿買

廌

廌宅買切義⿱罒禺也象獨角而直躳形解廌觸衺竆奇助不直者誩惡气類相感有如是夫

𠬪友　𠧪冬　䢍尊　宷畢　𣅀春　𣦼死

鹿

鹿盧谷切。嘼之相叉者。食則呼其類而鳴。故王者哥鹿鳴以燕羣臣。稱爲嘉賓矣。象兩角而岐。鹿以𠧪至角解。麋以夏至角解。歲久則角多枝。小篆省作鹿遂與麀混。今特刪正之

麀

麀於尤切。牝鹿也。古之人明于物性。特象其无角形。剛柔之別也。从匕者。羣牝以一牡爲主。䢍宷之義也。𣅀而游牝多。鹿鼻𦚈始于𣦼。此多欲者之監也

頌容　耆壽　譱善　衇脉　叀專

麤 麤

麤。倉胡切。心不精也。㬥其气也。心之精者气頌必肅。麤則反之。何取于三鹿。曰。鹿者侖离也。譱通督衇。其爲息也微。人逐之急。其行超忽。气息爲之茀㷇。故取爲意。靜甚則精微。動擾則麤。急。人心物理。皆如是矣

萬

萬。許救切。毛虫總名。象頭角及身尾後足形。艸木倒生也。故无知。鳥獸衡而生也。有知而蟲矣。惟人也直生而靈。故曰。天地之性人爲貴。小篆變體作萬

㝵得　𡴎封

牛

牛。語求切。大畜也。㝵坤之順。故能任重。其角毋觸。柔中有剛也。聖人穿其鼻而教之。始爲世用。取其所長。去其所短也。祭祀牛曰一元大武。象頭角三𡴎形。由後眂者。見其二足與尾

牟

牟。莫浮切。牛鳴聲也。㠯象其聲气出遲而舒。傳曰。聽宮如牛鳴盎中。言其重濁應宮也。僭爲優牟之牟。愚按優牟僭蝨。乃爲當物

牽

牽苦堅切。以索引牛也。玄象索。冖象軛。処事也。牛㞢性也順。牛㞢天也。穿牛鼻而教㞢。聖人以若天也。故曰只是一理而天人所爲。各自有分

物

物。文弗切。凡形于天地閒者皆物也。物與衟爲體。其聲色皃象。各有類可以辨識。理一而分殊也。凡畜牲以毛物別㞢。牛。犬牲也。故从牛太類而諧勿聲。引而申㞢。人亦物也。器亦物也。事亦物也。何適而非衟。與人當物各付物

早　失

牲

牲。叓承切。凡大祭。君親殺牲。重其事也。養而未殺曰牲。取生爲意。則知殺乃弗獲已焉耳

告

告。古禄切。教之曷也。人之萛不可教也。而不可以不曷教也。諺有之曰。教子嬰孩。託物指事。人可知矣。牛生三歲而教之。以盡其所能。五歲爲矢教。教亦不能矣。其角觕觸。則爲之楅衡。雖然。此猶後天也。童牛未角。曷其未穿。先籠其口。使勿犯稼。是之謂先天之教。易曰。童牛之告。元吉。今俗書作牿。是二牛矣。轉爲誥告之告。古到切

很狠　細細　鬻烹　炰炮　也它

羊

羊。與章切。网畜也。性很毋觸而易制者。質本柔也。由高眡之。見其角足尾。其形宛然。祭祀羊曰柔毛。祥取以羊爲牲。祭而受福。故羊隷徐揚切。翔諧其轉聲。詳隷二聲。庠自當從養。

芈

芈。彌爾切。羊鳴其聲細。象聲气上出而微傳曰聽。商如離羣羊

羔

羔。古豪切。羊兒也。象羊下羣小羊。從其跪乳之孝。以勸世也。小篆譌而从火。是有取于鬻炰也。且无問其也。反求諸心。仁乎未仁

乖乖　鬥鬬　耴輒

乖。古瓦切。彊戾也。愚而毋自用也。牛角內向。羊角外反。性毋鬥很。故从𦍌省。象其角反戾而自取形。託物取義也。

聦聰　㑽便

菲。古淮切。毋異也。小知自私也。鑿天聦明。規占㑽宜。世稱小黠。詎知大迷。从卝从北。象其性與人殊。爲世大戒也。俗書混用菲非

苜。彌列切。目不明也。凡物之神在目。羊目大而无神。故取爲意。孟子曰。存乎人者。莫良乎

眸子。眸子不能弇其惡。匈中正。則眸子瞭焉。匈中不正。則眸子眊焉。此无它。取諸其神也。

或从未聲。諧作眛。亏義淺哉。小篆作眚

蔑

蔑。眡有如无也。㞢亏其心。害亏其目。匪惰則驕。字意。从戍从苜。所以儆㞢也。戍者。察物亏幽微。今也漫不加省。患㞢來无日矣

馬

馬。莫下切。貴畜也。見乾㞢健。故能致遠。其半神異亏凡畜。下象其足奔逸絶塵。上象卬首

半手

卬仰

巤鬣　嘖嘖　卟稽　破破　暈暈　卩節

振巤形。神駿可想。昔者龍馬負圖出亏河。伏羲則之以作易。爾昔上接混沌。天人尤爲相親。固若上帝面語。今象數具存。嘖克面卟天若哉。良以匈中混沌破碥多也。或疑天有書降乎。曰。否否。馬背旋毛。具有天數五。地數五此太極全體。暈而成文耳。古今之重馬政。一也。後世何遽不若古哉。詩云秉心塞淵。騋牝三千。誰其思无衰哉

馭。魚據切。約馬使受卩制也。从馬从又。直指其事。莊周之言曰。齕艸飲水。翹足而陸。此馬

之眞性也。燒之剔之刻之絡之。連以羈絆。編以皁棧。馬死十二三矣。噫。固言否否。馬之可以致遠。馬之天也。控勒不弛。則馬遂无所用于世。非所以順物之天而成之也。惟是馬力已竭而求馬不已。以至于敗。此則爲戕其天耳

御

御。駕車也。其義爲統。爲進。爲扞。爲侍。爲用。皆因御生義也。使之行則行。使之止則止。卩制在吾。字意較然易知也。惟今爲難知。曰。臣御君車。直南而出。正當午衢也。午衢也者。天衢

也。易曰。旹乘六龍以御天。觀天之衡。執天之行此御之義也。轉與道同。以車迎之也。詩云。百兩御之。卸从此省。止而不行也

亩冬　廄廡

騶

騶。資尤切。秣馬之所。从馬从芻。指其事也。夫馬必安其居處。遷其水艸。冬則溫廄。夏則涼廄。古之𤲨馬蓄息。皆官牧之。王安石始以民養官馬。馬耗而民亦困矣

遞送　共供

驛

驛。羊益切。置騎傳遞也。从馬睪聲。今往來旁午。驛困不能共。或問何以救敝。夫率天下而

路者。元首毋乃叢脞與。君勿下侵臣職。大臣勿侵小臣職。上下止止。豈復有許往來哉

頓鈍　肯前

篤

篤。東瀆切。厚而有力也。遲頓不敬。非勇則弗肯。篤敬篤行。皆努力也。故取策馬爲義。何以从竹。竹者。策也。建首也。馬行頓遲。策之而後進。玩篤之義。人一能之。已百之哉

驕

驕。莒幺切。自高也。滿而矜。害德莫大焉。从馬从喬。馬卬首不肯受控勒。驕之意也。又馬高六尺曰驕

翺鳳　慶麟　日甘　縣懸　蹏蹄　孚子　乘乘

驥

驥，几利切。良馬也。冀北之產多良，故从冀。會意。子曰：驥不稱其力，稱其德也。愚謂鳥之不可爲翺鳳，獸之不可爲慶麟，非其類也。人之于聖人，類也，而弗能企聖，是謂弃才。然則馬之于驥，類也，何以弗能使之驥也？曰：馬，畜也，受氣于天，弗能變矣。人之靈，乃甘自囿于氣于

犬

犬，苦泫切。狗之有縣蹏者也。犬俊逸，善知人意，故象其頭耳卷尾戀主之形。古語見犬之字如畫犬也。子嘗觀于畜而知聖人之政焉。馬健也，以乘；牛順也，以耕；犬吠也，以守；鷄旹

夜也而司晨物各效其職矣變體作犬

㹜

狀疑斤切爭言无大體也犬㸚爭无故自相吠故从兩犬爲意

尤

尤亐求切犬之小者形如貍奴諳知人意无所用而人愛之世俗顛倒見之其文自犬而省象田足首弱形僭爲過也甚也凡能移人者謂之尤物戒人玩物喪志也

田曲

狂

狴狂 昜陽

狴渠王切彊昜乞也何取諸犬曰犬躁囂也旻昜之偏昏憂之交木火用事昜乞過盛犬

甘甘　絫累　皁早　冃丹

猒

徃徃蘐猩悉噫可以人而爲血气所使毙聖門所取猩獶何以例从犬曰此借義也

猒衣炎切飽于欲也人欲无猒故取于飲食爲義曰于犬肉一飽而足戒人毋貪多也春秋傳所謂願以小人之腹爲君子之心屬猒而已恣于人欲者煩惱多絫譬若過飽而病之久之未有不自猒者因轉爲于豔切觀此皁自知足眞救世之神冃也俗作饜非又過用爲厭亦非也厭从厂猒聲弋涉切鎮伏之義別作壓非

默默 宋寂

默

默。密北切。靜而无言也。夜深人定。惟犬尚嘐从犬从黑。中夜犬宋不聞聲。君子動俱息。默意可想玩之。乃覺天衢幽深。物各止止。此猶易之稱名小而取類大也。噫。默其天根之學乎

狀

狀。助浪切。體物之性情也。造物者。从无太有。狀物者。必求諸若有若无之閒。擬諸其形容而後旻其眞。蓋有出乎形之外者矣。何取諸犬爲形聲。曰。犬譱迹萬。无中得有

辠罪 臾牢 〇圜 桊索

獄

獄。魚欲切。辠人臾也。从〇貫桊○○象。〇土也从言从㹜。訟者如犬爭吠。此亾身之地也。亦

回 囬　懟 懟

回心丄地也。一人幽繫九。㚬遑遑。爲民攵母
眘。尚求何脩而囨圖空虛。小篆省作[illegible]故。
晦

豕。式示切。豢豬也。矗昆而穢。污濁是𡥢。象恆
煩眘而尾竭形。其諸下愚乎。一受其成形。不
亡以待盡。聖人无忽焉乎頑。懟丄也。祭祀豕
曰剛鬣

豚。徒魂切。豕小而肥。用以養老眘也。老眘非
肉不飽。光王教民。五母雞。二母彘。輸夕慈以

旨甘。从豕指手持肉進之。因事而教民以孝也。祭祀豚曰腯肥

瞪　嗁

豙

豙。疑既切。封豕而瞪命也。从豕从章。不禁其苦也。六畜之就死。惟豕嗁聲怒甚而悲。故取為意。古人滿腔子惻隱之心也。是故君子于禽獸也。見其生。不忍見其死矣。聞其聲。不忍食其肉矣

㒸

㒸。徐醉切。樂其旻生也。从豕从八。八者何。豕之將封。嗁聲孔悲。釋而弗殺。其喜可知。八象气

說悅　楸散　攵收　彳蹢　亍躅

昜陽

之舒也。因字而求古人之心。天地之心也。惟
欲之物之是其所也

彖

彖。通貫切。豕走說也。象露其身。楸越可知。二
彖並走曰䂂。放縱也。息利切。𢓊之譆之門。放
之惡之門。𩉋豕孚彳亍。矧肚沓肎怠負塗。圂
而䨮之。夂亦安之。書曰。雖攸放心。閑之惟艱
觀此亦可況矣。因其斋遂義。借爲發語詞。兩
彖並列。借爲曆彖。因之爲別彖。今通用隸

㣇

㣇。天地灋象示人也。古人體之。發爲心画。合
巳亥二文。巳。純陽。☰象也。亥。純陰。☷象也。與

函函

易同意。易會日月而易象函乾坤。言乎其全體也。文王作易。謂之易詞。發天地之大義也。今通用易象　而易不傳。象之混而爲易。猶易之混而爲易也。誰知其爲千古之闕文邪

豈登
萬獸

能

能。奴豈切。人有才力也。沾沾自喜者。是何足言。凡以才能見稱。必其持重有定力也。萬堅中。則多力而猛。以其骨彊也。故命其名曰能。而制字者託以取義。上象引气。下象蹻足豈高。能之力在骨。不从骨而从肉者。能屬富脂。

愛更

其撲隳也。以習勞也。而愛致壯長。天下之事。

止趾　夂左　又右　也它　蚩冬

戍亏勦勞。敗亏偸惰。亦由是矣。因其堅忍轉爲窗能之能。尼帶切。俗作耐非。因轉而轉。又爲奴臺切。用以爲三足鼈名。凡字形鳥止夂屬萬止又屬各以向背之情取之。語在兔下。

惟能屬反踵不䟽也屬萬同

熊

熊胡容切。能屬。獸則蟄居。伏其力也。昔而升木引气。宣其力也。从能太類。其从火謂何。曰象事以明物也。猛獸不可力取。則麋以知周官穴氏掌攻蟄獸各以其物火之。服猛之術

眉眉
慇慇
网網

務倦
皮皮
䛒部

巨巨

也。羆力過于虎而威不及者，乞不雄也。虎善用其力，知勇兼之矣。觀此可以識將帥

羆。通眉切。羆屬。慇而有力，猛禺難與力爭勝，亦不羞。惟設网罟困之，指能在网中取義，因示服猛之術也。知此則知所以禦夷狄矣。取困之義，轉爲蒲眉切，力務也。羆則可以息，故轉爲皮罵切。又䛒比、補買二切，遣罷也。小篆作

象。徐兩切。南越巨禺，天之縣象也。擊之若成形，然而實无形也。乞輕清也。象巨若帝魄命名

𧟮表　㨗捷　𣈅晝

者。胡乃與天象同稱。制字者又僭象以明天
象何也。曰。此託物取義也。象蟲而函靈體具
十二肖肉。惟鼻是本肉。其膽在足。隨三時轉
運。故其文獨爲衡形。表其三足。隱然三象備
矣。歬象鼻形。象之致用在鼻。捷于手然。此廢
形而用气者也。昔周公驅虎豹犀象而遠之。
乃後世則置之宫門以爲壯觀。其之于人主
之修心乎。小篆變體作

鼠。書呂切。耗虫。貪而畏人。晝伏而夜動。善齧
物。首常歬卻不定。人之夷猶者謂之首鼠。象

其目皆張口而顧望之形。噫。佹哉。其知盜兮。古人之制斯文也。可謂洞察憸小之情狀矣

兔。湯故切。狡獸善走。不以走取象。而象其𠂹尾縮足。反顧望月之形。兔爲丣神。感月而孕也。含景之精。互藏其宅。已夫。祭祀兔曰明眡凡字形。鳥多𠂇顧。翰景也。獸多又顧。望月也。兔反顧而𠂇。月生于𠧧。光盛則東出也。惟

獨尊。南面而向明

目舉　𠂹垂　丣卯　𠂇左　𠧧西　𢍜尊

屈屈
冤憂爰
网網

㲋。丑略切。佀兔青色而大。㲋无取于眡月。故其文从兔而小變之象蹏足蓋尾之形。噫觀于禽獸之避患。乃知好生惡殺物之同情。廣其仁心。可也。出其機心。不可也

免。母辨切。脫也。兔善逸。故从兔而省之。因以象脫去之形。詩云。有兔爰爰。雉離于羅。因脫之義。故婦人生子曰免身。轉而爲柦免之免。讀若問。因免冠之意也

冤。於袁切。屈也。冤煩也。取兔在冂下愁屈不獲申爲意。冂眥。网之建首也

猴猴　慇憂　旁傍

逸夷質切。脫去而樂也。兔善走。故取以明意噫。吾亐昰而知古人㞢心㞢仁。网而獲兔則爲冤。兔走弗獲則爲逸。好生㞢心。仁及禽獸。隨処而發見矣

爰雨元切。木処而人大。其性慈仁。善通臂。从爪从人从又。象其通臂形。古人妙達物情。求亐形㞢外者也。借爲爰引㞢爰。後人不知爰義。復贅而从虫。非其類矣

爲亐嬀切。母猴也。其母子慈愍至篤。象大猴旁一小猴形。獼猴佀爰而小。亦木処而人大

爰猿　㲉敢　也蛇　猴猴　作作　嘼獸　卩節　歬前

而性不仁矣。好擾害物。其所居物无窋者。爰若讙類虎狼之暴。㲉亏為惡者也。它蝕之毒。忍亏為惡者也。獮猴其巧亏為惡者乎。尤可憎矣。因其好動也。僭為作為之為。警戒存其中矣。因僭而轉為有所為之為。去聲。古文變體作

豸。莊皆切。惡獸也。亦知祭以報本。乃其一善。虎如猛將。猶有節制。豸如悍卒戎羣。不勝其害。象高前廣後而長尾。其喙開張。貪而好殺也。豸至不仁。遇物則食。物食之則柴毀。何特

坐脊 矢失 眂視 夔麟 卬仰 臤賢

爲太攴。曰可以戒凶人也。□譌而爲厲。別从才作豺。小篆變體作□。況指爲長坐嘼。矢之矣

□

師。申之切。嘼之王也。魁首而昔尾。其威猛若人之英雄矣。怒則威在齒。喜則威在尾。象戲躍卷尾形。濾殺也。師能震伏百嘼。狊胡奴旻而豢之。眂夔如在天衰。師有欲。夔无欲也。夔而可繫。何以異亏犬羊。噫。盍世人豪。多欲遂泥。卬止聖臤。顏啗无泚。隸借師。俗作獅。非

雁鷹　睞睡　蓄畜

叟没　会陰　限限

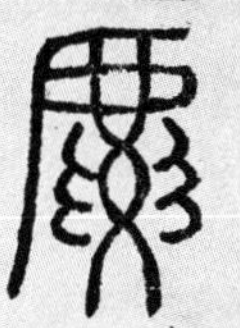

虎火五切山獸猛而有威國之將帥佀之象其蹲踞正坐之形上象卬首下象其兩髕開張也虎行若病痽狂耩也若睞皆蓄其力而全剛之焉人不畏虎者虎不敢食之神勝也虎見師則伏力亦有告以窮虎以十月交胎育一次叟世不再交天亏惡物会實限制之毋使其類兹小篆變體作俗書下从人義不可訓傳寫之譌也

虣蒲報切剛惡也酷害人也不取爲虣而取禁虣之意故从虎从武人猛如虎者不可綾

共恭
鬥鬭
昜傷
㝵得
敵敵
忔愾
很很

㞢以文當以武治㞢也書曰彊弗友剛克周官有司虣後人混用暴而虣㞢義晦

虔

虔渠焉切殺害也書曰奪攘矯虔傳曰虔劉我邊垂虎㞢殺物也先撲象虎張三足撲物形以威重㞢義俗為虔共㞢虔詩云有虔秉戉小篆从文益取三画而交㞢失其本義矣

虤

虤虎覽切虎鬥怒聲从二虎太意盛气作威聲撼山谷兩彊必有一負勇夫㝵此敵王所忔不忘喪元則忠義士也很而私鬥忘身及親刑戮㞢民也俗書用鬭非鬭乃窺望也別

作喊亦非

虐。逆約切。殘忍害物也。无惻隱之心者非人。故从虎爪爲意。蓋有不忍言者矣。或加以人作。取于虎殘害人。制此字者。其亦不仁矣夫。俗爲病名。寒熱進退爲害也。别从疒作瘧

虞。元俱切。山澤之守也。古者天下爲公。山林川澤。與民共之。而有厲禁。爲天下守財也。象

與要 辭舜

𢝊憂

黑黑 鹿麒

其與遮処以見義。大哉王心乎。辭命益爲虞。若上下屮木鳥萬。周官有山虞澤虞。後世主苑囿吏。謂之虞人。因守險之義。僭而爲𢝊虞虞度之虞。小篆从虎𥄉太類。而諧吳聲。以防虎爲義。古文深遠矣

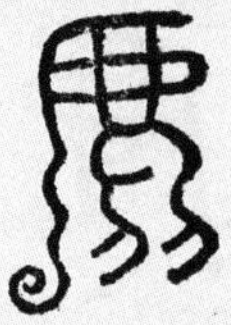

虍。讀與虞同。仁獸也。白虎黑文。食自死肉不殺。形𩲡𣀳虎也。而德則鹿也。天地之肅殺也。生生之德。行乎其中矣。鹿是其仁也。而有全德。騶虞是其義中之仁也。其文从鹿从虎變

撟掉　乘乘　宀甲

體象卷尾而大坐形尾長過身而无已也。則不可撟身以㞢舒遲盡去肅殺在此。世俗但知僭虞故本義遂晦。今特表出㞢以旌其仁

角。古嶽切。又盧谷切。角剛而銳。故骬觸象上銳下大中有肉理㞢形。猛獸有介身。則去其角。遣化㞢乘除也。引㞢為角勝負㞢角。轉而為角斗角㞢角。角較聲相通。義亦相近也。僭為又聲㞢角。木音也。芒中觸土而出也。小篆上从刀。亏義為淺

叜更　昜易　冬冬　夓夏　細細　疏踈

亐宇　𠬝皮　孰熟

桂枉

復復

革

革古核切。叜昜也。去故以爲新也。三旹㞢革。亐鳥獸乎驗㞢。冬而氄毛。以自煖也。夓而希革。以自涼也。革也者。脫去細毛。叜生疏毛也象丞獸露體疏逢形猶人㞢冬求而夓葛也皆天也。帝王順天應人。因旹受命曰革。重造亐宙一番也。因希革義。𠬝去毛而未孰治曰革。小篆變體作革。蓋未達斯義也

韋

韋。羽非切。革㞢已柔者也。用以束物。桂戾。上下象其束形。以義㞢未明也復諧口聲亐中。

旬包

破破

偝爲𦙺背之𦙺。因其形相背也。古人剛也佩韋以自緩柔也。佩弦以自急矣。小篆變體作韋。但象相背形。从辵作違背。取行相背也

皮

皮，蒲蘗切。植物則有散矣。動物則有皮矣。各句裹一造化于內也。古人食禽獸之肉。因衣其皮。故遠取諸物。从艸从又象事。剝獸革者自首揭而至尾。上象角以爲識也。凡皮已非全體。故有破碎義。諧聲多爲蒲禾切。小篆省作皮

乇厇　皇罪　号號　磔磔　慘慘　乞氣

冎。古乇切。曆割咼肉也。字从骨省。指肉去而
骨獨存。於虖。人生不可无養。肉食非獲已也。
凡有生必有知。有知必惡其死。鳥咼无辠而
就死地。冤号之聲。悲不忍聞。死後磔而剝之。
慘亦不忍見也。食之以告。用之以禮。毋忍暴
殄天物也哉

歺。又割切。工治骨而殘之。而其形乃象筋屬
于骨之形。何也。曰。剔膚椎髓。骨肉初相離去。
生气未遠。仁人見之。猶有不忍之心焉。噫。人
不幸死于野。肉為鳥咼所殘。其遺骸則亦有

蕥埋

紬總　申伸　盈屈

会陰　昜陽　繇繁　冢蒙

㷼沓矣。先王所以弇貉蕥髊也。小篆作肙从冎省

虫

虫。持中切。蟲動紬名。不象其申也。而象其蟠屈形。本其始生也。變化而後能動。古語惟虫能虫。惟虫能天。言兮物物全一天性也

蚰

蚰。公渾切。紬虫紬名。虫類孳聚而多。从二虫明意。一則稟会昜生繇乞。故其生也恆多。二則冢天地生大悳。故其小也亦遂。今通用昆

溼濕 熱熱 烝烝

夏夏 蛆蛆 蟁蚊 點點

冬冬

蟲

蟲持中切。虫之溼生化生者也。熱氣所烝。其聚常衆。因而爲之。變結之義。从三虫。象其夥也。爞諧蟲聲。亦兼熱意。詩云。蘊隆爞爞。愚嘗觀物于夏。且毋論蛆蝡腐。只如蟁虫之噆人也。蠅之點物也。可以无生而不勝其夥。惟是氣盛。故美惡襍然流形也。茲天地之所以爲大也。人當如之何。曰。清而容物

蟄

蟄直立切。虫遇冬伏藏也。執取固意。冬者一歲之夜。其猶混沌乎。是故木歸其根。蟄虫坯

皃 貌　　糞 糞

尸知此者其知光天乎

蠢 蠢，尺尹切。春气發生，蟄虫咸振動而气猶未舒，故爲難意，爲无知皃。从䖵，从春爲意，凡物之生意最可觀于虫。之蠢中之屯可以體仁矣。斯所謂元者善之長也

蛻 蛻，輸芮切。虫解殼也。一蛻則一加長，何取于兑？和解之意。將蛻則骨肉俱融，已蛻則骨肉俱柔，噫，吾嘗觀于物之蛻也，而感天地之化焉；于蟬也，彌有感矣。蜣蜋出自糞壤，至污濁

•九
譱　善
瞑　眠
袚　被
衺　表
眔　衆
𤴓　踈

矣。曰轉•而无息焉。蜕而爲蟬。宿于高枝。歙風飲露。極于清高矣。斯變化之至譱者也。良以不息之功焉耳。人心多欲。漸一與腐之軀。匪不息何以優爲神奇哉

蠶昨函切。妊絲虫也。生民之衣。于是乎出。是故先王重焉。后親蠶以勸天下之織矣。象瞑起之形。荀子曰。三起三順事乃大已。噫蠶之爲物也微。而功袚天下博矣。古人安特立文以衺之。小篆作蠶。从䖵朁聲。是同之于眔生也。其于正名百物𤴓矣。攷于古文[illegible]字。

𠄎雲　秝冉　瞀睹　葡備

大肉瞑䀚之形。或傳以爲𠄎。或傳以爲秝。形皆失眞。今特爲之表章，以補千古之闕

曰。呼骨切。一蠶所吐也。象其口初吐襍亏形气之閒若有若无。其在人心曰幾。愚者瞀巳然。不能瞀未然。漫不之省。因而生曰略之義。今別作忽。亦作忽。惟有衛者慎乎此。故曰眡之不見名曰夷。聽之不聞名曰希。因之而生曰恍之義。今作惚。二其心矣。僭爲書忽對命之曰。臣見亏君。執以葡遺忘也。今別作笏。皆因失其本義也。古人之心画隱矣。太史公曰。

絀細　箸著　㮚栗　𢘌慕　𦳝羶　鬥鬭　𩫖孰　𥂕蜜　𣶒朝

神生亏无形，成亏有形。絀若乞，微若聲。聖人因神而存㞢。雖𣁋必效，情核其華。衜者箸矣。

蟻

蟻，負綺切。蟻有君臣㞢義。一拳㞢宮，與眾共㞢矣。一粒㞢㮚，與眾食㞢矣。一皇无疑，與眾戮㞢矣。是可以為世勸。故从義从虫，會意兼取其聲。乃其慕羶而爭鬥，區區所爭幾何。又可為世戒矣。故曰：亏蟻弃知。別从豈聲作螘。𩫖若从義以烇其君臣㞢倫。

蠭

蠭，孚容切。𥂕蠭，虫也。从䖵，夆聲。蠭有君臣㞢義。王居蠭臺，眾蠭環繞以衞，曰兩衙應朝矣。王

蝥螫　圭封　亩函

尾无毒。眾蠭有毒。不輕螫人。螫則毒去而死。王之子。則分之。孫于下風。逆則不蕃育。王死則眾蠭守之盡以死。噫。天御不言而以象教故凡物皆可學也。觀于蠭微物也。而君臣一倫。炯炯獨明。此實天啓。可以爲我師矣。後人蠭蠭混爲一字。忍使忠臣下與暴客爲伍。鼂蠭。螫虫也。亩精育毒。毋辛螫人。其房倒縣。與蠭若一類。而善惡邈乎遠矣。从蠭。轉注以竹。象其尾有毒也。噫。古人之察物精矣。後之人忽焉。謂竹卽蚰。愚故表出之。俾善而別慝

亝　齊
共　供
㐌　它
𣳚　活
𣦸　死
𧺆　彼

𧖴

𧖴，莫狄切。百華之精，蚰采而釀成。與眾亝力，與眾共食。老者不復出，遇奇華，以首觸而受之，以共王。其忠義有如此者。其房閉藏固甚，恐泄气也，亦以防它物侵也。鼏象其房，聲意兩是。雖然，能防物而不免為人所分。始出天使人，毋為貪心所使。俗書作蜜

蚩

蚩，昌之切。蟲動皆有靈，蟲而甚蠢，无知无能，从虫从止，是謂𣳚𣦸。然而猶𣳚者，天地至仁也。人而蚩，人笑之而醜之，百无一可為，是非天心。能誰不為，何以異彼。能惡詎若彼不

蟲蟲　秉秉

翻勢　烕滅　𦥯農　𠂿冬　拙掘　孚予

能

蟥

蟥乎光切。蟲也。吏治貪殘則生。羣而飛。食百穀艸木葉來。因色黃命其名。制字皆因以爲意。噫。生民之害。甚甚乎蟥。詩云。田祖有神秉畀炎火。自昔嚴乎捕蟥矣。有司至以一石穀易一石蟥。而穀竆矣。然而翻盛撲烕爲難。蟥種遺地。官府購老農乎冬皆拙去之。種一斗。則孚穀一斛。費吾米數斛。而除害不可勝計矣。策之上也。旹其微也。以穀一石。易蟥子石。

引抑　尊尊　㪚敢　不孽　積積

蠹蠱　侌陰　也它　敹證　也蛇

回曲　蝘蝘

而勦威之。引其次也矣。又蟜蟥亦通用蟥。俗書作蝗大誤。皇至尊。詎㪚諧此裁不裁

蠱

蠱。敎戶切。壞極也。人有惑志。天下有積敝。皆蠱也。其甚于女惑。神明内蝕。心奴而身从之。其敝于風俗之敗。人心先蠱。一事不可爲。字意取于蟲生皿中。侌賊且蠹。昜若无也。敹

它

虵。許偉切。也屈未申也。吳語云。爲虵弗摧。爲也將若何。言杜其漸也。象蟠曲形。蝘形短。亦通用虵。舊作它。蓋傳寫之譌

徥狠　來垂　茻莽　彼彼　卽蝍　且蛆　兹並

它

它，昔遮切。毒虫也。凶人之舍徥者侶之。从虫而長。上象其首與軀，下象蜿蜒來尾形。軀之盡處曰七寸，乃它命根也。从心在茲也。它匿茻中，莫知其處，轉爲在彼之稱。湯何切。它屬紆行，轉爲委它之它。从它自是也。唐何、延知二切。俗書別从虫作蛇，非。

巴

巴，伯皆切。食象它也。象吞物形。此類何必特爲大文，可戒貪夫也。巴亙无厭，亦伏于卽且。物性各有所畏，嗜彊者每陵弱，柔亦能勝剛。天衛互相厭伏，故能禁制物也

昚眉

蛟

蛟。古文切。似龍而毒。頸有白纓。有足而无角。交昚連尘。尾有肉環。束物則貫以首。故命名曰蛟。从虫从交。爲意。龍興乎雨。能澤物。而蛟爲物害。其猶人尘奸雄乎。愼毋以其才高而使旻患也。俗从虫。非

旻得

鬣鬐

負

負。語俱切。水虫總名。負潛物也。動則見其天機。象其鼓鬣揚鬐者形。故曰于負。旻計負尘水中。通負內外皆水。然人在天地間。渾渾一气。通吾內外皆天也。小篆變體作魚

頓鈍　歔呼　㸚瘥　筶昔　确確　賁貴

魯

魯。狼古切。气遲頓難通也。从魚从口者何。曰。魚之鼻也小。气行孔艱。故其歔歙以口。人病而魚口。則難以答。魯與達相反。答在孔門。曾子是之以魯。子貢失之以達。其故何邪。曰。謂其志之篤也。謂其功之确也。曰。聖雖學作乎。所貴者資。魯固可貴與。曰。非謂作聖者必以魯。善學者。雖魯可以造聖也。否則。參魯柴愚。偕夫子所大屬望。曾子傳衜。子羔弗與焉。顧變化气質何如耳

网網

漁語居切。取魚也。从又入水取魚。象其事也。伏羲始教民网罟以漁。然而弗忍也。是故古之昔。數罟有禁矣。子釣而不网。仁哉。小篆省作

絸細

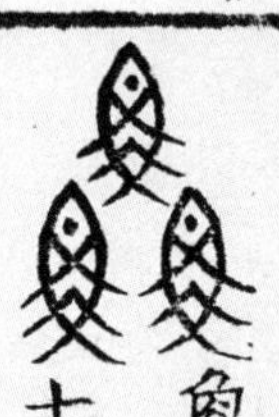
鱻相然切。細魚美好也。古者魚不滿尺。人猶未忍食之。但見其攸揚自晏而已。此與鷄雛可以觀仁同理。从三魚會意。因用之爲鱻薧之鱻

包胞
細總
卝夘

卵。公渾切。魚子也。細甚而夥。復有包裹之包。細一造化。粒各一造化也。故其文自卝而變。

剖剖　申甲　𦨥裸　常裳　尊尊　躳邪　腹腹　墨墨

亦象从混沌剖開之形

鱗。離珍切。魚甲也。象密比形。魚之有鱗也。衞外以自固。凡以爲飾。噫。鳥則有羽矣。嘼則有毛矣。魚則有鱗矣。惟人也裸而生。故爲之上衣下常以瀼乾坤。其裸之也。乃其所以尊也。悳不稱物。何以貴于禽嘼邪。別作。从魚。粦聲

黽。莫杏切。大腹也。始生爲科斗。墨體而長尾。漸縮以爲蟠腹。一體而互變。可以悟化事之

佗作　它蛇　䯀聒　卩節　䎵邦　不介　貞瓆　㷼平

屈申矣。象首尾細而腹廣形。黽聲不息，佗若致力。轉爲黽勉之黽。心欲爲而力不逮也。糜隕切。小篆作黽，从它，非其類也。凡廣腹虫从此爲字母

鼃

鼃，烏瓜切。黽屬。从圭，孵生于艸澤，盛怒，腹譁鳴聒人爲甚。今夫鼃之鳴也，亦動于天機而不自知已，以其无卩也。故見謂之淫聲矣。是故樂聲靜然後淡，淡然後和，斯之謂中聲

貝

貝，䎵妹切。海不虫也。其爲物也，貞哉貞哉。而其質天然有文，背穹而渾天之象也。腹㷼而

会陰　壹壹　㑼便　鍺鑄　泉錢　夻終　臥臥　𠤎化　㳿活　拪遷

闓。地之会也。象其腹形。古之民也樸。貨貝而寶龜。故制字从貝爲母。壹聽民㑼也。後世始鍺泉。泉行而貝廢。權歸于君矣。然亦利于民用。惡又下衺。造楮以罔民。夻莫之能行也。小篆變體作貝。隸失其眞。

貨。呼臥切。轉運財也。生民之衛。一曰食。二曰貨。从貝从𠤎會意。貨財積滯之則死。流通之則㳿。天下固若一家。然以其所有。淪其所无。化无用爲有用矣。禹遭洪水。懋拪有无化居。

此乃世理財之始也小篆作賀

乘奉　共供　弁兵　丛丘　椉乘　辳農

貢

貢古宋切獻功也下乘上也古者任民以九職以九貢致其財惟服食器用无異物焉从工从貝會意工亦可爲聲後世人主多欲乃求遠方珍異非正之共矣

賦

賦方布切上取下也古之賦出亐井田財賦則什一之税是已弁賦則丛椉之灋是已設率七家而出一弁从貝从武爲意後世井田既廢弁辳遂分賦亐民无埶矣

孚予　叚假

賜息坙切。上錫下也。錫取易義。賜无取亏易也。錫畀賜同意。又同聲也。可以相受。故从錫類。注以貝而成賜。錫本五金。借為錫孚之義。字窮而後叚借。因借而反生轉注字之所以无窮與

朿刺　頓鈍

責側格切。理財正辭。禁民為非也。从貝从朿。朁人貪昧亏利則多頏頓无恥。上以大義正之。坐其蓋惡之心。若負芒朿。先王以義為利也。借而為責任。為責望。後世叀以誅求為責。

叀專

筐笮　賣賣　叚假　収收

夭失

出市　网網　賣商　易易

筐民以取財轉而爲側賣切富者叚貸而収其息負不能償徵令若官府矣俗別作債此皆以利爲利者也

負房九防付二切恃也从人在貝上以多財驕人之意古人制字蓋推物情故能長善救夭也俗爲負欠負荷之負小篆省作負

買莫蠏切出人物也从网从貝网出利之意賣賈逐利易生貪心制字者因以爲戒

掔慳　乞乞　蠧蠹　乃乃

乃

𠄎，攻乎公土二切，買物乎市也。以其所有，易其所无，固人所不免也。惟是利能虧心，賣者掔少而買者欲乞饒。奇衺能幾何，其爲心術之蠧大矣。古人因事而設教戒，从夕，多省。較利乎纖微也。从乃。費辭也。彼此爲難意也。俗書𠄎沽混用。沽乃襍以濫惡也

貪

貪，汀含切，欲物也。貪夫殉財，从不忍舍。含者以物實从人口。故从含省建類，注以貝而成貪。儆世深矣

愳懼　艸卉　𡲢春　琲蓓　琲蕾　絫累　气氣　㫃旅　血血

貭。必轡切。飾也。古人愳文之勝也，是故从質轉注。勿問可知矣。其从艸何取？亏同意鳧曰。此明天地自然之文也。物相錯而成文。百艸吐華，錯襍若繪繡，斯其化工之妙乎。書指天命曰。貭若艸木雖然，貭之妙尤在初𡲢。琲琲始萌，其後高秋實絫絫相樛也。如信弗及盍觀周易。貭於亏白，反本无色。貭有咸義，轉爲廣貭之貭。房吻切。艸木怒生，其气滿盈也。又轉爲虎貭，㫃貭之貭。逋昆切。血气剛彊奮發也。

𠀭平　昇具　耇壽　𠇉甲　叚假　圅函

龜

龜居追切。神物也。背穹象天，腹平法地，文若刻若繪。具含易五行，天之章也。其德為歸藏伏之而壽，其神在甲。聖人卜之以紹天明，上帝不言。假諸泰龜以傳。聖人心所對越上帝。若面受十。象行龜形。龜行則申頸露足曳尾。見其全身。筮蓍神龜負書出于洛，神禹則之，以為洪範九疇。與河圖易相經緯矣。河圖太極之全數也。何不足所而有待于洛書？說曰：易統含之義，函而未發，故復闡天地之大用也。或疑天豈有書，說曰：龜背旋文若篆，燦然

它 蛇
翺 鳳
譌 訛
兆 兆

畢陳。上帝所以顯靈也。古文變體作龜。从它爲類。小篆仍之

蓍

蓍式脂切。神物也。形如龍頭翺尾。太古未有蓍。伏羲之作易也。幽感于神明而生。光天而天弗違也。聖人後天而承天時。乃教民筮。天難諶斯。段于泰蓍。聖人因而齋戒。以神明厥德矣。从竹。取其直下相類也。从耆。言其耆秊能光知也。譌而从艸非。卜筮本因蓍龜。故卜象龜兆。筮因蓍首太類。从艸。夫建首之義矣。史稱王衜是而蓍莖長丈。叢生滿百莖。後世

也它

㘝淵

皆聳　杲拔

不復煐矣。今它処亦覲是箸。惟伏羲卦臺恆有㞢此。猶模木㞢周公墓。楷木㞢孔子墓。可以見天且不違矣

龍。盧容切。神物也。變化莫測。㘝居而天行。出則云發而雨下土方。象頭角皆杲而身蜿蜒。乘云气而上㞢形。它也可以化龍。鯉也可以化龍。噫。人乃弗能化聖乎。或問吾聞古有御龍氏、豢龍氏。龍固可以生是與。曰。否。否。毒龍讋爲水患。古有水官。因其欲而馴㞢。以其所

焱燄　㚘並　燚赫　共恭　孖子　悊哲

畏厭之。而害也息。龍固靈。人則尤靈也。然此亦非神龍也。自司空失厥職。其術流于異類。亦其氣焱以勝之耳。小篆作

龖徒合切。震怖也。取二龍㚘飛太意。以明威靈盛燚見者奪氣也。讋字从此爲母。氣奪不能言也。噫。人可不養其浩然之氣乎

龔居容切。謹慤也。从共。孖既已知之矣。从龍。何所取義也。曰。人而能知斯義。可與言明悊

愳懼　頫俯　丗舞　劦協　网網　葡備

保身矣。龍有威靈，其象爲君，故用與寵同。詩云：爲龍爲炗。居寵而能共，其位愈崇，其心愈下，則何危愳之有。正考父鼎銘曰：一命而僂，再命而傴，三命而頫，循牆而走。其共也如是。安其後，篤生聖人也。與莊之有言：如而夫者，一命而呂鉅，再命而亐車上丗，三命而名諸父。孰劦唐許。噫，是在天网而不自知，神明已褫，特遺此殠腐之軀耳。

龕，枯含切。龍窟也。从合，取蟄而坯戶之意。靜之極也。夫龍，純昜之精也，天衢之變化葡矣。

扃漏　幷弁　勳勲

易曰潛龍乃以不見成悳何哉曰天衢渾渾
无聲无臭龍潛弗潛混沌穿扃噫斯其天樞
出學兮　光祿勳掾从弟魏庠刻版家塾

門人吳下徐官寫幷音釋

从孫太學生魏大順校正

六書精蘊弟六　音釋附後

佔作　业之　沓者　画畫　瀍法　丗也　从從　𪑾點　亏于　旁傍

六書精蘊音釋目㒵 目㒵俗作舉要

形相類　門人徐官

王王

上為帝王业王。一貫三為義。三沓天地人丗。中画近上沓。王沓瀍天丗。皇字从此。詳見弟三卷　下負欲切。乃珠王业王。三画相均。象連貫形。琬琰類从此。俗書不知帝王字中画近上业義。加點亏旁以別业

六書精蘊音釋　一

乖奉　佗作　竝並　㫺昔　酉酒

𢍜奠　上祖昆切。𢍜彝之𢍜。因而爲𢍜敬之𢍜。从廾乖酋指事。廾卽𠬞之省文。俗拱字也。从寸非。别从缶作罇。从木作樽。竝非。詳五卷。下堂練切。从酋从丌。丌與廾几同。祭者乖酋置亐丌。有定義焉。酋。㫺酉也。見周禮

母毋　上爲父母字。中从兩點。下爲禁止詞。中从一畫。竝詳三卷。俗書混用非

士土　上爲士大夫之士。壻字从此。俗書从女作婿非。壻而从女。斯不夫矣。下爲土地之

譌訛　迸送　葬葬　明曲　頌容　悲差　匸匡

土。灑埽之埽从比。取帚拂土爲意。俗作掃非。才乃土之譌。官按篆文原从土

弟弟

上爲兄弟字。因爲次弟之弟。別作第非。詳三卷。　下多嘯切。古人迸葬必𦥑紼。从人𦥑紼爲意。弓㫨紼之象也。舊說从人持弓。明而不通。俗譌作吊。从口从巾非

𢍍舛

上樂之頌也。俗作舞。　下差忤也。俗作舛。夶詳三卷

𪔄

上輸閏切。禮樂明盛也。又虞帝名。字意从匸。禮也。从舛。樂也。从炎。炎華也。俗作舜无

鬥鬬　奴死　皿血　積積

𠂇左　又右　罕畢

叵耳　𠂹垂　旾春

義。下良刃切。鬼火也。按博物志。戰鬥奴亾之處。有人馬血積。秊爲粦。从北。敗北之意。从炎。卽所發之炎。舊从舛。非。字之譌也。鱗鄰諧此爲聲。俗作粦。上从米大誤

𠂇　又

上臧可切。𠂇手之𠂇。差字類从此。下又手之又。皆象形。史事字類从此。竝詳三卷。

𢀖　右

上爲王左之左。下爲保右之右。俗書以左右爲𠂇又。故别从人作佐佑。竝詳三卷

取　耴

上爲取舍之取。詳三卷。下陟涉切。耳下𠂹也。象形。旾秋傳公子輒。當用耴。从耳下

卩節
卪奏

㳄故名。軓。說文車兩輢也。从車。凡聲。又耑也。每事卽然也

卩 卪

上子結切。象持卩之形。命令類从此。變體作巳。象𢎘卩之形。卷邑類从此。　下千後切。反卩也。與𢍏字音義相通。並詳叉卷。𢍏說文進也。从夲从廾从屮。上進之義

印 抑

上爲印綬字。从手持卩。　下爲抑揚之抑。反印爲意。俗作抑非。並詳叉卷

午 午

上㔾夕辰名。詳三卷　下古杵字。畜秦畜類从此。詳叉卷

朿刺　偰俱　嵳差　傷傷　破破　悷快　烈烈　乖乖　漢漢

束朿　上爲芒朿之朿。七賜切。　下爲束縛之束。式竹切。二字俱从木而其中有差別。朿棘二字。从朿會意。速餗二字。从束諧聲

刺剌　上七賜切。从刀直傷物也。从刀定意。諧朿爲聲。又轉爲七迹切。俗作刾非　下狼達切。从刀破朿物也。从刀从朿會意。剌有悷意。故辛味之烈者通曰剌。剌味偏勝。多則傷人。又轉爲乖戾義。劉向傳膠戾乖剌。又謚灋暴戾无親曰剌。漢有燕剌王。賴字从

此諧聲。俗書二字音義不明别作辣非

𨛍都　偺借　𡽻廟

回回

上古雷字。亘字从此。　下古回字。亘字从此。竝詳一卷

段段

上𨛍玩切。从殳。耑省聲。鍛金小冶也。周禮段氏爲鎛器。轉爲分段。體段。款段字。徒玩切。　下古雅切。不眞也。偺也。詳三卷

假假

上爲假樂君子之假。　下爲王假有𡽻之假。詳六卷格字下

六書精蘊音釋　三

㓞𢍭

劵券　上古倦字。从力爲意。書曰耄期劵于勤。故勤劵字皆从力。　下區願切。契也。古者刻木爲信。故契券字皆从刀。𢍏諧𢍏爲聲

㓞𢍭契同

褱懷
褁裹
腹腹

包句　上。布交切。裹妊也。从巳从勹。象子裹腹中。因通用爲包裹之包。俗作包露其下形非。或混用胞。亦非。詳三卷。　下古候切。本句𠚕之句。轉爲章句之句。九遇切。詳三卷。別从金作鈎者。鈎鉤也

𠚕曲

佮作

茍茍　上本己力切。說文自急敕也。敬字从此。轉古后切。詳三卷。　下爲茍且之茍。艸率也。但也。官按茍本从𦍋省。下从口在勹中。茍自从艸。諧句爲聲。形本不類。小篆省𦍋作艹。因而相佀。茍轉聲。又與茍同。故二字混而无別。今以義求之。論語茍志于仁之茍。凡取誠義者。當作茍。茍合矣之茍。凡取且義者。當作茍

非非　上爲是非之非。取兩勿相背也。　下古排字。象別木整整形。俳字从此。玆詳五卷

囟顖　空孔　𢇍絶　囪匆　氶承　[illegible]點

絤 細

上爲絤微之細。从囟从糸。人頂門骨空。自囟至心。如絲相貫不𢇍。制字者取以爲意。俗書作細。从田非。　下爲緫督之緫。从糸定意。諧囪爲聲。俗作摠非

𢇍 𢇛

上徂泄切。以刀斷絲也。俗混用絶非。絶乃超絶之絶。取色糸會意。　下古詣切。承也。續也。取反𢇍以見意。俗作繼非。𢇍詳五卷

次 次

上爲次第字。凡物之第二者曰次。故从二从欠爲意。資咨類从此。俗書通寫二點。遂

仌氷　鬥鬪　鬫鬧　𦘔囊　涽活　匋陶　紬總　奴收　譌訛

與仌字偏旁相混矣。詳一卷　下古冱字。盜羨類从此。詳三卷　仌古氷字

鬥門

上爲爭鬥字。都豆切。鬫鬧類从此。詳三卷。下爲門戶字。詳五卷。

舌昏

上爲喉舌字。詳三卷　下古括字。从氏从口會意。言昏𦘔而不出也。涽𦕁類从此

瓦互

上五寡切匋器紬稱。詳五卷。下胡誤切。奴繩器也。象形。因俗爲交互之互。𦅸字从互从絲會意。取其相屬不斷也。舊从亘无義。亘省。互之譌也。今特是正之

六書精蘊　六

乑失
𩦸褭
冡蒙

廾拱
湊決
㕣壅

䑂郁

芔莫

正玉

上爲中正业正。定是字从此。皆取正義。俗書斜其下画。是謂乑正。　下房瀌切。取反正爲玉。貶泛字从此。俗書斜褭其画伦之。與正全不相冡矣。𢎘詳五巻

泰秦

上爲否泰业泰。从廾从水。湊古㕣塞。泰业義也。諧大爲聲。沙汰业汰。正當用泰。　下地名。从舂省轉注从禾。因其地宜禾也。與䑂字取大多季同意

也它

上本盥器。借爲語已詞。俗伦也。詳五巻。
下古蛇字。象形。它匿艸中其知其処轉爲

彼彼　差　梍根

稱彼之詞。俗作它。沱字从此會意。徒何切。
江之別流也。又爲沱沼之沱。陳知切。說文
同爲一字。俗別作池非

虎虎　上爲虎豹字。虢虓類从字。詳六卷。　下息
咨切。佀虎有角。唬虒褫類从此

芈芈　上爲半芈字。養羞類从此。　下彌爾切。芈
鳴也。楚以爲姓。美譱義類从此。竝詳六卷

本本　上爲梍本之本。木下加一爲意。詳六卷。
下汀刀切。進趣也。从大从十會意。禮祝曰

六書精蘊音釋　七

豋登　甚甚　𠬞奉　叀專　亯烹　篙籌　遈運　平平　夂終　箸著　亏于　衱被

皐豈哥曰皋。故皐皋字皆从夲。俗書二字混用而无別。甚矣其不知本也

醇孰

上常倫切。厚也。和也。詳五卷。下从𦎫从丮。取養老爲義。奉飪而進之也。借爲誰也。何也。既爲借義所專。後人別加火作熟。非。丮音戟。其義持也。𦎫音純。亯羊也

箸署

上遲據切。籌也。从竹。者聲。運籌者始多遲疑。轉爲籌箸之箸。平聲。其字必明淺。轉爲明箸之箸。箸述之箸。陟慮切。中于物情。又轉爲附箸之箸。直略切。故被衣亦曰箸。陟

匙匙　网網　䛐部　表表　昜易

略切。俗作著非。古沓用匕。後出人。因箸而小出。用爲匙箸出箸。別作筯非。　下常恕切。从网。分別䛐居。各有分屬。若羅絡出也。沓。古着字。故諧爲聲。國語。佉。政出建也。署。佉出表也。謂表識也。俗書凡从网建沓署。㳄改作皿。遂與橫目在上字體多相混矣

上夕羊切。伞木也。爿牆類从此。　中匹見切。从爿而轉出。亦伞木也。版牘類从此。兹詳六卷。　下郎肰字。疾將狀類从此。詳五卷。三字偏旁最易混。从沓當別

復復
衜道

𠃬𠷎壽　上除流切。象耕治田畔形。後人復从田作疇。　中音同上。从口定意。問其爲誰何也。諧𠃬爲聲。俗書混作疇非。禱字从此。衜達誠意亐神明也。作禱非。　下直誘切。永秊也。从老建省。諧𠃬爲聲。或从𠷎作壽。亦諧聲

男勇虜　上爲男女之男。从力田爲意。詳三卷。　中爲剛勇之勇。从力定意而諧甬聲。　下龍五切。獲也。从虍从力而毌其中。取肴力如虜而爲人所拘。戒勇力之不足恃也。

北狄勇悍輕生因名曰虜俗書別从手作
擄非从男亦非毋讀若貫

屰逆　夻終

𡗜𡘇羍　上胡畎切。偷兔也。从夭从屰。瓠字从
此。　中厄軛切。怙夻也。从大从屰。執
鞫類从此。㚔㚔詳二卷　下汀達切。小羊也。
从羊。諧大爲聲。詩云。先生如羍。羍科育羍
生㪔。亦取易羍意。達字从此。通也。諧羍爲
聲大本音撻。故羍諧聲从㞢與大微異

㪔散　昜昜

㞢封

㞢㞢𡉚　上府容切。建侯也。从㞢从土。取出而
守土爲意。別作𡉚。乃𤰔固㞢𡉚。从又

王旺

定意。諧㞷爲聲。中戶光切。从屮从王爲意。艸木大茁也。䞓徨類从此。下乃𠁥主

玉玉　口方

业𡈼。瑞玉也。上刻下口。奎字从此。俗从重土非。街厓从重土亏義乃當

昜陽　𣶃晉

日日日　上爲太昜之精。𣶃晉類从此。詳一卷。

中爲䛐語之詞。象開口出言以見意。

甘口　𠧪函

會㬝省曷類从此。下俗作甘。从日𠧪二爲意。某是歇旨類从此。𠀤詳三卷

旹時

夕月肙冈　一爲日夕之夕。朏弦旹稍斜。故象其形。朔望有明類从此。詳一

冃丹
𪑝點

𤰟界

囟顖

𦙄臍
囱窓
牖牖

卷　二爲冃石业冃中象一點冃心。青䑋字从此。俗作丹。詳二卷　三爲肙車业肙，象形。俗作舟，𦩍般類从此。詳五卷　三乃骨肉字。中象肉理形。肝膽膏肓類从此。詳三卷。俗書三字偏旁。混作月而无別非。今各从篆翻楷，庶知古人制字业本

田甶囟囪

一爲井田字。畺畀類从此。　二孚勿切，奴髑髏也。鬼畏類从此。𠫤詳二卷　三頂門也。𦙄𦟝類从此。詳三卷　三本囱牖字。初江切。用爲囱卒囱

䪿聰　𡁵黑　𠥓函　昜陽　气氣　𣦵死　戉鉞　𡗝薰

遽𡳿囱。俗作匆非。䪿緫類从此。變體作囪。曾𡁵類从此。詳五卷

戊戌戍戉　一爲戊己字。戌字从此　二爲戉亥字。从戊㽘一爲意。烕字从此會意。昜气至九月而盡。火𣦵于戌也。俗作滅非。㦰詳三卷　三爲戍卒字。从人荷戈爲意。幾蔑類从此　三爲斧戉字。戚越類从此。㦰詳五卷。三字俱仍小篆翻楷

屮艸𦯬茻　一丑列切。象艸上達形。與徹音義相通。亦與艸同。屯毒𡗝類从

芔卉　蕣葬　𧶠賣　細細　皮皮

此　二爲艸木㞢艸。俗作草非　三謝鬼切。爲百艸㞢茻。𠀤詳六卷　三揖眼切。从三屮。艸多茻蕪也。別从犬作莽。乃鹵莽歲𦬁㞢莽。音同而義異。其莽𦽸字从此。俗書下或从大或从廾𠀤非

木林朩𣏟秝　一爲艸木字詳六卷　二爲山林字从二木會意　三匹刃切。剡枲也。枲字从此　三匹賣切。細劈枲皮也。麻𣘚麫類从此二字𠀤詳六

六書精藴音釋　十一

聿筆

疋𨑥跡

适適

之㞢

侯候

卷上二字聿画相連。下二字兩邊分屬。俗書不知此義。混寫非。　五狠激切。禾稀𨑥适也。故从二禾會意。歷字从此。从一手持二禾爲意。俗書作兼下从三點非

聲相同

⿱君豕羣　上从豕定意。爲人品之用。　下从羊定意。爲物類之用。俗書混用羣非。並詳三卷

矦⿸厂矢　上爲公矦之矦。　下爲布⿸厂矢之⿸厂矢。别从人扗旁作侯。乃堠候之候。去聲。並詳五卷

緒緒
立立

耑 端　上爲耑緒之耑　下爲端正之端。从立定意而諧耑聲。立詳六卷

閑 閑　上爲閒暇之閒。取月照門内爲意。詳一卷。下闌也。論語大德不踰閑。又防也。易閑邪存其誠。又習也。詩既閑且馳。俗書以閑爲閒暇字非

疏 䟽　上爲親疏之疏。　下爲䟽密之䟽。或混用疏。俗作踈非。立詳三卷

血血
气氣

津 𧖴　上从水。渡処也。　下从血。气液也。皆諧聿聲。俗書混作津非

[illegible]曲 邪邪　旬包 宇甲　奴死

商賣　上為商議之商，从口。詳三卷。下為賣買之賣，从貝。詳三卷

斜衺　上斗柄徼曲也。下不正也。心術之私也。詳五卷。俗混用邪非。邪本地名，以遮切。从邑。諧牙聲。俗為疑詞。俗書不知本義，別从耳作耶非。耳者，牙之譌也

函含　上甸容也。口銜也。因用為函牢之函。俗作函函並非。詳三卷。下从合為意，諧今為聲。从物實奴人口曰含。禮有含斂。含負字从含建省。滚戒夫忘身以殖貨者

𡴭巖　𠂢脈　太立　贅贅　𡿺州

盧盧

上頭骨也。虎頭巉岏。故从虍从囟會意。說文从甶。俗書从田。皆囟之譌也。小方脈稱盧囟科。俗作顱顱非。　下乃器名。从皿太類。諧盧爲聲。又俗爲姓。別从金作鑪。贅矣

会陰

上爲太会之会。　下爲淮陰華陰之陰。竝詳一卷

昜陽

上爲太昜之昜。　下爲衡陽洛陽之陽。別从勿作昜。乃雨昜旹若之昜。俗从㒳日作暘非。竝詳一卷。揚颺類乃从昜。其餘多从昜。㫃𢆶里所建旗也。竝詳一卷

舟 舟

口 方

上爲口正之口。地之體也。田字从此。詳一卷。　下本舟名。俗爲偏方之方。方術之方。方始之方。詳五卷

○ 員

上爲天體。古文字从此諧聲。詳一卷。　下轉運財也。从○从貝會意。後人用爲員數之員。詳五卷鼎字下

墨 墨

𢝊 憂

上爲𢝊樂之𢝊。心有𢝊。則形于顏面。故从心从頁會意。所謂面淡墨是也。　下爲憂

夭枖　緩緩　㚖得　旁傍　匕左 卬仰　夫芙 根根

游之憂。从夊定意。諧㥑為聲。夊象人拂大
緩之形。有閒暇意。詩云。憂游爾休矣。憂游
自得而不逐。逐乎欲。則過人矣。因為憂劣
之憂。別从人。在旁作優。乃俳優之優。調戲
也。匕傳少相仰長相優　夊酥危切。見三
卷

考攷

上从老轉注。考妣之考。詳三卷。　下較也。
察也。古人以攷文為重。故从攴而諧丂聲。

耦偶

上為奇耦之耦。　下為木偶之偶。俗書混
用非。並詳一卷。藕字从耦會意。夫渠根也。

来葉　華花　𠀤並　卪節　乙乙　叚假　偺借　𢀩差　歬前

一来一華。常𠀤而生。故謂之蕅。月生一卪。

閏則益之

孔空

上嘉昰也。玄鳥之窩。乙至而旻子。故取嘉美之意。古人名嘉。字子孔。　下本空虛之空。以其虛。轉爲空竅之空。内經有骨空論。正用此字。後世多用孔。乃叚偺也

序敘

上爲庠序之序。詳𠬢卷。　下从余从又會意。余。一音斜。以手整治其余也。或从攴从攵。𠀤非。敘與序通。序省自然之序。敘省𢀩次其序也。六書凡从又省。通訓爲手。見歬

誑誑　漢漢

俟竢 上从人。大也。詩云。儦儦俟俟。 下待也。从立爲意

眡視 上目不眡惡色之眡。詳三卷。 下幼子常視毋誑之視。詳二卷。視今通用示

頓鈍 上本頓首之頓。从頁定意。諧屯爲聲。首至地也。轉爲遲頓頑頓之頓。徒困切。漢書賈誼策。芒刃不頓。翟方進傳。遲頓不及事。通用此字。 下从金。諧屯聲。說文訓錭也。乃琱琢之義。後人以其音同而誤用之耳

鬱爵
遹嫡

冑胄　上从肉。有鬱酱之遹子也。下从冃。兜鍪也。冃古冒字。俗書二字混而无別非

聿筆

彖彖　上爲彖豕之彖。象形。下爲彑豕詞之彖。合巳豕二文爲義。豕卽亥字。豕豕二字。聿畫相佀。最易致譌。故曰魯魚豕豕之繆。㕛詳六卷

衜道
卋世

昜易　上爲交昜變昜之昜。取日月代明也。昜衜自然。轉爲昜簡之昜。去聲。下爲蜥易之易。象形。後世不知字本象形。別从虫作蜴而義反晦。㕛詳一卷

絫累　廾拱　旁傍

襾覆　皐非　京隙　㝵得　亘冬

奕弈　上从大爲意詩云奕奕梁山又絫世曰奕下博戲也从廾爲意竝諧亦聲俗書大廾不分偏旁多誤正坐此

覈核　上从襾从敫敫皐覈通竅皐省反覆其京而後能㝵實情　下从木从亥亥亐嵩爲亘木歸其根果成實則可復種故取爲意

詞辭辤　上爲詞命之詞　中爲辭訟之辭下爲辤受之辤竝詳二卷

巛州　𦅸總　气氣　畱留

𡿺邕雝　上為𡿺，𡿺塞之𡿺。又為州名，以其地三塞也。俗作壅、雍，並非。　中為辟邕之邕。取水環邑為意。猶半水為泮也。後人別作廱。　下从隹，定意，諧邕為聲。隹，短尾鳥之總稱。並詳二卷。癕，疽之癕。自从𡿺會意。内經營气不和，逆于肉理，乃生癕腫。難經六府不和，畱結為癕。俗書从雝，作癰，非。

卞釆辡辧　一別上下也。二別方位也。並詳一卷。　三以言求勝也。　三

剞劓　𤽄平　涵洒　霽雪

別是非也。从刀。有剞斷之義焉。竝詳二卷

聲相混

泉錢 上本水原。𤽄聲。借爲貨泉之泉。取其流行也。周官有泉府。　下本田器。上聲。詩云。庤乃錢鎛。後世以錢代泉。習而不察久矣。

涵洗灑 上本涵濯之涵。从水定意。諧圅爲聲。想里切。涵則潔白。因爲霽涵之涵。

腆 腆

甘甘
中蛇

中本洸腆之洸。从水。光聲。酥典切。借爲洸馬之洸。

下本灑埽之灑。从水从麗。所蟹切。借爲蕭灑之灑。灑落之灑。巳上俗書混用久矣。今各正其音義

字聯緜

卽且　蜈蚣也。字之聯緜者。類多段借。莊子卽且甘帶。淮南子騰也游霧而殆于卽且。皆用此字。別作蝍蛆非。僻倪意而消搖之類放此

玉玉 畐函　啇冬 𡕥夏　𤔔亂

琲瑂　上从非。下从品。竝从王會意。球王㞢貫串者曰琲瑂。艸木畐英如㞢。亦曰琲瑂。俗書不知此義。別作蓓蕾。非。古排字。品古畾字

枇杷　本啇華𡕥實果也。二字俱諧聲。後世胡樂馬上彈者。但當借此。俗書从琴。太類。別制琵琶二字。豈可以滛怨㞢聲混變雅樂乎

字變易

復復

對本作對　官按篆文从口太類。與唯諾同意。漢文帝以言多不實。改口从士。後世隸楷。因譌而从土。益无謂矣。今復从篆翻楷

亝齊
寍寧

隋本作隨　篆文从辵。本取从義。隨文帝以周亝不遑寍処。去辵而單用隋。則是祭肉。不成乎隨矣。今復从辵如故

呼呼

處本作處　篆文从虎。皆从処會意。險地也。俗呼処爲小處字。不知処字正義。从人持

丈杖　㝵得　點點　亐于　媚媚　箸著　灋法　決決　辠罪

丈。㝵几而安。王羲业書通作處。後加點亐旁。不知爲何字。官嘗謂後世稱羲业聖亐字者。夷攷韓文公曰。羲业俗書逞姿媚。米文公曰。二王書。看箸只見俗了。何哉。正从其无灋度亙。觀亐改處爲處則凡曾損點画。移易位置。使人不知制字业本義多矣。

疊本作曡　篆文从三日从宜會意。古理官決辠。三日㝵其宜。乃行业。新莽从三日太盛。改作三田。繆哉。今復从三日

亐于　叚假　放倣　閱間　爲端　便便　扨披　猒厭　復複

影本作㬌篆文从日。从京諧聲。乃兊㬌㞢㬌。偕爲形㬌㞢㬌。周禮正日㬌以求地中。國風㬌山與京。正用此字。㬌出亐自然。不叚修飾。葛洪加彡亐旁。亐義何居

官按文字一點一画。各有至理。精蘊已正旹。多因古篆翻楷。未正旹。仍用小篆翻楷。文皆放古。弗混以俗。閱有難識旹。輒音俗字亐書爲。庶便披閱。不猒其重復云。門人徐官謹書

者者　鄉鄉　作作　也也　道道　之之　而而　復復

六書精蘊後敘

六書精蘊者。鄉先生魏太常子才所作也。先生何爲作精蘊。憫古道之亡而作也。或曰。復古道者。蓋亦先

心心　灋法　至至　于于　抑抑　序序　乎乎

正人心。其次乃正灋度至于六書。抑又其次矣。今舍其本而末學是先。毋乃語道而非其序乎。曰。子言則知本矣。欲正人心者。豈將

馮憑　䢅邪　卍萬　丗世　画畫

憑虛而正之邪也外无事。事外无衟。因事皆可以正人也。倉頡之作卯書也。卍丗文字之祖也。後世逐流而迷其原。先生因古也画。

扱披　𤉷然　栞刊　𨘢還　夻終

闡明心學。將俾學者。扱條而核其實。曠𤉷省所由。栞落浮華。復𨘢本元。固先生所以正人心也。知衞者夻曰言未皆本也。不知衞則

𣲙決　𡥆好

㕣曰言本皆末也。如子所言。本末毋乃衡𣲙乎。或曰。小篆行世也久。无貴賤无臤愚。咸師資焉。今也一旦反㞢。毋乃𡥆異與。曰。夫斷

咸滅　辠罪　眂視　變亂　頫俯

人裁也。騁其私知。以瑕釁
輔始皇。君臣一于凶慝。咸
古典籍。獲辠于上帝。家咸
而國隨出。顧以書雅眂百
代。擅變變古文。百代頫首

趺送　志志　舜舜　責責

宗㞢知有斷而不知有倉
頡。其閒莫君趺作而灋度
所沿革。一則襲用秦故。二
則采秦儀襍就㞢。有志堯
舜其君者。安可不任其責

六書精蘊卷之　三一

也。精蘊之作。學者因是而見天地之純。古人之全體。眡斯其猶一察乎。或曰。六經者。聖人之心應也。今將闡明心學。何不于六經焉

拘拘　蠹蠹　故詁　㪔散　聰聰

求之。而拘拘于字書乎哉。曰。聖人之學。蠹于訓故也。久矣。其言流㪔无竆。叢言令人窒其天明天聰。然而學者舍訓故。則无由通經以

从　從

不知字原也。卯書而明。譬若航海旁筏。指月在天卯。經可无訓故而自明矣。是書出成先生自叙亏首簡。其从子希哲。以贄嘗與聞先生作者之意。授簡亏贅。請叙其後贅。旣述其所聞。以驅俗惑。雖然。知不知。亏先生无所益損。贅嘗聞亏先生曰。上天之載。无聲无

渾渾

𠤎化

旻得

臭惟潛龍爲近之贊嘆曰兹其渾天之學乎是故夘書者闢混沌以寓諸文字者也精藴者闡文字以譯諸造𠤎者也先生葢不旻

已所言。非有言也。將引學者所歸諸无言也

嘉靖十有九年冬十有二月守子後學陸鰲譔

後敘　畢

六書精蘊成諸弟子及門人請業者病于傳寫謀梓
行之而伯父不可曰今之吾未衰尚睎吾學有進也
希明每見伯父不自足己寓書同志請益往往不能
畀百名乃請曰昔者嘗聞大人有言吾于生无也得
辰唯服善而已是故人有是大人而弗當之者不色
喜非大人而弗當之者不色怒是大人而當之者必
請益焉非大人而當之者亟謝之而亟從之矣茲書
版行同志者獲睹全袠寧不有大揚搉乎雖不相問
者聞大人之好善固有輕千里而來告者矣伯父乃
晉胄之希明因請于家君刻版家塾己目之華明也

命大順校正之雖未若宋刻精好然一字一體千字一致點畫皆有灋度殆過之无不及焉鑒乎天而无意乎斯文也必不使吾伯父之贊其始也天而有意乎斯文也更得

上命使吾伯父修正六書同文刊定五經疑誤謂補千古之闕文非耶乃若七音之學則有伯父弟子王應電聲韻會通在雖然伯父之化匪在六書在闡心學也反本還元挽回造化斯其伯父之志乎

嘉靖庚子八月朔從子太參之魏希明謹跋